高等院校公共事业管理专业"十二五"规划教材

公共部门
人力资源管理

赵秋成　杨秀凌　曹静　编著

清华大学出版社

北　京

内容简介

本书以人本化管理和打造公共部门可持续竞争力为主线，全面介绍了公共部门人力资源管理的一系列基本概念、理论和方法，讨论了公共部门人力资源管理的制度环境与分类管理、公共部门工作分析与职位评价、公共部门人力资源规划、公共部门人员招聘、公共部门人员职业生涯规划与管理、公共部门人员培训、公共部门人员绩效管理、公共部门人员薪酬管理及公共部门人员聘用与人事关系管理理论和实践问题，突出强调了公共部门人力资源管理的系统性、以人为本和重视激励的思想和理念。本书以人性研究为基点、以基本概念讨论为切入点和终极归宿，具有较强的系统性和实用性。

本书适合高等院校公共事业管理、行政管理及劳动与社会保障等专业的本科生和研究生(包括 MPA)作为教材使用，也可作为公务员和非营利组织人员的培训教材，同时还可作为公共部门实际管理人员的参考用书。本书配有课件，下载地址为：http://www.tupwk.com.cn/downpage。

图书在版编目(CIP)数据

公共部门人力资源管理 / 赵秋成，杨秀凌，曹静 编著. —北京：清华大学出版社，2014
（2021.10重印）
(高等院校公共事业管理专业"十二五"规划教材)
ISBN 978-7-302-34748-4

Ⅰ. ①公… Ⅱ. ①赵… ②杨… ③曹… Ⅲ. ①人力资源管理—高等学校—教材 Ⅳ. ①D035.2

中国版本图书馆 CIP 数据核字(2013)第 298458 号

责任编辑：施 猛 马遥遥
封面设计：常雪影
版式设计：方加青
责任校对：曹 阳
责任印制：丛怀宇

出版发行：清华大学出版社
   网 址：http://www.tup.com.cn，http://www.wqbook.com
   地 址：北京清华大学学研大厦 A 座   邮 编：100084
   社 总 机：010-62770175   邮 购：010-62786544
   投稿与读者服务：010-62776969，c-service@tup.tsinghua.edu.cn
   质 量 反 馈：010-62772015，zhiliang@tup.tsinghua.edu.cn
   课 件 下 载：http://www.tup.com，010-62794504
印 装 者：三河市铭诚印务有限公司
经 销：全国新华书店
开 本：185mm×260mm   印 张：20   字 数：483 千字
版 次：2014 年 2 月第 1 版   印 次：2021 年 10 月第 8 次印刷
定 价：59.00 元

产品编号：051887-03

前　言

随着20世纪80年代以来"新公共管理运动"(NPM)的发生及其在全球的蔓延，公共部门管理体制、机制和模式改革以一种不可阻挡之势在世界各国迅速展开，在此过程中，人事管理体制、机制和制度的改革因其处在公共部门中的核心地位而首当其冲。公共部门人事管理体制、机制和制度改革的核心，就是打破已有的束缚公共部门的核心资源——人力资源发展的各种"瓶颈"，还人力资源载体——人以更充分的自主权、发展权和自由，使他们在工作中能获得更多尊严及被尊重感、成就感，实现人与岗、职责与权益的有机统一，以及实现组织与员工个人的共同发展。而要达到此目的，就必须改革传统的管理体制、机制、模式和方法，强化人本管理理念，并将此理念与管理机制、模式和方法有机结合起来，切实发挥激励机制在彰示人的价值中的功效与作用，从根本上提高公共部门的管理水平和实际绩效，从而推动公共部门管理体制改革的顺利进行，促进社会管理不断跃上新台阶。

本书是在赵秋成教授于2006年和2008年编著出版的《公共部门人力资源管理》和《公共部门人力资源开发与管理》的基础上经调整、修改完成的。在写作过程中，本书参考和借鉴了国内外近年来的一些相关研究和实践成果，这些成果极大地丰富了本书的材料和内容。与此同时，结合作者近几年来从事科研、教学及参与社会管理活动的体会，对前几年所编教材中存在的一些不完善之处甚至存在的错误观点和看法进行了修正，也许这种修正并不能从根本上解决问题，然而，这却是从错误认识走向正确认识的必然过程。总体来看，虽然本书基本保持了2008年中国商业出版社出版的《公共部门人力资源开发与管理》的面貌，但也删节和增添了一些新内容，如各部分中的新增内容和第10章"公共部门人员聘用与人事关系管理"等。概观本书，我们认为具有如下特点。

第一，系统性。本书的系统性，一是体现在本书的章节安排上，它基本囊括了公共部门人力资源管理的所有核心模块，而且各章节间紧密关联，环环相扣；二是体现在公共部门人力资源管理各模块管理活动的自成体系方面，即本书编撰的人力资源管理模块，如人力资源规划、人员招聘、人员培训、绩效管理等，都是自成封闭环路的子系统，这一点在国内大多数相关教材中并未得到充分体现。

第二，实用性。本书在组材和写作过程中，特别注意到了公共部门人力资源管理活动的实际可操作性问题。因为我们认为，"管理"不仅仅是抽象的理念和理论，而且更应是具体、可操作的活动，而这恰恰是"人力资源管理"被视做一种"实践活动"的原因所在。基于此，本书在写作过程中，力求使每一个人力资源管理模块尽可能具有可操作性，进而指导公共部门的人力资源管理实践活动。

本书的写作思路和大纲由赵秋成教授提出，经讨论后确定。各章写作的具体分工如下：赵秋成教授编写第1章、第4章、第8章和第10章，杨秀凌副教授编写第3章、第6章、第7章和第9章，曹静讲师编写第2章和第5章；最后由赵秋成教授统稿。

在本书策划过程中，东北财经大学公共管理学院苗丽静教授做了大量工作；同时，本书的出版得到了清华大学出版社的大力支持，他们负责任和精益求精的态度，令我们肃然起敬，在此一并表示谢忱！

本书适合相关和相近专业本科生、研究生(包括MPA)作为教材使用，也可作为公共部门人员特别是公务员的培训教材，而且还可作为公共部门人力资源管理实践者的学习和实践指导用书。

受水平限制，书中定有许多不妥和错误之处，恭请广大读者批评、指正。反馈邮箱：wkservice@vip.163.com。

作 者

2013年10月

目 录

学习引导

本章主要介绍管理与领导的区别，以及人力资源和公共部门人力资源管理等的概念与特征，讨论人力资源管理与传统人事管理的区别及从人事管理到人力资源管理的发展历程，并对人力资源管理基本理论、系统框架及主要功能和任务等进行了简要介绍，给学习者描绘出公共部门人力资源管理的基本概貌和大致架构。

本章的学习重点，一是对人力资源概念及特征的全面、深入理解，以及对公共部门人力资源管理的内涵及其与人事管理区别的准确把握；二是对人性假设、人力资本理论、以人为本思想和激励理论的理论联系实际的认识；三是对公共部门人力资源管理特征和功能的认识和了解。通过把握上述学习重点从而为接下来的深入学习及公共部门人力资源管理实践奠定理念和理论基础。

在科技和社会生产力进步的强力推动下，人类社会的发展日新月异，正一步步向工业经济后期乃至知识经济时代稳步迈进。而在此过程中，作为社会基本组成单位的组织，包括企业组织、政府组织和第三部门组织也处在急剧而迅速的变革之中。因为，与以往相比，组织所面临的生存和发展环境正变得越来越变幻莫测，为适应这种变化，谋求组织的生存和持续发展，各类组织不得不付出更多、更大的努力；同时，随着时代变迁和人类素质的整体提高，知识技能型员工正在取代体力型员工，人力资本抑或知识资本在组织发展和社会进步中正发挥着越来越重要，甚至是决定性的作用，组织管理正由以物质资本为中心向以人力资本为中心的时代转变，而现代组织中员工知识水平和认知能力的普遍提高，一方面使得员工的需求层次日益多样化和高层次化，另一方面也对组织管理提出了更高要求和新的挑战，通过制度创新和管理创新来满足员工需求，提高员工满意度，进而激发员工的积极性、主动性和创造性，最终达到提高组织绩效，实现组织、员工及其他利益相关者多方共赢的目标，是摆在现代组织，包括公共组织及其人力资源管理部门面前的新任务、新课题。

1.1　公共部门人力资源管理的内涵与特征

全面、深入理解公共部门人力资源管理的内涵，是准确界定公共部门人力资源管理研究对象、内容及其任务和功能的必要前提，也是公共部门人力资源管理理论研究和工作实践的方向指南。

"公共部门人力资源管理"系一合成词，由中心词"管理"及做定语的"公共部门"和"人力资源"两个名词组合而成。因此，要想弄清"公共部门人力资源管理"的内涵，就需要从研究"管理""公共部门"和"人力资源"的含义着手。

1.1.1 管理及其与领导的区别

1. 何谓管理

管理活动虽古已有之，然而人们把管理作为一门学问甚至学科来研究，则是20世纪50、60年代以来的事。对于管理，不同学科甚至不同人的认识和理解往往不同，以至于到现在仍未形成一个为人们普遍认可和接受的定义，这一方面说明了管理活动和行为的复杂性，另一方面则反映了不同人对待管理及其活动的出发点和视角不同。"管理"一词，在汉语中由"管"和"理"两个具有动词性质的单字组合而成，因此，"管理"一词必然同时包含了"管"和"理"的含义。那么，到底什么是"管"，什么又是"理"呢？在汉语词典中，"管"通常指干预、约束之意，而"理"则被解释为"整理，使有序"。在现实生活中，"管"实际上是与一定的价值观、行事理念及家庭和社会文化规范等相联系的，这种价值观、行事理念及家庭和社会文化规范又往往随着人们认知水平的提高及社会的发展而不断演进；"理"则离不开一定的目标和价值标准，也就是说，"理"既与一定的目标指向相关联，同时又强调事物发展的秩序性、条理性。从"管理"一词所蕴含的意思看，管理过程应涉及目标、计划、组织、领导、控制和协调等问题，而这恰恰是管理实践中应着力做好的工作，也是视管理为一门学问、一个学科时的研究范畴所在。

对于"管理"，不同人的关注点往往不同，如有的人把关注点放在工作任务上，强调管理活动的组织性、合作性，认为"管理就是由一个或多个人来协调其他人的活动，以便收到个人单独活动时无法收到的效果"；也有的人把关注点放在个人知识、阅历以及处理问题的方式、方法和技巧的差异上，强调个人的组织力、控制力和权威性，认为"管理就是领导"；还有的人把关注点放在个人作决断或制定决定的行为上，强调决策的作用，认为"管理就是决策"。除此之外，管理还有许多种定义，不过，这些定义所强调的往往是管理的某一方面的活动和问题。综上可见，作为一门学问、技术抑或艺术，管理的复杂性和多样性突出表现在管理问题的多解性上，即不同的人从事管理活动甚至同一个人在不同时期或不同地点从事同一种管理活动，其结果往往可能出现差异。

那么，我们到底应该怎样理解"管理"才更符合时代赋予管理的任务而又不失管理的本意呢？我们认为：所谓管理，就是在一定的目标导向下，通过计划、组织、领导、控制和激励等活动，来规范和协调人力、财力、物力以及信息和时间等资源，以便更好地达成组织或社会既定目标的过程。

上述定义至少包括三层含义：一是管理的目的性或目标导向性，这是管理活动的基本出发点和落脚点；二是管理活动所涉及的行为措施，包括计划、组织、领导、控制和激励，这5种基本活动又被称为管理的5个基本职能；三是进行计划、组织、领导、控制和激励的目的在于规范和协调人力、财力、物力以及信息和时间等资源，以便使之达到合理、有效的配置，真正做到"人尽其才，物尽其用"，以最大限度地发挥资源的功用。

2. 管理与领导的区别

无论从内涵上理解还是在实践中分析，管理与领导的含义和作用均是不同的。在汉语词典中，"领"被解释为"事物的纲要""带、率，指挥，引路"等，"导"则指"指引""启发，使明白""引起"等。顾名思义，"领导"一词可简单解释为"带领和引导某一群体或组织朝某一目标和方向前进"。从管理学的角度，可将"领导"解释为"某一个体或集体借助法定权力和自身影响力，通过对组织或所在群体及其下属人员的思想和行为施加影响，来引导组织实现某一期望目标的过程"。从领导与管理的区别看，作为组织变革的力量，领导的作用在于引起并激发组织变革，并为组织确定发展方向和目标，勾勒组织的发展远景；而管理则寻求程序化的控制，力图通过程序化的组织和控制来达成组织的既定目标，亦即在制订规划或计划的基础上，借助制度、政策、规章和行政等控制性和激励性工具，来组织和协调人力、财力、物力以及信息和时间等资源的合理配置，以确保组织实现既定的目标。具体来讲，领导的作用包括确定组织发展方向和发展远景，优化组织结构，激励员工斗志和工作积极性，创造性地引发组织持续变革，并不断激发组织内员工产生新的需求；管理的作用则主要包括制定规则并维护规则，以组织既定的发展方向和目标为导向，来制订组织的发展规划和计划，维持组织的结构和秩序，降低组织内耗和运行成本，根据组织和部门需求有效地配置人力资源，同时尽可能地降低组织和部门的运作风险。基于领导与管理的上述差异，从事领导和管理的人——领导者和管理者，无论担负的责任还是具有的作用均是不同的。按照管理思想家沃伦·本尼斯(Warren G. Bennis)的说法：领导者是做正确事的人，而管理者是正确做事的人。[1]哈佛商学院的亚伯拉罕·扎莱兹尼克(Abraham Zaleznik)则认为，管理者是以消极的、非个人化的态度来看待工作的，工作只是不得不完成的任务，管理者是根据自己在事件和决策过程中扮演的角色与他人发生关系的；而领导者则是以一种个人的、积极的态度来看待工作的，工作具有高度的不确定性和风险，领导者是以直觉和移情的方式与他人发生联系的。[2]更具体地讲，领导者应有猎犬一样的嗅觉，能够从事物发展和环境变化中敏锐地洞察事物运动的方向和发展的规律性，并以此来把握组织的发展方向、指导组织目标的制定，通过科学的决策来为组织的发展把握方向，尽可能使组织少走或不走弯路，因此，领导者实际上就是组织发展的引航者和掌舵人，其主要责任是：决策。而管理者则是借助组织、控制、激励和协调等手段，通过制订规划、计划，制定政策和制度，以及调配组织内可供调配的人力、物力、财力、信息和时间等资源，来实现和达成领导者预期目标的人，其主要责任是：执行。相较而言，领导者一般更喜欢变化，他们认为：只有变化，才能使组织在市场竞争中不落伍、不掉队；只有变化，才能确保组织永葆活力、基业长青。而管理者一般更热衷于规则，喜欢循规蹈矩，因为在他们看来，变化会使一切变得面目全非，使局势变得难以把控，他们希望世界的明天永远像昨天和今天一样有据可循、有章可依。尽管说领导者和管理者的区别十分明显，但在现实生活中，由于人们很难在不同场合、不同时间较好地定位和把握自身所扮演的角色及肩负的责任，因此，经常会出现角色不清或角色混淆问题，以致于在应该扮演领导者角色、发挥领导作用时却扮演了管理者角色，或者在应该扮演管理者角色、执行管理者责任时却扮演了领导者角色，导致角色"越位""错位"或"缺位"，以致于该自己做的事没有做好，或管了不该自己管的事。可见，在现代组织管理

---

[1]　Bennis, W. *Why Leaders Can't Lead: The Unconscious Conspiracy Continues*[M].San Francisco: Jossey-Bass Publishers, 1990: 19.

[2]　刘建军. 领导学原理[M]. 上海：复旦大学出版社，2001：10.

中，正确认识、定位和把握自己应扮演的角色，并深刻领悟和践行自己的角色，对于做好领导和管理工作，十分必要。

1.1.2　人力资源的内涵及特征

资源是组织得以存在和发展的基础。就现代组织而言，其赖以存在和发展的资源无外乎如下5类：物质资源(包括自然资源)、金融资源、信息资源、时间资源和人力资源。在这5类资源中，人力资源是唯一具有主观能动性的资源。人力资源虽自人类产生之初即存在，但人力资源的价值及其作用为人们所深刻认识并着力使之在经济发展和人类社会进步中发挥效用，只能说是20世纪50、60年代以来的事。人力资源的价值及其作用，是随着人类对自身能力认知的深入，特别是人力资本在推动科技和社会生产力进步中的作用的凸显而逐渐被认识和彰显出来的，它标志着人类认识水平的提高，同时也是人类能力应用不断深化的结果。那么到底什么是人力资源？人力资源与人或人口是否是一回事？人力资源又具有哪些不同于物质资源的特征呢？这就是接下来我们要探讨的问题。

1. 人力资源的内涵

人力资源(Human Resource)是一种极其特殊的资源，同时也被人们称为"第一资源"，其对社会和组织的价值与作用已为人们所普遍认可。然而，对于人力资源的内涵，目前学术界和相关部门仍然存在不同观点，概括地讲，主要有两种颇具代表性的观点和认识。

第一种观点认为，人力资源是"在一定范围内能够作为生产性要素投入社会经济活动的全部劳动力人口总和。它可分为现实的人力资源和潜在的人力资源两部分。现实的人力资源指一个国家或一个地区在一定时间内拥有的实际从事社会经济活动的全部人口……有时又被称为'劳动力资源'。潜在的人力资源则是指处于储备状态，正在培养成长，逐步具备劳动能力的人口和虽具有劳动能力，但由于各种原因不能或不愿从事社会劳动，并在一定条件下可以动员转化并投入社会经济活动的人口总和。[①]"这种观点从人口和人数的角度来认识和解释人力资源，因此可称为"基于人口视角的人力资源观"。目前这种观点在学术界和实际部门仍有一定市场。

第二种观点认为，人力资源是指"一定范围内能够推动社会或组织发展的人所具有的劳动能力"[②]；或指"一个国家、经济或者组织所能够开发和利用的，用来提供产品和服务、创造价值、实现相关目标的，所有以人为载体的脑力和体力的综合"[③]；还有的观点将人力资源定义为"人所具有的对价值创造起贡献作用，并且能够被组织所利用的体力和脑力的总和[④]"，等等。这种观点主要从人所承载的能力的价值性角度来认识问题，自20世纪90年代中后期以来，被越来越多的学者所认可，因此可称为"基于能力视角的人力资源观"。

---

① 孙柏瑛. 公共部门人力资源开发与管理[M]. 2版. 北京：中国人民大学出版社，2010：4-5.
　　赵曼. 公共部门人力资源管理[M]. 北京：清华大学出版社，2006：5.
② 张德. 人力资源开发与管理[M]. 北京：清华大学出版社，2001：1.
　　陈维政，余凯成，等. 人力资源管理[M]. 北京：高等教育出版社，2002：2.
③ 刘昕. 人力资源管理教程[M]. 北京：中国人事出版社，2009：8.
④ 董克用. 人力资源管理概论[M]. 3版. 北京：中国人民大学出版社，2011：5.

对于上述观点这里不做太多评述，总体而言，本书对"人力资源"这一概念的理解和阐释与第二种观点比较类似，但同时我们所阐释的"人力资源"概念又比第二种观点中多数学者所下的定义更具广泛解释力。

"人力资源"一词最早由J. R. 康芒斯(J. R. Commons)在20世纪初期使用过，但当时他所理解的人力资源与我们现在所理解的人力资源在内涵上相去甚远。1954年，管理学大师P. 德鲁克(P. Drucker)在《管理实践》(《The Practice of Management》)一书中首先对人力资源的内涵进行了明确界定。德鲁克认为，人力资源是说企业所雇用的人是所有资源中最富生产力和具有多种才能的。这种资源为人所控制，是一种特殊性资源，只有通过有效的激励机制才能开发和利用，并为企业带来能够看得见的经济价值。当时德鲁克提出"人力资源"这一概念，是为了表达传统的"人事"一词难以表达的意思。

"人力资源"一词是由"资源"和作定语的"人力"组合而成的，从字面上看，它所强调的是人力作为资源时的价值性。在《辞源》中，"人力"被解释为"人的能力"，具体地讲，是指人类所具有的体力和脑力，即劳动能力的总和[①]。而"资源"则被解释为"资财之源"[《辞海》(三卷本)]，也就是说，资源是资本和财富的源泉。综合国内外学者对"人力资源"的种种理解并考证"人力"和"资源"的实际内涵，我们认为，"人力资源"一词应包含如下4层含义：①人力资源是一个内容丰富的总体，是人类具有的体力、智力、知识和技能的合称；②作为一种资源，人力资源必须具有开发和利用价值，这就排除了将人口中那些根本不具有或已经失去劳动能力的纯消费人口(如严重智障型人口、因自然老化而失去劳动能力的老年人、因疾病和伤残等丧失劳动能力的人等)视为人力资源的可能性，同时也意味着将"人力资源"等同于"人口"是有失偏颇的，甚至是对"人力资源"概念的误解；③作为资源，人力资源的价值性在于其能给社会和组织的现在及未来带来新增价值，即可能带来人力资本和物质财富的未来增加，否则，其开发的意义将不复存在；④人力资源这一概念，不仅具有时间、地域和空间性，即我们所谈论的人力资源往往指一定时期(点)和一定空间范围(如一定地域、某一企业等)内的人力资源，这是人力资源量的规定性的具体要求，而且与其他资源一样，人力资源还具有质的规定性，这是不同时期或同一时期不同区域内等量人力资源的根本差异所在。把握上述4点，对全面、深入理解"人力资源"这一概念是十分必要的。基于此，我们认为，人力资源有广义和狭义之分。广义的人力资源，是就根本不具有(指先天失去者)和已经失去(指后天因疾病、自然灾害、重残和年老等而失去)劳动能力的人之外的人口而言的，它是指在一定时间和空间范围(如一个国家、一个地区、一个城市、一个组织或一个群体等)内的具有现实和潜在劳动能力的人所承载的体能、智能和能力的总称。狭义的人力资源则是针对劳动力人口而言的，它是指在一定时间和空间范围内劳动年龄人口或劳动力人口所承载的现实和潜在体能、智能和能力的总称，亦即劳动力资源。需要说明的是，在现代经济中，人力资源与人或人口，或者劳动力资源与劳动者和劳动力人口均非同一概念，因为人力资源所考察的是在一定时间和空间范围内的人所承载的现实和潜在的劳动能力，而非人数的多少和规模的大小，实际上，人或人口只是人力资源的载体，而非人力

---

① 马克思，恩格斯. 马克思恩格斯全集[M]. 23卷. 北京：人民出版社，1956：190.

资源本身；同样，劳动力人口只是承载劳动力资源的人的数量表现，是劳动力资源的量的规定性。人口、人力资源、劳动力资源及其与人才资源的区别和联系可在图1-1中得到形象表现。

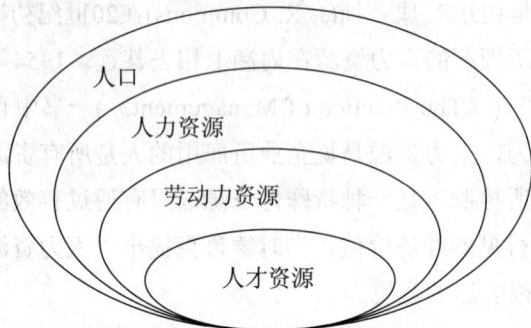

图1-1　人力资源与人口、劳动力资源和人才资源的关系图

由图1-1可见，从量的规定性来看，人口与人力资源、劳动力资源和人才资源是包含和被包含的关系。也就是说，就一定时期内某一人口群体而言，受先天条件、伤残和年老体衰等因素影响，人口中承载人力资源的只是其中的一部分人，那些先天即丧失劳动能力及后天因伤残、年老体衰而丧失劳动能力的人，实际上是不在人力资源这一概念考察范围内的；同样，承载有人力资源的非劳动力人口或非劳动年龄人口，也不在劳动力资源的考察范围内；而能够称得上"人才"或"人才资源"的，通常只是劳动力人口或劳动力资源中的一部分。

2. 人力资源的特征

与其他资源相比，人力资源除具有资源的一些基本特征外，还具有其他资源不具备的特征。不过，由于人力资源的载体是人，因此，人力资源的这些特征往往与人的特征相关联，即人力资源的基本特征在很大程度上是由其载体——人的特征赋予和影响的。

(1) 生物性。生物性是指包括人类在内的所有生物有机体共有的基本特征，也是人力资源与自然资源、金融资源、信息资源和时间资源的重要区别之一。由于人力资源的载体是人，因此，人力资源——人的体能、智能和能力的发展变化必然会受到人的生物属性的影响，不仅随着人的成长、成熟、衰老、病残和死亡等生理机能的变化而变化，而且随着人类的世代更替以及肌体及脑容量和大脑结构的演进而不断变化，这些既是人力资源生物性特征的具体体现，也是人力资源与其他资源的重要区别所在。

(2) 社会性。人力资源的量是人类长期繁衍、增殖的结果，而人力资源的质则是人类在长期的生产和生活中，认知能力和水平不断提高、经验和知识不断累积及世代传承的结果。人力资源的社会性，一方面体现在作为其载体的人的社会性上，另一方面则体现在人力资源演进、累积及开发、配置和管理的社会性上。从作为其载体的人的社会性角度看，人的社会性将人与一般动物区别开来，是人区别于其他动物的本质特征。在人类社会早期，人类与一般动物无异，只是在长期的生存抗争以及对自然现象和规律的认识中，人类不仅锻造了自身对大自然的适应能力，而且通过发现和反复认知自然现象，探索事物发展、演变的规律性，并通过劳动不断改造生存环境和提升社会生产力，进而逐渐演变成与一般动物有着本质区别的独特群体——人类。正如马克思、恩格斯所言："劳动首先是人和自然都参加的过程，是人以自身的活动来引起、调整和控制人和自然之间的物质变换过程。人自身作为一种自然力与自然物质相对立。为了以对自身生活有用的形式占有自然物质，人就使他身上具有自然力的部位——臂和腿、头和手运动起来。"[1]在长期的生存和发展过程中，人类借助大脑和四肢，借助个体特别是群体力量，不仅创造和积累了物质财富，而且推动了科学技术和社会生产力不断进步和发展。可以说，人的社会性是以群居及共同劳动和生活以及相互交流、相互依存为基础的，离开了他人的帮助及与他人的交流，人的社会性将无从谈起，现代社会也不例外。另外，人的社会性还表现在人能够创造并利用语言或其他方式表达情感，进行交往和沟通，并从与他人交往和交流中获得安全感和尊重感，而且，在与他人交往及各种活动中，不断改善和提高自身对社会、团体或组织以及他人的适应力。人力资源的社会性还体现在，人力资源是随着人类社会的演进以及人类对自然界、对人与人之间关系认识的不断提高，随着人类知识的增多、技术技能的增进以及社会生产力的不断发展而不断增进和提高的，人类的共同劳动和创造是人力资源不断发生质的跃进、人的能力不断丰富化的驱动力，"劳动创造了人本身"[2]，创造了更加丰富和高品质的劳动能力。

(3) 主观能动性。作为一种独特的经济资源，人力资源与其他资源的区别还在于，人力资源的载体——人具有思维和创造能力，具有主观能动性。在日常生活和生产过程中，人力资源的载体——人总是有目的、有计划地使用自身的脑力和体力，并使自身的人力资源——体能、智能和能力尽可能按照自己的要求及预设的目标和方向发挥作用。正如马克思所言："蜜蜂建筑蜂房的本领使人间的许多建筑师感到惭愧。但是，最蹩脚的建筑师从一开始就比最灵巧的蜜蜂高明的地方，是他在用蜂蜡建筑蜂房以前，已经在自己的头脑中把它建成了。劳动过程结束时得到的结果，在这个过程开始时已经在劳动者的表象中存在着，即已经以观念的形式存在着。[3]"即与其他资源不同，人力资源不是消极被动地与自然力结合，而总是处于主动地位，在劳动过程中起支配作用，通过实现与自然力的有机结合，使自然力为人类社会造福。正是借助人力资源的主观能动性，人类才能通过自身经验和知识的积累及能力的提高，不断深化对客观世界和人类自身的认识，进而推动科技和社会生产力的进步以及人类社会的不断繁荣和发展。

(4) 可再生性。人力资源的可再生性突出地表现在：①随着社会生产方式的进步，人力资源的质和量不断得到提高和更新。即随着社会生产力的发展和社会经济条件的改善，人力资源的质不断提高，质的内容不断更新和丰富，以适应新的经济活动和技术的要求；其量则在人口的生产和再生产过程中不断得到更新与补充。②人力资源的质具有可恢复性和可增殖性。在人类活动中，人的体能不断被消耗，而在闲暇及食物消费过程中，失去的体力和脑力又得到补充和恢复，进而在下一轮活动中保持旺盛的体能和智能。人的知识、技能和经验，亦可在劳动和不断学习、训练中得到增进和更新，即因伤病或其他原因暂时退出劳动过程的劳动者，或者因采用新技术导致知识过时、技能落后的劳动者，或者因长期不使用而逐渐耗损知识、技能和能力的劳动者，均可通过继续训练、学习及劳动实践使自身的劳动能力得到恢复、提高和再生，而不像一些物质性资源，如煤炭、石油、天然气等，一旦损耗即无法恢复和再生。

---

① 马克思，恩格斯. 马克思恩格斯全集[M]. 23卷. 北京：人民出版社，1956：201-202.

② 马克思，恩格斯. 马克思恩格斯选集[M]. 3卷. 北京：人民出版社，1972：508.

③ 马克思. 资本论[M]. 1卷. 北京：人民出版社，2004：208.

(5) 时效性。时效性是人力资源区别于其他资源的又一显著特征。一般来讲，物质资源不受时间限制，即无论何时、在何种生产力和技术条件下，物质资源的开发和利用都将是有效的，而人力资源则不然。由于人力资源的载体是人，人又是由具有不同质的有生命的个体所组成的集合，因此，人力资源的开发和利用必然会受到人的生命周期的影响，其开发和利用效果将随着所处生命周期阶段的不同而不同。也就是说，就个体的人而言，只有其生命周期的一定阶段或时期可供社会生产活动之用，未达到或超出这一阶段或时期，如幼儿和童年期、少年期和老年期等，人力资源开发和利用就可能存在效果差甚至难以开发和利用的问题。这段时期的长短通常受人的健康状况、劳动能力保持的状态和水平以及科学技术和社会生产力水平等多方面因素影响。

(6) 时代性。人力资源的时代性突出表现在处于人类社会发展的不同时期或时代的人们所有的体能、智能和能力的差异性方面。人类社会处于不断发展和演进的过程中，在此过程中，人类的基础能力也将随着科技进步和社会生产力发展而不断更新和提高，并成为推动科技和社会生产力不断跃升到更高一级台阶的基本动力。因此，时代条件及科技进步和社会生产力发展水平的不同，使得不同时代的人们所具有的体能、智能和能力必然表现出一定的差异性，如生活在网络时代的人们所具有的价值观、能力和认知方式等，明显不同于生活在传统农业社会的人们，当然，未来的人们所具有的价值观、能力和认知方式等也会明显不同于目前的人们。

(7) 群体性。乐群性是人力资源载体——人所具有的重要社会性特征。在现代经济活动中，从事某一生产活动的劳动者通常是由若干个体组成的群体，如科室、班组、车间等，而且群体的凝聚力和士气将直接影响群体乃至组织的绩效。就每一群体而言，个体是其最基本的组成要素，群体劳动的数量和质量将受每一个体所提供的劳动的数量和质量影响。当然，在群体规模较大时，单个个体对整个群体的影响往往会很小，但其所具有的潜在效力却是不容忽视的，因为他完全有可能通过扩大影响而波及群体中的其他个体，形成"示范效应"和"木桶效应"。正因为群体是由个体构成的，因此，在市场经济条件下，从提高每一个体乃至群体的绩效出发，在承认劳动力所有权及其商品属性的前提下，不仅应重视对劳动者的物质激励，而且也应重视对劳动者的精神激励，通过激发人的主动性、积极性和创造力，来提高组织和社会的绩效。

(8) 资本增值性。通常，资本具有如下特点：①资本是投资的结果，也是价值增值的基础，可以在投资活动中为投资者带来收益；②资本在使用中会出现有形和无形磨损，即其原值在使用中将不断减少并趋于消失。人力资源作为人力资本的基础，也具有资本的一般特征。首先，人力资源的潜在性决定了其只有通过开发才能为社会所用，而要对人力资源进行开发，就需要进行人力、物力、财力和时间等的投入。事实证明，人力资源开发的程度与开发过程中投入的多少、投资效率的高低等密切关联，即：在投向正确时，投入越多，投入物的利用效率越高，则人力资源开发程度越高，创造产出的潜力也越大。另外，人力资源是一种增值性资源，通过将开发好的人力资源与物质资源进行科学、合理的配置，同时通过对人力资源载体——人的有效激励和管理，就可以使人力资源切实发挥增值资本、创造财富的效果。而且，与一般物质性资本遵循"报酬收益递减"规律不同，人力资源的开发利用遵循"报酬收益递增"规律，即在人力资源开发过程中，投入得越多，在之后的利用过程中得到的回报往往也越多。

3. 人力资源与人力资本的区别

人力资源虽然具有资本性特征，但人力资源并不等同于人力资本，两者间既有区别，又有联系。

一般认为，人力资源是人力资本得以形成的基础，而人力资本则是人力资源质的表现，是人力资源资本化的产物。人力资源与人力资本的区别主要表现在：①内涵不同。如前文所述，人力资源是指在一定时间和一定空间范围内具有现实和潜在劳动能力的人所具有的体能、智能和能力的总称，而人力资本则是经过投资形成的、凝结在人身上的健康、知识和技能等因素，由此可见，人力资源的关注点是人的现实和潜在劳动能力，而人力资本关注的只是人的现实劳动能力，是拿来即能用的能力。②研究视角不同。人力资本是从"投入—产出"的角度来研究人力在获取收益(包括物质的和精神的)和经济增长中的作用的，研究视角主要落在收益方面(即投资是否划算，以及收益率的高低)；而人力资源则从人力作为财富源泉的角度，即从人的潜能与财富间关系的角度看待问题，是基于更广泛意义的对人力问题的研究。③人力资源是一个存量概念，而人力资本兼具存量和流量两方面特征。若从经济活动的角度看，人力资本往往与流量核算相联系，表现为产品和服务产出量的变化及劳动者体能和脑力的耗损，以及知识和经验的积累、技能的增进；从投资活动的结果看，人力资本又与存量核算相联系，表现为投资活动价值的有效凝结，亦即知识的增进、技能的提高、健康状况(包括身体的和心理的)的改善等。而人力资源则与资源一样仅是一个存量概念。④人力资源的外延大于人力资本。人力资源是现实和潜在劳动能力的综合，它包括自然人力[①]和人力资本两部分；而人力资本则是一个反映价值量的概念，是能够直接投入到经济活动中并带来新增价值的资本。⑤两者关于量的规定性存在差异。人力资源量的规定性是指在一定时间和空间范围内具有经济开发价值(包括现实价值和潜在价值)的人的数量；而人力资本量的规定性则指投入于教育、培训和健康等的人力、物力、财力在被投资者身上的价值的有效凝结，表现为被投资者健康状况、知识和技能的增进等。另外，"人力资源"这一概念更偏重于从管理学的角度思考问题，通常与"开发""配置""利用""管理"等词语相搭配；而"人力资本"则偏重于从经济学的视角思考问题，通常与"投资"相搭配。综上可见，人力资源与人力资本是两个看似类同，实际上存在明显区别的概念，应避免混淆和混用，以免造成误解或产生歧义。

1.1.3 公共部门的内涵及特征

1. 公共部门的内涵

现代社会中的公共部门(Public Sector)是相对于私人部门(Private Sector)而言的。所谓公共部门，是指拥有公共权力，制定和执行国家法律法规和政策，依靠公共财政来维持自身运行及管理社会公共事务、提供公共产品和公共服务的组织体系。私人部门则指运用自身资源从事经济活动，以谋求私人利益最大化为目标的组织体系。最典型的私人部门是私人企业。

---

① 所谓自然人力，是指未进行教育、培训、健康和迁移等投资活动而自然形成的体力、智力、经验和技能等。

由于人们认识和理解问题的角度不同，因此对公共部门范畴的界定也不一致。结合公共部门的内涵及现代社会的组织存在形式，公共部门应包括如下4种类型的组织：一是政府组织，二是事业单位，三是民间组织，四是国有企业或公共企业。

(1) 政府组织，或称政府部门，是一种最典型的公共部门，其权力来自于公民，运营经费来自于公共财政，通过制定和执行国家法律法规和政策，代表公民行使公共权力，来管理公共事务、提供公共产品和服务，不以盈利为目的，而是以追求社会福利最大化为根本宗旨。包括国家立法机关、行政机关、司法机关、检察机关等。

(2) 事业单位，是指出于社会公益目的，由国家举办或其他组织利用国有资产举办的，从事教育、科技、文化、卫生等活动的社会服务组织。事业单位一般靠公共财政全额或部分拨款，不以盈利为直接目的，具有特定的服务对象，以提供社会服务为宗旨。我国的事业单位是计划经济体制的产物，是由政府部门的权力和职能延伸至社会服务领域而形成的，因此，我国的事业单位通常具有官方或半官方性质。不过，随着管办分离及政事分开、政社分开的不断推进，事业单位经营管理体制改革正在逐步深化，可以预见，在不久的将来，我国事业单位的性质和经营管理模式将会发生根本性改变，其社会服务组织的色彩会更加浓郁。

(3) 民间组织是指由民间发起的、在民政部门登记备案的、不以盈利为直接目的的公益性组织，通常包括社会团体、民办非企业单位和基金会等。民间组织通常也称"社会组织"。

(4) 国有企业是指全部或部分由国家投资、由国家委派代表参与和监督经营管理、生产社会需要的产品和服务、以盈利和国有资产增值为目的的、以企业化方式运营的组织体系。如公共交通运输公司、国有电力公司、邮电局、电信公司、自来水公司等。从内部运营模式上来看，国有企业与私人公司没有太大区别，只是由于其产权属于国家，运营资源主要是公共资源，同时又接受政府主管部门或授权主管部门的管理和监督，因此被视为公共部门的一部分。

从目前公共部门的类别来看，因受计划体制下政企不分、政事不分和政社不分的影响，目前我国公共部门的类别划分仍存在突出的管理权限不清、界限不明的问题，特别是事业单位和国有企业，由于行政等级观念依然根深蒂固，从而严重影响和制约了政府及社会管理体制的深层次改革。因此，加快政府和事业单位管理体制改革步伐，同时将国有企业根本性地推向市场，既是今后我国社会管理体制改革的重中之重，也是清晰界分政府组织与非政府组织、营利组织或非营利组织的必要前提。

此外，需要说明的是，目前学术界一般将社会经济活动主体分为政府部门、私人部门和第三部门。从这种划分来看，政府部门和私人部门与前文对这两类部门的界定无异，而第三部门则包含了除政府部门和私人部门之外的所有组织形态。而且，所谓的第三部门目前有多种称谓，如有的把它称为非政府组织(Non-Governmental Organizations，NGO)，有的则把它称为非营利组织(Non-Profit Organizations，NPO)等。这里，我们借用学术界较为公认的定义，将第三部门定义为介于政府部门和私人部门之间的不以追求利润最大化为目标的那些部门，这些部门主要包括如下三类：一是公益性组织，如城市中的公共工程公司；二是公共事业组织，如公立学校、公立医院、公办幼儿园、公办托儿所以及政府投资举办的科研机构、社会福利机构等，这类组织是一种企业化倾向较弱、政府管理倾向较明显的准公共部门；三是非政府公共组织，如妇联、学联、基金会以及各种协会和学会等，这类组织是一种政府管理倾向明显的准公共部门。本书所说的公共部门，实际上包括了政府部门和第三部门中的准公共部门。

2. 公共部门的特征

与私人部门相较，公共部门具有如下5方面特征。

(1) 公共部门拥有的权力属公共权力。作为负责提供公共产品(Public Goods)和公共服务(Public Service)及从事公共事务管理(Public Administration of Affairs)的组织，公共部门所依靠的是公民赋予的公共权力，这种权力产生于社会，并凌驾于社会或公民之上，具有明显的强制性。

(2) 公共部门的基本职能是进行社会公共事务管理。与私人部门不同，管理社会公共事务是公共部门最基本的职能。例如，进行人口控制和管理，建设和维护公共设施，保障公民的基本生活，管理社会治安，治理大江大河，提供公共教育及公共医疗和公共卫生服务，等等。

(3) 公共部门所掌握和运用的资源是一种公共资源。公共部门要通过行使权力来实现其职能，就必须掌握一定的资源，没有一定的人、财、物作为基础，公共部门将难以运转。而在人、财、物等资源中，从政府部门控制的角度来讲，对财源的控制是最基本的。公共部门的财源主要是全体公民的税收，就此而论，国家财政实质上是一种公共财政。此外，公共部门所控制的国土、矿山、水利等重要资源，也属公共资源。所谓公共资源，其实质就是为全体公民所共有的，不单独属于哪一个群体、组织或部门的资源。

(4) 公共部门追求的是公共利益或社会福利最大化。作为公共组织，其服务对象是全体公民，不应具有自己的特殊利益，也就是说，公共部门是"公益人"而非"自利人"。公共利益或社会福利最大化是公共部门的唯一追求。当然，在某一存在多个团体和阶层的社会中，由于不同团体或阶层间的利益是相互冲突的，而且这些不同团体或阶层的利益与全体公民的共同利益甚至存在冲突，因此，在公共部门如何对待公共利益的问题上必然存在以哪个团体或哪个阶层利益为先的问题，然而，并不能因此否认公共部门以追求公共利益和社会福利最大化为目标的这一事实。

(5) 公共部门向社会提供的是公共产品和公共服务。一般来讲，公共产品和公共服务具有两方面的重要特征：一是非排他性。即一个人、家庭或组织享用这种产品和服务，并不能排除其他人、家庭或组织也享用这种产品或服务，这种产品或服务不是专属于哪一个人或群体的，而是全体公民均可享用的。二是非竞争性。对于公共产品或公共服务，在一定范围内任何人对某一公共产品或服务的消费，均不影响其他人对这一产品或服务的消费，而且新增他人消费的边际成本为零。例如，对一条高速公路来讲，在其合理的容量范围内，其消费具有非竞争性。

1.1.4 公共部门人力资源管理的内涵及特征

1. 公共部门人力资源管理的内涵

在明确了"管理""人力资源"和"公共部门"的内涵后，也就比较容易把握和界定公共部门人力资源管理的内涵了。

公共部门人力资源管理(Human Resource Management in Public Sectors)是指公共组织从自身目标和发展的角度出发，通过建立和完善制度体系和政策，运用激励机制和手段，来管理组织内部人力资源的一系列实践活动。要理解公共部门人力资源管理这一概念，首先必须把握如下4个要点。

(1) 公共部门人力资源管理是一种实践性过程。也就是说，公共部门人力资源管理不仅强调相关理论和技术方法的学习与研究，而且更强调人力资源管理的实践应用，因为作为一种实践性科学和实用性艺术，人力资源管理理论和方法来自于实践，所以，只有将理论和技术方法应用于实践，接受实践的检验，人力资源管理才有实际价值。否则，人力资源管理只能是"纸上谈兵"，毫无实际意义。通常来讲，公共部门人力资源管理涉及的实践活动主要包括：人力资源战略与规划制定、员工招聘与人力资源配置、员工职业生涯规划与发展管理、员工培训与人力资源开发、绩效考评与绩效管理、薪酬设计与薪酬管理以及劳动关系管理等。

(2) 公共部门人力资源管理的目的在于提高公共组织绩效、实现公共组织战略目标。公共部门的绩效和目标是通过其内部人力资源达成和实现的。要提高公共部门绩效、实现公共部门的近期、中期乃至长期目标，基本前提之一就是要科学、合理、高效地开发、配置、利用和组织人力资源，通过激发公共部门人员的积极性、主动性和创造性，来促进现有人员劳动能力的发挥，通过建立和完善识人、选人、育人、用人、留人和激励人等一系列制度和机制，来激发和激励员工把个人智慧、才干和能力应用于实际工作之中，为公共部门绩效的提高和战略目标的实现尽职尽责。

(3) 公共部门人力资源管理是依据事先制定和建立起来的法律法规、政策以及规章制度来展开的，它虽然继承了"科学管理"的一些有益做法，但摒弃了传统人事管理的视人为工具、强调惩罚的做法，较好地体现了现代人力资源管理的规范性和公平公正性。

(4) 公共部门人力资源管理强调沟通和激励。与传统的人事管理不同，现代人力资源管理特别强调与员工的沟通和对员工的激励，主张通过诱发员工需求，发掘员工兴趣和特点，借助物质和精神等激励措施，来激发员工的工作积极性、主动性和创造性，较好地体现了"以人为本"的现代管理理念，而不是像人事管理那样强调对员工的控制，动辄就用惩罚手段来处罚员工，从而使员工产生强烈的被压制感、畏惧感及恐慌感。这是人力资源管理与人事管理的本质区别，通过对二者进行比较也可以总结出当代管理科学的发展趋势。

2. 公共部门人力资源管理的特征

公共部门及现代人力资源管理的特征，决定了公共部门人力资源管理的个性特征。与企业人力资源管理相比较，公共部门人力资源管理具有如下典型特征。

(1) 公益性。从人力资源管理的目的看，公共部门人力资源管理不像企业那样把追求本部门利益最大化作为行动目标。也就是说，企业人力资源管理的根本目的在于为本企业带来更多的利益回报，而公共部门人力资源管理则是通过提高公共部门人力资源质量、实现人力资源价值最大化，来实现公共利益或社会福利的最大化。原因在于，公共部门人力资源是一种公共资源，加之公共部门的权力是公民赋予的，因此，公共部门人力资源管理行为必须奉行全体公民利益至上的原则，并以追求公共利益或社会福利最大化为其基本价值取向和最终目标。

(2) 复杂性。公共部门特别是政府部门是一个纵横交错、层级间相互制约的组织结构体系，它是按照完整统一原则建立起来的，要求目标统一、事权统一和功能配置统一。因此，合理划分各级行政组织特别是中央与地方的人事管理权，建立完整统一的人事管理制度，明确职责范围，是遵循统一原则、高效管理公共部门人力资源的基础。而公共部门人力资源管理权的划分又是一项复杂的系统工程，其复杂性是其他任何组织所无法比拟的。另外，第三部门人力资源的特殊性也增加了其管理的复杂性，第三部门人力资源管理既受纯公共部门的影响，也受私人部门的影响，从而加大了第三部门人力资源管理的难度。

(3) 法制性。公共部门依法对人力资源进行管理，具有强制性特征，这是公共部门不同于企业人力资源管理的鲜明特征之一。主要表现在如下两方面：一是公共部门设置的管理人力资源的组织机构及其宗旨和目标、人员编制、行为规范、财政预算等，均必须依照相关法律规定；二是公共部门必须依照法律法规来行使人事管理权。

(4) 强调德、才测评，绩效考评指标较难量化。公共部门的自身特征，决定了公共部门在选人、育人和用人方面比较注重人员的政治觉悟、思想品德和才干，因为这些因素决定着公共部门的阶级性，关系着公共部门能否切实代表全体公民的利益，关系着公共部门的社会形象及其权威性。因此，在选人、育人、用人甚至绩效考评时，公共部门应始终把员工的思想品德、才干能力放在重要位置。另外，公共部门自身及其管理目标的特殊性，也决定了公共部门产出的难量化特点，进而导致绩效考评指标较难量化。

1.2 人事管理到人力资源管理的演进和发展历程

现代人力资源管理是由传统人事管理发展演变而来的，在从传统人事管理向现代人力资源管理的发展演变过程中，科技和社会生产力的进步、员工素质改善及其需求的不断变化、管理实践者认知水平的不断提高以及管理科学和行为科学的发展，这4股力量发挥了根本性作用，加快了传统人事管理向现代人力资源管理的演进和发展速度。

1.2.1 人力资源管理的发展演变过程

1. 从经验式管理到"科学管理"

人类的管理思想和管理活动始于奴隶社会，它是随着人们对资源有限性认识的不断深入及在为了提高资源的利用效率和产出效益的目标下而逐渐形成和发展来的。在自然经济社会和传统农业社会中，社会生产力水平及社会劳动者的知识技能普遍低下，经济活动既缺乏严格的规范及规则，也缺乏科学的理论指导，经济活动及其管理行为完全凭借劳动者的切身体会及阅历经验，不同管理者的管理方法往往差异很大，而且管理效果也因时、因地、因管理对象的不同而不同。这一时期的管理表现出极强的经验性特征，因此，通常被称为经验式管理阶段。这种管理模式不仅广泛存在于工场制时期，而且在实行工业化大生产后的较长时期内仍发挥着重要作用。

"科学管理"(Scientific Management)肇始于18世纪的工业革命时期，是随着社会化大生产的发展及人们对经济活动和劳动生产过程认知的不断提高与深化而提出来的。美国的工业化开始于19世纪初，到19世纪末，美国已建成了四通八达的铁路网和几条横贯大陆的交通干线。交通运输业的迅速发展，在扩大国内市场、加速资源流动的同时，也带动了煤炭、钢铁和机器制造业的发展。随着铁路运输需求的迅速增长，铁路运输业快速发展，由此铁路运输公司的规模不断扩张，并出现了一些巨型的铁路运输企业，随之，铁路及其公司经营和管理的问题也越来越突出。人们通过研究和解决铁路经营管理中遇到的问题，不仅积累了许多经验，而且助推了"科学管理"理念的逐步形成和管理行为的革命。由于美国工业化是在吸引国外技术和资本以及吸纳大量国外劳动力——移民的背景下展开的，来自国外特别是西欧和北欧的移民，除其中一部分是具有一定技术的人员外，大部分均为纯体力劳动者。进入20世纪后，美国的社会生产力水平得到了迅速提高，不仅形成了国内统一的市场，而且生产的社会化、集中化和垄断化程度均得到空前强化，垄断组织持续扩大。垄断组织从地区扩大到国家，从国家扩大到国际，并出现了跨国公司。随着经营规模的扩大，信用制度、股份公司逐渐建立和发展起来，进而导致了所有权与经营权的分离，使得现实中越来越需要专门化的管理职能，由此就出现了越来越多的致力于研究管理技术和方法的人员，并涌现出一批卓有成就的早期职业管理者和管理学家，像丹尼尔·麦卡勒姆、亨利·普尔、亨利·汤、弗雷德里克·哈尔西、亨利·梅特卡夫以及奥伯林·史密斯等，均是这一时期的杰出代表。可以说，在泰勒的"科学管理"产生之前，在社会需求的强力拉动下，麦卡勒姆和普尔对企业组织结构及其职能控制做了充分而深入的讨论，汤和哈尔西对工人的工资报酬及收益分配进行了探讨和实验，而梅特卡夫和史密斯则在车间管理领域进行了尝试，从而为"科学管理"的诞生提供了客观环境和物质条件。[①]

"科学管理"的基本设想是：存在一种最合理的方法来完成一项工作，这种方法不仅最有效率，而且速度最快，成本也最低。为此，就需要将工作分解为最基本的机械元素予以分析，然后再将它们以最有效的方式重新组合起来。美国的机械工程师弗雷德里克·泰勒(Frederick W. Taylor)通过对铁块搬运、铲掘和金属切削过程的实验性研究发现，劳动对象(如铁块、铁砂、煤炭或被切削的金属等)的性质、劳动工具(如铲子、车床)的适应条件、工人的工作程序和肢体动作等直接影响着工人的劳动效率。为此，他一方面精心地挑选与工作要求相适应的工人，另一方面为工人们制定了相应的工作程序和方法，并为他们提供专门的工具，经培训后，让他们上岗工作。在工作中，他采用了具有刺激性的计件工资制。结果，工人的劳动效率成倍增长。泰勒认为，通过消除不必要的或重复的步骤可以达到工作效率的最大化，同时也可减少工人懒惰现象的发生和劳工冗员的数量。如果对泰勒的"科学管理"思想予以总结的话，他有关人力资源管理的思想可归纳为如下几个方面：①科学地确定劳动定额。他主张劳动定额既非雇主说了算，又非由工人决定，而是成立由专门人员组成的机构，通过"时间和动作研究"予以科学地确定。②人事相符，员工与工作相匹配。泰勒主张将过去的工人挑选工作改变为工作挑选工人，每一工作均需挑选最合适的一流工人。工人的挑选工作应由组织内专门的机构去实施，这一部门也就是此后的人事管理部门或人力资源管理部门。③对员工进行科学培训。泰勒认为合适的一流工人不是天生的，造就合适的一流工人的途径，一是进行严格挑选，二是进行科学培训。他认为培训工作应由组织通过建立专门机构、配备专门人员予以专门负责。20世纪初期开始，泰勒的"科学管理"理论在美国企业界得到普遍推广，并对世界各国企业的人事管理产生了巨大影响，由此，泰勒被誉为"科学管理之父"。

虽然说泰勒的"科学管理"理论使生产过程实现了管理控制的合理化，但同时也把雇员和

---

① 郭咸纲. 西方管理学说史[M]. 北京：中国经济出版社，2003：87.

业主均排斥在决策过程之外，迎合了管理者的心理。因此，泰勒主义被认为是“削减有组织的劳工、在不增加工人工资的情况下榨取工人额外劳动的一种方式。”①

2. 从“科学管理”到人际关系管理

20世纪初推行的“科学管理”，在实践中面临着诸多问题和挑战。例如，“科学管理”因未顾及员工感受，从而使员工对工作开始产生不满情绪，并由此影响到员工的劳动效率；此外，“科学管理”理论中关于金钱是激励员工和提高员工生产效率的唯一要素的观点，在实践中也未得到有力证实；而且，尽管许多企业采用了泰勒的“科学管理”方法，但劳资纠纷和罢工依然不断。对此，美国工业工程师亨利·甘特指出：“不论我们做什么，都必须与人性相符合。我们不能驱使人们。我们要指导他们的发展。”甘特主张要以利益分享来回报学习，指出独裁管理会威胁民主。②被彼得·F. 德鲁克誉为管理学先知的玛丽·帕克·芙丽特也认为：“(发号施令的)第一个缺点就是，如果我们不邀请真正从事这项工作的人来参与决策，决定职责的规则应当是什么样子，那么，我们会失去我们本来可以从他那里学到的东西……专断的命令忽视了人类天性之中最基本的因素之一，明白地说，那就是主宰自己生活的愿望……即使命令是完善地制定的，并且，也不是以‘盛气凌人’的态度发出的，仍然有很多人会对他们感觉是命令的任何事物作出狂暴的反应。人们反感的往往是‘命令’，而不是命令的‘内容’……如果一个工人被要求按照他认为并非最佳的方式工作，他通常会对工作的结果全然失去兴趣。他可以事先就断定自己的工作注定不会有好结果……绝不要影响工人对自己工作的自豪感，这是我们最应当注意的事情之一。③”这些问题和挑战，促使管理实践者和学者们努力去探究决定工人劳动效率的因素。

1924年，美国科学院组织了一个包括各方面专家的研究小组，对芝加哥城郊外的西方电气公司(Western Electric)霍桑工厂的工作条件和生产效率进行全面考察和多种试验，其中最著名的实验是照明条件变化对工人生产效率的影响，该实验前后用了两年多时间。

“霍桑实验”是一项以“科学管理”的逻辑为基础的实验，从1924年开始到1932年结束，历经8年时间。“霍桑实验”前后共进行了两个回合：第一个回合从1924年11月至1927年5月，在美国国家科学委员会的赞助下进行；第二个回合从1927年至1932年，由美国哈佛大学教授E. 梅奥(E. Mayo)主持进行。整个实验前后分成4个阶段。

(1) 车间照明变化对生产效率影响的各种实验；

(2) 工作时间和其他条件对生产效率影响的各种实验；

(3) 了解职工工作态度的会见与交谈实验；

(4) 影响职工积极性的群体实验。

后三个阶段的实验是在梅奥教授的主持下进行的。其实验目的主要是解决第一阶段所发现的问题。

通过“照明实验”发现：工作场所中的灯光只是影响生产效率的一种要素，而且是一种不

---

① [美]肯尼思·克洛克，琼·戈德史密斯. 管理的终结[M]. 北京：中信出版社，2004：25.

② [美]肯尼思·克洛克，琼·戈德史密斯. 管理的终结[M]. 北京：中信出版社，2004：26.

③ [英]葆琳·格雷汉姆. 玛丽·帕克·芙丽特——管理学的先知[M]. 北京：经济日报出版社，1998：111-113.

太重要的要素；由于实验中涉及的因素太多，且其中任何一种因素变化都会影响实验结果，因此，照明对产量的影响实际上无法确定。总体来看，"照明实验"虽未得到满意结果，却为接下来梅奥等人的实验提供了借鉴。承继"照明实验"的初步结果，梅奥等人进一步设计和进行了"福利实验""访谈实验"和"群体实验"。实验结果如下。

(1) 管理方式的改变(由严格的命令和控制方法改变为对员工来讲自由宽松式的管理方法)有助于员工士气的提高和人际关系的改善，从而可改变员工的工作态度，促进产量提高。

(2) 管理者与员工友好相处，注意倾听并理解员工，热情对待员工，关心员工，有利于融洽人际关系的达成以及员工士气的提高。

(3) 企业中存在非正式组织(群体)，这种非正式组织(群体)的职能在于控制其成员的行为，对外保护其成员，使之不受来自管理层的干预，这种非正式组织一般均存在自然形成的领袖人物。这种非正式组织的形成是与更大的社会组织相联系的。

在"霍桑实验"的基础上，1933年梅奥等人正式出版了《工业文明中的人的问题》(《The Human Problems of an Industrial Civilization》)一书，与蒙特斯伯格共同建立了"人际关系学说"。

3. 行为科学的发展与人力资源管理时代的到来

尽管"人际关系学说"对科学管理理论进行了补充和矫正，但也有学者认为，人际关系管理方法在提高员工产出和增加员工满意度上没有太大作为，原因在于，行为科学模式下的人际关系管理方法有其自身缺陷，主要表现为：①人际关系管理方法是建立在简单组织中人的行为分析的基础之上的，然而，"快乐的员工是一个好的员工"的论点并未得到事实证明。②人际关系管理方法未考虑个体差异性。每个员工都是具有不同需求和价值观的复杂个体，对某一员工有激励作用的方法对另一员工未必有激励效果；"快乐"和"感觉好"对某一员工的生产率来讲可能没有影响。③人际关系管理方法也未认识到对于工作结构和员工行为控制的需要。在很大程度上，它忽视了生产过程、标准和指导员工朝组织目标努力的规章制度的重要性。④人际关系管理方法没有看到人际关系只是保持员工激励的必要条件之一，因为员工生产效率的提高还可通过绩效考评与管理、职业生涯管理、培训以及增强工作的丰富化和挑战性等加以实现。

20世纪50年代后，行为科学的产生和发展进一步矫正、补充并扩展了人际关系理论的内容。行为科学运用心理学、社会学和人类学等多学科的理论和方法，通过对一般意义上组织中的个体和群体行为的研究，得出结论，认为员工的行为是多种多样、复杂多变的，员工需求影响和决定着员工的动机和行为，分析和把握员工需求，采取有效的激励措施，是管理员工、提高员工工作效率的有效方法。行为科学的最大进步在于它认识到了员工不是机器，而是有需求、有动机、有个性、有感情的组织成员，员工的需求、动机、个性和组织因素，均会影响员工行为。因此，在管理实践中，应从员工需求出发，运用恰当的激励手段来激发员工的积极行为，克服其消极行为，以提高企业的生产效率。这一时期最具代表性的理论有亚伯拉罕·马斯洛(Abraham Maslow)的需求层次论、克莱顿·奥尔德弗(Clayton Alderfer)的生存-关系-成长(Existence，Relatedness and Growth，ERG)理论、弗雷德里克·赫茨伯格(Frederick Herzberg)的双因素理论、维克多·弗洛姆(Victor Vroom)的期望理论、利曼·W. 波特(Lyman W. Porter)和劳勒的综合激励模型、戴维·麦克里兰(David C. McClelland)的成就需求理论、道格拉斯·麦格雷戈(Douglas M. Mc Gregor)的Y理论、埃德加·沙因(Edgar Schein)的"复杂人"假说、以美国著名行为主义学家斯金纳(B. F. Skinner)为主要代表的强化理论和亚当斯(J. Stacey Adams)的公平理论等。这些理论主要从个体的角度来研究人的行为，强调从人的需求出发来激励人，以提高员工工作效率，在组织目标与个人目标统一的基础上实现组织发展。此外，也有的学者从组织和领导行为的角度进行研究，如卡特·勒温(Kurt Lewin)的群体动力学理论、美国行为学家亨利和鲍莫尔等人的领导品质理论、坦南鲍姆和施密特的领导模式理论、美国行为学家布莱克和莫顿提出的管理方格理论以及美国管理学家威廉·大内(William G. Ouchi)的Z理论等。这些理论特别强调组织和领导者对员工的关心，认为这是获得组织高绩效的根本所在。尽管上述理论分别从不同的角度来研究和探讨人的行为，但总的来看，这些理论大多是从人本主义立场来看待管理问题的，体现了浓郁的人本管理色彩，为人力资源管理奠定了坚实的理论基础，标志着一个新的管理阶段——人力资源管理时代的到来。

1.2.2 从传统人事管理到现代人力资源管理

人事(Human Affairs)是指用人治事过程中发生的人与人、人与组织以及人与事(工作)之间的相互关系。人事管理(Human Affairs Management)则指对人事关系的管理，目的在于达到人与人、人与事之间的最佳配合，以实现组织目标。因此，人事管理一般是围绕人与事(工作)的关系特别是以事为中心展开的，它所追求的是事得其人、人事相宜。

人事管理起源于古埃及和古希腊时期，它是随着国家和组织的出现而产生的。现代意义上的人事管理是随着工业革命特别是科学管理的实践发展起来的。发端于18世纪的工业革命促成了以机械化大生产为特征的组织的产生，规模化大生产和装配线的出现加强了人与机器的联系，大工厂的建立导致员工雇用数量急剧增加。工业革命在提高劳动专业化水平和生产力水平的同时，也对生产过程的管理，尤其是对生产中员工的管理提出了更高要求，从而出现了专门的管理人员，专门负责监督员工的生产、管理和与员工有关的事务。

现代企业是在工业革命大潮中形成和发展起来的，在几百年的发展过程中，人事管理作为企业管理的重要一环，逐渐得到发展和完善。最早，在手工作坊式的工厂中，企业主或资本家集财产所有者和经营管理者于一身。作为管理者，许多具体的企业管理职能，如生产、财务、人事、营销等，都由企业主或资本家本人负责。随着企业规模的扩大，管理幅度越来越宽，资本家直接管理一切企业活动已是心有余而力不足，于是出现了企业主或资本家雇佣管理助手来协助自己对员工进行控制的管理形式。随着企业活动的进一步复杂化，组织机构也越来越复杂，并出现了财务、技术等专业性的职能管理部门。与其他部门一样，人事部门作为专业职能部门之一也产生了。员工的招聘由具有专门技能的人事管理者通过一系列方式，如笔试、面试等进行测评和筛选。但在开始时，由于用人治事的权力主要掌握在各部门的直接主管手中，人事部门作为职能部门，只是一线主管的助手，人事部门和人事管理工作者在企业中的地位不高，对企业战略及重大决策很少或根本没有发言权。

我国传统的人事管理制度基本上是封闭式的。这种封闭式的人事管理制度本质上与传统计划经济体制相适应，而且，这种传统管理范式给社会主义市场经济体制的建立及现代企业的发展带来了种种问题：①人才流动难，导致以市场为主导的人力资源优化配置功能难以得到有效实现。同时，人才归部门所有，劳动者按干部和工人身份进行管理，导致劳动力市场的调节、开发、储存和服务功能难以发挥，人力资源浪费极其严重。②国家统一调配人员的管理办法，致使出现分配中的"大锅饭""平均主义"现象，单位对所属工作人员的生活福利一管到底，致使机构臃肿、人浮于事，极大地降低了组织和部门的效率，加重了公共财政负担。③人事管理权过于集中，使得用人单位缺乏应有的自主权，难以适应市场经济自主经营管理的需要。④管理透明度低，管理中容易出现短视的弊病，不能集思广益，导致人事管理工作失误频频。⑤管理过程缺乏公平公正性。因封闭式管理具有较强的计划性和保密性，从而使得社会监督功能难以得到有效发挥，腐败行为难以得到有效遏止。

人事管理在半个多世纪的发展中，研究对象及管理活动的实施对象都是建立在把组织中的员工视为"经济人"而非"社会人"的基础之上的。随着科技的进步和社会生产力的发展，人类社会开始向知识经济时代迈进，在此过程中，员工素质和需求在不断发生变化，知识技能型员工大量涌现，这些员工的个人需求与传统体力劳动者存在较大差异，他们不仅有着较高的物质需求，而且有着强烈的精神需要，以及参与组织管理和自我管理的愿望，有着强烈的自我实现需要，对于这些员工，如果仍采用传统的人事管理方法，很难收到好的管理效果，因此就需要对传统人事管理理念和方法进行变革。当然，受传统观念和实际管理水平的制约，从人事管理向人力资源管理转变很可能要经历较长时间，但这却是时代向管理提出的客观要求，是一种不可逆转的趋势。

"人力资源"一词是由美国著名管理大师彼得·德鲁克(Peter F. Drucker)于1954年在其《管理实践》一书中正式使用并明确界定的。在这部著作中，德鲁克提出了管理的三种基本职能：管理企业、管理经理人员和管理员工及他们的工作。在讨论管理员工及其工作时，德鲁克引入了"人力资源"这一概念。他指出：与其他所有资源比较，唯一区别就是人力资源的载体是人，并且是经理们必须考虑的具有"特殊资产"的资源。德鲁克认为，人力资源拥有其他资源所没有的素质，即"协调能力、融合能力、判断力和想象力"。德鲁克要求管理人员在设计工作时必须考虑人的精神和社会需求，要采取积极行动来激励员工，为员工创造具有挑战性的工作以及对员工的能力进行开发。他指出了当时人事管理的三个最基本错误：①认为员工不想工作的假设；②忽视对员工及其工作的管理，把人事管理作为专业人员的工作而非经理的工作；③把人事管理活动看成是"救火队的工作"，是"消除麻烦的工作"，而不是积极、建设性的活动。总之，德鲁克在《管理实践》一书中表达对改进员工管理的迫切希望。按照德鲁克的观点，当时的人事管理已经不能适应组织对员工实现有效管理的要求，必须用人力资源管理替代人事管理。

自20世纪70年代开始，一方面，"人事管理"逐渐被"人力资源管理"所取代，人们开始注意提高员工的生活质量；另一方面，管理的东西方交流逐渐展开，美国公司开始学习日本企业的成功做法，如无工会的人力资源管理活动、全面质量管理等。1984年，亨特提出了人事管理重点转移的看法，并引起了实际人事管理工作者的重视，使人事管理开始向人力资源管理转变。1984年，美国哈佛商学院的迈克尔·比尔等人集几年开设人力资源管理课程教学之经验，出版了《管理人力资本》一书，对人力资源管理的概念和内容进行了较为全面的阐述，并提供了一个有价值的人力资源管理分析框架。不过，他们并未明确指出人力资源管理与传统人事管理的区别，这一问题直到1992年才由斯托瑞在《人力资源管理的发展》（《Developments in the Management of Human Resource》)一书中得到阐释。[①]

随着私人部门借助人力资源管理在组织绩效提高方面取得巨大成功，以及公民对高绩效政府和服务型政府的呼声日甚一日，公共部门特别是政府中基于官僚制管理模式的根基开始动摇。20世纪70年代末、80年代初，随着撒切尔夫人上台，一场以提高政府绩效、强化民主参与管理及提高政府服务水平和质量的政府治理和"政府再造"运动首先在英国轰轰烈烈地展开，并迅速扩展到美国、新西兰、澳大利亚以及斯堪的纳维亚半岛和欧洲大陆，并对世界所有国家产生了不同程度的影响[②]。对于"新公共管理"(New Public Management, NPM)模式，澳大利亚学者欧文·休斯(Owen E. Hughes)概括了其6大特点：①该模式意味着传统行政管理模式的重大改变，引人注目的变化是注重结果的实现和管理者负个人责任；②一种脱离官僚制的趋势，目的是使组织、人事、任期等更具灵活性；③明确规定组织和人事目标，以便用明确的绩效指标衡量工作业绩，以及对项目实施系统评估，其背后的推动力是经济、效率和效能，即"三E标准"(Economy, Efficiency and Effectiveness)；④公共管理人员更具政治色彩，而不是政治中立或无党派立场；⑤政府职能更有可能受市场检验(如合同外包)，或休斯本人所说的"将掌舵与划桨分开"，政府介入并不一定指政府非得通过官僚制手段实施管理不可；⑥呈现通过民营化或市场检验以及合同外包等方式减少政府职能的趋势[③]。对于"新公共管理"模式的主要内容，经济合作与发展组织(Organization for Economic Co-operation and Development, OECD)将其概括为：①提高政府人力资源管理水平；②员工参与决策与管理过程；③放松管制并推进绩效目标管理；④信息技术的利用；⑤顾客服务；⑥使用者付费；⑦合同外包；⑧取消垄断性管制规定。[④]总体来看，"新公共管理运动"是一场涉及政府管理目标、管理理念、管理体制、管理机制和管理模式的改革，这其中，对传统人事管理理念和管理模式的改革无疑占有重要地位，是"政府再造"和"政府治理"的核心内容之一。"新公共管理运动"中人事管理改革的基本思路：一是改革管理中长期以事为中心的管理理念；二是用现代企业成功的人力资源管理理论和方法来改革传统人事管理模式，从而形成既符合公共部门特点，又具有效率的新型人本化人力资源管理模式，以满足社会对高效、民主和服务型政府的需求。

1.2.3 现代人力资源管理与传统人事管理的区别

无论在管理理念、管理原则、管理内容和管理方法上，还是在管理机制及管理部门在组织中的地位上，现代人力资源管理与传统人事管理均有着显著区别。突出地表现在如下几个方面。

(1) 管理理念和方法不同。传统人事管理以事为中心，组织管理围绕"事"转，在这种理念下，人事管理的根本目的在于通过对员工的规范化管理，来使其按既定目标和规程完成任务，因此，强调命令、控制和服从是传统人事管理的典型特征之一。与传统人事管理不同，现

① 滕玉成，俞宪忠. 公共部门人力资源管理[M]. 北京：中国人民大学出版社，2003：41.
② [英]简·莱恩. 新公共管理[M]. 北京：中国青年出版社，2004：3.
③ 陈振明. 政府再造——西方"新公共管理运动"述评[M]. 北京：中国人民大学出版社，2003：30.
④ 陈振明. 政府再造——西方"新公共管理运动"述评[M]. 北京：中国人民大学出版社，2003：31.

代人力资源管理强调以人为中心，要求组织管理围绕"人"转，管理的根本目的在于通过与员工的沟通及对员工的引导和激励，来提高员工对组织的满意度，凝聚人心、激发士气和潜能，从而提高组织绩效，实现组织发展目标。强调沟通、激励、员工参与和共赢是现代人力资源管理的典型特征之一。

(2) 对人的认识不同。在传统人事管理的模式下，人被视为成本，视为为完成组织工作和任务而存在的工具或机器，与工作相比，人永远处于附属的、次要的、被动的地位。而在现代人力资源管理模式下，人被视为"资源"，是组织赖以存在和发展的根本，是组织中唯一能动的要素，人在组织中处于核心的、首要的和主体的地位。

(3) 对待员工的态度不同。由于传统人事管理与现代人力资源管理对人的认识的差异，从而导致了管理实践中对待员工态度的极大差异。传统人事管理很少考虑员工对组织管理和工作的感受，很少关注员工的个人发展，"重使用，轻开发"是传统人事管理的特征之一。现代人力资源管理则强调人力资源使用与开发并重，重视激发员工潜能和员工发展，强调参与式管理，尊重人、爱惜人、发展人。

(4) 管理的基本职能和重点不同。从基本职能看，传统人事管理主要包括员工录用、考核、奖惩、工资管理以及档案管理等，内容相对单一；而现代人力资源管理除保留了传统人事管理的一些基本职能外，还增加了人力资源规划、员工甄选与测评、员工职业生涯规划与发展管理、员工培训、绩效管理、员工激励管理、劳资关系管理以及人力资源管理研究等，内容丰富。从管理重点来看，传统人事管理的管理重点主要集中在"进""管""出"三方面，突出事务性管理；而现代人力资源管理的重点集中在员工潜能开发、人力资源有效配置和利用、员工成长与发展以及人际关系管理等方面，突出潜能开发及战略性管理和人际关系管理。

(5) 人力资源管理部门与组织中其他部门的关系发生了重大变化。在传统人事管理模式下，人事管理部门与其他部门是对立或管理与被管理的关系，管理中强调各行其是；在现代人力资源管理模式下，人力资源管理部门与其他部门是平等的战略合作伙伴关系，虽然各自的任务和职责不同，但有着共同的战略目标。

上述区别充分体现了人力资源管理活动由"事本"或"物本"向"人本"的转变，标志着管理理念、管理理论和管理方法的重大变革。深刻认识和领悟现代人力资源管理与传统人事管理的不同，是全面实施和做好人力资源管理工作，切实改善组织管理作风和管理模式，提高组织管理水平，提高组织整体绩效的基本前提和根本保证。

1.3　公共部门人力资源管理的基本理论

1.3.1　人性假设理论

人力资源管理的直接对象是人及其行为，因此，对人性的认识，直接影响和决定着管理中所采取的方式方法。人性假设是人力资源管理的理论基础，人力资源管理制度的设计、方法的选择，均是以对人性的认识为前提的。虽然有关人性认识的观点很多，但具有代表性和影响力的当属以下4种："经济人"假设、"社会人"假设、"自我实现人"假设和"复杂人"假设。

1. "经济人"假设与X理论

"经济人"假设(Economic Man Assumption)，有时也称"理性-经济人"(Rational-Economic Man Assumption)或"唯利人"假说，这种假设源自享乐主义哲学观及亚当·斯密关于劳动交换的理论，是一种基于"性恶论"的界说，也是西方经济学和传统组织管理理论构建和方法设计的基础。"经济人"假设的观点主要有如下几点。

(1) 人受经济诱因诱使而产生工作动机和行为，目的在于谋取个人经济利益。

(2) 经济诱因往往在组织的控制之下，因此，人在工作中总是被动地接受组织的操纵、激励和控制。

(3) 人总是以一种合乎理性、精打细算的方式来行事，趋利避害，以最小成本换取最大收益。

美国著名管理学家麦格雷戈在其1960年出版的《企业的人性面》(《The Human Side of the Enterprises》)一书中，结合"经济人"假设的基本观点，归纳总结出X理论。X理论具有独裁主义的管理风格，主要观点包括如下几点。

(1) 人生性懒惰，不求上进，不愿负责任，宁愿听命于人。

(2) 人生来以自我为中心，漠视组织需要，这会导致个人目标与组织目标的矛盾。为了达到组织目标，组织必须通过外力对员工行为加以约束和管制。

(3) 人习惯于保守，安于现状，反对变革。

(4) 人缺乏理性，易受他人影响，随时会被煽动者当作挑拨是非的对象，从而作出一些不适宜的行为。

(5) 人是经济人，视自己的利益高于一切，为了追求个人利益，他们会选择那些在经济上有利可图的事情去做。

基于以上假设，以X理论为指导思想的管理方式可概括为如下几点。

(1) 管理者应以利润为出发点来考虑对人、财、物等生产要素的运用。

(2) 管理者的角色应是家长，是指挥者和督导者，管理者对员工的工作要加以指导、控制，纠正其不适当的行为，使之符合组织要求。

(3) 管理者把人视做机器，忽视人的自身特点和精神需求，把经济手段当做激励人们工作的最主要手段。

(4) 应制定严格的管理制度和规章规程，运用领导者和管理者的权威及严密的控制手段来确保组织目标的实现。

(5) 采用"胡萝卜＋大棒"的管理方法来实施管理。

2. "社会人"假设

"社会人"假设(Social Man Assumption)是由美国人际关系学派的首倡者埃尔顿·梅奥(Elton Mayo)提出的。通过霍桑实验，梅奥等人得出了如下结论：工人不是机械的、被动的机器，而是活生生的社会人；影响人的劳动积极性的因素，除了物质因素外，还有社会的、心理的因素；每个工人都有自己的特点，个体的特点和个性都会影响个人对上级命令的反应和工作表现。因此，应把工人当作不同的个体、当作社会人来看待。在霍桑实验得出的结论的基础上，美国行为科学家埃德加·沙因归纳出"社会人"假说。

"社会人"假说的基本观点如下。

(1) 社会需要激发人的工作积极性。物质激励虽然对人的积极性有影响，但责任感、成就感、尊重感和认同感等社会因素对人的积极性的影响更大。

(2) 影响员工工作效率的最主要因素是人际关系。工作效率主要取决于组织成员在家庭和各个社会群体中人际关系的协调程度。

(3) 非正式组织是影响组织成员行为的潜在力量。

(4) 人们最期望领导者承认并满足他们的社会需要。

基于"社会人"的假设，在管理实践中，组织和管理者应帮助员工建立并保持融洽的人际关系，注意员工的心理感受，激励员工的工作士气。

3. "自我实现人"假设与Y理论

"自我实现人"假设(Self-Actualizing Man Assumption)源自马斯洛的需求层次论。埃德加·沙因将"自我实现人"假设的观点归结如下。

(1) 人的需要有低级和高级之分，人们工作的目的在于满足自我实现的需要。

(2) 人们力求在工作上有所成就，实现自我管理和独立，发展自己的能力和技术，以便使自身素质富于弹性，从而适应环境。

(3) 人们能够自我刺激和自我控制，外来的激励和控制会对人产生威胁，并造成不良后果。

(4) 个人目标与组织目标并非冲突，而是一致的，在适当条件下，个人应自动调整自己的目标，使之与组织目标相配合。

在"自我实现人"假设的基础上，结合X理论，麦格雷戈提出了Y理论。Y理论具有参与式的管理风格，其核心理念类似于我国古代的性善论。Y理论的主要观点包括如下几点。

(1) 人并非生性懒惰，也并非天生不喜欢工作，人愿意为他人和社会做贡献。

(2) 没有人喜欢外来控制和惩罚，人更希望自我管理和自我控制，外力的控制和处罚并不是使人朝着组织目标努力的方法。人追求自我欲望的满足，这与组织需要没有矛盾，只要管理得当，人们就会把个人目标与组织目标统一起来。

(3) 一般人在适当的激励下，不但能接受且愿意承担责任，逃避责任并非人的天性，而是经验的结果。

(4) 一般人都有相当高的解决问题的能力和相当丰富的想象力，只是人的智力潜能往往得不到充分利用而已。

以Y理论为指导的管理方式和方法与X理论截然不同，其管理方式和方法可简单归纳为如下几点。

(1) 人的行为管理的着眼点在于营造一个使人能充分发挥个人才能的工作环境，使员工在实现组织目标的同时达成自己的个人目标，以实现组织目标与个人目标的统一。

(2) 在工作中应该给员工更多信任、责任和自主权，鼓励员工参与自身目标和组织目标的制定，相信他们能自觉地完成任务。

(3) 外部控制、操纵、说服、惩罚，绝非促进人们努力工作的唯一方法，管理者的角色应是辅助者、训练者和提供帮助的人。

在管理实践中，应该用启发式代替命令式，用信任代替监督，用激励代替惩罚，促使人们既为了组织目标也为了自己的目标而努力工作。

4. "复杂人"假设与Z理论

"复杂人"假设(Complex Man Assumption)是史克斯等人在20世纪60年代提出的。在1965年出版的《组织心理学》(《Organizational Psychology》)一书中，埃德加·沙因对其做了进一步归纳。"复杂人"假设的基本观点主要有如下几点。

(1) 人是复杂人，人的需求、能力和动机存在差异性。

(2) 一个人在组织中可以产生新的需求和动机，一个人在组织中表现的动机模式是其原来动机模式与组织经验交互的结果。

(3) 人在不同的组织和部门中可能具有不同的动机模式，在正式组织中不能合群的人，在非正式组织中可能能够满足自我实现的需要。

(4) 一个人能否感到心满意足，是否愿意为组织出力，取决于他本身的动机构造及其与组织的关系，工作的性质、个人的工作能力和技术水平、动机的强弱以及与同事的关系等，均有可能影响其工作状况、工作效果及其对组织和工作的满意度。

(5) 人可以依自己的动机、能力和工作性质对不同的管理方式作出反应。

在"复杂人"假设的基础上，美国管理学家威廉·大内通过对日本企业的跟踪研究，提出了Z理论。Z理论的基本观点有如下几个。

(1) 实行稳定的雇佣制度，使员工与企业同甘苦、共命运。

(2) 建立并实施员工长期考核和晋升制度。

(3) 培养员工正直、善良的品行，实行岗位轮换制度，培养适应各种工作环境的多专、多能的人才。

(4) 领导者和管理者共同制定新的管理战略，明确共同的经营管理宗旨。

(5) 采取集体研究与个人负责相结合的决策方式，即吸收有关人员共同讨论、协商、集思广益，最后由领导者作决策并承担责任。

(6) 通过高效协作、弹性激励等措施来贯彻执行组织目标。

(7) 培养管理人员的沟通技巧。

(8) 鼓励员工参与组织管理，建立员工与组织的全面整体关系。

Z理论是一种强调民主参与的管理理论，代表着组织管理发展的方向。因此，目前这种理论已引起人们越来越多的关注，很多企业通过推行Z理论的管理模式，收到了良好的管理效果。

1.3.2 人力资本理论

人力资本理论产生于20世纪50、60年代，它是应理论研究和社会实践的需要而产生的。在人力资本理论产生后的半个多世纪中，虽然该理论一度遭到理论界的质疑和批判，但由于它符合时代发展的趋势，在当时智力劳动替代体力劳动成为社会生产力进步及经济社会发展的核心动力和决定性力量的背景下，它成为指导人类社会经济发展和管理实践的基本理论，因此，它以旺盛的生命力生存下来，并显现出越来越强的解释力。人力资本思想源于英国古典政治经济学创始人威廉·配第(William Petty)和英国古典政治经济学主要代表人物亚当·斯密(Adam Smith)，而人力资本理论则由美国著名经济学家西奥多·舒尔茨(Theodore W. Schultz)、加里·贝克尔(Gary S. Becker)以及雅柯布·明塞尔(Jacob Mincer)等人共同创建。与人力资源一样，人力资本的载体也是人。人力资本是人力资源质的表现，是人力资源管理的基础理论。

对于人力资本的理论和实践成果，可将其基本理论观念归纳为如下几点。

(1) 人力资本是一种具有增殖能力的无形资本，这种资本表现为人所具有的知识、技能和健康等劳动能力，是科技进步和社会生产力发展的决定性力量和根本动力。

(2) 人力资本投资不仅能够为其拥有者带来直接经济收益，而且能带来间接的心理或精神收益。

(3) 人力资本的形成和积累是在先天基础上进行后天人力资本投资的结果。人力资本的投资形式主要有正规教育、职业和技术培训、医疗与卫生保健、劳动者的迁移与流动、就业信息获取等。

(4) 劳动者所拥有的人力资本与其劳动力价值呈正比例关系，在现代社会中，劳动者的价值主要体现在其所拥有的能够为社会和组织带来新增价值的人力资本存量上。

(5) 组织人力资源管理的根本目的在于管理劳动者的人力资本，使劳动者的人力资本为组织和社会带来增值性收益。

(6) 人力资本是一个国家或地区社会经济发展的动力引擎，是知识经济发展的原动力。

1.3.3　人本理论

人本管理源于人本主义思想，是在现代行为科学基础上发展起来的一种管理模式。所谓人本主义，泛指任何以人为中心的学说，它是一个区别于神本、事本或物本的概念。现代人本管理理念虽然源自传统人本主义，但却与传统人本主义在认识、关注点和内容上有很大不同。现代意义上的以人为本是在充分认识人的需求和动机的基础上，从爱惜人、尊重人、理解人和发展人的层面上提出的一种与社会进步相适应的理念，是对以个体形式存在的人的个性充分肯定和弘扬。现代人本管理运用心理学、社会学、经济学、管理学、人类学等多学科的理论和方法，从把人视为自然人、经济人、社会人和自我实现人的有机统一体的基础上，从张扬人的个性、充分发挥人的能力、尽可能满足人的自我发展需要的角度，来对人实施激励、引导和管理，它所强调的是组织和个人目标统一基础上的员工自治或自我管理。

人本思想在我国虽早已有之，如我国传统流行的"人为五行之尊""节用爱人""万事民为本""得人者得天下"以及"唯才是举""得人、育人"等，即是人本主义在我国社会的现实体现，并深刻影响着我国历朝历代的统治者们。然而，长期以来，这种人本主义思想更多地停留在思想层面，在管理实践中并未得到深入而广泛的应用和弘扬。在西方，20世纪50、60年代以来，行为科学的兴起，极大地推动了人本管理由思想向理论和实践的转化，70年代后很多欧美企业纷纷将人本管理理念、理论和方法引入各自的企业管理中，通过改革企业人事管理制度和管理方法，更多地关注员工的需求和发展，积极推进参与式管理方法，通过将组织目标与员工目标相统一，不仅大大提高了企业的核心竞争力和企业绩效，而且极大地改善了劳资关系、提高了员工和客户的满意度，收到了良好的管理效果。可以说，现代人本管理模式是在迎合社会发展潮流、适应利益相关者共赢的要求下迅速成长及被推广应用的理念和理论，是建设和谐组织乃至和谐社会的重要理论基础。

综合人本思想的发展及人本管理实践成果，可以归纳出人本管理的如下特征。

(1) 人本管理是以人为中心的管理。这种管理区别于以事或物为中心的管理模式，视员工为组织发展的"第一资源"，而不是把员工当作实现组织目标的工具，充分体现了组织管理的人性化特征，同时也是对人的价值性和地位的充分肯定，是管理之于人性的复归。

(2) 人本管理的目的是为了人。在这里，"人本管理的目的是为了人"有两层含义：第一，组织管理必须以员工为核心，爱惜员工、理解员工、关心员工、尊重员工，注意把组织目标与员工目标协调统一起来，为员工提供尽可能多的发展机会和可能，只有如此，才能切实提高员工对组织的认同感和满意度，也才能获得员工对组织的忠诚及其对工作的高度热忱，进而提高组织绩效和客户满意度。"员工第一"是"客户第一"的目标得以实现的前提。第二，组织管理必须以客户为本，为客户提供热情、周到、及时快捷、高质量的服务和产品，以提高客户对组织及其产品的信任感和满意度，实现组织和客户的共赢。"客户第一"是"员工第一"的必要保证。

(3) 人本管理的主体是组织的全体员工。人本管理把全体员工看成组织管理的主体，强调员工参与式管理和民主自治，鼓励员工为组织和部门的发展献计献策，全面实施激励措施，以充分激发员工对工作的积极性、主动性和创造性，有利于员工个性的张扬及能力的充分发挥，也有利于增强员工爱岗敬业的"主人翁"精神的形成与发扬。

1.3.4 激励理论

激励(Motivation)是一个心理学术语，有"激发、鼓励"之意。激励是一种过程，更是一种效果。在管理学中，人们一般将激励定义为：通过创造满足员工各种需要的条件，来激发员工动机，使之产生实现组织目标的特定行为的过程。对于激励的作用，威廉·詹姆士曾经指出，按时计酬的员工，只要发挥其个人潜力的20%～30%即可保住饭碗；若通过恰当激励，员工个人潜力可发挥出80%～90%，其创造的价值将十分巨大。

激励理论是西方行为科学理论的核心，也是现代人力资源管理最重要的理论之一。大量的管理实践业已证明，激励理论对改善组织管理、激发员工潜能、提高组织绩效具有积极的实践意义。

20世纪二三十年代以来，结合管理实践，管理学家、心理学家和行为科学家提出了一系列激励理论。这些激励理论大致可划分为三大类，即：内容型激励理论、过程型激励理论和行为改造型激励理论。

1. 内容型激励理论

内容型激励理论从人的需求和动机的角度来研究人的工作行为，其中具有代表性是马斯洛的"需求层次论"、赫茨伯格的"双因素理论"、奥尔德弗的ERG理论和麦克利兰的"成就需求理论"。

1) 需求层次论

需求层次论(Hierarchy of Needs Theory)是由美国著名人本主义心理学家和行为科学家亚伯拉罕·马斯洛(Abraham Maslow)在20世纪40年代出版的《人类的动机理论》(《A Theory Of Human Motivation》)一书中提出的。马斯洛把人的各种需求归纳为五大类，即生理需求、安全需求、归属需求、尊重需求和自我实现需求。这5大类需求相互作用和影响，而且按重要程度呈先后次序等级式发生，如图1-2所示。

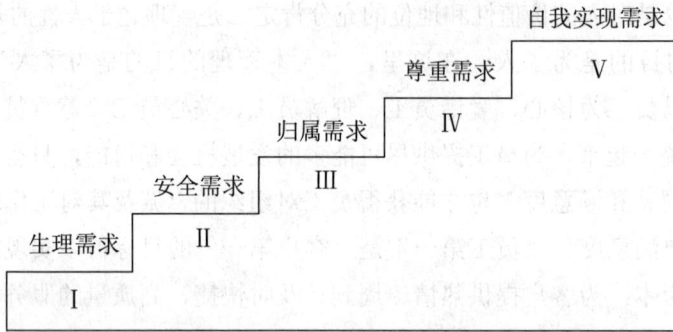

图1-2　马斯洛需求层次等级图

马斯洛指出，生理需求主要包括维持生活和繁衍后代所必需的各种物质需要，如衣食住行和性欲等，这是人类最基本的、也是推动力最强的需求。安全需求是有关免除危险和威胁的各种需要，如防止工伤事故和有伤害的威胁、被资方解雇、生病或养老以及财产安全、婚姻安全和心理安全等。归属需求包括与家人、朋友、同事和上级等保持良好的关系，给予别人并从别人那里获得友爱和帮助，被某一组织或群体公认为其中成员等，这类需求若得不到满足则会导致心理不健康。尊重需求则涉及自尊心、自信心、能力、知识、成就和名誉地位等需要，这类需求很少能得到满足，因此是无止境的。自我实现需求是指一个人能做他最适合做的工作，能发挥自己的最大潜能，实现理想，并不断自我创造和发展。以上5类需求很难都得到满足，一般来讲，等级越低，越容易得到满足。需求层次理论为组织薪酬设计和员工管理提供了重要的理论指导。

2) 双因素理论

双因素理论(Two-Factor Theory)是由美国心理学家弗雷德里克·赫茨伯格(Frederick Herzberg)在1966年出版的《工作和人的性质》一书中提出来的。赫茨伯格通过对工程师和会计师群体进行调查后发现：一类事物，当它存在时可引起满意，当它缺乏时不会引起不满意，而是根本没有满意；另一类事物，当它存在时人们并不觉得满意，但当它缺乏时则会引起不满意。前一类因素如成就、赞赏、工作内容本身、责任感、上进心等，这类因素如果能得到满足，可以激励个人或集体以一种成熟的方式成长，赫茨伯格把这类因素称为激励因素(Motivation Factors)。激励因素解答的是"我为什么要更努力地工作"这一问题。对于这类因素，若处理得当，不仅能给员工带来较大程度的激励，使其产生工作满意感，而且有助于充分、有效、持久地调动他们的积极性。后一类因素如金钱、地位、个人生活、安全、工作环境、政策和人际关系等，他把这类因素称为保健因素(Hygiene Factors)。保健因素回答的是"我为什么要在这里工作"的问题。这类因素若运用不当，会导致员工不满，以致挫伤员工积极性，甚至引发怠工和辞职；若处理得当，则能防止员工产生不满情绪。

双因素理论是对需求层次理论的修正和发展。在薪酬管理和员工管理实践中，这两种理论的运用应兼收并蓄，相互补充。

3) "生存-关系-成长"理论

"生存(Existence)-关系(Relatedness)-成长(Growth)"理论，也称ERG理论，是奥尔德弗于1973年提出的一种理论。"生存-关系-成长"理论是对需求层次论的修正和发展。奥尔德弗在大量调查的基础上指出，人的基本需求不像马斯洛说的有5种，而是三种，即生存、关系和成长。他认为，生存需求是最基本的，指人在穿衣、饮食和住房等方面的需要，这种需求一般只能通过金钱得到满足，它相当于需求层次论的第一和第二级需求；关系需求指人有与其他人和睦相处，建立友谊和制造归属感的需求，相当于需求层次论的第三级需求；成长需求指个人有在事业、能力等方面有所成就的需求，相当于需求层次论的第四和第五级需求。

以上三种需求并非与生俱来，有的(如关系和成长需求)需要通过后天努力才能得到。人的需求并非严格按由低到高的次序进行，而是可以越级的，当高一级需求得不到满足时，人们就会退一级来寻求自己的需求(见图1-3)，所以管理者需要了解员工的不同需求，以激励和控制员工的行为，实现组织目标。

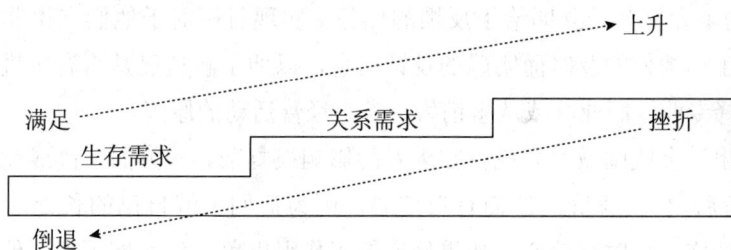

图1-3 奥尔德弗的ERG理论

对于奥尔德弗的ERG理论，有的学者认为，其对需求的分类并不比马斯洛的需求层次论更完善，对需要的解释也并未超出马斯洛需求层次论的范围，如果说马斯洛的需求层次论系带有普遍意义的一般规律的话，则奥尔德弗的ERG理论更偏重于对个体差异性的考察，原因是ERG理论对不同需求间的联系的限制要比马斯洛的需求层次论少。

分析ERG理论，可以发现该理论具有如下特点。

(1) ERG理论不强调需求层次的顺序，认为某种需求在一定时间内对行为起作用，而当这种需求得到满足后，人们可能去追求更高层次的需求，也可能没有这种上升趋势。

(2) 该理论认为，当在寻求较高级需求的满足的过程中受挫时，人们可能会退而求其次。

(3) 该理论还认为，某种需求在得到基本满足后，其强烈程度不仅不会减弱，还可能会增强，这与马斯洛的观点是不同的。

4) 成就需求理论

成就需求(Need for Achievement)理论由美国哈佛大学教授、心理学家戴维·麦克利兰(David C. McClelland)在1966年出版的《促使取得成就的事物》一书中提出。麦克利兰认为，人的需求有三类：对权力的需求、对交往的需求和对成就的需求。麦克利兰指出，一个人是否有持续做某种工作或选择某种工作的倾向，要看他个人追求的动机程度、工作成功的可能性以及该工作所具有的诱因价值。具有强烈成就需求的人，喜欢从事具有一定风险的活动，愿意对自己的行动负责，他们会从自己以往的成就中感受到激励。

麦克利兰指出，高成就需求者是人类的精华，在实际工作中，重视成就需求的人比不重视的人被提升得快。具有高成就需求的人对组织和国家来讲都是非常需要的。他发现，具有高成就需求的人通常具有如下三方面特征。

(1) 高成就需求者喜欢设立具有适度挑战性的目标，他们不喜欢凭运气获得成功，也不喜欢接受那些在他们看来特别容易或特别困难的工作任务。他们不满足于随波逐流和随遇而安，总是想有所作为；他们总是精心选择自己的目标，很少自动地接受别人包括上司为其选定的目标。除了请教能提供所需技术的专家外，他们一般不喜欢寻求别人的帮助或听取别人的忠告。高成就需求者喜欢研究和解决问题，不愿意依靠机会或他人取得成果。

(2) 高成就需求者在选择目标时会回避过分的难度。他们喜欢中等难度的目标，这类目标的达成，既非唾手可得，也不是难得至极只能靠运气。他们会揣度某件事可能达成的程度，然后来选择一个力所能及的目标，即选择在其能力许可的范围内，但需通过努力才能达到的目标。对他们来讲，当一件事的成败可能性均等时，才是他们能从自身奋斗中体验成功喜悦和满足的最佳机会。

(3) 高成就需求者喜欢能立即给予反馈的任务。实现目标对于他们来说非常重要，因此他们希望得到有关工作绩效的及时而明确的反馈信息，以便了解自己是否有所进步。这是高成就需求者之所以选择专业性职业，或从事销售、参与经营活动的原因。

麦克利兰指出，金钱刺激对高成就需求者的影响很复杂。一方面，高成就需求者往往对自己的贡献评价甚高，自抬身价。他们有自信心，因为他们了解自己的长处，也了解自己的短处，所以在选择特定工作时有信心。如果他们的工作很出色，但薪酬不高，他们就会不满，甚至选择"跳槽"。另一方面，通常他们总以自己的最高效率工作，金钱固然是彰显成就和能力的鲜明标志，但如果他们觉得所得金钱配不上他们的贡献，可能会感到不满。

2. 过程型激励理论

过程型激励理论试图通过弄清人们对于付出努力、取得绩效和奖酬价值的认识，来达到激励的目的。其中具有代表性的是弗洛姆的期望理论、亚当斯的公平理论及波特和劳勒的激励过程模式。

1) 期望理论

期望理论(Expectancy Theory)是由美国心理学家和行为科学家弗洛姆(V. H. Vroom)于1964年在《工作与激励》一书中提出来的，1986年布朗(R. A. Baron)在《组织中的行为》一书中对该理论进行了补充，该理论简称VIE，即"效价(Value)-手段(Instrumentality)-期望(Expectancy)"理论。该理论认为，人们只有在预期其行动有助于达到某种目标时，才会被充分激励起来，进而采取行动以达到这一预期目标。期望理论的基本思想可用公式表示为

$$激励力量(M)＝效价(V)×期望值(E)$$

其中，激励力量(M)是指调动一个人的积极性、激发人的内部潜力的强度；效价(V)，即目标价值，是指个人对某项工作及其结果(可实现的目标)能够给自己带来满足程度的评价，它直接反映人的需要动机的强弱；期望值(E)是人们根据过去的经验，来判断自己达到某种目标的可能性

的大小，即能够达到目标的主观概率，它可反映人们实现某种需要、达成某种动机的信心的强弱。效价的大小并无客观标准，主要取决于个人对它的评价。具有不同价值观的人，对事物的评价结果往往不同。同一目标，因个人所处环境不同，需求不同，其效价也不同。同一个目标对不同的人可能产生三种效价，即正、零、负。效价越高，激励力量越大。期望值的高低取决于个人对自己能力和对外在因素影响大小的评价，如条件是否具备，时机是否成熟等。工具或手段与效价有关。个人的预期目标通常分为两级：二级成果是指个人在某一行动过程中最终期望达到的目标，一级成果则是为达到二级成果必须达到的最初目标。因此，一级成果可视为达到二级成果的工具或手段，是一个过渡性概念。

对于如何使激励力量达到最好状态，弗洛姆提出了如图1-4所示的期望模式。

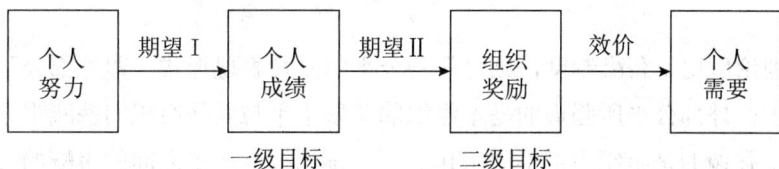

```
┌──────┐  期望I  ┌──────┐  期望II  ┌──────┐  效价  ┌──────┐
│ 个人 │ ──────→ │ 个人 │ ──────→ │ 组织 │ ─────→ │ 个人 │
│ 努力 │         │ 成绩 │         │ 奖励 │        │ 需要 │
└──────┘         └──────┘         └──────┘        └──────┘
                 一级目标          二级目标
```

图1-4 弗洛姆的动机作用模式

图1-4中的期望模式的4个因素需要兼顾如下三方面关系。

(1) 努力与绩效的关系。人们关心的是：如果我付出了最大努力，能否达到组织要求的工作绩效水平、是否会在绩效考评中体现出来？如果个人认为达到目标的概率很高，就会有信心，并激发出很强的工作力量；反之，如果他认为目标太高，通过努力也不会取得很好的绩效，则会失去努力的动力，工作将处于消极状态。

(2) 绩效与奖励的关系。人们关注的是：如果达到这一绩效水平，组织会给我什么样的奖赏或报酬？如果个人认为取得绩效后能得到合理奖励，如奖金、晋升、提级、表扬等，就会激发其工作热情；如果认为没有得到合理的物质和精神奖励，其积极性就会消失。

(3) 奖励与个人需要的关系。人们关心的是：这一报酬是否是我急需的、对我是否重要？人们总是希望自己所获得的奖励能满足自己某方面的需要。然而，由于人们的年龄、性别、资历、社会地位和经济条件等不同，他们对各种需要得到满足程度的要求也不同。即对于不同人，采用同一种奖励办法所获得的满足需要的程度是不同的，由此激发出的工作动力也是不一样的。

综上可见，在VIE理论应用中，必须做好如下三方面工作：一是弄清员工的期望；二是把报酬与绩效相联系；三是考虑报酬的效价。

2) 公平理论

公平理论(Equity Theory)，也称社会比较理论，是由美国心理学家J. S. 亚当斯(J. Stacey Adams)在1956年提出来的。公平理论的基本思想是：要求对个人公正评价和公平对待。公平是指处理事情要合情合理，不偏袒哪一方。该理论着重研究工资报酬分配的合理性、公平性及其对员工工作积极性的影响。该理论认为，员工的工作动机，不仅受其所获得的绝对报酬的影响，而且还受其获得的相对报酬的影响。相对值主要来自纵向比较和横向比较。

所谓纵向比较，是将自己目前的劳动报酬和劳动投入的比值与自己过去的报酬和劳动投入

的比值进行比较，即

$$\frac{现在的劳动报酬}{现在的劳动投入} : \frac{过去的劳动报酬}{过去的劳动投入}$$

若比值相当，则员工会觉得公平满意；反之，则会产生不满情绪。

所谓横向对比，是指员工将自己的劳动报酬和劳动投入的比值与他人的劳动报酬和劳动投入的比值进行比较，即

$$\frac{自己的劳动报酬}{自己的劳动投入} : \frac{他人的劳动报酬}{他人的劳动投入}$$

若比值相当，则员工会产生公平感；否则，就会产生不满情绪，进而影响员工的工作积极性。

若将公平理论应用于薪酬制度，则可得到公平的三种表现形式，即外部公平、内部公平和个人公平。其中，外部公平所强调的是本组织的薪酬水平与其他组织的薪酬水平相比较时的竞争力；内部公平强调的是组织内部不同工作之间、不同技能水平之间的报酬的公平程度；个人公平则是指员工将自己现在的劳动所得和劳动投入的比值与自己过去的劳动所得和劳动投入的比值相比较而得出的公平与否的结论。

3) 激励过程模式

激励过程模式，又称综合激励模型，是由波特(L. W. Porter)和劳勒(E. E. Lawler)在弗洛姆的期望理论基础上提出来的。该模式把努力、绩效、能力、环境、认识、酬赏、公平感和满足等多个变量融于其中，认为激励、绩效和满足均为独立变量，满足取决于绩效，甚于绩效取决于满足。该理论将内激励和外激励综合在一起，并在报酬和满足感之间加入了"公平的报酬"这一中间变量，成为传统思想的转折点。该模式的重点是努力。努力是受个人能力、品性及其对新承担的角色应起的作用的认识所制约的，同时又受报酬的主观价值与努力取得报酬的可能性的影响，在内激励和外激励等多因素作用下产生实际绩效，然后根据绩效标准给予奖惩，最后得到满足。激励过程如图1-5所示。

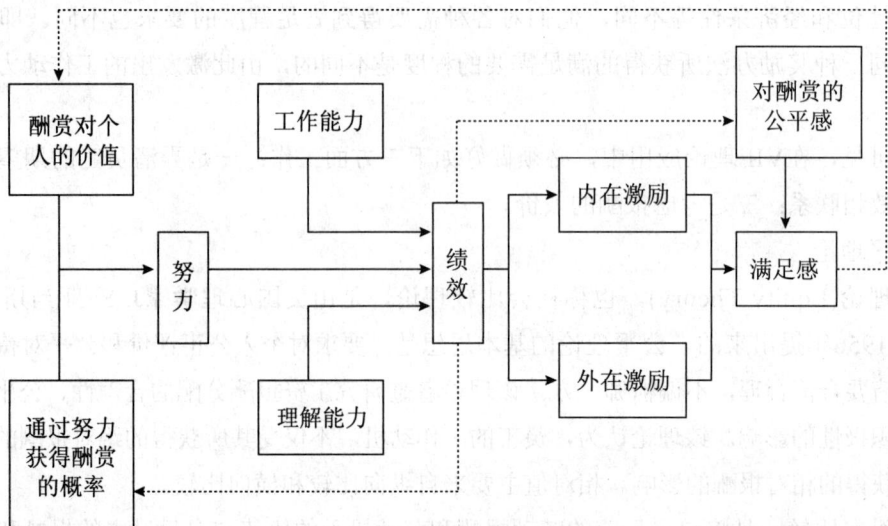

图1-5　激励过程模式图

3. 行为改造型激励理论

行为改造型激励理论侧重于研究改造和转化人的行为，变消极行为为积极行为的方法和规律。其中，具有代表性且与人力资源管理关系最为密切的是强化理论。

强化理论(Reinforcement Theory)，也称条件反应理论或行为修正理论，主要代表是美国哈佛大学的斯金纳(B. F. Skinner)。该理论侧重于研究个体外在的行为表现，强调人的行为结果对其行为的反作用。即当行为的结果有利于个体时，该行为就可能重复发生；反之，则会消退和终止。这种现象在心理学上称为"强化"。斯金纳把人的行为分为两类：一类是应答性行为(Respondent Behavior)，是一种本能性行为；另一类是操作性行为(Operating Behavior)，必须在后天习得。他认为，应答性行为是环境对人起作用而引起的反应；操作性行为则是人们为达到某种目的而作用于环境的行为。从人们作用于环境的结果看，若要使人的需要得到满足，这种行为发生的频率就会增加，因此称为强化刺激。凡能增强反应强度的刺激物，均称为强化物，如工资、奖金、晋升等，人们可通过控制强化物来控制和改造人的行为。

在实际工作中，运用强化理论来改造人的行为的方式一般有4种。

(1) 正强化或积极强化(Positive Reinforcement)。它是指当某人采取某种行为时，能从他人那里得到某种令其感到愉快的结果，这种结果反过来又成为推进某人重复此种行为的力量。例如，组织运用某种强化物，如奖金、休假、晋升、认可、表扬等，来表示对员工某种行为的肯定，从而促使该员工继续重复该行为。

(2) 负强化或消极强化(Negative Reinforcement)。它是指预先告知某种不符合要求的行为或不良绩效可能引起的后果，要求员工避免不符合要求的行为发生以此来回避一种令人不愉快的处境。例如，企业安全管理人员告知工人不遵守安全规程，将受到批评甚至可能受到处罚，从而促使工人为了避免此种不期望的结果的出现而认真按操作规程进行安全作业。

(3) 自然消退(Extinction)。它是一种减少某种行为的出现频率，并最终使之自然消失的过程。通常是对某类不提倡的行为不予理睬，任其自行消失。例如，企业曾对员工加班加点完成生产定额给予奖励，后经研究，认为这不利于员工身体健康和企业长远利益，因此不再奖励，从而使自愿加班加点的员工逐渐减少。

(4) 惩罚(Punishment)。如批评、降薪、降职、罚款和开除等，尽管惩罚往往带有一些副作用，但它一直是而且仍将是一种改变人的行为的手段，只是在使用时要特别注意其不良后果。

1.4 公共部门人力资源管理的基本职能与任务

1.4.1 公共部门人力资源管理的基本职能

从人力资源管理的流程看，公共部门人力资源管理具有公共部门人员的"入口"管理、在职人员管理和公共部门人员的"出口"管理三方面职能[①]。其中，"入口"管理是针对公共部门人员的招聘问题展开的，主要包括人力资源规划、工作设计和工作分析、招聘与测评等；在

---

① 孙柏瑛，祁光华. 公共部门人力资源开发与管理[M]. 北京：中国人民大学出版社，2009：19.

职人员管理是针对公共部门内部人员所开展的一系列管理活动，主要包括员工职业生涯规划与管理、人员培训、绩效考评与绩效管理、职位评价、薪酬设计与管理、职务升降任免管理、工作轮换管理、纪律惩戒和权益保障、劳动安全和劳动关系管理等；"出口"管理针对的是对离开及退出公共部门的人员的管理，主要包括人员退休、退职、调离、辞职、辞退、解雇或开除等管理活动。

从某种意义上讲，公共部门人力资源管理的主要目的在于提高公共部门绩效、促进公共部门人员的安定团结与公共组织的可持续发展。围绕上述目标，公共部门人力资源管理的基本职能可概括为如下几方面。

1) 工作设计、工作分析与职位评价

工作设计与工作分析是公共部门人力资源管理的基础性环节，是一个结合组织战略目标来确定岗位及岗位职责、任务和规范的过程。工作设计决定着基于组织战略目标的组织结构及其岗位设置和工作安排，精简、高效是工作设计应坚持的基本原则。工作分析则是结合岗位特点和任务，来研究和界定每一个工作岗位应承担的职责、具有的权限，以及员工要成功完成该项工作所应具备的基本素质和能力的过程。工作分析的成果——工作说明书是组织招聘甄选、升降任免、人员培训、绩效考评以及薪酬管理的重要依据。职位评价既是依据各职位所承担的任务、职责以及任职资格等来确定和评价各职位在部门及其组织中价值大小的过程，也是确定各岗位从业人员薪酬高低的主要方法和依据。

2) 人力资源规划

人力资源规划是指人力资源管理部门结合公共组织的目标及社会和组织劳动生产率的发展趋势，对公共部门未来发展中所需要的人力资源数量、质量和结构进行确定，并规定相应的实施程序、实现措施以及政策和时间。人力资源规划是公共部门人力资源管理战略的重要组成部分，也是保证公共部门在发展壮大的过程中获得合适数量、质量和结构的人力资源的前期工作。

3) 招募、甄选和录用

满足人力资源需求的前提是从组织内或组织外进行招聘，并通过科学的甄选程序和方法，来选拔、录用合格的人员，由此就需要按照公共组织的目标和岗位要求，来对应聘人员进行测评甄选。招聘是公共部门获取合格员工的关键环节。

4) 员工职业生涯规划与管理

职业生涯规划与管理关系着公共部门人员的个人成长与发展，关系着其个人能力能否得到有效开发和充分发挥，同时也关系着员工对公共部门及其管理的满意度及公共部门自身的可持续发展。公共部门人员职业生涯规划与管理的关键是将公共部门的发展目标与员工个人的发展目标有机结合起来，通过各种方法和手段，在实现公共部门战略目标的同时，帮助员工达成个人发展目标，实现组织和个人的共赢。

5) 培训与开发

培训与开发是提升公共部门人员能力，改善人员知识结构、技能结构和能力结构，使人员适应公共部门和社会发展需要的关键环节，也是公共部门实现可持续发展的必要保证。在现代人力资源管理中，培训与开发正发挥着越来越重要的作用。

6) 绩效考评与绩效管理

员工绩效的提高是公共部门绩效改进和提高的基本前提。没有员工的高绩效，就一定不会有公共组织的高绩效。为了改进并提高员工绩效，就必须将员工绩效与相应的激励措施有效结合起来，由此就需要对员工一定时期内的绩效进行公平、公正、科学的考评，以确定员工的绩效水平，并作为薪酬分配和员工职务晋升的依据。绩效管理一改传统绩效考评"盖棺定论"的做法，它结合组织发展战略和阶段性目标，通过将员工绩效的达成过程与组织阶段性目标的实现、将员工的成长和发展与组织的发展壮大有机结合，以"一切向前看"的视野和"组织与员工共同发展"的角度，来帮助员工改善能力和提高绩效，充分体现了现代人力资源管理"以人为本"的理念。

7) 薪酬管理

薪酬管理是公共部门人力资源管理的重要内容。员工为组织工作的基本目的是获取自身生存和发展所需要的物质报酬，而薪酬制度就是组织为满足员工个人需求，激励员工的主动性、积极性和创造力而设计的一种制度。同时，好的薪酬管理还是吸引、激励和留住员工的最有效方法。

8) 职务升降任免管理

职务升降和任免既关系着员工的个人成长和发展，也关系着公共部门的成长与发展壮大，它是公共部门人员职业生涯规划与管理的具体实践，也是薪酬管理、员工激励和奖惩的重要内容，在公共部门人力资源管理实践中占有重要地位。

9) 劳动关系管理

劳动关系管理直接关系着公共部门人员的能力能否得到正常发挥，劳动关系是否融洽、和谐。根据行为科学理论，融洽、和谐的劳动关系有利于员工满意度的提高，以及其积极性、主动性和创造力的充分发挥。同时，有效的劳动关系管理还有助于优良的公共组织文化的形成。

10) 人力资源管理研究

人力资源管理研究是组织人力资源管理的重要部分。每一个组织所面临的人力资源管理问题都是具体的、特殊的。适应时代发展需要，不断改善人力资源管理模式、机制及方式方法，研究并开发适合不同组织发展目标、愿景、文化和特点的有效的人力资源管理系统，是现代人力资源管理研究面临的迫切而艰巨的任务。

1.4.2　公共部门人力资源管理的功能和任务

功能和职能是两个既有联系又存在明显区别的概念。人力资源管理职能所说明的是在组织管理中，人力资源管理需要承担哪些职责、从事哪些活动等；而人力资源管理功能则指人力资源管理在组织管理中所具有或发挥的作用。通常来讲，人力资源管理功能是借助人力资源管理职能来实现的。从上述意义上讲，人力资源管理的功能可概括为吸纳、维持、开发和激励[①]。所谓吸纳，主要指通过一定的手段，吸引并让优秀员工加入本组织；维持功能则是指通过完善管理手段，让已经加入组织的优秀员工长期留下来；开发功能是指通过培训和激励等手段，确

---

① 董克用.人力资源管理概论[M].3版.北京，中国人民大学出版社，2011：22-23.

保员工能够具备满足组织目前及未来发展需要的知识、技能和能力等；激励功能则是指通过改善政策和管理方式方法，让员工在现有岗位上创造出优良的绩效。从人力资源管理的4种功能看，吸纳功能是基础，激励功能是动力，开发功能是手段，维持功能是保障。在实践过程中，人力资源管理的上述功能可通过识人、选人、育人、用人、激励人和留人来体现，基于此，可将公共部门人力资源管理的主要任务概括如下。

(1) 建立能够吸引外部优秀人才、留住现有优秀人才、开发内部人力资源并有利于公共部门人员成长和发展的体制、机制、政策和制度体系。人力资源管理部门作为公共组织的重要部门之一，其首要任务就是通过政策和制度建设，以及管理方式和方法改良，来保证为公共部门提供合格、优秀的人才，这些政策和制度涉及公共部门人力资源管理的理念、思想和原则，涉及公共部门人力资源管理的体制和机制，也包括有利于人才成长和发展的人力资源管理模式及组织文化等。

(2) 识人与选人。识人与选人是指人力资源管理部门通过各种渠道和手段，为公共部门吸引并挑选出合适的优秀人才的过程。由此，一方面需要建立完善的劳动力市场体系，包括外部劳动力市场和内部劳动力市场，扩展人才来源的社会基础和组织基础；另一方面，需要通过建立严格、规范、统一的人才标准，做好公共部门人力资源战略规划工作，同时通过建立并不断完善公共部门的识人和选人机制，保证公共部门既能从社会中广泛获取优秀人才，又能从组织内及时选拔优秀人员，为公共部门发展持续地输送新的血液和动力。

(3) 育人。育人是公共部门人力资源管理的重要内容之一。随着社会经济的发展和科技的进步，一方面公共部门的工作方向、工作目标和工作内容在不断变化，另一方面，公共部门的工作方式方法、岗位职责及其对劳动者的素质和能力的要求也在不断变化，由此就需要人力资源管理部门及时适应这种变化，通过建立健全员工教育培训和人力资源开发制度、完善员工培训和人力资源开发体系，来不断开发员工的潜能，调动员工的工作积极性，使其在适应社会、组织和部门发展需要的同时，通过有效的职业生涯规划和管理来实现自身价值，达成自身发展目标。

(4) 用人。用人实际上属于公共部门人力资源的配置过程，它是指将选拔出的人员配置到合适的岗位上，使之能较充分地发挥自身特长和能力。合理配置人力资源或量才、量能用人，既体现了组织对员工的真正关心和尊重，也能保证人尽其才、才尽其用。在公共部门管理过程中，只有用好人，员工才能切实感受到自身之于组织的价值，公共部门也才有可能吸引和留住优秀员工，实现组织与员工的共赢。从公共部门发展及其人力资源管理的角度讲，用人是公共部门人力资源管理的核心任务之一。

(5) 激励人。人力资源管理的一项重要内容是通过建立激励机制来激发员工对工作乃至对部门和组织发展的主动性、积极性和创造性，这种激励机制涉及目标管理、员工绩效考评、薪酬制度、晋升政策和奖惩制度等。激励人是维持公共部门凝聚力和战斗力、提高公共部门绩效、树立公共部门良好形象的关键，也是优秀人才脱颖而出的必要保证。

(6) 留人。人才是公共部门兴盛和发展之本，留住优秀人才是公共部门人力资源管理的重要任务。"20∶80"定律指出，组织中80%的绩效是由组织中20%的员工提供的，而组织中80%的员工实际上仅提供了组织中20%的绩效。创造组织80%绩效的那20%的员工是组织中的核心或骨干员工，是组织得以发展壮大的根本力量。通过建立完善的政策和制度体系来留住组织的核心员工，是公共部门人力资源管理的重要任务。通常来讲，留人的关键在于深入研究员工的需求、并尽可能地满足其需求，否则只能事倍功半。

公共部门人力资源管理的主要任务及其相互关系由图1-6可见一般。

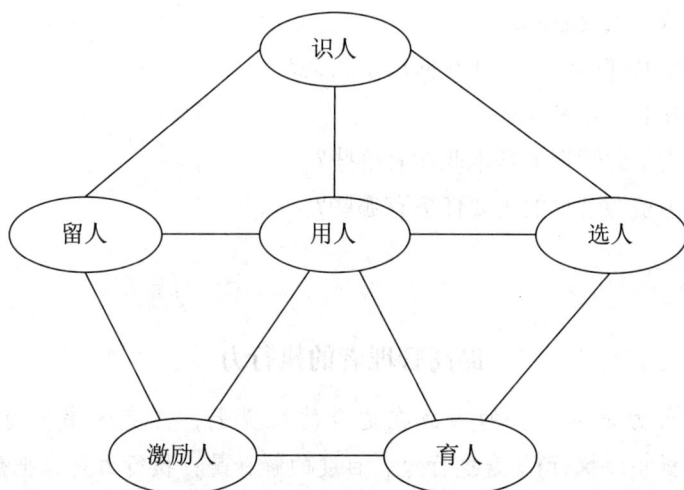

图1-6　公共部门人力资源管理的主要任务及其相互关系

关键术语

管理	人力资源	人力资本
公共部门	公共部门人力资源管理	"经济人"假设
"社会人"假设	"自我实现人"假设	"复杂人"假设
X理论	Y理论	Z理论
人本管理	需求层次论	双因素理论
ERG理论	成就需求理论	期望理论
公平理论	强化理论	

复习思考题

1. 管理与领导的区别有哪些？结合公共部门的工作实践，谈一谈领导者或管理者应如何准确地界定和扮演好自己的角色。

2. 人力资源的特征有哪些？人力资源与人力资本有何区别与联系？

3. 与私人部门比较，公共部门有哪些重要特征？

4. 公共部门人力资源管理的特征有哪些？

5. 简要论述人力资源管理的发展演变历程。

6. 现代人力资源管理与传统人事管理有何区别？

7. "经济人"假设的主要观点有哪些？X理论的主要观点有哪些？

8. "社会人"假设的主要观点有哪些？

9. "自我实现人"假设的主要观点有哪些？Y理论的主要观点有哪些？

10. "复杂人"假设的主要观点有哪些？Z理论的主要观点有哪些？

11. 人力资本理论的主要内容有哪些？

12. 现代人本管理对公共部门管理实践有何指导意义？

13. ERG理论与需求层次论有何不同？

14. 简述期望理论的主要思想。

15. 公平理论对公共部门管理实践有何启示意义？

16. 强化理论的核心思想是什么？

17. 公共部门人力资源管理的基本职能有哪些？

18. 公共部门人力资源管理的主要任务有哪些？

本章案例

提高管理者的执行力

柳传志认为执行力是将适合的人放在适合的位置上，杰克·韦尔奇认为"卓越的执行"(脚踏实地不打折扣地执行)就是执行力。百度的解释是：执行力是指把想做的事做成功的能力。

显而易见，执行力是指做事的能力，而管理者只需要找好会做事的人，并用好他，那么管理者的执行力就强。汉高祖刘邦正是这样一位执行力强的管理者，他曾经分析他作为一个没学历、没业务能力的人却能打败所有对手，成就一番事业的原因：运筹帷幄，我不如张良；内部管理，我不如萧何；带兵打仗，我不如韩信。但是我能用好他们，所以我成为胜利者。汉高祖的总结画龙点睛：用好有做事能力的人，管理者的执行力就强。

"用好"二字看似简单，实际难于上青天。管理者只要修炼好用人能力，就能成为大神通，能做一番大事业。纵观古今，成大事业者，哪个不是善用人才的高手？

一、摆正角色

清代名将年羹尧失宠继而被降职，是以雍正二年进京为导火线的。在赴京途中，他令都统范时捷、直隶总督李维钧等跪道迎送。到京时，黄缰紫骝，郊迎的王公以下官员跪接，年羹尧安然坐在马上，看都不看一眼。王公大臣下马向他问候，他也只是点点头而已。更有甚者，他在雍正面前，态度也显得十分倨慢，"无人臣礼"。年羹尧没有摆正自己作为臣下的身份，做事超越本分，最终空有盖世功绩，却落得惨死的结局。

每个人都有自己的位置，不同的角色有不同的定位。你可能在单位是个领导，但在家里是儿子、丈夫或者父亲。不同的角色，定位是不一样的。我们可以在单位训斥自己的下属，但是回到家里用同样的做事方式对待妻子，就会出问题。摆正自己在不同角色中的位置，迅速调整做事方式，才能实现自己与上司、与下属、与客户间的关系的平衡。"做事先做人"所说的也是这个道理。只有你会做人，人才才能凝聚在你周围。

二、皆宜其能

《易经》有云："明相位，立德业。"只有明白自己所处的位置，采取适度策略，才能建立自己的事业。汉文帝的右丞相周勃，本来是一名武将，军功很大，在刘邦分封功臣的时候，周勃仅次于萧何、曹参、张敖，位列第四。周勃很朴实，对文绉绉的东西一向反感，他不喜好文学，每次召见儒生和前来游说的人，总是面向东坐，责令他们："快点对我说。"这是一位成功的将军，却不是一个合格的丞相。因为为将和为相有很大区别，为相比为将需要更多的治人本领，周勃缺的恰恰是治人才能。儒生代表的是文人，是国家文官的主要来源，周勃不懂如何跟文人打交道，决定了他不可能成为合格的丞相。

"无规矩，则不成方圆"。没有严谨的制度很难实现"集团军大规模作战"，没有统一的指挥系统，将士间的默契将无法达成，获胜将成为可遇不可求的事。但凡人才都有这样那样的"毛病"，或者个性特别强，不愿受约束，或者经常"破坏"制度规则，或者让人觉得难以合群，或者说话直来直去、不计后果等。用人者应特别注意：在非原则问题上，要学会因地制宜，会变通、能变通。

在一个团队中，既需要"沙和尚"式的忠实员工，也需要"孙悟空""猪八戒"式的另类人才。

要善于求取和使用人才，做到"人臣皆宜其能"。善于求取和使用人才包含三层意思：一是发现人才后不要轻易放过；二是使用人才时要信任对方；三是摆正用人者与人才间的位置，不要越俎代庖。汉高祖刘邦用人最难能可贵的是，他清楚自己的长短板，在属下擅长的领域，能放手让人才发挥其才能。用马斯洛的需求理论分析，他让人才产生了认同感，并满足了人才的尊重需求以及自我实现需求。

三、兼听、果断

战国"四君子"之一的春申君黄歇，辅助楚顷襄王、考烈王，名动天下。考烈王无子，赵人李园欲献其妹给考烈王而不得，遂将其献给了春申君。知道此事的人很少。不久，李园妹怀孕。李园兄妹与春申君瞒天过海，将李园妹献于考烈王，后生一子，立为太子。李园恐事情暴露，密谋置春申君于死地。春申君幕僚朱英多次提醒春申君提防李园，春申君不以为然。考烈王死后，李园果然派人刺杀了春申君。

有了可靠的人才，还要学会听取意见，集思广益。在历史上，不少王侯因为不听忠言而家破人亡；在近现代，也有不少领导因为过分宠信下属而被架空，最后人财两空。

另外，还要当断即断。古语云：当断不断，反受其乱。及时作决策抓住机遇，是管理者令人信服的关键，如果优柔寡断，不但错失时机，而且人才也会弃之而去。强者仅仅"有德"是不够的。作为领导管理者，可以不精通业务，但不能认不清所面临的形势，不能对路线判断出现差错，不能在执行命令时有所迟疑。

汉武帝，即位后穷兵黩武，又好神仙方士，大造宫室，挥霍无度，致使民力枯竭，寇盗并起，天下大乱。武帝晚年渐渐悔悟，征和年间，他驳回了大臣桑弘羊等人屯田轮台(今新疆轮台县)的奏请，决定"弃轮台之地，而下哀痛之诏"。他"深陈既往之悔"，不忍心再"扰劳天下"，决心"禁苛暴，止擅赋，力本农"。"由是不复出军。而封丞相车千秋为富民侯，以明休息，思富养民也"。这就是历史上著名的《轮台罪己诏》。汉武帝晚年面对大厦将倾的危难局面，幡然醒悟，痛改前非，全面调整了国家的内外政策，不但使政权转危为安，而且也为"昭宣中兴"打下了基础。

　　此外，还要学会不断自省，抓住机遇。孙子认为，为将者应在"智、信、仁、勇、严"方面有所突出，"勇"指的是管理者要善于自省，及时修正管理失误，为抓住一闪即逝的发展机遇奠定坚实基础。儒家经典《中庸》中提到：知耻而后勇。管理存在问题不是发展的障碍，障碍是认识不到这些问题，或认识到了却不去解决它。因此，正视管理的失误，并及时修正，努力抓住发展机遇，才是"大勇"。

　　四、自存而后图他

　　传说孙膑与庞涓同时师从鬼谷子，但阴险的庞涓深知师弟孙膑的才能远在自己之上，因此，下山之后，他时刻关注孙膑的去向。在魏国，庞涓受到了魏王重用，指挥魏军横行中原，战无不胜。但当他听说师弟孙膑下山的消息后，就将他骗到了魏国，对他实施了一系列迫害活动。

　　被挖去膝盖骨的孙膑，利用自己的智慧逃脱了庞涓的魔爪，到达了齐国。从此师兄弟二人借助齐、魏两国的军队上演了一场斗智好戏。最终，心术不正的庞涓在马陵道中了孙膑的埋伏，全军覆没，自杀身亡。

　　勾践卧薪尝胆的故事更是家喻户晓，但很少有人知道最先忍辱负重、以图报复的人其实是夫差。檇李一战，夫差的父亲阖闾被勾践打败，受伤身亡。临死前嘱咐夫差一定要为自己报仇，从此拉开了夫差与勾践长达20余年的恩怨。两年后，夫差兴兵南征，夫椒之战，吴军几乎全歼越军。就在越国唾手可得之际，夫差却答应了勾践的投降请求，给了勾践以喘息之机。

　　之后的几年间，勾践像奴隶一样侍奉夫差，把仇恨深深埋在心里。麻痹大意的夫差最后放勾践回到了越国。死中得活的勾践励精图治，准备了整整20年，终于等到了报复机会，一举全歼了吴军，把夫差逼到了绝路。天真的夫差希望勾践像当年的自己一样放吴国一马，但勾践并没给他机会。夫差在绝望中自杀，结束了两人长达20余年的争斗。

　　存身是自我保全之道，孙膑、勾践都是大智慧者，但是大智慧者在发挥自己的才能前，如果没有"装疯卖傻"甚至"尝便断病"、保全自身的忍辱负重心怀，则不可能有他们波澜壮阔的后半生。可见，用人者在锻炼自身"任贤用能"的本领时，同时需要懂得如何保全自己和自己的位置，为开创更大的舞台奠定基础。

　　管理者执行力的高低，关键在于"用人"能力的高低。至于如何用好人，韩非子的用人智慧揭示得非常清楚："德者用之本，正者法之始，法者才之道，才者谏之源，谏者谋之基，断者胜之要，谋者断之路，立者诸之先。"这就是说，如果把德才兼备的人称之为人才，那么，人才应是以"德"为先的。孙子兵法讲到在作为好的将领必须具备的5个特质中，"仁"指的是管理者的德或品行。以德服人，才能树立起自己的威信，也才能令将士全力以赴。只会夸夸其谈的领导，是很难让自己的下属心悦诚服、俯首帖耳的。

　　问题：

　　1. 结合上述案例，谈一谈如何才能成为一个有效的管理者。

　　2. 在现代组织中，人力资源管理有何具体特征？请举例说明。

第2章 公共部门人力资源管理的制度环境与分类管理

👤 学习引导

本章主要介绍公共部门人力资源管理的模式，以及公共部门人力资源管理赖以存在的内、外部环境、制度基础及其分类管理制度，重点介绍国内外公务员制度的形成与发展以及公共部门人员分类管理制度的类型、发展趋势，特别是职位分类和品位分类管理制度的相关内容，以及职位分类和品位分类的特点、优劣和区别等。

本章的学习重点，一是要把握公共部门人力资源管理模式及其经济社会环境，二是要理解营造公共部门人力资源管理制度环境的重要性及其价值选择的意义，三是要掌握公共部门人员分类管理制度的内容，特别是要加强品位分类和职位分类的认识和理解，从而为后续学习打下基础。

与私人部门的人力资源管理一样，公共部门人力资源管理必须兼顾制度与人的双重作用，尤其是应该重视制度功能的发挥。换言之，现代公共部门管理绩效的好坏，在很大程度上取决于公共部门人力资源管理制度的完善程度的高低。这是因为，在一个多元的组织文化环境中，法律制度及有序的公共部门人力资源管理内、外部环境，是公共部门人力资源管理的政策依据和基本环境条件，也是公共部门人力资源管理有序进行的保证。因此，在公共事务日趋复杂和多变的情况下，现代公共部门人力资源管理活动必须遵循法治原则，坚持管理有制、管理有度，真正做到依法行事、依法管理，同时确保人力资源开发与管理理念、方法和过程随环境而变，切实做好人力资源开发与管理工作，充分发挥人力资源开发与管理在公共部门管理体制、管理机制和管理模式改革中的作用。

2.1 公共部门人力资源管理模式与社会经济环境

2.1.1 公共部门人力资源管理模式

公共部门人力资源管理制度的模式是由公共部门人事管理权限划分和归属的不同组合方式所决定的。概括地讲，公共部门人力资源管理制度的模式主要包括如下几种类型。

(1) 行政机关首脑或人事主管机关执掌公共部门人员管理所有权限的模式。行政机关首脑或行政组织中的人事主管机关通过选任、委任、考任、聘任等方式，经过一定的评价体系，将需要的人员任用到相应的工作职位上。在现实社会中，一些国家的政党尤其是执政党，往往掌握控制着公共部门的人事管理权，通过在一定范围内往公共部门输入本党成员的方式，来保证执政党的政策、方针和路线得以顺利贯彻和执行。虽然政党并非亲自出面来任免国家政府部门人员，而是在选举获胜后进入政府部门，进而依据政府需要来建议、推荐和委任某些政府部门人员，并通过权力机关的表决程序予以认可，但是，政党特别是获胜的执政党在政府高级公务人员选拔和任用中的巨大影响力却是毋庸置疑的。

(2) 政党组织特别是执政党基本掌控公共部门主要人事管理权的模式。这种制度模式在东西方国家都曾出现过。在这种模式中，政党在人事管理权上高度行政化，执政党几乎控制了公共部门人事管理的所有重要权力，行政机关在人事管理上缺乏自主权和独立性。这种制度模式所带来的主要问题是：由于人事管理权高度集中，且管理方式过于单一，从而造成公共部门中选人、用人与治事严重脱节，人员选拔和任用以维系党派关系和利益为主，从而严重阻塞了社会人才进入公共部门的路径，间接剥夺了普遍公民进入政府等公共部门的权力。

(3) 执政党与行政机关及国有企事业组织划分人事管理权限的模式。在这种制度模式下，人事管理权虽然得到了划分，但因各国政治体制不同，所以权力归属的程度和范围也不完全一样。如有的国家的执政党具有较多的实质性人事权，有的国家的行政机关所拥有的人事管理权较大。通常来看，政党与行政机关人事管理权划分的分界点主要是对高级公务员和中低级公务员的区分。政党在高级公务员选拔和任用上拥有决定性权力，而中低级公务员的管理则由行政机关来掌管。其中，西方国家高级文官和中低级文官属于两个相对独立的管理系统，分途而治，不能相互交流。

(4) "人治"管理的制度模式。人治管理的特征主要体现在其人员选拔和任用上。一般表现为：人员选拔和任用以管理者的情感、偏好、亲疏和利益关系为出发点，或以被任用者的家庭背景、身份地位和政治关系，作为人员选拔和任用的基本原则；在管理中，通常以管理者的主观随意性为本，而不依一定的法定程序进行裁决。这种制度模式很可能会导致公共部门在选人、用人上的任人唯亲、裙带关系盛行，从而严重腐蚀公共部门人员队伍，导致公共部门中"帮派主义""山头主义"盛行，进而影响公共部门管理的秩序性，降低公共部门的工作效率。这种制度模式是政党组织将本党意志凌驾于国家法律和公共利益之上的结果。

(5) "法治"管理的制度模式。所谓法治管理模式，就是依照法的精神和原则来从事公共部门人力资源管理活动的行为模式。在这种制度模式下，国家法律高于一切，任何个人和组织，包括政党、行政机关、国家企事业组织及其他政治组织和社会组织均无权凌驾于法律之上，一切人事管理行为必须依据一定的法律规定和法定程序予以裁定。在公共部门管理的长期实践中，各国越来越普遍认识到人治管理的巨大危害，同时也深刻认识到了法治管理的重大意义，而且，世界大多数国家及其政府也在积极探索适合本国国情的法治管理的有效路径，从而强有力地推动了公共部门人力资源管理的法治化进程。

2.1.2　公共部门人力资源管理的社会经济环境

公共部门人力资源管理环境是指客观存在的、并直接或间接影响和作用于公共部门人力资源管理系统及管理行为的各种物质和精神要素的总和。公共部门人力资源管理环境是客观存在的，不受公共部门行为的影响和控制，然而，却影响着公共部门人力资源管理活动的过程和结果，决定着公共部门人力资源管理的绩效水平，是公共部门人力资源管理过程中必须考虑的方面。通常来讲，公共部门人力资源管理环境主要包括外部环境和内部环境两个方面。

1. 外部环境

公共部门人力资源管理的外部环境主要指处于公共部门或公共系统外部的、能够对公共部门人力资源管理活动形成影响和制约的所有因素的总和。主要包括政治环境、经济环境、社会环境、科学技术环境、人口环境、教育和文化环境以及国际环境7个方面。

1) 政治环境

政治环境通常是指公共部门及其人力资源开发与管理活动赖以存在和发展的国家政治制度、行政体制和法律制度等外部环境。政治制度通常包括国家政权的组织形式及其相互关系、政治体制、政治结构、政治权力集中或分散程度、政治组织的性质以及政党政治的状况等。行政体制则包括行政权力的性质、政府首脑的权力、行政组织与其他政权组织的关系、行政权力的划分结构等。公共部门人力资源管理既是行政系统，也是政治系统的一个子系统，与国家政治制度和行政体制的关系极为密切。具体而言，政治制度与行政体制中所规定的国家管理权限划分的原则和方式，决定了人力资源管理的体制及其人事管理权的划分方式，决定了公共部门高层和中层人员的选拔和任用方式。另外，公共部门人力资源管理也通过选人、育人和用人，有效地维护着国家政治体系和行政体系的稳固与良好运行。

2) 经济环境

经济环境是指一定时期内国家的经济制度、所有制形式、经济结构及其变化、社会生产力及社会经济发展水平、居民收入水平和消费水平以及国家或地区经济发展实力等。经济环境是公共部门人力资源管理的重要物质基础和参照。国家或地区的经济环境及其经济所处的发展阶段，不仅影响和决定着公共部门的发展方向和发展目标，而且影响着公共部门的组织机构设置、岗位设置和岗位职责的变化，进而影响着公共部门的人力资源规划、员工培训、绩效考评以及薪酬管理等具体管理环节。

3) 社会环境

社会环境通常是指国家的社会结构、社会制度、社会阶层分布及其变化、社区发展情况、社会保障发展水平、社会公平程度、社会文明程度以及社会管理水平等。社会环境既是公共部门及其人力资源开发与管理的工作目标，又是公共部门人力资源管理树立德、才标准的重要参照，是人力资源开发的目标。

4) 科学技术环境

科学技术环境是指全社会科学技术的发展、进步和创新水平，以及科学技术作为新知识和新技术手段被全社会认识、重视并广泛学习应用的程度。科技环境不仅关系着公共部门及其人力资源开发与管理使用新技术方法的可能性，而且关系着公共部门人力资源管理理念、方法和内容的变革。特别是随着工业社会向知识经济社会的发展，公共部门人力资源管理部门及其管理者以及其管理对象应努力跟上科技进步的脉搏，不断加大管理改革和管理创新的力度，以适应时代发展对公共部门人力资源管理的现实及未来要求。

5) 人口环境

人口环境是指一个国家或地区在一定时期内能够向公共部门提供的人力资源的性质、数量、质量、结构和分布等。人力资源是人口的重要组成部分，人口是人力资源的载体。高质量的人口是公共部门获取高质量人力资源的基础，进而也为一定时期内公共部门管理目标的实现提供了可能。

6) 教育和文化环境

教育环境是指一个国家或地区的教育制度、教育水平以及国家或地区对教育的重视程度和全体公民的平均受教育水平及专业技能水平等。教育是人力资源开发的主要形式之一，而一定时期内教育的发展水平则是社会人力资本投资水平和人力资本积累程度的综合体现，是公共部门获取高质量人力资源的基础保证。文化环境通常指国家的社会历史背景、意识形态、价值观念和社会道德准则，以及由此生成的社会人际关系、交往方式和理念的总和。文化环境对公共人力资源管理的影响主要表现在两个方面：一是社会文化环境所提倡的价值观和行为准则会促使公共部门人力资源管理选择特定的管理模式；二是公共部门及其管理者所接受和形成的社会意识形态、价值观念、领导方式会直接或间接作用于公共部门人力资源管理的实践过程。

7) 国际环境

国际环境涉及国际政治、经济、技术、军事、文化价值体系和国际交流等诸多方面。随着全球经济一体化趋势的加强，互联网技术的推广及跨国组织的迅速发展，在我国加入WTO后，国际环境给我国带来的影响与日俱增。从一般意义上讲，不论公共部门还是私人部门，从来没有像今天这样受到国际环境的显著影响，可以说，我国公共行政和公共管理面临的国际压力和挑战是巨大而空前的。研究国际环境的变化趋势，是公共部门做好人力资源开发与管理工作，使公共部门较好地适应国际环境、谋求更大发展的重要条件。

2. 内部环境

内部环境是指公共部门系统内部的、对公共部门人力资源管理活动具有直接或间接影响的各种因素和条件，主要包括公共部门内部的政治和行政体制、公共组织的发展目标及其行政改革和发展、公共部门的法治环境和政策制度以及公共组织的文化环境4个方面。

1) 公共部门内部的政治和行政体制

公共部门既是一个政治系统，也是一个行政系统，公共部门人力资源管理部门及其活动是这一系统中至关重要的子系统。从上述意义上讲，人力资源开发与管理是公共部门改革和发展的基本方面和重要组成部分，加快政府体制改革、提高政府效率和效能的基本前提之一是政府部门人力资源开发与管理理念、模式和方法的改革。虽然从20世纪90年代初我国即已开始推行市场经济，并于21世纪初加入了WTO，我国经济、政治和社会运行已基本步入国际经济、政治和文化的大循环中，但目前我国公共部门的人事管理仍然留有深刻的计划经济的烙印，虽然现代人力资源开发与管理理念、理论和方法已为一些公共组织的领导者和管理者所认可，但人力资源开发与管理实践过程对于公共部门来说还只是刚刚起步，我国公共部门人事管理与国际真正接轨还需要一定的时间，有很长的路要走。公共部门人力资源管理的推进，是与我国公共部门政治体制和行政体制改革的广度、深度和速度密不可分的。

2) 公共组织的发展目标及其行政改革与发展

公共组织的目标是公共部门及其人力资源开发与管理活动的基本目标或起点。从本质上讲，公共部门人力资源管理活动是为一定时期内公共组织目标的实现服务的，也是随目标变化而变化的，公共部门人力资源的数量、质量、结构及其专业种类以及由此决定的培训开发方向、目标，均以公共组织的性质及发展趋势及发展要求为定位依据。公共部门人力资源管理的最终目的是为公共组织的发展提供足量、适宜的人才。公共组织目标确定的依据是公共部门在社会经济发展和社会活动中应具有的职能及应扮演的角色。随着科技的进步和社会生产力的发展，知识经济时代的临近及公民发展的需要，公共部门面临着更高的挑战，要求公共部门特别是政府应反思过多干预经济所带来的一系列问题和弊端，迫切要求公共部门特别是政府以新的视角来审视并重新为自己的职能和角色定位，加快服务效能型政府的建设进程，还企业和公民以充分的自主权。怕变革、不求变化的组织绝不会有生命力，同样，不遵循组织变化和发展规律的组织，也难以长期生存和发展。在公共组织变革和发展中，以公共组织所确定的目标为基础，通过治事与治人理念和方法的变革，实现岗人匹配、岗尽其责、人尽其才、才尽其用，是政府行政改革和人事管理改革的重要内容。可见，行政改革是以公共组织的目标要求为前提的，进而行政改革和发展又影响着公共组织的人事管理改革，而人事管理改革的方向、程度和水平则反过来决定着公共组织行政改革和行政发展的水平，决定着公共组织目标能否如期实现。

3) 公共部门的法治环境和政策制度

公共部门的法治环境是公共部门及其人力资源开发与管理活动得以规范化的重要力量，而政策制度则是公共部门人力资源管理得以高效、顺利进行的重要依据。公共部门人力资源管理并非一种单纯的技术活动，公共部门的员工选拔、录用、教育培训、绩效考评与管理、劳资关系、工作时间、工资标准、劳动合同、劳动安全、福利和社会保险、晋级与晋职、奖惩和辞退等均应遵循一定的法律法规并依法管理，只有如此，才能切实维护好公共组织、人力资源管理部门以及公共部门人员的合法权益，也才能体现公共部门人力资源管理的公平公正性。公共部门的法治环境和政策制度是人力资源管理部门行使部门权力、落实人力资源开发与管理事务、进行有效人力资源开发与管理的法律依据和基本保证。

4) 公共组织的文化环境

组织文化是指组织中所有成员共同享有并作为公理传递给组织新成员的一整套价值体系，是将组织成员聚合在一起的一整套行为方式、价值观念和道德规范。组织文化是组织内部环境的综合体现。优秀的组织文化能够告诉员工什么是对的，什么是不对的，他们应该怎样做；优秀的组织文化应当鼓励员工不断进取、不断创新，应该把组织目标与个人目标统一起来，同时也应允许员工进行争辩和公开批评。组织文化通常具有6大功能，即：导向性、规范性、约束性、凝聚性、融合性和时代性。它对组织中成员的行为具有持久、深远的影响。优秀的组织文化对于凝聚和整合员工、激励员工士气、提高组织战斗力和组织绩效，具有巨大而积极的促进作用。

2.2　公共部门人力资源管理的制度环境

2.2.1　公共部门人力资源管理制度构建的价值基础

在公共部门人力资源管理理论与实践中，各种人力资源制度安排往往存在价值间的相互冲突和竞争。制度构建的价值基础差异，直接带来了公共部门人力录用、培训考核等制度设计的不同，进而深刻影响着这些公共部门的人力资源管理绩效。因此，公共部门人力资源管理制度的构建，首先要解决的问题就是在多元价值取向中进行选择。

从近年来国内外公共部门人力资源管理制度构建的经验来看，自20世纪80年代中期以来，伴随政府改革运动的浪潮，"政府－市场"和"政府－公民"的关系处于不断的调整之中，公共管理的价值取向发生了重大变化，这一趋势也深刻地影响了作为公共行政重要组成部分的公共人力资源管理。纵观公共部门人力资源制度的历史演变，影响公共部门人力资源管理制度构建的价值因素主要有如下4个。

1. 从3E走向4E

所谓3E，指的是西方新公共管理经济追寻经济(Economy)、效率(Effective)、效能(Efficient)等目标的管理改革运动。在这一浪潮下，公共部门的管理者一方面重视管理而不是政策，另一方面，公共部门开始强调绩效评估和效率，对公共官僚制组织加以分类，并在此基础上，引入用户付费制，利用准市场化和契约外包的方式促进竞争，削减成本。

不过，新公共管理浪潮也受到一些人，特别是新公共行政学派的批评。这些批评者指出，传统的3E原则并不能有效地解决公共管理中的问题，社会公正问题是公共管理中不可忽视的因素。在新公共行政学者们的推动下，公共管理制度构建的价值开始从原来的3E变成4E，即在原来的基础上，增加了公平(Equity)原则。从公共人力资源管理的角度看，这些价值理念的变化也极大地推动了公共部门人力资源管理制度的再造。

2. 强调个人责任，尊重个人权利

强调个人责任，是现代公共部门人力资源管理中的一个突出特征，它强调公共雇员必须对自己的行为承担责任。现代公共管理对公共雇员责任的强调，实际上是"有限政府"理念在公共部门人力资源管理实践中的运用，它强调对公共雇员权力和能力的限制，通过限制权力来提升公共部门的责任感和回应性。

此外，与公民个人可能会受政府官员不公正行为的侵害一样，公共部门工作者的权利也可能受到侵害。为了免遭权利侵害，现代公共部门人力资源管理制度都在强调公共部门工作人员责任的基础上，也关注对公共部门工作人员的人身和财产权利的保护，如现代公共部门人力资源管理已对公共雇员权利保障的程度和方式(如公务员申诉制度)做了相关规定，并确定了公共雇员绩效考核与晋升保障等原则。在有些国家，还特别出台了保证公共雇员免受不正当政治压力的规定。

3. 回应性

作为衡量现代公共部门好坏的一个重要因素，回应性(Responsive)是指公共雇员应能够对

公众的意见与要求适时、有效地予以回应，它反映的是政府部门和公共雇员对公众提出的要求作出迅速反应的程度。一个政府的回应性的高低一方面与公众参与程度的高低有关，另一方面也与公共部门人力资源管理的制度有效与否有关。有效的公共部门人力资源管理制度能够发挥激励作用，保证公共雇员持有正确的服务态度和方式。

4. 参与者责任

目前，政府能力的有限性已成为一个毋庸置疑的事实。在这一背景下，如何强化社区与个人的责任，积极运用多种手段补充政府作用的不足，已是各国公共管理理论和实践重点关心的问题。

在公共管理中，政府服务外包(Contracting Out)，如与其他公共的或私人的组织签订服务购买协议、特许经营协议，以及与民营化、代用券制度、补偿协议、志愿者行动、自助制度及规制与税收激励等有关的管理方式的使用，迫切地需要与其相配套的人力资源管理制度的建立，包括选择具有替代性的公共部门人力资源管理组织形式或机制，以及建立增加公共部门雇佣关系灵活性的机制等。

2.2.2　公共部门人力资源管理制度

所谓公共部门人力资源管理制度，是指在公共部门人力资源招聘、培养、考评、激励和使用过程中，国家或社会给予公共部门的相对稳定的管理权限、建立的管理模式，以及建立的维护公共部门人员个人权益的相关制度和所作的法律约定等。在公共部门人力资源管理中，公共部门人力资源管理制度主要指公务员制度和公共部门人员分类管理制度。

公共部门人力资源管理制度这一概念可以从如下4方面来理解。

(1) 公共部门人力资源管理制度主要是针对公共部门特别是政府人力资源开发与管理权归属及其范围所作的划分和规定，以及针对公共部门人员应承担的基本义务、职责及享受的权益所作的规定。就公共部门而言，通常意义上的人事管理权主要包括人员选拔和任用的建议权、考核权和决定权以及人员晋升时用的考核权和任命权，特别是政府官员的选拔和任用制度。公共部门人力资源管理制度是各公共组织从事人力资源开发与管理实践的基本制度规范和政策依据。

(2) 在公共部门人力资源管理中，对公共部门人事管理权具有影响力的组织主要有：政党，特别是执政党；国家权力机关；国家行政机关；以及其他政治组织或利益团体等。在现代政党制度下，政党和政府构成的人事管理权限划分的关系格局是公共部门人力资源管理制度的最重要方面。

(3) 一定时期的公共部门人力资源管理制度规定了该时期人力资源开发与管理的方式、依据和基本原则，即公共部门人力资源管理是采取"人治"还是"法治"形式，以及采取什么样的管理原则来行使人事管理权，进而确保公共部门人员工作效率的改善和提高。

(4) 公共部门人力资源管理制度具有相对稳定性，其优劣是通过人力资源开发与管理实践过程及其结果来体现和验证的。

总的来讲，公共部门人力资源管理制度的确立，不仅影响着公共部门人力资源构成及其素质的变化，而且关系着国家安全、政治安定以及社会经济的和谐与可持续发展，是保证公共部门有效行使公共权力、发挥领导和管理效力的基本前提，同时也是维护公共部门及其人员权益的重要的制度保障。

2.2.3　公务员制度的形成与发展

公务员是公共部门人力资源的主要载体，公务员制度则是公共部门人力资源管理制度的重要组成部分。接下来，我们首先对公务员及其公务员制度的形成和发展历程进行简单介绍。

公务员(Civil Servant)，是指国家依照法定程序任用的、在国家各级行政机关工作并纳入行政编制的、依法行使国家行政职权和执行国家公务的人员。各国对公务员的称谓有所不同，英国称"文职人员"，美国称"政府雇员"，法国称"职员"或"官员"等。目前，各国将公务员大致分为两类，即政务类公务员(政务官)和事务类公务员(事务官)。通常，政务类公务员经选举或特殊任命产生，实行任期制，负责制定国家政策、行使国家权力；事务类公务员则通过公开招聘、择优录用产生，实行常任制，负责执行国家政策和国家公务。西方国家的公务员主要指事务官这类不与政府内阁共进退的政府文职公务人员。在我国，2005年4月出台的《中华人民共和国公务员法》(以下简称《公务员法》)将公务员定义为：依法履行公职、纳入国家行政编制、由国家财政负担工资福利的工作人员。

公务员制度(Civil Service System)，是指通过制定法律规范，来对政府中行使国家行政权力、执行国家公务的人员，特别是事务类公务人员的选拔、任用、培训、晋升、奖惩、流动、退休和薪酬福利等进行科学管理的各种制度的总称。公务员制度是现代政府体制中重要的有机组成部分，与政府管理有着密切关系，在现代政府系统中具有重要地位和作用。

1. 西方国家公务员制度的形成与发展

1) 西方国家公务员制度的形成与演变

西方国家的公务员制度形成于19世纪中后期。它是随着西方国家法治化的形成和发展而逐渐产生的，是西方国家革新吏制的重大成果。

随着西方国家工业革命的陆续完成，社会生产力和国家经济得到了空前发展，社会化大生产导致政府的社会事务日益增多，功能分化明确，客观上需要有一支职业化和专业化的文官队伍来管理国家和社会事务。与此同时，在工业革命过程中，资产阶级的逐步成长和发展壮大，使之在经济上逐渐占据了统治地位，在这种情况下，资产阶级从自身需要和利益出发，一方面要求政府改革旧的吏制，建立一个廉洁、高效的政府，另一方面要求将政府公职向社会公开，从而为公民提供更多的参与国家政治事务和社会管理的机会，以提高政府部门的效率和效能，适应社会生产力的发展。而随着各主要资本主义国家政党政治和官职分赃制度的相继形成，腐败及周期性政治动荡等一系列问题和现象不断出现。政府公职人员选拔和任用上的裙带关系、山头主义、任人唯亲、结党营私等现象异常突出，与此同时，一些优秀人才则受到压制，导致政府公职人员队伍中优秀人才匮乏，造成政府行政管理秩序混乱，工作效率低下，公众怨声载道，强烈要求改革政治、改革分赃和恩赐式的用人制度。在这种情况下，统治阶级从稳定政局和发展社会经济的角度出发，不断总结政党政治经验，并逐渐认识到建立对政务官和事务官实施分别管理的制度的必要性。此外,资产阶级大革命后提出的"天赋人权""人人生而平等"的思想主张,一方面得到了广大人民的大力支持,另一方面也逐渐得到各国法律制度的承认,从而为西方国家公务员制度的形成提供了强有力的思想和理论基础。

英国是首创国家文官制度即公务员制度的国家。19世纪初至30年代,为了保证官员的相对稳定及其连续性,英国在政府的一些部门设立了常务次官职务,并由此发展为政务官和业务官两大类。1853年牛津大学历史学教授麦考莱奉命组成三人委员会,对东印度公司的人事制度进行调查,并提出了改革东印度公司人事制度的报告,建议采用公开考录的办法来竞争取士。与此同时,查尔斯·屈维廉和斯坦福·诺斯科特受财政大臣格拉斯顿的委托,调查英国政府的人事制度情况,并于1854年提交了《关于建立英国常任文官制度的报告》,从而揭开了英国政府人事制度改革的序幕。在经过一段时期的酝酿后,1870年,英国政府正式确立了现代文官制度,授权文官委员会在征得各部同意后,针对所有初任文官人选进行公开竞争考试,合格者颁发资格证书。从19世纪30年代至19世纪末,英国政府陆续出台了一系列法令和政策,为建立较完整的现代文官制度奠定了基础。20世纪上半叶是英国文官制度逐步发展和完善的时期,这一时期英国政府通过借鉴美国职位分类制度对其文官制度中比较粗糙的品位分类制度进行了改革,使公职管理更加规范化和科学化;于1919年召开了全国公务员"惠特利会议",通过协商办法解决劳资冲突问题,从而较好地维护了文官的合法权益;1966年在威尔逊政府的支持下,以富尔顿爵士为首的12人委员会提出了著名的《富尔顿报告》,建议对文官制度进行更加深入的改革。1979年撒切尔夫人执政后,再度改革了文官主管机构,并削减了文官的一部分权力。

美国的公务员制度从确立至今经历了政党分赃制到功绩制的曲折发展过程。与政党分赃制相伴随的任人唯亲、官员腐败、党派倾轧,引起了社会的强烈不满和反对,民主人士和社会各阶层强烈要求对"政党分赃"的人事管理制度进行改革。1853年,国会首先对公务员制度进行立法。1883年,美国国会颁布了《调整和改革美国公务员制度的法案》,即《彭德尔顿法》,从而标志着美国公务员制度的正式确立。法律取消了"政党分赃制",开始实行"功绩制"。1912年,美国又制定了考绩制度;1923年,通过了《职位分类法》,开始推行职位分类制度;1950年,通过了《工作考绩法》;1962年,制定了《联邦工资改革法》。这些法案极大地完善了美国的各项公务员制度。1978年,又通过了著名的《公务员制度改革法》,该法案对功绩制、公务员职位分类制度、公务员人事主管机构和培训机构,以及公务员的选录标准及公务员的权利等进行了改革,美国公务员制度由此进入了一个新的发展阶段。

法国也是建立公务员制度较早的国家之一。1789年,法国资产阶级大革命在摧毁封建王朝统治、建立资产阶级专政的同时,也使法国的官吏制度发生了根本变化,法国现代公务员制度初显雏形。19世纪至20世纪前半期,法国政局的动荡以及在任用政府官员时"恩赐官职制"和"党派分肥制"的交替使用,导致政府腐败盛行、工作效率低下,并危及法国资产阶级的根本利益和统治地位,在此情况下,法国部分官员提出了改革公务员管理制度的建议,并出台了一些法案,如1901年的《邮电部门公务员法》、1902年的《海运部门公务员法》、1910年的《司法部门公务员法》、1913年的《公务员转调法》、1921年的《公务员关于家属随同调动法》、

1923年的《内政部公务员法》、1924年的《退休法》和1928年的《劳动部公务员法》等。法国公务员制度是第二次世界大战结束后，在发展旧的公务员制度的基础上形成的。为了建立统一完整的公务员制度，戴高乐政府在1945年首次设立"公职管理总局"，由其专门管理公共职务，同年还设立了国立行政学院，统一考选、培训高级公务员。1946年制定了公务员总章程草案，在提交国会讨论通过后正式颁布。此后，法国政府又于1959年对1946年制定的公务员制度作了进一步修改和补充，从而使得法国公务员制度逐步发展成为一个统一、完整、健全、配套的现代人事管理制度。

从英、美、法等国公务员制度的特点和发展情况来看，法国公务员制度呈现出鲜明的集权制、官僚化及重视考试、研修与任用紧密结合的选人、用人的特色，具有典型的部内制(所谓部内制，是指通过在各行政部门内设立人事机构，来掌管各部门内部公务员的考录、任免、考评、调动和薪酬管理等各种人事行政事务的一种制度形式)特点；美国的公务员制度则体现出分权制、民主型、政治化、专业化与专才型相结合的特色，具有典型的部外制(所谓部外制，是指通过在政府系统外设置相对独立的人事管理机构，来独立行使公务员考录权，统一掌管公务员考评、晋升、薪酬发放及退休等人事行政事务的一种制度)特征；而英国的公务员制度则综合了部内制和部外制的部分做法，具有折中制(所谓折中制，是指通过在政府行政系统外设立独立的公务员管理机构来专门掌管公务员考录，除考录外的其他公务员事务，则由设在行政系统之内的公务员管理机构和各行政部门内的人事机构自行管理的一种制度)特征。

传统人事行政管理模式被看做是一种与西方工业社会的政府管理相适应的实践模式，这种模式有如下4个基本特征：一是政府组织及其结构应根据韦伯的官僚制(科层制)原则建立起来，严格遵守这一原则是政府运作的最佳方式；二是公共物品及服务应由政府机构(官僚机构)来提供，即政府是公共物品及服务的唯一提供者；三是政治(政策制定)与行政(政策执行)分开，并且文官在政治上保持中立，有助于责任制的落实；四是行政被当作一种特殊的管理形式，必须由终身受雇的职业化的官僚来担任。[①]

2) 西方国家公务员制度的改革与发展趋势

20世纪70年代后，曾经主导西方公共行政领域近一个世纪的传统的或称主流的公共行政制度遭到了来自全球化、信息化、国际竞争加剧等外部环境及政府财政陷入困境和政府绩效下降等内部环境的共同挑战，传统公共行政制度赖以建立的两大理论基础(威尔逊与古德诺的"政治-行政"二分论和韦伯的科层制理论)均无法回答和解释政府所面对的日益严重化的问题和困难：政府财政出现危机，社会福利难以为继，政府机构日趋庞大和臃肿，工作效率低下，公众对政府能力失去信心，"政府失灵"论开始占据主导地位。与此同时，传统公务员制度的一些重要原则和核心特征也在动摇，主要表现出以下三种趋势。

(1) 因合同用人制未纳入传统公务员制度中，公务员常任制原则事实上已名存实亡；

(2) "政治中位"原则受到了来自政府管理实践的挑战；

(3) 随着公务员录和晋升等权力向政务官和行政部门的转移，文官管理机构的权力正在

① Hughes, O. E. *Public Management and Administration*：*An Introduction*(2nd ed.)[M]. London: Palgrave Macmillan Press Ltd., 1998: 1.

被削弱，相关机构甚至被解散。

与此同时，一些企业组织则随着组织再造、组织管理理念更新及新的人力资源开发与管理方法的推行正在蓬勃发展。在摆脱政府财政困境、提高政府效率和效益、打造服务型政府的强烈呼声中，一场改革传统的行政管理理念、理论和模式的运动——新公共管理[政府再造(Government Reengineering)]运动于20世纪80年代在英国、美国、澳大利亚和新西兰等国兴起，并迅速扩展到欧美大陆。

实际上，公共部门人力资源管理的发展与公共部门管理改革是同步的。尽管公共部门人力资源管理体系目前尚处于渐进式发展阶段，然而不容否认的是，公共部门人力资源管理模式和制度变革已经成为一种世界性潮流，不是哪一个国家、哪一个政府可以左右得了的一种趋势。另外，由于公共部门人力资源管理模式和制度变革与公共部门整体改革在目标和价值取向上具有同构性，因此，公共部门人力资源管理变革的目标和价值取向必然受公共部门整体改革目标和价值取向的影响，公共部门改革的目标和框架实际上是公共部门人力资源管理变革的前提和环境条件。

纵观西方各国公共部门人事管理制度特别是公务员制度的改革，尽管因国情、历史文化传统、政治管理体制的不同，人事管理制度在改革的切入点和进程方面存在一定的差异，然而，由于面临的问题及改革的目标表现出一定的一致性，因此，公共部门人事管理制度特别是公务员制度改革表现出一些共同特征和趋势，主要表现如下。

(1) 压缩政府机构编制、精简公务员数量是西方各国人事制度改革的先导和共同取向。

(2) 通过改革分类制度、增强制度的活力，来推动公共部门人力资源管理模式的转变。

(3) 改革用人方式，实行合同制管理。西方发达国家借鉴私人部门的灵活用人方式，逐渐用聘用合同制代替终身制。

(4) 完善竞争机制，吸引优秀人才。为了吸引和选拔优秀人才，西方国家近20多年来一直致力于完善公共部门的竞争机制。公务员管理部门在劳动力市场上，像私人部门一样来努力地推销和宣传政府，以增强政府的影响力，吸引人才。

(5) 扩大交流范围，不断增强公务员队伍的活力。为了克服职务常任造成的公务员管理的封闭性，西方各国普遍加强了公务员的交流。

(6) 改革绩效考评制度，提高公共管理和公共服务的效率。西方国家在公务员考评上倡导引进市场机制，强调管理上的客户导向和公民导向。

(7) 强化培训，重视公务员能力建设。西方国家特别注意把人力资源开发放在突出位置，通过加大培训力度，开发公务员个人潜能，来推进公务员队伍的能力建设。

(8) 完善激励保障机制，建立灵活的薪酬制度。薪酬制度是调动公务员工作积极性、主动性及保持公务员队伍稳定的重要方面。发达国家通过改革传统的等级制薪酬结构，实行以绩效工资为主要形式的灵活的薪酬制度。

2. 我国公务员制度的改革与发展

我国现行公务员制度是在新中国成立后逐渐形成的干部人事制度的基础上发展演变而来的，我国干部人事制度则经历了改革开放前、后两个截然不同的发展阶段。

1) 改革开放前我国的干部人事制度的形成

新中国成立后，党和国家在继承革命战争年代干部制度的基础上，根据当时的形势发展需求，并仿效前苏联的一些做法，逐渐建立起一套系统的干部人事制度。从1957年至改革开放前，干部人事制度虽几经变化，但基本模式一直保持原样。这一时期我国干部人事制度的主要特点包括如下几点。

(1) 国家对全国人才资源实行计划配置。国家将全国各行各业中以脑力劳动为主要特征的工作人员，包括国家机关工作人员、党组织和社会团体的专职工作人员、企业事业单位的管理人员和专业技术人员，统称为干部，由国家采取"统包统配"的方式，统一选拔、统一管理、统一使用。各行各业若需要人才，均由国家统一制定计划，统一下达指标及统一分配或派遣。

(2) 采取单一层级化结构，按级别对干部进行管理。在中共中央和各级党委的统一领导下，在党组织部门的统一管理下，实行分级分部管理体制。主要做法是：将全国各行各业的干部融入单一层级的构架之中。一是根据职务高低，将干部职务从上到下分为国务院总理、国务院副总理(国务委员)、部(省)级正职、部(省)级副职、司(厅)级正职、司(厅)级副职、处(县)级正职、处(县)级副职、科(乡)级正职、科(乡)级副职、科员和办事员12个层级；二是按照工作所在部门，将干部进一步划分为军队干部，文教工作干部，计划和工业工作干部，财政与贸易工作干部，交通和运输工作干部，农、林和水利工作干部，民主党派人士，政法工作干部以及党、群团体工作干部等类别，分别由中央及各级党委的相应部门进行管理。一般来说，中央国家机关的司(局)长，省(市)正、副厅局长，地委正、副书记，专员以上干部，以及重要工矿企业的厂长(经理)的选拔、考核、任免、调动等管理工作，由中央及其有关部门负责；县级机关及其派出机构的领导干部及与此级别相当的企事业单位领导干部，由省级干部管理机构负责管理；县级机构管理科(乡)级以下干部。改革开放前，干部管理权限虽然经过多次调整，但这种体制构架基本未变。

(3) 干部选拔主要采取领导推荐的方式。国家机关、国有企业和事业单位的各层次干部职位若出现空缺，由干部管理机构按照一定标准和条件，采取直接或间接推荐的方式进行选拔，然后按规定程序进行任命。每个干部均必须服从上级的统一调动与任用安排。

(4) 干部的工作、生活所需的一切物质资料均由国家负责提供。国家在按规定发放干部工资的同时，对干部的养老费用、医疗费用等也完全包揽下来，由国家财政现收现付。干部个人不缴纳保险费用，退休后仍由原工作单位负责管理。国家投资、单位集资(只占很小部分)建设住房，以很低的租金提供给干部居住。国家还兴建文化宫、俱乐部、图书馆、疗养院等文化娱乐设施，为干部提供服务，同时还解决干部乘车、就餐以及子女入托、入学和工作等问题。

改革开放前的干部人事管理模式与高度集中的计划经济体制和政治体制相适应。优点是可以有计划地调配全国的人才资源，维护全国各地区人才资源的平衡。该制度模式对巩固新生的国家政权、集中力量进行重点建设，曾发挥过积极的作用。其主要弊端是：缺乏科学分类，造成党政不分、政企不分、政事不分；忽视了国家机关、企业、事业单位的不同特点及各类人才成长规律的差异；管理权限过于集中，用人与治事相脱节，用人单位特别是企事业单位缺少用人自主权；用人缺少法制和公平竞争，优秀人才难以脱颖而出；用人过程中存在严重的不正之风，任人唯亲、裙带关系难以避免。

2) 改革开放后我国干部人事制度的改革与发展

改革开放后，党和国家根据改革开放和社会经济发展的需要，对干部人事制度进行了坚决而系统的改革。人事管理制度改革的内容主要包括如下几点。

(1) 根据国家机关和企业、事业单位的不同特点，建立体现公开、平等、竞争和法制原则的科学的人员分类管理制度。在国家行政机关内建立公务员制度，在企事业单位内建立与市场经济相适应的现代企事业人事制度。

(2) 建立和完善人才市场机制，充分发挥市场在人力资源配置中的基础性作用。下放管理权限，扩大用人单位自主权，本着个人自主择业、单位自主用人、国家宏观调控、市场调节供求、社会服务完善、人才合理流动的原则进行人才的配置和管理。

(3) 贯彻按劳分配和按生产要素分配相结合的原则，建立符合市场经济规律，适应国家机关、企业和事业单位工作性质及劳动特点的收入分配制度。

(4) 建立多层次的国家机关、企业事业单位工作人员社会保障制度，使国家机关、企业事业单位工作人员在养老、失业、医疗等方面得到可靠的社会化的保障。

(5) 建立现代人力资源开发与管理制度体系，实现管理的法制化。加强国家对人力资源开发与管理的宏观调控。

(6) 转变管理观念，树立以人为本的理念，把人力资源开发作为人力资源开发与管理工作的出发点和落脚点；面向世界，面向未来，制定人力资源开发战略；拓宽人事管理工作的领域，根据社会发展和人才成长规律，对人力资源进行全方位的深入开发；扩展政府人事部门的服务范围，提供全方位、周到、人性化的服务。

在干部人事制度改革中，建立和完善公务员制度是其重点。通过20多年的改革和实践探索，在继承和发扬我国干部人事管理的优良传统的基础上，根据市场经济及形势发展需要，同时广泛借鉴国外先进经验、引进国外先进理念和方法，我国的公务员制度得以不断完善，并于2005年4月正式颁布《中华人民共和国公务员法》，使得我国公务员制度以国家立法形式得以确立。这意味着公务员制度将在法律设定的一套管理制度和管理机制的推动下，进一步开拓人力资源管理价值发展的空间，不仅有助于提高我国政府公职人员的社会治理能力，而且加快了公共部门人力资源管理法制化、科学化的步伐。

3) 我国公共部门人力资源管理制度的基本构成

公共部门人力资源管理制度的优劣，决定着公共部门人力资源管理活动的效率。为了进一步提升我国公共部门人力资源管理的水平，我国已建立起了相对完整的公共部门人力资源管理制度体系，例如在政府和第三部门人力资源开发与管理活动中，需共同遵循的一般性制度规范如《中华人民共和国宪法》《中华人民共和国劳动法》等；部门内部专门的制度规范如《中华人民共和国公务员法》《国家公务员考核暂行规定》《国家公务员录用面试暂行办法》《行政机关公务员处分条例》等以及与《公务员法》配套的实施细则以及《事业单位工作人员考核暂行规定》等；而像《中华人民共和国劳动合同法》《干部教育培训工作条例》等则属带有交叉性特征的制度规范。这些制度规范一方面规定了公共部门及其人力资源开发与管理的行为规范和基本工作目标，对公共部门及其人力资源开发与管理活动具有指导、规制和维护作用；另一方面，也规定了公共部门人员的职责、义务和基本权益，具有维护和保障公共部门人员基本权益，督导公共部门人员在日常工作中严肃、严格执法、守法及为所服务的部门和组织尽职尽责的作用。

概括起来，现阶段我国公共部门人力资源管理制度由4种基本的公共人事管理制度构成，包括政治任命制度、公务员制度、弱势群体保护制度和非常任(弹性)用人制度。 在这4大基本制度中，以政治任命制度、公务员制度为核心，其他制度为补充。

我国现行公务员制度的主体是《中华人民共和国公务员法》(以后简称《公务员法》)。《公务员法》于2005年4月颁布，并在2006年1月正式施行，共有18章107条，该法对公务员应具备的条件、具有的权利、应承担的义务以及公务员的职务和级别分类等做了具体界定，并对公务员人事管理中的录用、考核、职务升降和任免、奖惩、培训、工资福利保险、退休以及公务员个人权益维护等问题做了详细规定。

《公务员法》在原《国家公务员暂行条例》的基础上，积极吸收了自《国家公务员暂行条例》实施以来干部人事制度改革的经验和成果，如任职前的公示制度、任职试用期制度、公开选拔制度、竞争上岗制度、领导干部引咎辞职和责令辞职制度、部分职位的聘任制度等，并借鉴了国外公务员管理的有益做法，顺应了公务员制度改革的国际化趋势。

与《国家公务员暂行条例》相比，《公务员法》无论是在"公务员"的内涵界定上，还是在职务的科学分类管理上，抑或公务员聘任方法及其薪酬管理和权益保障上，均有了很大进步。与西方国家公务员制度相比，《公务员法》也表现出如下5方面自身特色。

第一，我国公务员是党的干部队伍的重要组成部分，要接受党的领导，坚持社会主义方向，不搞政治中立。在西方国家，法律规定公务员在国家政治活动中要保持"政治中立"，公务员参加政党或其他政治组织的活动受到禁止或限制。在美国，"政治中立"是公务员制度的基本原则之一，公务员不得为政党达到政治目的而从事活动，不得使用其权力或影响去干预、影响选举结果或竞选提名的结果。在日本，根据《国家公务员法》，公务员不得成为政党及其他政治团体的官员、政治顾问以及其他具有相同作用的成员。英国则规定，属于"政治受限"范畴的公务员不得参与全国性的政治活动；不属于"政治受限"范畴和属于"政治自由"范畴的公务员一般应经批准才能参加政治活动；不属于"政治自由"范畴的公务员，不得表达个人政治观点；公务员不得参加某个党派组织或受其保护的活动。而我国公务员不仅可以参加政党和政党的活动，而且还可以积极参与国家的政治生活，对机关及其领导人员的工作提出批评和建议。同时，公务员中的共产党员，根据党章的规定，还有义务贯彻执行党的基本路线和各项方针、政策，自觉遵守党的纪律，执行党的决定，服从组织分配，积极完成党的任务，参加党的组织生活，接受组织的监督并宣传党的主张。这与西方国家公务员在国家政治活动中要保持"政治中立"是不同的。

第二，我国《公务员法》坚持党管干部原则，确立由公务员主管部门负责公务员的综合管理工作。西方国家大多实行两党制或多党制，两党或多党竞争，轮流执政。为了避免因执政党的更替而造成政府工作人员更替的混乱局面，西方国家强调公务员是一个独立的管理系统，不受政党干预，与党派脱钩，党派不得直接管理公务员，而是由独立的机构进行管理。而我国的《公务员法》确立的公务员制度是党的干部制度的一个重要组成部分。按照现行干部管理体制，政府机关中较高职务层次的公务员是由党委组织部门管理的；党的机关与人民代表大会、政治协商会议等机关，也是由党委组织部门统一协调和管理的。具体而言，各级机关的领导成员和其他重要干部由各级党委管理，他们的任命由党委组织部门考察，党委讨论决定，依法由各级人民代表大会选举，或由各级人大常委会决定人选或决定任命，或由各级政府或部门任命。为了适应对公务员队伍的依法统一管理的需要，《公务员法》与现行干部管理体制相衔接，在法律上明确公务员主管部门在实际工作中，由党委组织部门和政府人事部门根据职责分工履行公务员综合管理的职责。这与西方国家强调公务员是一个独立的管理系统、不受政党干预是不同的。

第三，我国实行的是共产党领导下的多党合作和政治协商制度，对公务员没有政务类和事务类的划分。西方不同国家对公务员基本类型的划分可能不完全相同，但大致可以分为政务官和事务官两大基本类型：政务官服从政党政治需要，体现执政党的意志和利益，并随政党执政地位的变化而更迭；事务官独立于党派之外，与政务官之间一般不能相互转任。而在我国，中国共产党是中国特色社会主义事业的领导核心，是执政党；各民主党派是接受中国共产党领导、同中国共产党通力合作、共同致力于中国特色社会主义事业的参政党，因此，不存在多党轮流执政的情况。在我国各级机关中，不论是领导层次的公务员还是非领导层次的公务员，不论是选任制公务员还是委任制公务员，尽管他们在产生方式上有所不同，但如无特别规定，所有公务员的权利、义务和管理，都适用《公务员法》，所有公务员都是人民公仆，其工作性质是基本一致的；他们之间也可以按照规定的条件和程序进行交流。

第四，我国公务员的任用，坚持任人唯贤、德才兼备的原则。在西方国家，对公务员主要强调职业表现和工作绩效；在录用和考核标准上，有的强调"专才"，有的强调"通才"，把业务能力、工作绩效等作为录用和考核的主要标准。如法国对公务员的考核有14项内容，包括身体适应性、专门知识、守时值勤情况、整洁和装饰情况、工作适应能力、合作精神、服务精神、积极性、工作效率、工作方法、理解力、组织协调能力、指挥监督能力和观察力。在我国，任人唯贤、德才兼备是党的干部路线的基本内容，也是我国《公务员法》规定的任用公务员的一项原则。坚持任人唯贤、德才兼备原则，就是在选拔、使用公务员时，要用"德"和"才"两把尺子去衡量，要求两者同时具备。同时还要具备"能、勤、绩、廉"等条件，并强调注重工作实绩。这些与西方公务员制度强调功绩也有所区别。

最后，虽然近年来，我国在提升公共部门人力资源管理水平方面已经取得了一定成绩，但由于当前我国公共部门人力资源管理仍处于由传统人事管理向现代人力资源开发与管理的过渡和发展的阶段，在制度建设方面，仍然无法切实保障公共部门人力资源管理活动有法可依、有法必依、执法必严、违法必究，与建立完善的、系统化的人力资源开发与管理制度体系的目标和要求还有一定距离，仍需要做大量全面、深入而细致的工作。总之，我国的公共部门人力资源管理制度尚有诸多待完善之处，特别是如何通过进行制度设计，以解决应对当前及未来公共部门人力资源管理挑战的工具选择、弹性和能力等问题，显得尤为迫切。

2.3 公共部门人员分类管理

公共部门人力资源管理最微观的单元就是职位或工作，在实践中，往往需要对这些微观单元进行科学分类，这就是人事分类。在公共部门中，进行人力资源管理的第一步就是公共人事分类，即基于一定的原则、标准、程序、方法对公共部门众多职位或工作以及被管理对象进行类别与等级划分。与招聘、选拔、福利、薪酬与晋升等制度一样，分类管理制度(Classification System of Civil Servants)在公共部门人力资源管理制度体系中占据着十分重要的地位，它是公共部门人力资源管理的基础性制度，也是公共部门人事管理的起点和基础。

2.3.1 公共部门人员分类管理概述

1.公共部门人员分类管理的内涵

随着现代公共部门承担职能的不断增多，公共部门从业人员数量也在急剧增加。对于这个庞大的公职人员队伍，如果没有一套标准化、高效率的管理方法，公共部门人力资源管理必然趋于混乱。

在实践中，公共部门人员分类管理实际上有两种方法：一种方法类似于美国的管辖划分方法，即将公共部门人员分为政务类公务员与业务类公务员(即划分为政务官与事务官)，把业务类公务员从政府系统中单独划分出来，并用不同于政务类公务员的原则和方法加以管理，一般实行常任制；另一种方法是对公共部门业务类公务员加以划分，也就是通常所谓的公共部门人员分类管理，指的是人们基于相应的标准、程序和方法，对公共部门中的公职人员或其职位按工作内容与性质、责任和能力资格等要素加以划分，并设置相应级别，从而对这些不同门类、不同等级的公共部门工作人员实行区别对待、区别管理，分别配套适合其特点的管理制度和人力资源开发系统。

在不同的国家，公共部门人员分类制度虽然在具体原则和方法上存在一定的差异，但纵观国内外公共部门人员分类实践，其分类方法不外乎品位分类、职位分类和职品混合分类三种。无论采用哪种方法，公共部门人员分类管理的对象均是公共部门中的工作人员或职位，其所要解决的问题是：以公务员职位结构为基础，将公务员在横向上划分为若干种类，在纵向上划分为若干层，以形成公共部门内部脉络清晰的人事分类体系。

此处要说明的是，在公共部门人员分类管理中，常用到职系、职组、职门、职级和职等几个概念。所谓职系，是指由工作性质和特征相同或充分相似，而责任轻重和繁简难易程度不同的一些职位所构成的系列或群体。职系是最基本的职位业务分类，一个职系就相当于一种专门职业，故职系又称岗系。所谓职组，是指由工作性质相似的若干职系构成的群体，如小学教师是一个职系，教师就是一个职组。所谓职门，指的是把若干工作性质和特征相近的职组归结在一起。凡是属于不同职门的职位，它们的工作性质完全不同。所谓职级，是指同一职系中工作性质、繁简难易程度、责任轻重以及所需资格高低相同或充分相似的职位。职等则是指把工作性质不同，但工作繁简难易、责任大小以及所需资格条件高低等因素充分相同的职级归结在一起。[①]

---

① 滕玉成，于萍.公共部门人力资源管理[M].2版.北京：中国人民大学出版社，2008：120-121.

2. 公共部门人员分类管理的意义

1) 有助于公共部门人力资源管理规范化

在公共部门人力资源管理中，无论按哪种方法进行分类，其目的都是为公共部门人员或职位的客观评价提供依据。换言之，公共部门人员分类管理通过实现职位录用的标准化、考核标准的明确化、规范化、具体化以及培训、晋升和奖惩的规范化与标准化，为公共部门人力资源管理提供了一套客观标准，从而使公共部门人力资源管理更加规范化和制度化。

2) 有助于提升公共部门人力资源管理效率

公共部门人力资源管理有其独特的复杂性，分类管理制度的实施，极大地简化了公共部门人力资源管理流程，有助于提高公共部门人力资源管理的效率。具体表现在以下几方面。

(1) 在公务员录用环节，录用标准的具体化可保证分工的专业化、细分化以及满足行政管理内容复杂化对公务员能力的不同要求。因此，在大一统的公务员考录方式无法适应现代行政管理工作需要的情况下，基于公共部门人员分类管理制度，根据各类职位的不同，采用基础知识考试与专业知识考试相结合的录用方式，能够有效地实现因事求人、按职择人、人尽其才的目标。

(2) 实行分类管理，基于不同职位和品位对公务员的工作内容、责任及才智提出了不同要求，可使对有关公共部门人员的考核更加明确、规范和具体，从而能够有效地发现公职人员在品德、工作能力及其工作方法等方面的不足，因而可以使考核结果更加客观、公正、准确，有利于实现"事得其人、人适其事、人尽其才、事尽其功"。此外，根据公务员所任职务及其德才表现、工作实绩和资历等要素，可以采取"职务晋升"与"级别晋升"两种方式提升公共部门士气，保证对公共部门人员的激励处于较高水平。最后，实行分类管理以后，每一职位和职级都有着明确的规定，这极有利于制订公务员培训计划，有的放矢，从而提升培训的针对性、目的性和实用性。

(3) 实行公共部门人员分类管理有利于精兵简政。过去，我国机构改革往往在精简之后，又迅速膨胀起来，进入"精简—膨胀—精简"的怪圈。究其原因，是我国公共部门人力资源管理缺乏一套系统的、严格的、完善的人事分类制度。没有一套刚性的公共部门分类管理制度体系，职位、职级和人员编制的设置必然呈现出很大的随意性，因此机构无法精简也就是必然的了。事实上，公共部门人员分类管理制度为精简我国公共部门人力资源规模提供了一个可行的思路。如果严格按照职位说明来确定人员编制，并以法律的形式加以固定，那么，裁撤多余机构和冗员、杜绝人浮于事这一目标就有可能实现。

3) 有助于建设责任政府

公共部门人员分类管理通过明确各个职位和职级的工作内容和职位责任，从而为公共部门实施问责制提供条件。自韦伯确认官僚制理论以来，有关官僚制的研究表明，在公共管理中，若没有一个明确具体的公共部门和人员分类管理与甄别体系，必然缺乏明确的责任分配体系，官僚主义之风就很容易盛行。从世界政府改革的趋势来看，建立负责任(Responsible)的政府是现代行政改革的一个方向，而建设责任政府的前提则是进行公共部门人员分类管理，通过分类管理以及基于此种体系确定下来的职责分配规则，将公众需求传递到公共部门乃至公共雇员身上。简言之，实施公共部门人员分类管理是建设现代责任政府的保证。

3. 公共部门人员分类制度的趋势

在各国公共部门人员分类管理实践中，品位分类制与职位分类制各有利弊。而最新的研究表明，品位分类制与职位分类制已不再像以前那样，囿于传统界限，而是呈现出彼此融合、互补的趋势。具体说来，主要体现在如下4个方面。

(1) 在职位分类的基础上，吸收品味分类的合理因素。现代公共管理实践日益复杂，单纯的品味分类或是职位分类不再能满足公共管理的需要。因此，公共部门人员分类管理呈现出职位分类与品位分类互相借鉴、促进的趋势。也就是说，公共部门人员分类管理将坚持分类与分级的统一，视分级管理为分类管理的必要补充。这样做有两个好处：一是能够解决公共雇员晋升渠道狭窄的问题；二是通过分级制拓展公共雇员晋升空间，因而能够有效地克服官本位思想。不难预见，未来公共部门人员分类管理将会实现"一职数级，上下交叉"的管理模式。

(2) 职位分类由细化到简化。随着公共部门人员分类管理实践的不断深入，职位分类的不足也日见突出。进入20世纪50年代后，人们对职位分类呈现出从注重细化到注重职位简化的趋势。以美国为例，20世纪上半叶，美国职位分类制度正处于建立、发展和完善时期，这一时期的职位分类制度出现了明显的分类细化现象，例如职位分类由最初的5大类到后来的7大类，由44个职级扩展到81个职等，最多时职位分类的最小单位甚至达到了1633项。1978年，美国国会通过了《文官制度改革法》，此后针对职位分类制度的改革基本上都是针对职位分类的不断简化和调整而进行的。特别是1993年以来，美国联邦政府进行了大范围的行政改革，针对职位分类制度存在的种种问题，提出了要形成一种使命导向、在弹性与规则之间获得平衡、简化及易于管理的新分类制度。[①]

(3) 将"人本主义"引入分类管理中。在人们对官僚制理论以及职位分类管理的批判中，最为突出批判层面就是其对人性的抹杀。随着"人本主义"思潮的兴起，公共部门人员分类管理制度也日益重视从人的需要出发，在制度构建中引入人本主义，尊重人的主观能动性。在这一趋势下，"员工自主管理"被提上日程，公共部门人员分类管理也被要求尊重公共雇员的职业目标和职业理想，坚持根据不同雇员的需求进行职业规划。例如，美国1978年出台的《文官制度法》对部分中、高级文官实行"功绩工资制"，其用意就是要通过完善报酬体系来激励公务员高效工作。

(4) 宽带薪酬成为公共部门分类薪资管理的发展方向。宽带薪酬(Broad Banding)自从在美国"中国湖"(China Lake)的一个海军研究机构试行以来，已经深刻影响到美国许多政府部门，包括规模庞大的国土安全部(Department of Homeland Security)。近年来，宽带薪酬以及更灵活的薪酬体系正成为欧美公共部门工资领域最热门的话题之一。[②]其做法是，减少薪酬等级，同时将每一薪酬级别的浮动范围拉大，从而形成一种新的薪酬管理系统及操作流程。

---

① 孙宝文. 美国公务员制度的演变逻辑：职位分类制的角度[J]. 特区经济，2013(4)：87-88.
② 吴木銮. 公共部门的宽带薪酬：比较与前瞻[J]. 中国行政管理，2010(4)：71-76.

2.3.2　品位分类和职位分类

1. 品位分类

1) 品位分类的内涵

所谓品位分类(Rank-in-Person Classification)，指的是一种以人为中心的分类方法，其根据公共部门工作人员个人职务的高低、官职的大小排列而成相应的等级。其中，"品"指官阶，与我国古代官员制度的"品"同义，"品位"指根据官位高低、职务大小排列而成的等级。从公共部门人力资源的角度来看，品位一方面反映了公共雇员的地位高低、资格深浅以及报酬的多寡，另一方面在管理科学化与精细化的今天，品位分类也意味着是一种简单易行、富有结构弹性的公共部门分类管理方式。

实践中，品位等级与其实际职务可以不相匹配，即可能是高官阶配低职务，也可能是高职务配低官阶，甚至还会出现有官阶而无职务的可能。就品位分类的性质而言，品位分类方法着重要解决的是公务员的录用、晋升、工资福利待遇问题，较关心纵向的职务等级划分，而较少关心横向工作性质和范围的划分，因而相对职务分类而言，是一种比较简单、易于实施的人员分类方法。就世界各国来看，实行品位分类的国家主要有英国、法国、德国、意大利、韩国、新加坡、阿根廷等。[①]

2) 品位分类的特点与优缺点

品位分类作为公共部门人员分类管理的主要方法之一，其特点如下。

(1) 品级与职务相分离。品位分类法最为突出的方面在于公务员的品级与其所任职务彼此分离，品级代表的是资格深浅、德才表现、地位高低、报酬多寡，与公务员个人条件、能力有密切关系。基于品位分类法，品级是任职者的固有身份，可以级随人走，公务员一旦被授予相应品级，则终生受用，不因工作变动而改变。此外，品级与职务也可以不相匹配。

(2) 以"人"为中心。从定义来看，品位分类法所涉及的对象是公务人员以及与公务人员相关的职务等级，而决定公务人员职务等级的则是公务员自身的资历与德才条件，因此其人格化特征极其突出。

(3) 注重通才培养。品位分类管理制度的一个价值基础是，公共部门需要相当数量的管理"通才"。因此，这种分类管理制度并不强调公务员在某一方面的专业知识和技能，在人员晋升、交流与调动过程中也很少考虑专业及以往的工作性质。

(4) 相对简易。品位分类管理制度强调官、职分离，并且偏重于关注个人的学识水平、经验和能力等人格化因素，而不强调其专业知识和技能水平，因而其人事架构相对简单。

就品位分类的优点来讲，主要表现在如下5个方面。

(1) 分类方法简单易行，而且富于弹性。

(2) 有利于培养通才式公职人员，同时也有利于吸引高素质、高学历人才加入公职人员队伍。此外，因品位分类法强调资历等人格化因素，报酬与资历成正比，而且工作变动灵活，极有助于公职人员队伍的稳定。

---

① 滕玉成，于萍. 公共部门人力资源管理[M]. 2版. 北京：中国人民大学出版社，2008：123.

(3) 能为公职人员提供职业安全感。官、职相对分离的做法，保证了公职人员工作的变动不影响其地位和薪酬，因此品位分类管理制度能够为公职人员带来工作安全感。

(4) 人员流动范围广，较少受薪酬和原工作性质的影响，因而人员流动性好。

(5) 激励效果好。由于品位分类制度以相对简单的方法对公职人员加以分类管理，等级划分与公职人员的个人福利、薪酬密切联系在一起，因而能够充分激发公职人员的工作热情，是一种比较理想的公职人员激励机制。

当然，品位分类管理制度在具备上述优点的同时，也不可避免地存在以下不足之处。

(1) 品位分类不够系统，容易忽视对专业人才的培养。由于品位分类法相对简单，并且注重培养和吸纳通才式的公职人员，因此，这种分类管理制度会导致公共部门专业人才的欠缺，同时这种分类管理制度也会限制那些低学历，但工作能力强的公职人员的发展。

(2) 造成同工不同酬，资历成为晋升的唯一考虑因素。由于品位分类坚持级随人走，并不强调工作性质，必然会造成论资排辈以及同工不同酬的现象，无法实现按劳分配、因才施用。因此，这种分类方法与当下社会分工越来越细的发展趋势不相适应。

(3) 可能带来机构臃肿、人浮于事的问题。品位分类的要义在于，以人为中心设置品位职位等。这种做法由于强调人在事先、因人设岗，极易滋生官僚主义，造成机构膨胀，无法真正做到因事择人。

(4) 不重视工作分析和工作评价。品位分类管理制度因为缺乏对公职人员的规范化要求，使得公共部门人员晋升、考核等工作没有相应的标准和依据，很难开展。

(5) 同工不同酬也可能会带来公职人员之间的人际不公平感，这会大大挫伤公职人员的工作积极性。

2. 职位分类

1) 职位分类的内涵

所谓职位分类(Rank-in-Job Classification)，其是与品位分类管理相对应的一种方法，这种分类管理方法根据工作性质将公共部门的所有职位分为若干职门、职组和职系，然后按责任大小、工作难易和轻重、所需资格条件高低，将相同性质的职位再分为若干职级，并对每一职位的名称、职责等内容加以详细规定和说明，以此作为从事管理的依据。[①]在采纳公共部门人员职位分类管理的国家中，以美国、加拿大、泰国和菲律宾等最具代表性。

和品位分类管理制度相比，职位分类着眼于职位、岗位，坚持以"事"为中心，将工作本身的性质、任务的繁简及难易程度等"事"的要素和所需的资格条件等"人"的要素结合起来。因而，职位分类管理体系要相对复杂，但更科学合理。

2) 职位分类的特点与优缺点

与品位分类相比，职位分类具有以下6个特点。

(1) 以"事"为中心。在职位分类法中，虽然也考虑任职资格条件等"人"的因素，但其分类的基础仍然是职位，即职位分类管理是以"事"为中心的，着重强调工作者所担负的职务及应当承担的责任，而非强调履行具体职务的公职人员。

---

① 滕玉成，于萍. 公共部门人力资源管理[M]. 2版. 北京：中国人民大学出版社，2008：124.

(2) 职位分类相对更系统、科学。与品位分类相比，职位分类非常注重横向工作性质和范围的划分，强调事在人先，即首先考虑工作性质、责任的大小以及任务的繁简难易，之后才考虑职位所需的资格条件。

(3) 分类程序严格有序。实施职位分类管理，必须遵循特定的职位分类程序，如进行职位分类时，首先需要进行工作分析，对各类职位进行职位分等和分类，分析其工作性质、任务与责任。其次，在完成工作分析之后，再对职位进行分级、分等和分类。最后才是形成职位分类管理的规范性文件，以法律法规的形式加以制度化，公之于众，作为公共部门人力资源管理的依据。

(4) 官等和职等合一。在职位分类管理中，官位和职位严格匹配，人走官位留，同时，坚持以职位定薪酬，强调同工同酬。

(5) 强调专业知识和技能的作用。与品位分类管理不同，职位分类管理方式更关注公共部门工作人员对专业知识和技能的运用，注重专才的培养。人员流动一般也限于相同或相似职系、职组范围内进行，跨职系、职组的工作变动现象比较少见。

(6) 遵循"先横后纵"的原则。与品位分类的纵向分类方法不同，职位分类管理遵循"先横后纵"的原则，即先进行横向的职系、职组、职门的划分，其次才根据工作的繁简难易及责任的大小进行纵向分级。

基于上述分析，职位分类的相对优势显而易见。

(1) 因事设职。职位分类强调以"事"为中心，根据组织的战略与发展、岗位工作的性质设置职位，这种分类管理方式可以避免机构臃肿、人浮于事以及公权私用的弊病。

(2) 有利于提升公共部门人员的专业化水平。通过贯彻专业化原则，职位分类提供了一种选拔具有相应专业知识与技能的公职人员的机制，这一机制的运用能够有效地提升公共部门公职人员的专业化水平。

(3) 实行按劳分配，同工同酬。职位分类管理法坚持以工作决定报酬，因此常会提供一个统一、公平的标准，为公共部门人力资源管理中的录用、考核、奖惩、升迁等各环节提供评价依据。

(4) 有利于公共部门人力资源管理科学化。职位分类作为一种系统、科学的人员管理方法和制度，将公职人员按其工作性质、任务繁简予以分门别类，极大地降低了管理的复杂性程度，为简化、科学地实施公共部门人力资源管理打下基础。

(5) 权责相称。通过明确各个职位的权力与责任，职位分类可以促进公共部门内部管理责任和权力的有效分配，可以大大减少部门之间以及人员之间相互推诿的现象。

当然，职位分类法也有其自身的不足。

(1) 职位分类程序复杂。由于职位分类考虑了"事"与"人"的双重因素，特别是以"事"为中心的分类方法，需要花费大量的人力、物力和财力，因此较为耗时费力。此外，由于新技术的运用以及公共事务总是处于不断变动之中，静态的职位分类方法难以及时反映职位结构的动态变化。

(2) 刚性有余，弹性不足，缺乏"人本"精神。虽然职位分类法对于专业性强、易于规范化的职位有其天然优势，但对于那些需要发挥公职人员主观能动性的职位，以及对于公共部门的高级文官、高保密性和机动性强的职位，均不太适用。

(3) 激励相抵。尽管职位分类管理制度为公职人员提供了同工同酬的激励，但另一方面，官位、薪酬因职位变动往往变化很大，这种不稳定性常常会抵消职位分类带来的同工同酬激励。

(4) 可能造成综合性管理人才的欠缺。在职位分类管理实践中，由于专业性人才较受重视，公共部门一般不会缺乏专业性人才，但因其忽视了对通才的招聘与培养，不利于公共部门人员素质的提升，也会带来通才不足的风险。

3. 职位分类的程序

职位分类由于其以"事"为中心，具有系统性和规范性的特点，因此需要遵循一定的程序。当然，世界各国公共部门人员职务分类管理的程序不尽一致。例如，加拿大联邦政府公务员的职位分类程序主要包括5大步骤[①]：①搜集职位信息，并对职位进行评价；②制定职位说明书，职位说明书应该包含组织结构、职位等级及该职位与组织内部其他职位的关系；③运用一定的职位分类标准评估职位说明书，并确定职位所属职组；④运用职位评价方法来确定职位的任职资格条件；⑤通过将该职位的价值分数值与职组中每一职级预先设定的分数值进行比较，确定职位的级别。

美国联邦政府公务员的职位分类程序则是[②]：①制定职位说明书，职位说明书应清楚地规定职位的主要工作、职责和督导关系；②确定职位的责任；③确定职位所属的职系；④根据人事机构发布的目录确定职位的头衔；⑤确定职位等级。

除了加拿大和美国以外，其他实行职位分类管理的国家，其职位分类程序与上述介绍的情况大同小异。概括起来，职位分类的程度一般包括如下5个步骤。

第一步是职位调查。职位调查也可称为工作分析，这一步是进行职位分类的基础，任务是分析职位的工作性质、工作目的、工作特点、工作任务、工作责任、工作复杂性、工作绩效等内容。在职位分类管理中，有关职位调查的信息一般可以从职位说明书上查询。

第二步是职位评价，即工作评价。这一步骤的任务是根据各职位对组织目标的贡献度，衡量每个职位在组织中的重要性，并且通过专门的技术和程序，对组织中的各个职位的价值进行综合比较，目的是确定组织中各个职位的相对价值差异。职位评价在职位分类管理中非常重要，因为一方面它是薪酬级别设计的基础；另一方面，它也是确立组织中合理、系统、稳定的工作结构，以及开发一个工作价值的等级制度的关键环节。

第三步是职位的横向和纵向分类。这一步建立在前两步工作的基础之上。首先，是职位的横向分类，即将工作性质大致相近的职位列为同一职门。然后再对职门进行分类，根据工作性质及内容等将每一职门划分为若干个职组，每一职组又被分为多个职系。在完成职组划分之后，一般都要制定职系说明书。其次，是职位的纵向分类。职位分类管理方法的复杂之处还体现在，在职位的横向划分完成以后，还需要进行纵向划分。所谓职位的纵向分类，指的是依据公共部门工作的繁简难易、责任大小以及与工作内容、性质相匹配的任职资格与条件等要素，将同一职系中的职位分成若干个等级，并统一不同职系、职位的职等。凡是工作难易相当、责

① 吴志华. 公共部门人力资源管理[M]. 北京：高等教育出版社，2011：61.
② 吴志华. 公共部门人力资源管理[M]. 北京：高等教育出版社，2011：61.

任相近以及任职资格与条件相当的职级，不管是否属于同一职系，一律划归同一职等。

第四步是制定职级规范，并将职级规范作为公共部门人员管理的依据。

第五步是建立公共部门职位分类图表，其目的是要用此分类图表说明组织中各类职位的分布及其配置，为公共部门人员分类管理提供指导。

4.品位分类与职位分类的比较

上述介绍表明，品位分类和职位分类各有优劣。比较起来，这两种分类方法的差异在于如下三个方面[①]。

(1) 分类标准有别。品位分类坚持以"人"为中心，从纵向来划分职务等级，是一种以"人"为标准、人在事先的公职人员分类管理法；而职位分类则坚持以"事"为中心，根据工作性质以及任务繁简、责任大小进行分类管理，是一种事在人先、以事择人的分类管理法。

(2) 分类依据有别。品位分类依据的是公职人员的资历、德才、学历、贡献等高度人格化的要素，对公职人员进行分类，对人不对事；职位分类则依据工作任务的难易与工作性质，对公职人员进行分类，对事不对人。

(3) 适用范围不同。品位分类具有较高的弹性，因此比较适用于工作弹性大、工作经常变化、工作效果不易量化的职位；职位分类则比较于适用于稳定性高、专业化水平高以及事务性工作的职位。

2.3.3 国内外公共部门人员分类管理实践

1.国外公务员分类管理的经验及启示

限于篇幅，本章将着重介绍国外公务员职位分类的做法，有关国外公共部门品位分类的实践，此处不作分析。

1) 美国的职位分类

在美国，职位分类最早产生于19世纪。当时美国政府职能范围迅速扩大，造成美国公务员人数猛增，而公务员猛增的直接后果就是政府文官管理变得异常混乱，同工不同酬的问题引起公务员队伍的极大不满。当时的美国公务员提出调整薪酬待遇的要求，美国国会也因此开始关心公务员分类，并在随后的政府人事改革中付诸实践，由此，职位分类管理法雏形初现，并开始为人们所关注。

进入20世纪以后，美国旧文官管理制度已远不能适应新的社会经济发展的需要，因此美国对其职位分类管理制度进行了调整，如1923年美国出台了第一职位分类法；1949年将原来的职位分类由7类调整为两类，形成了以一般职位(General Schedule，GS)为核心的职位分类体系；1954年取消CPC职门；1958年又对GS的职位进行调整，将其划分为23个职组、524个职系；1980年再次对其职位分类进行深度调整；特别是20世纪90年代以来，在美国公共行政学会等专业组织及专家学者们的建议下，美国联邦政府对公务员的职位分类基于"使命导向、弹性与刚性平衡、简化及易于管理"等原则进行了改革。

---

① 滕玉成，于萍.公共部门人力资源管理[M].2版.北京：中国人民大学出版社，2008：127.

2008年12月，美国制定出台了《职位级类手册》(《Handbook of Occupational Groups and Families》)，改革后的美国职位分类制度特色鲜明。根据新的职位分类方案，美国联邦政府将公务员职位分为两类，一类是一般职(GS)，另一类则属于联邦工资系统(Federal Wage System, FWS)。这两类职位分别对应白领职位和蓝领职位。其中，行政职门(即一般职，GS)分为专业类、行政类、技术类、文员类以及其他类共5大类18个职等；而联邦工资系统(FWS)则包括了工作族(Job Families)和职业(Occupations)。

2) 加拿大的职位分类

就其职位分类制度发展而言，加拿大的职位分类制度在一定程度上受到了美国的影响。该国的公务员由联邦公务员和地方公务员组成，联邦公务员是指在联邦行政机构中执行公务的人员，包括联邦政府各部、委员会的工作人员和国有企业(无线电公司、航空公司、石油公司、邮政公司、造币厂)的总经理、董事。

加拿大也是最早实行职位分类的国家之一。事实上，联邦公务员委员会早在1911年就提交了推行职位分类管理的报告，不过这一阶段的职位分类显得复杂和繁琐，职系划分过细，多达2600多个，对应的薪酬表有1300种。[①]

在近半个世纪以来，加拿大政府针对职位分类体系进行了多次改革。具有代表性的有1966年、1991年和2002年的改革。1966年的改革将联邦公务员的职位分为6个职类、73个职组和120多个职系；而1991年的改革则对原来的职位分类体系进行了优化；2002年改革的特点则是实行职位标准的具体化、实行公平的薪酬待遇和简化分类体系，同时也强调在职位分类改革过程中与其他部门和工会的合作，强调与其他改革的协调。[②]

除了美国和加拿大这两个典型的实行职位分类制度的国家以外，还有其他一些国家也实行职位分类制度。限于篇幅，此处不再介绍。

2. 我国公共部门人员分类管理实践

我国公共部门人员分类管理的发展经历了从无到有，并且逐步完善的过程。特别是近年来，我国一直致力于公共部门人员分类管理制度的完善，具体体现在中国共产党的十三大政治报告(1987)、十四大政治报告(1992)，以及《国家公务员暂行条例》(1993)、中共中央《深化干部人事制度改革纲要》和《关于加快推进事业单位人事制度改革的意见》(2000)、《公务员法》(2006) 等相关文件中。为了进一步推进和深化干部人事制度改革，中共中央办工厅于2009年12月颁布了《2010—2020年深化干部人事制度改革规划纲要》，再次提出要深化分级分类管理，健全干部人事制度体系。强调要建立健全统一领导、科学分类、分级管理、调控有效的宏观管理体制，完善符合党政机关、国有企业、事业单位各自特点的分类管理制度，形成内容完备、结构合理、功能健全、科学管用的干部人事制度体系，实现干部人事工作的依法管理和科学管理。

实际上，自1993年以来，我国一直把建立和完善公共部门人员职位分类制度当作一项重要任务来抓。如《国家公务员暂行条例》规定："国家行政机关实行职位分类制度。各级国家行

① 吴志华. 公共部门人力资源管理[M]. 北京：高等教育出版社，2011：74.
② 吴志华. 公共部门人力资源管理[M]. 北京：高等教育出版社，2011：75.

政机关依照国家有关规定，在确定职能、机构、编制的基础上，进行职位设置；制定职位说明书，确定每个职位的职责和任职资格条件，作为国家公务员的录用、考核、培训、晋升等的依据。"根据该条例，我国行政机关职务分为领导职务和非领导职务两类，其中领导职务分为10个层次，非领导职务分为8个层次，国家公务员分为15级。

2006年开始实施的《公务员法》针对既有的职位分类制度存在的问题，在两个方向上作出了调整。

第一，调整公务员的职务类别。在《公务员法》实施以后，公务员职位类别按照公务员职位的性质、特点和管理需要，划分为综合管理类、专业技术类和行政执法类。首先，综合管理类职位。这类职位指的是机关中除行政执法类职位、专业技术类职位以外的履行综合管理以及机关内部管理等职责的职位。这类职位数量最大，是公务员职位的主体。综合管理类职位具体从事规划、咨询、决策、组织、指挥、协调、监督及机关内部管理工作。其次，专业技术类职位。这类职位指的是机关中从事专业技术工作，履行专业技术职责，为实施公共管理提供专业技术支持和技术手段保障的职位。具有只对专业技术本身负责的纯技术性、不可替代性和技术权威性等特点，如公安部门的法医鉴定、影像技术、理化检验、痕迹检验、声纹检验，国家安全部门的特种技术、特种翻译，外交部门的高级翻译等职位。最后，行政执法类职位。这类职位指的是公安、海关、税务、工商、质检、药监、环保等政府部门中直接履行监管、处罚、稽查等现场执法职责的职位，行政执法类职位具有纯粹的执行性、现场强制性的特点。行政执法类职位主要集中在，且只存在于前述政府部门中的基层单位。

第二，公务员职务和等级序列再次得到调整和完善。根据《公务员法》第15～20条的规定，"国家根据公务员职位类别设置公务员职务序列"，同时"公务员职务分为领导职务和非领导职务。领导职务层次分为：国家级正职、国家级副职、省部级正职、省部级副职、厅局级正职、厅局级副职、县处级正职、县处级副职、乡科级正职、乡科级副职。非领导职务层次在厅局级以下设置"，"综合管理类的非领导职务分为：巡视员、副巡视员、调研员、副调研员、主任科员、副主任科员、科员、办事员。综合管理类以外其他职位类别公务员的职务序列，根据本法由国家另行规定"。

在公务员等级序列的处理问题上，2006年4月下发的《公务员法实施方案》将公务员等级序列调整为27级。其中，公务员领导职务层次与级别的对应关系如下。

(1) 国家级正职：一级；

(2) 国家级副职：二级至四级；

(3) 省部级正职：四级至八级；

(4) 省部级副职：六级至十级；

(5) 厅局级正职：八级至十三级；

(6) 厅局级副职：十级至十五级；

(7) 县处级正职：十二级至十八级；

(8) 县处级副职：十四级至二十级；

(9) 乡科级正职：十六级至二十二级；

(10) 乡科级副职：十七级至二十四级。

综合管理类公务员与级别的对应关系如下。

(1) 巡视员：八级至十三级(相当于正厅局级)；

(2) 副巡视员：十级至十五级；

(3) 调研员：十二级至十八级(相当于正县处级)；

(4) 副调研员：十四级至二十级；

(5) 主任科员：十六级至二十二级(相当于正乡科级)；

(6) 副主任科员：十七级至二十四级；

(7) 科员：十八级至二十六级(本科生大专生)；

(8) 办事员：十九级至二十七级。

3. 我国职位分类管理的问题与最新趋势

从我国公共部门人员分类管理改革的实践及发展来看，我国实际上实行的是典型的职位分类管理制度。概括起来，我国公共部门人员分类管理具有如下不足。

(1) 我国采用的是一种以"事"为中心的职位分类法，有其天然的不足之处。这是因为，我国自《公务员法》实施以来，坚持按照公务员职位的性质、特点及管理需要划分类别，是一种典型的职位分类管理法。因此，职位分类法的不足在我国公共部门分类管理中也表现得特别突出。

(2) 职位分类制度还有待进一步完善。由于我国的公务员制度尚处于初创阶段，职位分类管理制度在很多方面还不甚科学合理，需要进一步调整完善。

(3) 需要进一步吸纳品位分类管理的合理因素。对于那些具有特殊性、需单独管理的职位，如何增设其他职位类别，也就是如何引入品位分类制度，在我国公共部门人员分类管理中仍然显得十分迫切。可以预见，我国将来的职位分类制度，将会采用"职位为主，品位为辅"的公共部门人员分类管理模式。

👤 关键术语

公共部门人力资源管理制度　　公共部门人力资源管理模式　　公务员
公共部门人力资源管理环境　　公务员制度　　　　　　　　　分类管理
职位分类　　　　　　　　　　品位分类

👤 复习思考题

1. 公共部门人力资源管理模式可分为哪几种类型？各种类型的特点是什么？

2. 简述英、美、法等国公务员制度的形成与发展过程。

3. 改革开放前的我国干部人事制度的主要特点有哪些？它存在哪些突出问题？

4. 我国公共部门人事制度改革的主要内容有哪些？

5. 我国事业单位的传统人事制度有何特点？现阶段我国事业单位人事制度改革的目标是什么？

6. 与西方公务员制度相比较，我国现行公务员制度有何特色？

7. 公共部门人力资源管理的外部和内部环境主要包括哪些方面的内容？

8. 何为公共部门人员分类管理制度？

9. 何为品位分类？品位分类有哪些优缺点？其适用性如何？

10. 何为职位分类？职位分类有哪些优缺点？其适用性如何？

11. 如何理解公共部门人员分类管理的发展趋势？

本章案例

深圳公务员分类改革开启破冰之旅

近日，深圳市人力资源和社会保障局详细公布了深圳市公务员分类管理制度改革内容，继大部制改革后，深圳市行政机关公务员分类管理改革迈进了"快车道"。改革将把公务员原来的"大一统"管理模式划分成综合管理类、行政执法类、专业技术类，69%的公务员将被划入行政执法类和专业技术类中，通过职位分类和聘任制的实施，部分公务员的"官帽"将被摘掉，"铁饭碗"变成"瓷饭碗"，独立的晋升渠道让长期困扰公务员的"天花板"问题得到破解。

过去，深圳公务员都按综合管理类进行管理，此次改革的重点就是把大部分从事政策执行、一线执法、专业服务的公务员从综合管理类中划分出来，归为行政执法类和专业技术类。后两者晋升渠道独立、待遇与行政职务级别脱钩。

此次改革，根据职位类别的不同，行政执法类和专业技术类建立了与行政职务级别脱钩的独立职务序列，公务员的待遇和晋升重点考虑其年资积累和工作业绩，"不同职级的公务员，干的是同样的活，只是待遇不同。"人力资源和社会保障局局长王敏说。

改革后，行政执法类公务员职务明确为非领导职务，各职级间没有上下级隶属关系，职级晋升与个人年资积累和工作业绩挂钩；执法员职级的设置不受机构规格限制，保证市、区、街道和基层所、站的各类执法员有均等的职业发展机会。让基层公务员晋升的"天花板"问题得到破解。

对于专业技术类，仅规定由高至低设主任、主管、助理等职级，具体设置采取一事一议的办法。专业技术职务晋升与专业技术条件挂钩，体现对专业技术能力的尊重，同时考虑个人年资积累和工作业绩。专业技术类介乎于综合管理类和行政执法类之间，强调的是专业层面上的竞争，在专业领域内领导别人。

改革的另外一个重点就是扩大公务员聘任制的实施范围，公务员将实现"能进能出、能上能下"，传统公务员的"铁饭碗"将变成"瓷饭碗"，这一举措能有效促进公务员的工作效率的提高并提升其积极性。

据了解，深圳从2007年1月开始了公务员聘任制的试点工作，目前已基本建立了聘任制公务员管理制度体系。从今年起，深圳决定扩大聘任制公务员的招聘规模，在有行政编制空缺的前提下，争取每年补充1000名左右的聘任制公务员。

另外，在今后几年内，分类管理的有关政策规定，包括行政执法类、专业技术类公务员管理办法及聘任制公务员管理办法等，将被列入考试内容，考生考上后将按报考职位明确的职务(职级)和薪级订立聘任合同。

实施分类管理后，行政执法类和专业技术类公务员占了整个行政机关公务人员总数的近

70%，聘任制的"瓷饭碗"需要公务员更用心、更用力才能捧好。分类后，对行政执法类公务员的执法水平、应急处理和勤政廉政等方面的要求将进一步提高。把"铁饭碗"变成"瓷饭碗"能从制度上解决"官本位"问题。

新的职务序列与行政级别脱钩，并且明确是非领导职务，从制度上实现了"官""兵"分途，为减少管理层级、精简机构提供了人事制度支持，"比如个别只有30来人的处级单位，下面可能设十几个科，每个科就两三个人，除了科长、副科长，"兵"就一个。几百人只能挤几个领导的职位，挤不到的人，工资就上不去，分类以后，可以解决'天花板'问题。"王敏说。①

问题：

1. 如何评价深圳市公务员的分类管理改革？

2. 如何看待公务员聘任制？有何利弊？

3. 结合案例，谈谈公共部门人员分类管理的未来趋势。

---

① 新华网. http://www.news.cn，2010-04-19

第3章 公共部门工作分析与职位评价

学习引导

本章主要介绍工作分析的一般理论和方法，以及工作说明书的内容和编制等问题，同时还要学习职位评价及其方法，从而为公共部门人员招聘、培训、绩效考评和绩效管理、员工职业生涯规划和发展管理以及薪酬设计等提供依据和理论支持。

本章的学习重点：一是对工作分析概念、作用和方法的理解和把握；二是了解并掌握工作说明书的结构、内容及编制程序；三是了解并掌握职位评价的概念、作用和方法。

工作分析是公共部门人力资源管理的起点和开端，正如怀勒·卡塞欧(Wayne F. Cascio)所说："工作分析对于人力资源专家而言，就如同钳子对于管道修理工一样。"实际上，有效的人力资源管理活动通常是建立在科学、有效的工作分析基础上的，在公共部门人力资源管理实践中，要想做到岗尽其责、岗得其人，首先就需要了解组织中各职位或岗位的特点、所担负的职责和任务，以及职位或岗位对任职者素质和能力等的要求。因此，只有做好工作分析，才能更好地做到按岗择人，也才能实现岗尽其责、人尽其才、才尽其用，实现公共部门内部人力资源的优化配置，进而提高公共部门的整体绩效。

3.1 工作分析概述

任何组织均由一系列有着相互关联的岗位或职位构成，每一个岗位或职位均担负着组织及其部门的一定责任和任务，工作分析就是明确某一岗位或职位包括哪些责任和任务，以及这些责任和任务由具备哪些特征的人来担当更为合适的过程。

3.1.1 工作分析及其作用

1. 工作的相关要件

工作分析是一个解剖麻雀的过程。也就是说，如果我们想了解工作的内部结构和构成，那么，就需要将工作拆分开来，以便了解它到底由哪些要件构成，各要件的作用和功能是什么，以及这些要件之间存在着怎样的联系。因此，要想了解一项工作，或一个岗位、一个职位，首先就需要了解与工作有关的一些要件或术语。

1) 工作要素

正如一台计算机是由许许多多具有某方面功能的元件按一定顺序联接、组合而成的一样，工作通常也是由一系列微小单元构成的，构成工作的这些微小单元，通常被称为工作要素。所谓工作要素(Element)，是指工作活动中不能再分解的最小活动单位。例如，拾起、运送、放置等均为最小的活动单位，即工作要素。一组工作要素，如拿起、运送、放下等按一定顺序组合在一起，就形成了某一工作的完成过程。

2) 任务

任务(Task)是指为达到某种目的所从事的一系列活动。任务通常是在人们为了达到一定的目的而作出体力、脑力上的努力时才被完成的。例如，办公室秘书撰写文书或起草报告、营销人员推销产品、会计记账等均是在相关人员付出了一定体力和和脑力后才能完成的，而且，每一个任务的完成不仅有一定的目的性，而且均包含一组按一定规则和顺序相互联系和联结的工作要素。

3) 职责

职责(Duty)是指处于某岗位上的人所承担的一系列任务的集合。职责与责任(Responsibility)既有区别，又有联系。通常来讲，责任是指担当某一角色的组织或个人要履行的义务及要承担的过失；而职责则与某一特定工作或职业相联系。例如，教师的职责是教书育人，军人的职责是保卫国家安全，而公民的责任则是遵守公共道德规范和遵纪守法。

4) 职位

职位(Position)，也称岗位，是指构成一个员工全部工作的任务和责任的集合，它是人与事有机结合后所形成的基本单位。例如，工商管理局局长、银行出纳、公司保安等均是职位。一般来讲，组织中的职位与人员是一一匹配的，即组织中有多少个职位，就应有多少个员工。职位与职务是有区别的。职务通常由一系列性质相同或近似的职位构成，也就是说，一个职务可能同时对应着两个或两个以上的职位。例如，工商管理局副局长这一职务，就可能同时对应着工商管理局的多个副局长，他们分别负责人事、教育、财务、食品安全、市场、合同和信用等不同的工作，多属不同职位。

5) 工作

工作(Job)是指由一个或一组在主要任务和责任上非常相似的职位所构成的事项，即相同或相似岗位(或职位)的总称。例如，人力资源管理部的培训工作。工作虽然职位不同，但与"职务"却非常相似，也就是说，工作与职务一样，同一类型工作可以同时容纳一个以上的人，而职位则不能。例如，培训工作可由两个或两个以上的人来做，但这些人所占据的职位是不同的。

6) 职业

职业(Occupation)是指在不同组织中从事相似活动、担负相似责任的一系列工作的总称。职业是社会需求推动和社会分工的结果，同时它又与经济和社会生产力水平以及社会政治制度等密切相关，并随着科技和社会生产力的发展以及人们需求的变化而更新。职业对人们的生产和生活方式、社会地位和收入水平等有重要影响。按照国家人力资源和社会保障部的职业分类，目前我国的职业被分为8大类、66个中类、413个小类和1932个细类(职业)。例如，教师、律师、医生等均为职业。

2. 工作分析的概念

工作分析，实际上就是分析工作，也就是将某一岗位或职业所担负的责任和任务以及承担这些责任、完成这些任务所需要的素质、知识、技术技能和经验等进行研究的过程。严格来讲，工作分析(Job Analysis)是指在调查及搜集相关信息和资料的基础上，对某一工作所承担的责任及包含的任务进行明确划分与界定，并确定该工作的承担者要成功完成该工作所需要的素质和能力等的过程。在我国，由于工作与岗位、职位和职务间内涵相近或存在概念混淆问题，因此，工作分析通常也称职位分析、岗位分析，或职务分析。工作分析是一切人力资源管理活动的基础。一般来讲，如果没有对工作性质、任务和责任的准确界定，在实际工作中，就非常容易出现权责不清、任务不明的问题，从而导致相互推诿、扯皮和工作效率低下的结果；而且，如果工作分析做得不好，那么势必会影响员工招聘、培训、绩效考评甚至薪酬设计和职业生涯管理等人力资源管理工作的顺利开展。

工作分析的思想源远流长，一般认为，它与社会分工是联系在一起的。历史上最早进行大规模工作分析活动的，据说是18世纪中期的D. 狄德罗(D. Diderot)，但科学、规范的工作分析活动则始于F. W. 泰勒。在1903年出版的《车间管理》(《Shop Management》)一书中，泰勒详细地介绍了把工作分成若干部分并进行计时以提高劳动效率的事实。在1911年出版的《科学管理原理》(《The Principle of Scientific Management》)一书中，泰勒指出，要对组织进行科学管理，就必须对组织中的每一份工作进行研究，从而科学地挑选和培训工人。1913年，泰勒学说的积极支持者吉尔布雷斯夫妇在《动作研究》一书中研究了操作动作及其对工作效率的影响，首开"动作研究"之先河，其中，吉尔布雷斯夫妇所提出的"微动作研究"技术使动作照片在研究中的应用成为可能。20世纪20年代后，宾汉(W. V. Bingham)、斯考特(W. D. Scott)、巴鲁什(I. Baruch)等学者以及美国社会科学研究会(Social Science Research Council，SSRC)、美国国家就业局职位研究委员会(Occupational Research Program，ORP)等开展了一系列有关工作分析项目的研究，提出了一些对完善工作分析具有促进意义的理论和方法，同时也助推了工作分析在美国企业组织内部的广泛使用。到1930年，美国采用工作分析的工商企业已达39%，1940年这一比例进一步提高到75%。[①]1979年，另一位泰勒理论的积极支持者罗莫特(W. Rohmert)在总结其几十年对工作设计和工效方法研究成果的基础上，提出了AET方法，即工作分析工效学调查法。

从工作分析产生和发展的过程看，工作分析概念应包含三个方面的内容：一是应首先确定工作的内涵，即岗位名称、地点、任务、权责、工作对象、劳动资料、工作环境及本岗位与相关岗位间的联系、制约方式等，对这些因素的系统表达，通常称之为工作描述；二是岗位对员工的要求，即本岗位工作人员应具备的知识、技能、工作经验、道德标准、身体状况、心理素质等；三是对工作分析结果的表述，即编制相应的工作规范和工作说明书。

3. 工作分析的作用

工作分析在公共部门人力资源管理中的作用具体表现在如下几方面。

(1) 工作分析是公共部门定岗、定编的基础和依据，是解决公共部门权责不清和交叉重叠问题的有效方法，有助于公共部门的精简、高效。所谓定岗，是指公共部门根据一定时期内自身的工作目标和工作任务，结合该时期科技进步和部门劳动生产率水平，在满负荷工作条件下来确定该部门的岗位设置、数量及岗位分布等的过程。定编则是在定岗的前提下，按照岗位设

---

① 付亚和. 工作分析[M]. 上海：复旦大学出版社，2004：18.

置和要求，来确定组织所需要的人员数量、质量和人员构成等的过程。定岗、定编是相互联系、密不可分的。通常，工作分析既是定岗(按组织和部门的工作量、劳动强度和难度以及职责大小等来确定职位数)的基础，也是定编(根据一定时期、一定科技水平下劳动者的知识、技能和能力等来确定组织和部门需要的人员数量和构成)的依据。而且，在工作分析的基础上进行定岗、定编，既有助于厘清各岗位的权责及其边界，实现责任到岗、到人，从而有效避免任职者的越职、越权或不作为现象，解决部门间和岗位间的相互推诿、扯皮问题，同时，它也是改变公共部门机构臃肿、人员膨胀、效率低下问题的有效手段，从而能使公共部门人事管理步入科学化、规范化、法治化轨道。

(2) 工作分析既是制定工作规范的依据，也是公共部门选拔和招录合格人才的基础。工作规范，即公共部门某一岗位或职位对员工素质、技术技能、能力及其行为方式、价值标准的要求，只有在对工作进行深入、细致分析的基础上才能建立起来。进一步讲，在工作分析的基础上所确定的岗位要求和工作标准，既是公共部门选拔和招录员工的重要依据，又是科学选人、确保人岗匹配的必要前提。

(3) 工作分析是开发员工绩效考评指标、确定员工绩效标准的有效方法，有助于绩效考评和绩效管理的科学化。通过工作分析，不仅可以明确岗位或职位的权责、任务，而且可以确定岗位任职者应具备怎样的素质、能力和经验，这一过程实际上既为岗位任职者指定了工作内容及职责、任务，同时也为任职者指明了工作的努力方向及应达到的绩效要求，而这些工作内容、职责任务和绩效要求恰恰是设计员工绩效考评指标、确定员工绩效标准的重要依据，也是员工绩效考评的重点和参照。在设计员工绩效指标和确定绩效标准时，如果脱离工作分析而开发设计绩效指标和确定绩效标准，不仅会导致绩效考评与岗位责任、任务和要求等的脱节，而且还会使绩效考评和绩效管理陷入为考评而考评和盲目管理的误区，无助于绩效考评和绩效管理的科学化以及员工和组织绩效的共同提高。

(4) 工作分析为公共部门人员教育和培训提供了客观依据。通过工作分析，组织可以明确从事某项工作的员工应具备的知识、技能和其他各种素质条件。在公共部门中，并非所有员工均能满足其任职岗位或职位的条件与要求，由此就需要公共组织根据工作分析结果，参照员工的实际工作绩效和知识、技能，通过开发设计有针对性的员工培训方案，在对组织和部门正常工作没有影响或影响不大的情况下，有计划、有步骤地开展培训工作，以改善员工的知识结构和工作技能，进而提高员工和部门的绩效。

(5) 工作分析有助于公共部门人力资源的有效配置。人岗匹配的基本前提是比较好地了解员工素质、能力和心理特征，以及岗位或职位对员工素质、能力和经验等的要求，只有如此，才能切实把合适的人放到合适的岗位上，以达到岗得其人、人适其岗的效果，在使岗位发挥其最大作用的同时，使任职者的能力也能得到充分施展。而工作分析就是通过对岗位或职位的研究，来确定岗位或职位的特征及要求，进而为组织选择适合该岗位或职位的员工做好前期准备，对提高公共部门人力资源配置的有效性意义重大。

(6) 工作分析为薪酬设计和管理奠定了基础。通常来讲，薪酬设计是以职位评价为基础的，而职位评价则是以各岗位或职位所担负的职责及其对组织的价值大小或重要程度高低为出发点而展开的，它必须以工作分析结果为参照。而且，薪酬管理也离不开人们对各岗位或职位在组织中所处的位置、担负的职责及其变化等的认识，也就是说，工作分析和职位评价是薪酬管理的参考和依据。

3.1.2 工作分析的程序

工作分析是一项技术性较强的工作，因此，为了确保工作分析能够达到预期效果，必须严格按照工作分析的程序、采用合适的技术和方法来进行，而且在工作分析过程中，还应特别注意规避人们经常犯的一些错误。

不同组织的性质、特点、战略目标和实施工作分析的目的不同，因此，工作分析的程序也可能略有差异，但总体来讲，工作分析通常包含如下程序或步骤，即准备阶段、调查和信息收集阶段、分析阶段、完成阶段、维持和修正阶段，如图3-1所示。

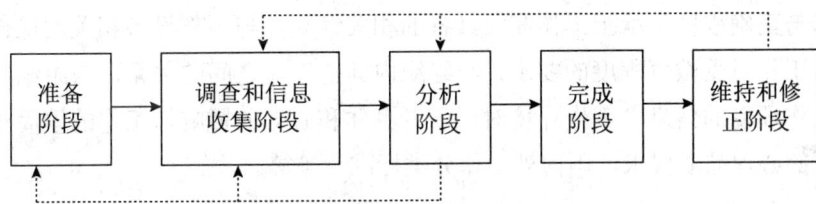

图3-1　工作分析的程序或步骤

1. 准备阶段

准备阶段的主要任务包括：确定工作分析的目的和用途，成立工作分析小组并对相关人员进行培训，了解情况并选取工作分析样本，设计调查方案，明确调查方法等。这一阶段的具体工作如下。

(1) 确定工作分析的目的和具体用途。任何组织或部门，不论在什么时候，其开展工作分析均有一定的目的性，弄清其目的、了解其具体用途，是做好工作分析的必要前提。因为工作分析的目的和用途不同，选取的调查样本、需要掌握的信息的规模和数量、使用的方法等也往往不同。

(2) 成立工作分析小组，并对参与人员进行相关知识和技能培训。工作分析小组一般由组织和部门领导、人力资源管理部门和相关业务部门的专业人员、外请专家和顾问三类人员组成。工作分析小组成立后，从确保工作分析的效率和效果着眼，还需要由外请专家或顾问对工作分析小组成员进行培训，以熟悉工作分析的流程及技术方法并统一认识。

(3) 了解情况并选取工作分析样本。根据工作分析的目标和要求，对组织、部门及其岗位情况进行初步了解，掌握相关数据和基本资料，同时，选取工作分析样本。

(4) 设计调查方案。包括：确定调查内容，设计调查问题，编制调查问卷，制定调查时间进度表和使用的调查方法等。同时，做好调查前的宣传、解释工作，打消员工顾虑。

(5) 明确调查方法。就是根据工作分析的目标、要求、岗位特征及任职者工作和行为特征等，确定采取什么样的调查方法，如访谈法、问卷法、直接观察法、工作日记法，抑或采用职位分析问卷法、任务分析清单法，等等。

2. 调查和信息收集阶段

本阶段的主要任务是对工作过程、工作环境、工作内容和工作人员等进行全面调查，收集与所分析岗位相关的信息、资料。这一阶段的工作主要包括如下几项。

(1) 综合运用各种方法收集岗位信息；

(2) 根据工作分析的目的，有针对性地收集有关岗位的特征及相关的各种数据和资料；

(3) 重点收集该岗位工作人员必需的特征信息；

(4) 了解与工作有关的有形和无形因素，包括完成工作所涉及或需运用的知识、技能、经验，以及心理素质和能力要求等；

(5) 要求被调查岗位的员工对各种工作特征和人员特征的发生率和重要性作出等级评定。

在工作分析过程中，需要收集的信息通常包括：组织结构图，工作流程图，工作的范围和主要内容，工作的具体职责，胜任工作所需的相关知识，胜任工作所需具备的技术和能力，工作要求的灵巧与正确程度，承担工作需要具备的相关经验，与工作设备相关的操作技能，必要的年龄限制，工作对受教育程度的要求，与组织内其他工作之间的关系，与组织外相关工作的关系，有关工作环境的信息，工作环境对任职者身体和心理的影响，工作的繁简难易程度、劳动强度，特殊的心理品质要求，国内外工作分类标准，等等。

3. 分析阶段

分析阶段的主要任务是对调查所收集到的有关工作的信息和资料进行整理、审查和分析，进而对所收集到的信息和资料进行取舍，及对短缺信息和资料进行补充。

分析阶段的工作任务主要有如下几个。

(1) 整理并认真审核已收集到的各种信息、资料；

(2) 创造性地分析、发现有关工作及其人员的关键信息；

(3) 对工作分析所需信息、资料和要素进行归纳、取舍、修正、补充；

(4) 对照最初列出的主要任务，针对工作分析提出的问题，提出改进建议，并重新划分工作范围、内容和职责等，确保所提出的问题尽可能得到解决。

分析阶段的具体分析项目包括：工作名称(工作名称既要能准确反映工作内容，又要易于引起人们的认同和好感)，工作编码，所属部门，工作任务(包括该工作所包含的各种活动及其相关联系、所要达到的目的、完成任务的标准等)，工作责任(包括风险责任、过错责任、领导责任等)，职责权限(为完成工作任务、承担责任所必需的自主权力)划分分析，工作繁简难易程度、工作强度以及工作的危险程度分析，工作环境(包括物理环境、安全环境、社会环境、心理环境等)分析，与其他工作的关系(包括与组织内其他工作的关系和与组织外相关工作的关系等)分析，任职资格(包括品德、知识、技能、能力、心理、年龄、身体素质和经验等)分析等。

4. 完成阶段

完成阶段的主要任务是根据所收集到的信息、调查的结果、得出的结论以及提出的改进建议等，按照一定的规范要求来编制工作说明书。在此过程中，应特别关注岗位员工的合理化建议及其他组织相同或相似岗位的变化情况和变化趋势，以保证工作说明书的质量。

5.维持和修正阶段

工作分析完成后,不仅应对工作分析的过程进行回顾、总结,将工作说明书归档保存,并将其应用于实际工作中,而且还要特别注意收集应用后的反馈信息,注意社会和组织发展中工作变化的趋势,并随时对工作说明书进行补充、完善,以适应时代和组织发展的要求。一份工作说明书完成得如何,可以通过"6W1H"加以检验,以确定某一工作说明书是否达到了"6W1H"所要求的内容。"6W1H"即用谁做(Who)、做什么(What)、为什么做(Why)、何时做(When)、在何地做(Where)、为谁做(for Whom)以及如何做(How)。

其中,用谁做(Who),主要是指从事该项工作的人员应具备怎样的资格条件,包括身体素质、心理素质、知识技能、受教育程度和培训要求、相关经验和个性特征要求等;做什么(What),则指某岗位所包含的具体活动,主要包括任职者应完成的工作活动及其结果或产出,以及任职者应达到的工作活动标准等;为什么做(Why),是指任职者的工作目的,即该工作在整个组织和部门中所具有的作用,包括工作的目的、工作在组织和部门中与其他工作之间的联系和相互作用关系等;何时做(When),是指该项工作活动的时间安排,包括工作时间是否有固定的时间表、工作活动的频度等,如每日进行的活动、每周进行的活动,以及每月进行的活动等;在何地做(Where),是指工作的地点、场所和环境等,包括工作的自然环境(如室内或室外、温度条件、湿度条件、照明度、整洁程度等)、工作危险性(如对身体有无伤害、对心理有无不良影响、对视力和听力有无损害等)等;为谁做(for Whom),是指在工作中与其他岗位发生的关系及相互影响,包括工作的请示和汇报对象、工作的信息提供对象或工作结果提交对象,以及工作监控和指挥对象等;如何做(How),是指任职者如何开展工作活动才能达到预期的工作结果,包括工作活动的流程、工作活动涉及的工具和机器设备、工作活动涉及的文件记录以及工作中的关键控制点等。

【相关知识链接】　　　传统工作分析的步骤(美国联邦政府)

1.文献分析

(1) 搜集现有的工作相关资料,总结归纳该工作的主要任务、职责、功能、工作流程等信息。

(2) 制定工作职责清单,作为访谈的框架。

(3) 记录不清晰、模棱两可或需要澄清的问题。

2.首次观察工作现场

(1) 首次观察工作现场的目的是便于工作分析员熟悉工作布局、机器设备以及工作场景等,避免被访谈者花费许多时间介绍复杂而不常见的机器设备。

(2) 在观察工作现场之前,访谈管理者,以获得管理者对现场观察工作的指导。

3.访谈

(1) 在访谈任职者之前,先访谈高层管理者,便于系统地了解职位之间的协调关系和各个职位的作用。

(2) 制订访谈计划,包括访谈时间、地点,访谈对象,访谈内容等。注意:每天访谈的人数不要超过4人,每次访谈的时间不超过三小时。

选择访谈对象时需要注意的问题是：选择被分析职位的在职员工的代表作为访谈对象，他应该了解该职位，并且在该职位工作半年以上，工作业绩处于中等水平(而非实习生或者业绩突出者)；选择访谈对象时，要尽可能地考虑到不同年龄或性别的搭配。

4. 第二次观察工作现场

(1) 第二次观察工作现场的目的是澄清、确认和精简访谈时得到的信息。

(2) 如同第一次实施工作现场观察，在第二次观察工作现场时，先访谈管理者，以获得他对现场观察工作的指导。

5. 分析、整理工作信息

(1) 把通过各种渠道(管理者、在职员工、现场观察、有关此工作的书面材料)得到的资料放到一起，分析信息，整理成一篇连贯的、全面的工作说明书。

(2) 高层管理者等对工作分析员提供业务方面的帮助。

(3) 检查最初列举的职责和问题清单是否已全部得到解决。

6. 核实工作说明书

(1) 召集所有的访谈者确认工作说明书的准确性和完整性。

(2) 将工作说明书分发给高层管理者和接受访谈的任职者。

(3) 工作分析员逐条审核工作说明书，在任何遗漏、模棱两可或需要澄清处作注释。

(4) 核实所有资料，修改完善工作说明书。[①]

3.1.3 工作分析的方法

工作分析的成功与否，在很大程度上与工作分析过程中所选用的方法是否科学、得当有关。工作分析的方法包括定性分析方法和定量分析方法两大类。

1. 定性分析方法

定性分析方法很多，但最常见、也最常用的主要有访谈法、问卷法、直接观察法、工作日志法和关键事件法5种。

1) 访谈法

访谈法(Interview)，或称面谈法，是指根据工作分析的目的和要求，通过有针对性地面对面交谈来获取工作信息的方法。访谈法的形式主要有两种：个别访谈、集体访谈。访谈时，可以要求被访谈者叙述所从事的工作的内容，以及完成工作的程序和方式方法。例如，某岗位的工作内容、工作职责，在从事该工作过程中遇到的重点和难点问题及其症结，胜任该岗位需要具备的基础能力、核心能力和素质要求，以及该岗位与其他岗位间的关系等。该方法通常用于工作分析人员不能实际参与观察的工作岗位。为了保证所获信息和资料的真实、可靠、全面，访谈者首先需要向被访谈者明确访谈的目的，还应尽可能地避免对被访谈者形成精神或心理压力，而且应尽可能地在最短的时间内与被访谈者搞好关系，使访谈在友好的气氛下进行。

该方法的优点是能够迅速地获得工作分析所需要的信息，有利于管理者和人力资源管理部

① [美]乔治·T. 米尔科维奇，杰里·M. 纽曼. 薪酬管理[M]. 董克用，等，译. 6版. 北京：中国人民大学出版社，2002.

门深入了解所调查岗位的工作活动和行为，且成本较低、推行起来较容易。缺点是时间成本较高，而且被访谈者在回答问题时往往带有一定的主观性，从而导致信息失真，影响工作分析的质量和效果。表3-1是访谈法的通用提纲。

表3-1 工作分析访谈法的提纲

1. 关于岗位目标
(1) 此岗位的工作目标是什么
(2) 此岗位最终要取得什么结果
(3) 从组织和部门的角度讲，这个岗位有何意义和作用
2. 岗位在组织和部门中的地位
(1) 上级对此岗位作用的评价如何
(2) 此岗位直接为哪些部门或个人服务
(3) 哪些岗位与此岗位同属一个部门
(4) 此岗位一年所需的各种经费(如经营预算、销售额、用于员工本身的开销)大约有多少
3. 内外部关系
(1) 您依据怎样的原则、规章制度、先例和人事制度办事
(2) 此岗位的行为或决策受哪些部门或岗位的控制
(3) 在组织内部，该岗位与哪些部门或岗位有最频繁的工作联系？有哪些联系
(4) 您是否需要经常会见上司并与上司商讨或者汇报工作
(5) 您通常需要与上司讨论哪些问题
(6) 您有下属吗？若有，哪些职位由您管辖？有多少职位？有多少人？分别是谁
(7) 在组织外，该岗位与哪些部门或个人有最频繁的工作联系？有哪些联系
(8) 该岗位任职者需要出差吗？频率如何？经常去哪里出差？为什么出差
4. 工作中的问题
(1) 您认为此工作对您的最大挑战是什么
(2) 您对此工作最满意和最不满意的地方分别是什么
(3) 此工作需要解决的关键问题有哪些
(4) 您面临的问题是否各不相同？不同之处表现在哪些方面
(5) 处理问题时有无指导或先例可以参照？有哪些处理依据
(6) 您在工作中遇到的问题在多大程度上是可以预测的
(7) 您对哪些工作有自主权
(8) 哪些问题您需要提交上级处理
(9) 您是否经常请求上司帮助，或者上司是否经常检查或指导您的工作
(10) 您的上司如何指导您的工作
(11) 您是否有机会采取新方法来解决问题
5. 工作成果
(1) 您在工作中能够取得什么成果？其中最重要的成果有哪些
(2) 通常可以用什么标准来衡量您的工作成果
(3) 上司对工作任务的完成情况是否起决定性作用
6. 岗位要求
(1) 该岗位要求任职者具备哪些知识和技能？请按重要程度列示，并举出工作中的实例加以说明
(2) 可以通过什么样的培训方式来掌握该岗位所需要的知识和技能
(3) 该岗位要求任职者具备什么样的文化程度
(4) 该岗位要求任职者具备哪些能力？请按重要程度列出，并举出工作中的实例来说明
(5) 该岗位对任职者的品行和职业道德有何要求

1979年，麦考米克提出了应用访谈法的一些标准，这些标准是：提出的问题要和工作分析的目的有关；分析人员语言表达要清楚，含义准确；问题必须清晰、明确，不能太含蓄；问题和谈话的内容不能超出被访谈人的知识和信息范围；问题和谈话的内容不能引起被访谈人的不满，不要涉及被访谈人的隐私。

2) 问卷法

问卷法(Questionaire)是指结合工作分析的目的和内容，事先将欲调查的问题和了解的信息等设计成调查问卷，由被调查者结合工作实际填写，然后由工作分析人员在整理归纳的基础上进行分析、研究的一种方法。应用问卷法时，一般通过邮寄、当面作答或追踪访问的方式使调查对象完成填答。

常见的调查问卷类型主要有：结构化问卷、开放式问卷和半结构化问卷。结构化问卷是通过列举一系列具有针对性的问题，来请被调查者根据实际工作情况回答工作过程中某一任务或行为是否发生，如果回答是肯定的，还要进一步了解这项任务或行为出现的频率、重要性、难易程度以及其与整个工作的关系。然后，对各个项目，给出一个量纲分数，这些分数是工作分析人员进一步汇总和评价的基础。开放式问卷则通过提出一系列笼统的、开放性的问题，来让被调查者结合自己的工作实际作答，这类问题如"请描述你的工作任务""请叙述你的工作职责"等。工作分析调查问卷既可由被调查者来填写，也可由工作分析人员来填写。半结构化问卷则是一种将结构化问卷和开放式问卷结合起来的方法，也就是说，半结构化问卷中同时包含结构化问题和开放性问题，从而将结构化问卷和开放式问卷的特征有机结合起来，达到了扬长避短的效果。

应用问卷法的关键是问卷的设计和调查样本的选取(对不完全调查来讲)。问卷一般由卷首语、问题与回答方式、编码和其他资料4个部分组成。卷首语通常包括：调查的目的、意义和主要内容，选择被调查者的途径和方法，对被调查者的希望和要求，填写问卷的说明，回复问卷的方式和时间，调查的匿名和保密原则，以及调查者的名称等。为了能引起被调查者的重视和兴趣，争取他们的合作和支持，卷首语的语气应谦恭、诚恳，文字应简明、通俗易懂、有可读性。问题与回答方式即调查问卷的主体部分，它通常包括所调查的问题、回答问题的方式及对回答方式的指导和说明等。一般来讲，设计问卷时必须做到：提问要准确，表格要精练，语言表达要通俗易懂，问题切忌模棱两可，以避免产生歧义。编码是指把问卷中询问的问题和被调查者的回答，全部转换成为A，B，C…或a，b，c……等代号，也可使用数字，以便于运用计算机对调查结果进行处理。其他资料包括问卷名称、被调查者的地址或单位(可以是编号)、访问员姓名、访问起始和结束时间、访问完成情况、审核员姓名和审核意见等。这些资料是对问卷进行审核和分析的重要依据。此外，有的自填式问卷还有一个结束语。结束语可以是简短的几句话，对被调查者的合作表示感谢，也可稍长些，顺便征询一下被调查者对问卷设计和问卷调查的看法。

工作分析问卷一般需要包括如下几方面内容。

(1) 职位基本信息。包括任职者的姓名、职位名称、所在部门、学历、工作经历、年龄、工资水平等。

(2) 职位目的。要求任职者使用一段简短、概括性的语句来描述自己的职位在组织中存在的目的和作用。填写格式为：工作依据(格式："根据……")＋工作内容(格式：动词＋工作对象)＋工作成果(主要描述工作达到的目的)。

(3) 工作职责。按照工作任务的重要程度排列，写出该职位的工作任务。格式为：动词＋工作对象＋工作目标。还需要任职者估计完成某一工作职责所需花费的时间占其全部工作时间的百分比。

(4) 绩效标准。各项工作职责需要达到的绩效标准，包括工作结果的数量、时限、质量，以及对组织的影响等。

(5) 工作联系。任职者的职位与本部门内其他职位、其他部门、上级以及组织外部的联系对象、联系内容、联系频率以及该职位的重要性等。工作联系一般应为稳定、长期性的工作联系，而非突发性的、偶尔的工作联系。

(6) 组织结构。包括二级上级、直接上级、直接下级以及平级等。

(7) 工作特征。包括工作时间、出差比重、工作负荷等。

(8) 任职资格。该项工作对任职者的学历、工作经验、知识结构、工作技能、能力与素质等方面的要求。

(9) 所需要的培训。包括培训的目标、内容、时间长度、频率以及考核方式等。

(10) 职业生涯。包括可晋升的职务、薪酬待遇和等级。

问卷法的优点是：调查人员不必亲临工作现场，手续简便，便于全面开展调查；节省时间，费用低；容易在短时间内从众多任职者身上获得广泛、丰富的信息；由于调查表是一种标准化、指标化、格式化的表格形式，便于资料整理。其缺点是：对问卷的编制技术要求高，耗费时间和精力较多；被调查者的主观态度对调查结果有较大影响，容易因填表人原因导致所填内容与事实不符，使调查所获信息的真实度降低；如果调查表设计不完备或与工作分析的目的不相符，还可能导致工作信息遗漏问题；问卷法的成本相对较高。因此，在采用问卷法时，应特别注意以下三点：一是问卷设计应力求与工作分析目的相符；二是工作信息要素应尽量完备；三是对被调查者应进行事前培训，力求将主观干扰降至最低程度。表3-2列出了工作分析调查问卷的一般格式范例。

表3-2 工作分析调查问卷(范例)

一、基本信息			
姓　　名		填写日期	年　月　日
职位名称		职位编号	
所属部门		主管职位	
二、调查信息			

1. 请准确、简洁地列举您的主要工作任务(若多于6条可附纸填写，下同)：
(1)　　　　　　　　　　　　　　　　(2)
(3)　　　　　　　　　　　　　　　　(4)
(5)　　　　　　　　　　　　　　　　(6)
2. 请详细描述您的日常工作内容(如果有工作日志，请附后)

3. 请详细列举您有决策权的工作项目
4. 请详细列举您没有决策权的工作项目
5. 请简明地描述您的上级是如何监督您的工作的

6. 请简明地描述您的哪些工作是不被上级监督的_____

7. 请详细描述您在工作中需要接触哪些职位的员工，并请讲明接触的原因

_____

8. 请列举您直接领导的下属的职位和工作内容_____

9. 请简明地列举您编写的需要作为档案留存的文件名称和内容提要_____

_____

10. 请列举您在工作中需要用到的主要办公设备和用品_____

11. 请描述您在人事和财务方面的权限范围(如果涉及的话)_____

12. 您认为胜任该职位需要几年的相关工作经验

□不需要　　□1年　　□2年　　□3年　　□4年　　□5年及以上　　□不好估计

13. 您认为胜任这个职位需要怎样的文化程度

□小学　　□初中　　□高中　　□大专　　□本科　　□硕士及以上　　□不好估计

14. 您认为一位没有相关工作经验的大专学历的人员，需要多长时间的培训才可胜任该工作

□不需要培训　　□3天以内　　□15天以内　　□1个月以内

□3个月以内　　□半年以内　　□半年以上　　□不好估计

15. 您认为具有什么性格的人能胜任该职位_____

16. 您认为胜任该职位需要具备哪些能力_____

17. 您认为具有何种心理素质的人员能更好地胜任该职位_____

18. 您认为具有何种知识范围的人能更好地胜任该职位_____

19. 请描述该职位的工作环境，您认为什么样的工作环境更适合工作_____

20. 您对该职位的评价：_____

_____

21. 请将该表中没有列出的但您认为有必要强调的内容写出来_____

_____

填表人 签字		工作分析 负责人签字	

3) 直接观察法

直接观察法(Direct Observation)是指工作分析人员亲临工作现场，通过感官直接观察任职者的工作情况，包括工作过程、行为、内容、性质、工具和环境等的一种方法。直接观察法主要适用于周期性、重复性较强的工作。这种方法对直接运用身体和四肢的活动来工作的岗位比较有效，对以脑力劳动为主的岗位却很难奏效。

直接观察法虽然简便易行，但在使用时应注意如下问题：观察前应预先准备好较为详细的提纲；被观察的工作应相对静止，即在一段时间内工作内容、工作程序及其对工作者的要求不会发生明显变化；尽可能不引起被观察者的注意，至少不应干扰被观察者的正常工作，并取得被观察者的理解与合作；应注意工作行为本身的代表性。

直接观察法的优点是：便于工作分析人员全面、深入地了解工作要求和特征；简便、易行。缺点是：难以衡量以脑力劳动为主的工作，而且，对负责处理紧急、偶然、突发事件的工作来讲，也不适用。图3-2是运用直接观察法收集工作信息的过程图。

4) 工作日志法

工作日志法(Employee Recording)，也称工作日记法，是借助任职者在一定时期内对所处岗位工作活动的完整、详细记录来对某岗位的职责和特征等进行分析、研究的方法。工作日志法

要求任职者将一定时期内所从事工作的具体活动按时间顺序详细、如实地记录下来，工作分析人员通过研究岗位任职者的工作记录来对工作进行分析。工作日志法适用于工作状态稳定、程序标准、工作周期较短的岗位。其优点是获得的信息较可靠，信息量大，成本低。缺点是应用范围窄，信息整理量大，归纳繁琐。

工作日志法的操作流程包括三个阶段：准备阶段、日志填写阶段和信息分析整理阶段。

准备阶段的任务主要有：①表单设计。一份完整的工作日志通常包括前言、填表说明、任职者信息和日志内容4部分。其中，日志内容的填写项目包括活动名称、编号(即工作活动的顺序)、活动方式(即活动方式是如何进行的)、活动对象(即工作活动的客体)、活动结果(主要指直接结果)、频率(即一段时间内活动重复的次数)、起止时间、活动地点、工作联系(包括部门内部联系和外部联系两方面)、性质(指某活动是常规性的，还是偶发性的)和重要程度(通常分为很重要、重要和一般三个级别)；②目标定位。若某目标职位的任职者较多，一般选择其中5～10位具有代表性的任职者来填写；如果任职者较少，则每位任职者均需要填写；③培训相关人员。在对选定对象的培训过程中，需要向他们说明工作分析的目的、操作程序，以及最终的影响等，以打消填表者的顾虑；④确定填写周期。一般来讲，对能够划分完整周期的职位，在可能的情况下，可把一个工作周期作为一个填写周期；对大多数职位而言，一般选取一个月到一个半月为一个填写周期。

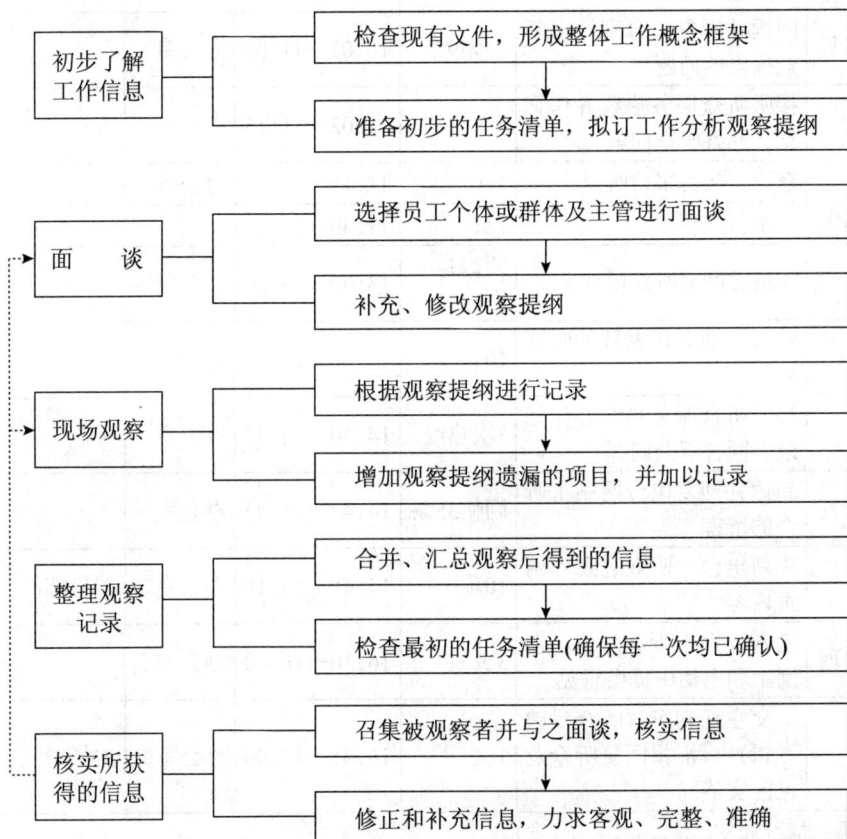

图3-2　运用直接观察法收集工作信息的过程图

资料来源：赵光忠.人力资源管理模板与操作流程[M].北京：中国经济出版社，2004：32.

在日志填写阶段，要借助中期讲解、阶段成果分析、工作分析交流会等方式进行过程监控，督促被调查者保质保量地填写工作日志，而且要尽可能地避免甚至杜绝被调查者在工作结束后通过回忆的方式来填写表单，以保证信息收集的质量。

表3-3为某广播电台听众服务岗位人员填写的工作日志。

表3-3 某广播电台听众服务岗位的工作日志

填写日期：2006年12月13日　　　　　　　　　　　　　所在部门：听众服务部

职位名称：听众服务　　　　　　　　　　　　　　　　任职者姓名：李　巍

序号	工作活动名称	工作活动内容	工作活动结果	起止时间	工作地点	工作关系	临时/常规	备注
11	信件	领取听众信件	16封	8:00—8:10	传达室	传达室信件收发者	常规	
12	信件	阅读并回复听众来信	阅8封，回6封	8:10—9:20	办公室		常规	
13	热线	接受听众服务热线并作记录、回答听众问题	3次热线	9:20—9:30	办公室	听众	常规	
14	咨询	向节目部门咨询听众问题答案	1次	9:32—9:40	办公室	节目部门	常规	
15	电话回复	给听众打电话解答热线电话未能解答的问题	1次	9:42—10:00	办公室	听众	常规	
16	网上回复	阅读并回复电台网站上听众提出的问题	回帖9条	10:02—11:00	办公室		常规	
17	热线	接听听众服务热线并作记录、回答听众问题	2次热线	11:02—11:15	办公室	听众	常规	
18	接待	登记、接待来访听众	1次	11:18—11:38	办公室	听众	临时	
19	听众档案	记录听众档案	2页	11:40—11:58			常规	
110	信件	阅读并回复听众信件	阅2封，回6封	13:00—13:50	办公室		常规	
111	信件	录入整理有代表性的听众意见	10封	13:52—14:30	办公室		常规	
112	热线	接听听众服务热线并作记录、回答听众问题	3次热线	14:30—14:45	办公室	听众	常规	
113	网上回复	阅读并回复电台网站上听众的留言	回帖35条	14:47—15:45	办公室		常规	
114	网页	更新电台"听众之友"网页内容	10项	15:46—16:10	办公室	节目部门	常规	
115	意见整理	录入、整理听众来信，在网上和电话中提出意见	3页	16:10—16:40	办公室		常规	
116	汇报	上交主任初审《听众反映专辑》，汇报回复听众意见落实情况	1次	16:45—17:00	办公室	主任	常规	

直接上级评语：情况属实

填写人(签字)		审核人(签字)	

资料来源：朱勇国.工作分析与研究[M].北京：中国劳动社会保障出版社，2006：125-127.

信息分析整理阶段的工作主要有6个方面：一是提炼工作活动。根据各项活动不同的完成方式，采用标准的动词形式，将其划分为大致的活动板块，例如"文件起草""手续办理"和"报表编制"等，然后根据各板块内部工作客体的不同，对工作任务加以细化和归类，形成对各项活动的大致描述。二是工作职责描述。根据日志内容特别是工作活动中的"动词"，来确定目标职位在工作活动中所扮演的角色，结合工作对象、工作结果和重要评价形成任职者在各项工作活动中的职责。三是工作任务性质描述。区分工作活动的常规性和临时性，对于临时性的工作活动，应在工作描述中加以说明。四是工作联系。将相同的工作联系客体归类，根据联系频率和重要性加以区分，在工作说明书相应项目下填写。五是工作地点描述。对工作地点进行统计分类，并按出现频率进行排列，对特殊工作地点进行详细说明。六是工作时间描述。运用相应统计分析软件作出目标职位的"时间-任务"序列图表，并确定工作时间的性质。表3-4是对表3-3的工作日志进行信息分析整理后得出的统计表。

表3-4　工作分析日志统计表(举例)

	工作内容	工作职责	临时频次	常规频次
1	处理信件	领取听众来信，阅读并回复听众来信，录入整理具有代表性的听众意见，并对听众信件进行存档		4
2	接听热线	接听听众服务热线并作记录，回答听众问题		8
3	咨询	向节目部门咨询听众问题		1
4	意见整理	录入、整理听众来信及听众在网上、电话中提出的意见		1
5	听众档案	记录听众档案		1
6	接待听众	登记、接待来访听众	1	
7	网站管理	阅读并回复电台网站上的听众留言，及时更新电台"听众之友"网页内容		2
8	汇报工作	向主管领导提交初审《听众反映专辑》，汇报回复听众意见的落实情况		1

资料来源：朱勇国.工作分析与研究[M].北京：中国劳动社会保障出版社，2006：128.

运用工作日志法进行工作分析时，一要注意向任职者说明原因，并提出相应要求，以得到任职者的全力配合；二要注意剔除工作日志中的冗余信息，以准确把握和提取关键信息。

5) 关键事件法

关键事件法(Critical Incidents Technique，CIT)，也称典型事例法，是指借助岗位任职者对在工作中经历的好的或坏的事件或事例的描述来分析工作的一种方法。关键事件法是美国匹兹堡大学的J. C. Flanagan在1954年提出起来的，其主要原则是认定员工与职位有关的行为，并选择其中最重要、最具典型性的部分，来评定其效果。该方法最初用于培训需求分析和绩效考评。

关键事件的描述内容通常包括：导致该事件发生的背景和原因；任职人员有效的或多余的行为；关键行为的后果；任职人员控制上述后果的能力。

关键事件法的操作步骤如下。

第一步：获取关键事件。关键事件的编写应该具备如下特征：特定而明确的；集中描述工作所展现出来的可观察行为；简单描述行为发生的背景；能够说明行为的结果。获取关键事件所采用的方法主要有工作会议和非工作会议两种。这两种方法的目的在于帮助工作人员整理能体现工作绩效和行为的范例。产生结果的过程应尽可能结构化和简单化。

在获取关键事件的过程中，最为普通和常用的方法是讨论会议。讨论会议一般有6～12名工作专家参加，由熟悉关键事件的专家来主持会议。工作专家对即将分析的工作要熟知，并有充分的机会观察到完成工作时典型的、较差的和特别出色的各种水平的行为表现。在讨论会议开始时，会议主持人应向大家解释讨论的目的、为什么要编写关键事件、如何编写关键事件，以及最终如何应用等。接下来，还要选择合适的方法。最常用的获取关键事件的方法：一是采用事先制定好的关键事件记录表，二是采用非结构化方法。采用第二种方法时，不仅要求组织者事先准备好一份包含每一事件主要信息的简明而全面的说明书，而且还需要组织者引导大家就行为规范展开讨论，并记录大家的发言，而后再按要求整理成文字。

非正式会议法主要包括访谈和问卷调查等形式。对此，前文已有介绍，这里不再赘述。

第二步：编辑关键事件。在获取关键事件后，接下来还需要进行编辑、加工，为下一步应用关键事件做好准备。在关键事件的编辑过程中，除了要纠正其中的描述性错误外，还要按要求检查每个范例的内容是否完整、前后格式是否统一，以及范例的长度是否合适，因为只有长度合适的范例，才能保证提供必需的信息，太长则会给阅读者带来困难。

采用关键事件法进行工作分析时，应特别注意以下问题：一是调查期限不宜过短；二是关键事件的数量不能太少，应保证能说明问题；三是正反两方面的事件都要兼顾，不得偏颇。关键事件法在设计绩效考评表格及确定培训需求时也经常使用。

2. 定量分析方法

一般来讲，定量分析方法大多是以调查问卷为基础的，这种调查问卷所涉及的调查内容较多，而且对问题的每种可能均给出了对应分值，以便于工作分析时使用。常见的调查问卷有：职位分析问卷(PAQ)、管理职位描述问卷(MPDQ)和任务分析清单(TIQ)等。

1) 职位分析问卷

职位分析问卷(Position Analysis Questionnaire，PAQ)是由心理学家E. J. 麦克米克(E. J. Mccormick)和P. R. 杰纳雷特(P. R. Jeanneret)等人花费近10年时间在1972年开发设计的。职位分析问卷是从员工活动的角度对工作进行分析的高度专门化的工具，它利用194个被称为工作要素的描述符来详细地描述员工的6种主要活动类型。这6种活动类型如下。

(1) 信息输入。即工作承担者从哪里以及如何获得完成工作所必需的信息。

(2) 脑力过程。即在完成工作时需要完成的推理、决策、计划以及信息加工活动。

(3) 体力活动。即员工要进行什么体力活动以及使用什么工具和设备等。

(4) 与其他人的关系。即员工在完成工作时需要同他人建立的联系以及所发生的关系。

(5) 工作环境。即工作是在什么样的物理和社会环境下进行的。

(6) 其他特征。包括除上述活动类型以外的其他与工作有关的活动的条件和特征，如工作时间安排、报酬给付方法等。

在对工作进行分析时，工作分析者首先必须确定上述每一个问题是否都适用于被分析的工作；接下来，还要根据应用范围、时间长短、对工作的重要性、发生的可能性、适用性以及特定代码(在某一特定问项中所使用的评价尺度)6个维度来对这些问项加以评价。这些评价结果被提交到工作分析小组,然后运用一种特定的计算机程序产生一份报告,以说明某种工作在工作的各个维度上的得分情况。

尽管职位分析问卷在国外一些组织已得到广泛应用,但这种方法的缺陷也非常明显:其一,它对被调查者的文化程度要求较高;其二,它的通用化和标准化格式导致了工作特征的抽象化,因此,在编写工作描述及进行工作再设计时,并非一种理想的手段。

2) 管理职位描述问卷

管理职位描述问卷(Management Position Description Questionnaire,MPDQ)是W.W. 托诺(W. W. Tornow)和P.R.平托(P. R. Pinto)在 1976年编制的。管理职位描述问卷是专门为分析管理者职位所设计的高度结构化问卷,它包括与管理责任、约束、要求和其他多方面职位特征有关的208个项目。这208个项目被分成13种类型。

(1) 产品、市场与财务战略规划;

(2) 与组织中其他部门和人员的协调;

(3) 组织内部事务控制;

(4) 组织产品与服务责任;

(5) 公众与顾客关系;

(6) 高级咨询;

(7) 行动的自主权;

(8) 财务承诺许可;

(9) 员工服务;

(10) 员工监督;

(11) 工作的复杂性与压力;

(12) 高层财务管理责任;

(13) 广泛的人事管理责任。

MPDQ同样适合对公共部门中管理层次以上的职位进行量化测试。它为公职人员从事管理工作所需要的培训提供了依据,为正确评价管理工作提供了标准,为管理工作的归类提出了目标,同时也为薪酬管理、公职人员选拔程序和绩效考评标准的制定奠定了基础。

3) 任务分析清单

任务分析清单(Task Inventory Questionnaire,TIQ),是指工作分析专家将工作中所有可能要完成的任务清单问卷,发放给任职人员及其主管人员,针对"是否需要完成""完成任务的频率""任务的相对重要性""所用时间的长短"等问题对每项任务进行调查。一旦这样的清单被提供出来,工作分析专家即可展开评价分析,然后再用特定的计算机程序把这些任务按相似的任务范畴进行组织。任务分析清单法强调的是在既定工作中所需完成任务的详细信息,这些信息的细节对甄选测试方案和确定绩效考评标准非常有用。表3-5列示了一个税务局办公室文员的工作任务详细目录问卷。

表3-5 某税务局办公室文员的工作任务清单目录问卷(部分)

任务的优先顺序	是否需要完成	重 要 性	所 用 时 间
	(1) 是 (2) 否	(1) 极度不重要 (2) 非常不重要 (3) 不重要 (4) 略微重要 (5) 重要 (6) 非常重要 (7) 极度重要	(1) 明显低于平均水平 (2) 低于平均水平 (3) 略微低于平均水平 (4) 平均水平 (5) 略微高于平均水平 (6) 高于平均水平 (7) 明显高于平均水平
打印办公室的文件信函	(1) (2)	(1) (2) (3) (4) (5) (6) (7)	(1) (2) (3) (4) (5) (6) (7)
打印税务局相关文件信函	(1) (2)	(1) (2) (3) (4) (5) (6) (7)	(1) (2) (3) (4) (5) (6) (7)
打印其他部门应急文件	(1) (2)	(1) (2) (3) (4) (5) (6) (7)	(1) (2) (3) (4) (5) (6) (7)
复印各种文件信函	(1) (2)	(1) (2) (3) (4) (5) (6) (7)	(1) (2) (3) (4) (5) (6) (7)
收发传真	(1) (2)	(1) (2) (3) (4) (5) (6) (7)	(1) (2) (3) (4) (5) (6) (7)

资料来源：姚先国，柴效武. 公共部门人力资源管理[M]. 北京：科学出版社，2004：223.

4) 功能性工作分析法

功能性工作分析法(Functional Job Analysis，FJA)，也称职能工作分析法，是由美国劳工部(DOL)提出的，以工作为导向、以员工需要担负的职能为核心的方法。FJA的理论基础是人与工作关系的理论，即所有工作均涉及工作承担者与信息(Data)、人(Person)和事务(Task)的关系。通过工作承担者与信息、人和事务发生关系时的工作行为，可以反映工作的特征、工作的任务和人员的职能。例如，在信息方面，任职者的基本职能是综合、整理和复制等；在人的方面，任职者的基本职能包括辅导、谈判和监督等；在事务方面，任职者的基本职能包括操作、照料和驾驭等。而且，任职者的每一种职能(信息、人和事务)均可按其基本活动的复杂程度划分出若干难度等级，如表3-6所示。通常来讲，职能的难度等级越高，其行为难度越大，所需要的能力也越高。例如，你正在分析的是办事员的工作，你可能根据以上三方面职能，即信息、人和事务分别标示为5、6、7，它们分别代表复制信息、以口头或示意的方式与人沟通及驾驭一些事务；而你如果分析的是医院中精神分析助理这一职位，你可能会用1、7、5分别代表该职位在信息、人和事务三方面的职能。然后，通过给每种职能赋予一定的时间百分比(三种职能的百分比之和为100%)，从而用某职位在信息、人和事务三方面的各自最高得分组合，如4、6、5，来对职位进行总体评价。如果想为4、6、5所对应的职位找一位任职者，那么，该任职者必须能够完成计算(4) 、以口头或示意方式进行交流(6) 以及照料(5)这些工作内容。如果从职位评价的角度讲，那么，4、6、5所对应的职位的等级应该比6、8、6所对应的职位的等级更高。

后来，法恩(S. A. Fine)对功能性工作分析法进行了修改和详细说明，其中包括对任务描述方式的特殊规定，其基本观点如下。

(1) "做好了什么事"，与员工"做了什么"来完成该事不尽相同。

(2) 任何工作均与资料数据、人员和事务三种基本要素有关，只是有关的程度有所不同。

(3) 针对此三种基本要素所进行的活动，可以区分若干不同的功能。每一种特定要素的活动功能可以区分为不同层次，高层次功能包括底层功能。

表3-6 工作承担者基本职能

信 息		人		事 务	
等级	描述	等级	描述	等级	描述
0	综合	0	辅导	0	创建
1	协调	1	谈判	1	精确操作
2	分析	2	指示	2	操纵/控制
3	汇编	3	监督	3	驾驶/操作
4	计算	4	取悦	4	处理
5	复制	5	说服	5	照料
6	比较	6	交谈/示意	6	送进/移出
		7	服务	7	驾驭
		8	接受指令/协助		

注：上表中，"0"代表最高等级，"信息"列、"人"列、"事务"列中的"6""8""7"分别为信息、人和事务的最低等级。

资料来源：[美]G. 德斯勒. 人力资源管理[M]. 刘昕，译. 12版. 北京：中国人民大学出版社，2012：139.

(4) 任何工作或活动均可依此三种基本要素来界定或评定其功能层次属于哪一等级。

法恩的FJA不仅依据数据、人员和事务对工作进行分类，而且还考虑了如下4方面因素：一是执行工作时需要得到多大程度的指导；二是执行工作时需要运用的推理和判断能力应达到什么程度；三是完成工作所要求具备的数学能力有多高；四是执行工作时所要求的口头和语言表达能力如何。另外，法恩的FJA还需要确定工作的绩效标准和工作对任职者的培训要求等。

功能性工作分析方法的优点是：对工作内容提供了一种非常全面的描述，对培训的绩效评价非常有用。缺点是：对每项职位都要求进行详细的分析，因而撰写工作说明书时费时、费力；而且，该方法不记录有关的工作背景，对于员工必备条件的描述也不理想。

3.2 工作说明书及其编写

3.2.1 工作说明书及其主要内容

工作分析的最终结果是形成一份完整的工作说明书。工作说明书是描述岗位名称、性质、特征、担负的责任和任务、与其他部门和岗位的关系以及该岗位任职者需要具备的素质和能力等的书面文件。一份完整的工作说明书通常包括对工作的描述和对任职资格条件的描述两个部分。工作描述和工作规范有时合并为一份文件，工作规范列在工作描述之后，统一称为工作说明书；有时则分成两份文件。

1. 工作描述

工作描述(Job Description)是对有关工作的内容及其所担负的权责、任务、工作条件以及工作对人身安全的危害程度等工作特征方面的信息所做的书面描述。工作描述应说明任职者做什么、何时做、在哪里做、如何做以及在什么样的条件下履行其权责等问题。工作描述主要包括以下几个方面内容。

(1) 工作认定。包括岗位名称、岗位等级、岗位编号、定员标准、所属部门及其直接上级的职务、岗位薪酬待遇，以及工作描述的编制人、编制日期和审批人等。

(2) 工作概要。工作概要是对该岗位的工作任务、职责、活动等进行的概括性描述，也称工作提要。

(3) 工作职责。包括所要完成的工作任务、岗位责任，使用的原材料、机器设备和信息资料的形式等。要求详细罗列岗位职责。

(4) 工作关系。包括：①所受监督，即工作承担者向谁报告；②所施监督，即谁向该工作承担者报告；③主要联系，包括组织内的联系和组织外的联系。由此可以清楚地确定该工作岗位在组织或部门中的位置。

(5) 工作内容和工作要求。工作内容指工作承担者所要从事的具体任务事项。工作要求则指对该项工作应达到的标准和规模等的具体规定，它是绩效考评的重要参考依据。

(6) 工作权限。工作权限必须与岗位责任相对应，应做到权责一致。

(7) 工作时间。要具体规定工作的时间和要求，这是保障员工正当权益的需要。

(8) 工作环境和条件。包括物理环境、安全状况、职业的危害性等。

(9) 职业流动。即工作承担者以后可以晋升的职位或职务。

表3-7列示了政府某部门人事处培训科科长的工作描述。

表3-7 政府某部门人事处培训科科长的工作描述

职位名称	培训科科长	所属部门	人事处
职位代码	××	编制日期	2003年3月18日
工作概要	在人事处主管处长的领导下，对全局人员实施培训活动，增进全局人员的知识、技能和能力，提高全局的效率和效能		
主要关系			
直接上级	人事处主管副处长		
直接下级	培训科所属办事人员		
内部沟通	部门内部其他处室		
外部沟通	政府劳动部门和人事部门、教育培训机构、管理咨询公司等		

岗位职责	绩效标准
1. 制度规范 (1) 草拟本局培训制度，提交人事处和局主管领导 (2) 拟定本局培训工作的程序，提交人事处和局主管领导 (3) 制定新录用人员手册，组织和编制本局内部培训教材和资料	☆ 制度可行、完备、有效 ☆ 培训程序规范、清晰 ☆ 培训教材和材料适用
2. 培训活动 (1) 制定新录用人员教育和培训计划，并具体负责实施 (2) 根据各处室提交的培训需求，结合全局工作任务和实际情况拟定年度培训计划，提交人事处和局主管领导 (3) 按照培训程序，具体实施全局知识技能更新培训 (4) 负责本局基层管理人员的知识和技能培训	☆ 使新录用人员能及时融入本局 ☆ 节省培训费用 ☆ 受训人员满意
3. 业务指导 (1) 指导各处室制定本处室的人员培训计划 (2) 检查各处室培训计划的落实情况	☆ 各处室满意 ☆ 培训计划落实得好
4. 其他 (1) 对各处室外出参加教育培训进行审核并备案 (2) 完成领导交办的其他工作	☆ 主管领导满意

（续表）

岗位环境和条件	
经常性工作场所	培训科
工作设备	计算机、打印机
工作时间	每周5个工作日，每天工作8小时(8:00—17:00)
可晋升职位	人事处副处长

资料来源：付亚和. 工作分析[M]. 上海：复旦大学出版社，2004:54. 经过改编.

2. 工作规范

工作规范(Job Specification)是对岗位任职者在完成某岗位工作过程中应具备的素质、能力以及其他特征等条件的具体规定。

工作规范涉及的内容主要包括如下几点。

(1) 工作承担者的身体要求。包括年龄、性别、健康状况、身高、体重、体力、耐力和运动的灵活性等。

(2) 工作承担者的知识和能力要求。包括文化程度、知识和技能要求、培训情况以及工作经验或经历等。

(3) 工作承担者的心理要求。包括理解力、创造性、数学计算能力、语言表达能力、态度、事业心、合作性等。

表3-8列示了某职位的工作规范。

表3-8　某岗位的必备任职资格和期望任职资格

任职资格项目	必 备 资 格	期 望 资 格
教育水平	(1) 本科毕业(含同等学历)，具备经济管理的相关专业知识 (2) 熟悉经济、法律政策和法规 (3) 了解行政管理的一般特点及相关业务知识	(1) 硕士研究生毕业 (2) 具备中等的英语水平
工作经验	具有8年以上工作经验，其中管理工作经验5年以上	熟悉政府部门的规章制度、业务流程
特殊技能和能力	(1) 核心能力：沟通能力、分析判断能力、协调能力、发现和解决问题的能力等 (2) 基本能力：领导能力、作计划的能力、信息管理能力等	具有创新能力、判断能力
个性品质	沉稳、具有较强的开拓精神、能够承受较大的心理压力、责任心强、忠诚，具有协调精神、服务意识	具有发现细小差错的敏锐洞察力，以及先进的管理理念、巧妙的工作艺术和工作技巧
身体要求	身体健康	具有较强的生理、心理承受能力

资料来源：付亚和. 工作分析[M]. 上海：复旦大学出版社，2004：59. 略作改动.

3.2.2　工作说明书的编制和应注意的问题

在编制工作说明书时，应始终坚持以下基本标准。

(1) 工作说明书应力求明确、清楚。工作描述中对工作内容的陈述应尽可能翔实、清楚。

对分析有重要意义的、在组织中不言而喻的事情必须包含其中，这样可以为人力资源管理部门进行员工绩效考评提供依据。另外，描述必须无遗漏、无夸张，对细节的描述不能违背事实，不能信口开河，一定要从实际出发。

(2) 应做到通俗易懂。在描述工作过程中，既不要采用模棱两可的语言，也应避免使用晦涩难懂的词语。

(3) 应做到量体裁衣。不同岗位的说明书应有所区别，切忌千篇一律。在现代公共组织中，工作说明书的最大缺陷是有些职位虽然在每个组织或部门中都存在，但实际上很少发挥作用，许多部门的岗位纯属摆设。

编制工作说明书的一般步骤如图3-3所示。

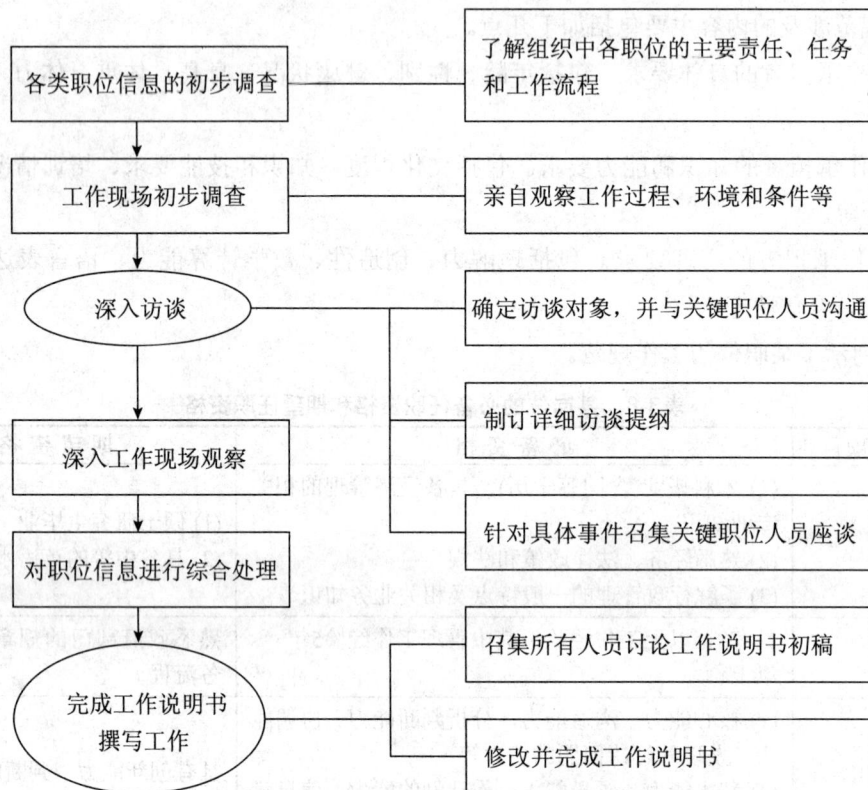

图3-3　编制工作说明书的一般步骤

资料来源：赵光忠.人力资源管理模板与操作流程[M].北京：中国经济出版社，2004：40.

另外，在编制工作说明书的过程中还应注意以下问题。

(1) 工作说明书的内容可根据工作分析的目的进行调整，内容可简可繁。

(2) 工作说明书可以用表格形式表示，也可以采用叙述形式。

(3) 工作说明书中如有需个人填写的内容，应使用规范术语。

(4) 要使用浅显易懂的文字，措辞要准确、明确，不能模棱两可。

(5) 编写工作说明书时应统一格式。

(6) 工作说明书的编写最好由组织高层主管、岗位任职者、人力资源部门代表、工作分析专家协同工作，共同完成。

工作说明书完成后，并不意味着工作分析的工作已经结束，应该在工作实践中不断修正和完善。因为再先进、再完好的工作说明书，也会随着科技的进步和社会经济的发展以及组织、部门及其岗位功能的变化而逐渐落后和过时，因此，对人力资源管理部门及其他相关部门来讲，不断修正和完善工作说明书，是保证工作说明书长期有效的重要步骤。

工作说明书的范例见表3-9和表3-10。

表3-9　工作说明书(范例一)

基本信息	岗位名称		岗位编码	
	所属部门		直接上级	
工作概要				
任职资格	学　历			
	专　业			
	工作经验			
	知识技能			
	能力要求			
工作关系	内部关系			
	外部关系			
职责描述				
岗位职责	职责一			
	工作任务	1.		
		2.		
	职责二			
	工作任务	1.		
		2.		

表3-10　工作说明书(范例二)

岗位名称		岗位编码		所属部门	
岗位类型		上级职位		编写日期	
职位概要					
岗位职责及考评要点					
岗位职责				占用时间	绩效标准
1.					
2.					
3.					
4.					
5.					
6.					
7.					
工作关系	直接下属人数		间接下属人数		
	内部主要关系				
	外部主要关系				
工作条件	工作场所				
	工作时间				
	设备条件				

（续表）

职位转换和晋升	可转换部门	部门：		职位：	
		部门：		职位：	
	可晋升职位	部门：		职位：	
		部门：		职位：	
一般条件	学历要求			学位要求	
	专业要求				
	资格证书				
	年龄要求			性别要求	
必要知识和工作经验	必要知识				
	外语要求				
	计算机要求				
	工作经验				
必要的业务培训					
必要的能力素质	能　力				
	素　质				
其他要求					

3.3　职位评价

职位评价是在工作分析的基础上所进行的一项工作，同时也是确定各岗位工作价值的过程，是公共部门进行薪酬设计和薪酬管理的基本前提。

3.3.1　职位评价及其作用

1. 什么是职位评价

职位评价(Job Evaluation)，也称工作评价、岗位评价、职务评价，是指运用科学的程序和方法对组织中某一职位的"相对价值"进行分析、比较，进而确定该职位"相对价值"大小的过程。职位评价的最终结果是工资等级或薪酬等级，因此，它是薪酬设计和薪酬管理的基础。职位评价的基本原则是：那些要求任职者具备更高任职资格条件、承担更多责任和履行更为复杂的工作职责的职位，应当比那些在这些方面要求低的职位价值高。[①]职位评价以事或职位为中心，而不是以担任该职位的人员为中心，是一个就事论事的过程。

2. 职位评价的作用

职位评价的作用主要表现在如下几个方面。

(1) 职位评价是确定公共部门职位等级的手段。职位等级在组织内部有着非常重要的作用，它常常被组织作为确定薪酬级别、福利标准、出差待遇、行政权限等的依据。职位评价能

---

① Martocchio, J. *Strategic Compensation: A Human Resource Management Approach*[M]. Upper Saddle River, New Jersey: Prentice-Hall, 2001:138.

See also Tobin, N. Can Technology Ease the Pain of Salary Surveys?[J]. *Public Personnel Management*, 2002,31(1):65-78.

够通过科学系统的评价方法对公共部门内部各职位进行比较，得到各职位间的相对价值，并形成职位等级。

(2) 职位评价是明确薪酬分配的基础。在很多组织的薪酬结构中，一般都有岗位薪酬(或基本薪酬)这个项目。而该项目的确定，正是通过职位评价获得的。正如前面我们所提到的，职位评价是确定职位等级的手段，因此，通过职位评价就能够准确地获得公共组织内部的职位等级，即各职位在公共组织中的相对价值。在此基础上，根据能级对应原则，就能够科学地确定职位薪酬(或基本薪酬)的差异了。职位评价有助于消除薪酬结构中的不公平、不公正因素，为保证公共部门薪酬等级间的逻辑关系和公平公正性奠定了坚实的基础。

(3) 职位评价为公共部门人员指明了职业发展和职务晋升通道。职位等级还是公共部门人员在公共组织内晋升时的参考依据。何为晋升？从职位等级的角度讲，晋升就是职位等级的提高。明确的职位等级，可以使公共部门人员清楚地了解公共部门内部的晋升渠道，帮助公共部门人员认识到达到何种标准才能晋升到更高的职位等级。同时，透明化的职位评价标准，还便于公共部门人员清楚地理解公共部门的价值标准，为公共部门人员的职业生涯规划和职业发展指明方向。

3.3.2　职位评价的方法

职位评价的方法很多，但常见的职位评价方法主要有4种：职位排序法、职位归类法、计点法和因素比较法。前两种方法属定性方法，后两种方法属定量方法。

1. 职位排序法

排序法(Ranking Method)，也称排列法，是指通过将组织内所有工作按责任轻重、繁简程度等因素由高到低或由低到高予以排列和评价的方法。职位排序法是一种比较简单的定性评价方法。该方法的实施步骤如下。

1) 获取职位信息

通过工作分析，为每一个职位准备好工作描述以及工作描述中包含的关于工作职责、任职资格条件等信息。

2) 确定标杆性职位

对于标杆，美国学者P. 基利等人认为，它是"管理机构所建立的标准或绩效水准"。[①]所以，标杆职位(Benchmark Jobs)或标杆工作就是指组织或部门中具有典型代表特征的职位或工作，这些职位是组织中的锚定职位，其他职位根据各自对于组织的相对价值，围绕这些职位来确定它们的位置。一般来讲，职位评价中所选取的标杆职位的数量占职位总数的10%～15%。

3) 排列其余职位

标杆职位确定后，接下来要参照标杆职位来对其余职位进行排序，从而形成一个由高到低的职位序列。

4) 对职位进行分级

职位排序完成后，还要对这些职位根据其工作的相同或相似性来划分等级，以适应薪酬体

---

① [美]帕特里夏·基利，史蒂文·梅德林，等. 公共部门标杆管理：突破政府绩效的瓶颈[M]. 北京：中国人民大学出版社，2002：39.

系的需要。

排序法的优点：方法简单，易操作，时间成本低。缺点：一是缺乏精确的评价尺度，可靠性差；二是主观性太强，尤其是对评价人员的工作经验和工作熟练程度的依赖性太大，只有那些有丰富工作经验并训练有素的人，才有可能对职位价值及其序次作出公正的判断；三是对那些不相似、无关的职位，如打字员和司机等，往往很难确定孰重孰轻。该方法适用于岗位比较少的公共组织。

2. 职位归类法

职位归类法(Job Grading or Job Classification)，也称职位分类法，是将职位分成若干等级，然后在每一等级中选出1~2个关键职位，并附上工作说明书和工作规范，而后来评价每一职位，逐一与各级中的关键职位进行比较，相似的归为同一等级，最后排出各等级的高低顺序的方法。职位归类法虽然简单，但得到了广泛的使用。该方法适用于公共部门。职位归类法的实施步骤有如下几个。

(1) 按职位进行分类。如分为领导管理类、专业技术类、非领导管理类等。

(2) 确定等级数量和等级定义。组织的性质不同，影响其职位重要性的因素往往不同。如美国联邦政府就以8大因素来评价职位的相对重要性，这8大因素是：①工作难度与多样性；②监督他人和被他人监督的程度；③判断的应用程度；④创造力的需要程度；⑤工作关系类型；⑥职责；⑦经验；⑧所需知识。在此基础上来对所分等级进行概念性的明确描述。

(3) 将工作说明书与职位等级定义相比较，来确定职位所归属的等级。例如，若某一岗位工作说明书的内容与职位等级定义中第二级的定义一致，则该职位应归入第二等级。

职位归类法的优点：操作简单，费用较低。而且，由于这种方法在等级定义时参考了指定的工作因素，故而比职位排序法更准确、客观。职位归类法适用于工作内容变化不大的组织，如美国、加拿大等国的政府部门在进行职位评价时用的就是归类法。职位归类法的缺点：不能清楚地定义等级，特别是对职位数量多、内容变化大的组织或部门来讲，划分等级往往需要比较大的工作量。

3. 计点法

计点法(Point Method)，也称点数法、计分法或评分法，是在确定影响职位的主要因素的基础上，通过将这些因素按其对被评价职位影响程度的不同来确定其价值，并赋予这些因素一定的点数或分值，最后计算出被评价职位总点数的方法。目前，这种方法无论在企业组织，还是在公共部门，均有着比较广泛的应用。计点法常用的最大点数有500点和1000点两种。在职位评价过程中，是使用500点还是1000点，并不影响职位评价的结果。计点法的应用主要涉及以下步骤。

1) 选择基准职位

基准职位，也称关键职位，是指整个行业或部门中最具代表性的职位。选择基准职位的总体思路是：选择数量有限的基准职位(一般为岗位总数的20%左右)，确保这些职位能代表整个薪酬结构及要评价的主要职位类型。基准职位的选择应充分体现所要评价岗位的责任、义务及工作要求的范围。基准职位是确定组织中员工基准薪酬的基础。表3-11列出了基准职位的特征。

表3-11 基准职位的特征

√ 工作内容是大家熟知、长期相对稳定且被员工认可的
√ 该职位是很多不同员工都从事的工作
√ 该职位代表着组织中被评价的一系列职位
√ 劳动力市场广泛通过该职位来确定工资水平

资料来源：[美]约瑟夫·J.马尔托奇奥.战略薪酬：人力资源管理方法[M].2版.北京：社会科学文献出版社，2002：182.

2) 在基准职位的基础上选择主要评价因素

主要评价因素，通常称报偿因素(Compensable Factors)，是指被组织认定的那些有较大价值的工作特征，这些工作特征通常是组织决定给予岗位任职者薪酬的那些因素或特征。在确定影响职位的报偿因素时，一般从如下4方面考虑：一是工作的难易、繁简程度；二是工作责任的大小；三是劳动强度的大小以及环境条件的好坏；四是工作的紧张和困难程度。显然，不同职位的影响因素也不尽相同。一般来讲，除了"普遍"使用的评价因素——技术、努力程度、责任和工作环境外，有时还会选择一些其他与工作相关的因素。报偿因素有时还需要细分为次等因素(Sub-factors)。例如，技术因素可以包括工作知识、教育、智力能力、身体能力、准确性和灵活性；努力程度可以分为精神努力程度和身体努力程度；责任可以分为与财务、原料或人员相关的责任；工作环境可以分为好的工作环境、差的工作环境甚至恶劣的工作环境等。

3) 定义不同级别的报偿因素

虽然报偿因素是用来描述一系列基准职位的，但各职位的范围和内容都不一样，因此，进行职位评价时需要把报偿因素划分成不同的级别，代表每个职位中该因素所占的比重。一般来讲，划分级别的数量往往依方案的复杂程度而定，但通常不超过5个或6个等级。如果方案只涉及较少的职位，如办事员，只需要分少数几个级别即可；而如果方案涉及所有职位的话，所分级别就应该多一些。

4) 确定每一个报偿因素的重要性，即权重

报偿因素的重要性是指该因素对于职位的价值大小，通常用百分比或权重来表示，由管理层或职位评价小组确定。首先，应把所有因素按其相对重要性按先后次序排列。然后，通过讨论和分析，来决定其重要性的百分比或权重。例如，某税务局的技术、努力程度、责任和工作环境的相对重要性为：责任是最有价值的因素，权重为45%；技术为第二重要的因素，权重为25%；努力程度的权重为20%；工作环境的权重为10%。

5) 确定各报偿因素及其不同等级所对应的点值

报偿因素分值的确定步骤通常有三步：①确定一整套报偿因素中每一个报偿因素的最大分值。根据经验，一整套报偿因素的分值总数可以用"报偿因素的数量×250"来计算。如某税务局把4个报酬因素，即1000点(4×250)作为总点数。②结合赋予各报偿因素的权重及整套报偿因素总点值来计算每一个报偿因素的总点值。如某税务局的责任的权重为45%、技术的权重为25%、努力程度的权重为20%、工作环境的权重为10%，因此各评价因素的总点值分别为：责任为450点(1000×45%)、技术为250点(1000×25%)、努力程度为200点(1000×20%)、工作环境为100点(1000×10%)。③确定各报偿因素的每一级别的点数。通常，级别越高，点数越大。最高级别的点数一般为该报偿因素的最大点值。这里以"责任"这一报偿因素为例，来说明确

定各级别点值的方法。假如"责任"这一报偿因素共分5个级别，其中，第一级代表的是最基本的责任要求，第五级代表的是最高级别的责任要求。从每一级别到最高级别的增量为90点（"责任"评价因素的最大分值450点/5级），由此，可得到各级别的点值。

第一级：90点（90点×1）；

第二级：180点（90点×2）；

第三级：270点（90点×3）；

第四级：360点（90点×4）；

第五级：450点（90点×5）。

6）检验报偿因素级别和点数价值，并评价所有职位

职位评价小组在计算出某一职位各报偿因素的点数后（如表3-12所示），还要检验每一个职位的总点数。检验时应认真考虑所计算出的各报偿因素的等级结构是否符合组织战略规划和工作内容。例如，就某税务局而言，一般税务人员的"责任"对任职者来讲非常重要，因此，"责任"这一报偿因素的点值就高；"工作环境"这一报偿因素对一般税务人员来讲价值相对较小，因此，其点数总值较低。如果出现赋点不合理的情况，职位评价小组应重新考虑报偿因素的定义、权重及对基准工作的实际评价。

表3-12　某税务局职位评价（举例）

职位名称：＿＿＿＿＿＿＿＿＿

评价时间：＿＿＿＿＿＿＿＿＿

评价人：＿＿＿＿＿＿＿＿＿

报偿因素		职位价值级别					总　分
一等因素	次等因素	1级	2级	3级	4级	5级	
技　术	智力技术	30	60	90	120	150	250
	体力技术	20	40	60	80	100	
努力程度	精神努力	24	48	72	96	120	200
	身体努力	16	32	48	64	80	
责　任	管　理	56	112	168	224	280	450
	部门预算	34	68	102	136	170	
工作环境	室内环境	8	16	24	32	40	100
	室外环境	12	24	36	48	60	
职位总价值							1000

7）撰写职位评价手册，开展职位评价

职位评价小组在测试、改善评价系统后，接下来就需要把要素及其等级定义和点值整合到一个实用的手册中，即撰写职位评价手册。在完成手册的撰写工作后，评价者可根据手册对职位进行评价。在评价组织或部门中的每一职位时，应先考虑哪个级别的定义最适合该职位及其相应的点值。把每一职位所有的点值相加就得到了每一职位的总点数，而后再根据各自的总点数对职位进行排列。

计点法的优点：一是通过清楚明确的评价因素界定来进行职位评价，减少了主观因素对评价结果的影响；二是具有广泛适应性。缺点：对职位评价人员的技术要求较高，费时、费力，而且，报偿因素的选择、确定以及权重的分配仍带有一定的主观性。该方法适用于岗位类别和

数目比较多的组织，对规模较小的组织来讲则不一定是最佳选择。

4. 因素比较法

因素比较法(Factor Comparison Method)，也称要素比较法，是在排序法的基础上改进发展而来的一种职位评价方法，它是尤金·本基(Eugene Benge)在1926年提出的，目的在于克服计点法的不足。因素比较法是结合工作特征在确定报偿因素的基础上，通过对职位的分析和排序来评价各职位价值的一种方法。该方法与计点法的区别是：计点法所使用的评价尺度是点数，而因素比较法使用的评价尺度是货币。因素比较法主要包括如下步骤。

(1) 获取职位信息。获取有关组织岗位设置及各岗位工作说明书的相关资料，为职位评价做好准备。

(2) 选定具有代表性的关键性职位。在了解组织和部门职位信息的基础上，职位评价小组接下来需要挑选一定数量(一般为15～20个)的关键职位，这些职位必须具有一定的代表性，而且，它们的参考价值能被广泛接受。

(3) 结合关键职位特征来确定报偿因素。一般选定的报偿因素是智力条件、技术、工作责任、身体条件和工作环境条件。

(4) 权衡并比较每一个关键职位所涉及的各个报偿因素，按由高到低的顺序进行排序。如表3-13所示。

表3-13 政府某局关键工作岗位的因素排序表

工作岗位	智力要求	技术	体力要求	责任	工作条件
局长	1	5	5	1	5
处长	2	4	4	2	4
科长	3	2	3	3	3
秘书	4	1	2	4	2
司机	5	3	1	5	1

(5) 为各报偿因素建立以货币为单位的评价尺度量表(表3-14为政府某局各职位以"责任"这一报偿因素为单位的评价尺度表)，并给各报偿因素分配薪酬待遇，这一环节的工作应在职位评价小组共同讨论、协商的基础上进行。如表3-15所示。

表3-14 政府某局各职位以"责任"为单位的因素评价尺度表

货币金额/(元/月)	关键职位	货币金额/(元/月)	关键职位
330		1140	
350		1230	科长
670	司机	1330	
700		1430	
730		1550	
780		1670	处长
830		1820	
880	秘书	1970	
930		2120	
980		2300	局长
1060			

表3-15　政府某局关键工作岗位的薪酬分配情况　　　　　　　　　　　　元/月

职　位	智力要求	技　术	体力要求	责　任	工作条件
局长	650	220	100	2500	150
处长	480	280	110	1670	180
科长	380	340	130	1230	210
秘书	240	360	170	880	240
司机	180	300	180	670	280

(6) 比较、调整并最终确定关键职位各因素的顺序。通过比较分析，对各关键职位的各报偿因素的初始排序有争议的地方进行修正，若无法修正，则予以删除。

(7) 排列其余职位。将组织中未评价的其余职位与现有已评价的关键职位进行比较，按条件相近的关键职位的薪酬待遇来计算其余职位中某职位各因素的薪酬，而后累计该职位所有因素的薪酬，最终得出该非关键职位的薪酬待遇。如"副局长"这一职务所对应的智力要求、技术要求、体力要求、责任以及工作环境条件等应处于"局长"和"处长"两职位之间，有的因素比较偏向"局长"这一关键职位的相应报偿因素，如智力因素、责任因素、工作环境因素等，有的则偏向"处长"这一关键职位的相应评价因素，对此，可按偏向程度来确定"副局长"这一职务的各因素的薪酬，之后将分配给各因素的薪酬进行加总，即可得到"副局长"这一职位的薪酬待遇。

因素比较法的优点：所选定的报偿因素较少，且各因素均无上限，从而避免了重复，同时也扩大了适用范围；在排序的基础上，赋予报偿因素货币值，各职位的薪酬待遇可通过职位评价直接得出来，减少了薪酬设计的工作量。缺点：所选定的职位报偿因素不一定适合组织中的所有职位；各报偿因素的相对价值在总价值中所占的份额在很大程度上依赖于职位评价人员的主观判断，从而使精确度受到较大影响；程序比较繁琐，对职位评价人员的技术水平要求较高。

🔲 关键术语

工作分析	职责	职位
职业	访谈法	问卷法
直接观察法	工作日志法	关键事件法
职位分析问卷	管理职位描述问卷	任务分析清单法
功能性工作分析法	工作描述	工作规范
工作说明书	职位评价	职位排序法
职位归类法	计点法	因素比较法

🔲 复习思考题

1. 工作分析的作用有哪些？

2. 工作分析的程序或步骤是怎样的？

3. 工作分析的方法有哪些？各有何优点和缺点？

4. 工作分析问卷一般包括哪些方面的内容？

5. 工作日志法包括哪几个阶段？

6. 编制工作说明书的一般步骤是怎样的？编制工作说明书时应注意哪些问题？

7. 职位评价的作用是什么？

8. 职位排序法的一般步骤是怎样的？其优点和缺点是什么？

9. 职位归类法的一般步骤是怎样的？其优点和缺点有哪些？

10. 计点法的一般步骤是怎样的？其优点和缺点是什么？

11. 因素比较法的一般步骤是怎样的？其优点和缺点是什么？

本章案例

B市政府某局工作分析组织和实施计划草案

第1部分　某局工作分析组织和实施方案

1. 研究目标

编写出以职责和任职资格为主要内容的系统的工作说明书。

2. 准备工作

1) 确定工作分析的对象

全支局共53个职位，都在工作分析的对象(即目标岗位)范围之内。

2) 确定所需的信息内容

工作人员基本情况、工作的时间要求、工作目标、中心任务、工作程序、工作的活动内容、设备运用、失误的影响、责任、组织内部的工作联系、组织外部的工作联系、监督、管理、所需的知识技术和能力。

3) 确定搜索工作分析信息的方法

(1) 设计"职位调查表"进行问卷调查。

(2) 查阅人事档案。

(3) 在上述获得信息的途径的基础上对不同对象采用不同方法。对正局长、副局长、会计、营业组组长主要采用访谈法和计时分析方法或日志法来搜集信息；对营业员、值班员等一线操作岗位主要采用访谈和观察相结合的方法来搜集信息。

4) 工作分析员的组织与任务分配

按工作岗位分为4个小组。

第1小组：钟铭、曹昆、王朝阳三人负责支局长(书记)、副书记、副局长、局长助理、会计、出纳、统计、质检、总务，以及司机和后勤组、营业组的18个职位。

第2小组：时丽巍、文明、胡东波三人负责A组的13个职位。

第3小组：康慧妹、周文华两人负责B组的8个职位。

第4小组：叶子钊、陈中华、张建国三人负责C组、D组以及E组和F组的共14个职位。

5) 时间安排

2012年11月1日—15日整理出所有信息，然后进行综合分析，11月底作出完整的工作说明书。

3. 组织与实施步骤

第一步：从2012年10月22日—10月30日用一周多时间制作出访谈提纲及记录表格，并把实施方案发给本组同志，明确各人的责任；

第二步：从11月1日开始与局领导联系，一周内发出并收回职位调查问卷，并根据所获信息设计进一步的访谈、记录和观察方案；

第三步：实施进一步的访谈、观察，要求在三天内完成；

第四步：对搜集来的所有信息进行整理，要求11月15日结束；

第五步：编写工作说明书，应经过多次修订，于2013年1月底定稿。

4. 费用

大额费用支出与局里联系，小额费用支出由个人自理。

第2部分　某局工作分析实施计划草案

1. 工作时间

2012年10月21日—11月30日

2. 小组成员

组长：钟铭　　　　　副组长：时丽巍

成员：曹昆、王朝阳、文明、胡东波、康慧妹、周文华、叶子钊、陈中华、张建国

3. 具体工作计划

具体工作计划见表3-16。

表3-16　某局工作计划

时　间	任　务	负责人	工作成果
10.21—10.28	(1) 查阅文献资料，制定访谈提纲和工作日志表格 (2) 小组成员进行工作任务分析	钟铭	访谈提纲 工作日志表格 工作任务分配计划
11.1—11.8	提出职位分析问题和填写工作日志	局领导	填写完成职位问卷和工作日志
11.9—11.15	小组成员阅读问卷，准备职位访谈，选定典型职位	各分组组长	详细的各职位访谈计划
11.16—11.19	对本局的典型、重要职位进行访谈	负责典型职位的各分组成员	职位访谈报告
11.20—11.23	组织编写工作说明书	各分组组长	工作说明书初稿
11.24—11.25	对每一职位的工作说明书进行讨论	钟铭	相对规范的工作说明书
11.26—11.28	将工作说明书提交专家审阅	钟铭	无
11.29—11.30	按专家意见修改工作说明书	钟铭	规范的工作说明书

问题：

1. B市政府某局的工作分析组织和实施计划草案有何可取之处？哪些地方需要进一步修正？为什么？

2. 如果单位领导指派你负责本单位的工作分析工作，你将如何开展业务？为什么？

第4章 公共部门人力资源规划

学习引导

本章主要学习人力资源规划及其作用、人力资源规划与人力资源管理其他职能的关系，学习并掌握公共部门人力资源供给和需求预测的方法，以及如何编制公共部门人力资源规划报告等。

本章的学习重点，一是区分和理解人力资源规划及人力资源战略等概念，了解人力资源规划在人力资源管理中的作用和地位；二是了解并掌握公共部门人力资源供求预测的常用方法；三是了解公共部门人力资源规划的主要内容以及编制过程。

常言道：凡事预则立，不预则废。对公共部门人力资源管理来讲，要想做好人员招聘、培训、绩效管理和薪酬管理等工作，前瞻性地了解和掌握公共组织人员的未来需求和供给，有效地配合公共组织其他部门的工作，最终实现公共组织目标和战略，就必须开展公共部门人力资源规划工作。可以说，没有人力资源规划，就等于失去了人力资源开发和管理的未来目标，势必会影响公共部门的人力资源开发、配置和管理工作。正如布里斯定理告诉我们的：好的规划是成功的开始。在公共部门人力资源管理的过程中，只有明确一定时期的目标和任务，才能避免人力资源开发与管理的盲目性，进而收到较好的效果。

4.1 公共部门人力资源规划概述

公共部门人力资源规划是公共部门人力资源管理活动的重要组成部分，也是公共部门在适当时间得到适当数量的合格员工的必要前提。人力资源规划是自20世纪50、60年代以来逐渐发展起来的一项人力资源管理技术，这项技术在20世纪80年代后逐渐成熟，并广泛应用于企业和公共部门的人力资源管理过程中。

4.1.1 公共部门人力资源规划及其类型

1.公共部门人力资源规划的含义

在汉语中，规划(Program)是指"比较长的分阶段实现的计划"。规划与战略、计划等概念既有区别，又有联系。通常来讲，战略(Strategy)本为军事术语，解释为"战争谋略"。之后，"战略"一词被应用到政治和经济领域，其含义也趋于一般化。现代意义上的"战略"，是指具有统领性的、全局性的，能左右胜败的谋略和方案。计划(Planning)，在《辞海》中解释为"工作或行动以前事先拟定的具体步骤和内容"，一般来讲，计划要比规划更细致、更详尽，具有更强的可落实性。从管理学角度讲，"战略"一般是基于组织长远目标和愿景的、粗线条的发展谋略和行动方案，是一种具有长期预见性的目标导向，它指明了组织未来努力的目标和方向；规划则是在组织目标和发展战略的基础上，为落实组织战略、实现组织中长期目标而制订的阶段性的行动方案；而计划则是为达成组织目标、落实组织规划而拟定的短期的具体行动步骤和工作方法。简而言之，战略是基于组织目标和愿景的长期性的行动方案，而规划则是为落实组织战略、达成组织目标而进一步细化的行动方案，计划则是对规划的进一步细化和具体化，比战略和规划更具可落实性。从时间跨度上讲，战略的时间跨度更大，规划次之，计划的时间跨度最小。

所谓公共部门人力资源规划(Human Resource Program or Human Resource Planning，HRP)，是指公共组织根据一定时期内的战略目标，来确定组织对人力资源的需求情况，并确保组织在恰当时间里、在恰当工作岗位上有恰当数量的合格人员的过程。人力资源规划所说明的是：要做什么、如何做、需要配备多少人力，以及在何时、何处做等问题。人力资源规划实质上是公共部门在既定发展方向和目标下所进行的人力资源计划管理。公共部门人力资源规划提出并解决了在一定时期内公共组织需要什么样的人力资源，以及应采取什么样的措施来确保这种需求的问题。

由公共部门人力资源规划的定义可见：第一，公共部门人力资源规划是以一定时期内公共部门的战略目标为基础的。人力资源开发管理活动是为实现组织战略目标服务的，是为配合组织战略目标的实现而进行的，因此，一定时期内的组织战略目标是制定人力资源规划的基本条件和方向指南。如果人力资源规划背离了公共部门战略目标，或者与公共部门战略目标发生偏离，那么，公共部门人力资源开发管理活动将不仅失去其应有的价值，而且还会影响公共部门战略目标的如期实现。第二，公共部门人力资源规划是一个系统的、综合平衡的过程，它要受到公共部门内、外部环境变化的影响。一般来讲，人力资源规划是由若干要素按一定的结构和作用机制相互联系而成的统一整体，是公共部门人力资源管理分系统的一部分，并与公共部门的其他分系统存在着千丝万缕的联系，注意并考虑这种关系，是综合平衡人力资源规划内部与其他子系统和分系统关系的重要前提。通常来讲，公共部门人力资源规划至少包含如下三方面的综合平衡：一是人力资源规划子系统本身的综合平衡。在公共部门人力资源规划子系统中，总体规划与具体规划，如人员补充规划、人员使用规划、人员教育和培训规划、人员职业生涯和发展规划以及人员绩效考评和激励规划之间存在密切联系，必须充分注意它们之间的平衡与协调；二是人力资源规划与公共部门内部其他规划系统的综合平衡。人力资源规划必须与组织的财务规划、物质规划、设备规划等相互协调；三是人力资源规划与组织外部环境的综合平衡。公共部门人力资源规划不仅要受到内部因素的影响，而且要受外部环境变化的制约，这就要求在制定人力资源规划时，必须充分考虑公共部门自身的优势和不足，以及公共部门在未来发展中可能面临的社会、政治、经济、法律和技术等环境变化，做好PEST分析和SWOT分析。首先，公共部门人力资源规划是中长期规划，必须把公共部门及其人员的中长期发展问题纳入规划之中。作为公共部门的战略活动，人力资源规划着眼于为公共部门的未来战略目标和活动预先准备好未来发展需要的各方面人才，就此而论，公共部门中个别的或局部的人员调配不属于人力资源规划的范畴，短期的人事安排也不属于人力资源规划范畴。其次，考虑到公共部门人力资源规划的中长期性，在规划过程中，必须统筹考虑公共部门内部现有人员的未来发展问题，结合人员素质测评和能力分析，把公共部门人员的个人中长期发展与公共部门的中长期发展统一起来。最后，公共部门人力资源规划必须与必要的人力资源管理政策和措施相配合，以切实保证公共组织人力资源的需求和供给。这些政策和措施涉及公共部门内部人员的培养、晋升和使用政策以及公共部门人员奖惩政策和外部招聘政策等。只有制定出科学、有效的人力资源开发与管理的政策和措施，才能确保公共部门人力资源供给的及时、充足与可靠。

2. 公共部门人力资源规划的类型

从不同角度分析，公共部门人力资源规划的类型不同。

从宏观和微观层次上，公共部门人力资源规划可分为宏观人力资源规划和微观人力资源规划。所谓宏观人力资源规划，是指从整个公共组织及其人员队伍的角度，在分析公共组织结构和预算走势的基础上，来分析和确定一定时期内公共组织的人员总体需求情况，并以此制定出相应的获取、利用、保持和开发策略，以寻求组织职位与其人员数量、质量和结构达到总体均衡的过程。宏观人力资源规划不仅具有战略性，而且具有一定的计划性。微观人力资源规划则指各公共部门根据本部门的发展目标和预算走势，在工作分析的基础上，来确定本部门一定时期内对人力资源的需求情况，进而制定出相应的人员获取、利用、保持和开发策略，以谋求本部门职位与人员数量、质量和结构等基本均衡的过程。微观人力资源规划是宏观人力资源规划的基础和有机组成部分。从程序上讲，先有微观人力资源规划后有宏观人力资源规划；从结果上看，微观人力资源规划必须服从宏观人力资源规划的战略要求，反过来，微观人力资源规划的精度又决定着宏观人力资源规划的准确性。

从时间跨度上看，公共部门人力资源规划可分为长期、中期和短期三种。长期规划的时间一般在10年以上，中期规划一般为3～5年，短期规划一般为6个月～1年。通常，规划期的长短与环境的不确定性影响之间存在如表4-1所示的关系。

表4-1 不确定性与规划期的长短之间的关系

短期计划：不确定/不稳定	长期计划：确定/稳定
组织面临诸多竞争者 飞速变化的社会、经济环境 不稳定的产品/劳务需求 政治法律环境经常变化 组织规模小 管理水平低	组织居于强有力的市场竞争地位 社会、政治、技术等环境变化是渐进的 强大的管理信息系统 稳定的产品/服务需求 管理水平先进

资料来源：Leap, T. L. & M. D. Crino. *Personnel/Human Resource Management*[M]. New York: Macmillan, 1989:26.

另外，如果从规划的性质上区分，还可以将人力资源规划分为战略性人力资源规划和战术性人力资源规划。战略性人力资源规划具有全局性和长远性，通常是人力资源战略的表现形式，时限一般不少于5年；战术性人力资源规划则是具体的、短期的规划，具有较强的针对性，时限一般为1～2年。

4.1.2　公共部门人力资源规划的影响因素

影响公共部门人力资源规划的因素复杂多样，概括地讲，主要有如下几方面。

1.政治和政策因素

公共部门人力资源规划首先要受到政治和政策环境的影响。一般说来，政治和政策环境不外乎政治制度、政治体制、政党制度以及法律法规和政策规定等。我国实行的是一党领导下的多党合作和政治协商制度，党管干部是我国公务员制度坚持的基本原则。而西方国家大多实行多党制，文官管理不受政党干预，与党派政治脱钩。政治制度、政治体制、政党制度的差异，必然会带来公共部门特别是政府公务员人事管理制度的不同。政府行政管理体制及其改革同样会影响公共部门人力资源规划。20世纪80年代以来，随着我国行政体制改革的不断深入，各级党委及政府的管理权限也在不断变化之中，在政府和事业单位追求"精简""效能"的大趋势下，人力资源规划首当其冲地要受到政府人事管理制度改革的影响；而管理权限放开及其下移，同样给各级人事部门的管理活动带来较大影响。另外，与公共部门人力资源管理活动有关的一系列法律法规和政策规定的出台及修订，也会给公共部门人力资源规划带来不同程度的影响，如《中华人民共和国公务员法》及与之配套的一系列管理制度的推行，往往会从不同方面影响公共部门人力资源规划。

2.经济和社会环境

随着社会主义市场经济体制的进一步发展，人力资源的市场化配置程度在不断提高。干部终身制的解体以及人员聘任制和公务人员优胜劣汰机制的逐步形成，不仅加速了公共部门人员的流动，而且使公共部门人力资源规划的工作量和难度增大、变数也在增多。而整个社会文化环境及教育、培训等人才成长环境的变化，一方面为公共部门提供了极为有利的人力资源基础，另一方面也对公共部门及其人力资源管理工作提出了更高要求，与其他部门一样，我国公共部门正受到来自人口老龄化、经济全球化、文化和需求多样化等多方面因素的挑战。

3.技术环境

20世纪90年代以来，计算机技术和互联网技术的普及应用和快速发展，不仅使公共部门人力资源管理活动变得更加高效、便捷，大大提高了人力资源规划的效率，而且对公共部门及其人员的素质和技能提出了更高要求。公共部门人力资源需求正随着办公技术的自动化和高效化而成为一个越来越难准确把握的变数。

除以上外部因素外，公共部门内部环境，如人员素质、工作效率、组织文化、价值观念等，也对人力资源规划产生了或大或小、或轻或重的影响，使公共部门人力资源规划变得越来越困难，越来越不易准确把握。

4.1.3　公共部门人力资源规划的作用和地位

公共部门人力资源规划是公共部门战略目标得以实现的人力资源保证，是公共部门实现人力资源有效配置的基础和前提，也是公共部门有效应对急剧变化的外部环境的必要保障。随着社会主义市场经济的进一步发展以及全球经济一体化进程的快速推进，加之公众对公共部门特别是政府公共管理的要求的日益提高和多样化，公共部门特别是政府所面对的内、外部环境越来越复杂多变，管理任务也越来越艰巨，在这种情况下，公共部门特别是政府如何通过自身改革来提高应对外部环境变化和进行社会管理的能力，在达成公共部门未来战略目标的同时，在公众心目中树立良好形象，是公共部门及其人力资源管理活动面临的重大课题。作为公共部门人力资源管理的主要内容之一，公共部门人力资源规划是保证公共部门战略目标得以实现的基本前提，是公共部门人力资源管理的方向指南。

图4-1显示了人力资源规划在公共部门人力资源管理中所处的承上启下的重要地位。

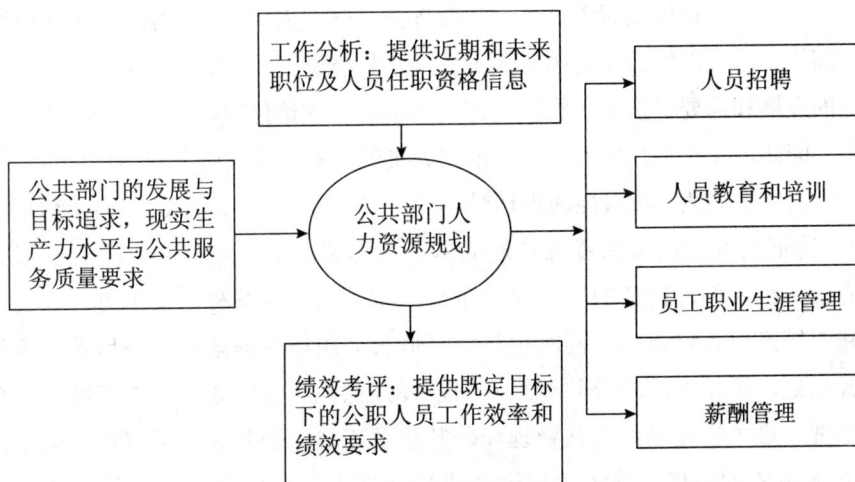

图4-1　人力资源规划在公共部门人力资源管理中的地位

图4-1表明，人力资源规划在公共部门及其人力资源管理中占有突出地位，具有十分重要的作用，这种作用具体体现为如下几方面。

(1) 人力资源规划是实现公共部门目标和发展战略的必要保证和关键环节。公共组织的领导层在制定组织目标和发展战略时，首先必须考虑未来人力资源的需求和供给情况。公共部门人力资源管理部门引进人力资源规划，实际上就是对领导层关注组织目标和发展战略实现过程中的人力资源需求和供给问题的回应。没有科学的人力资源规划，公共部门在实现自身战略目标的过程中就可能会遇到困难，甚至会影响公共部门战略目标的如期实现。通过制定科学、有效的人力资源规划，明确公共部门在未来战略目标实现过程中的人力资源需求情况，通过建构科学有效的人力资源供求预警系统，就可以在较大程度上确保公共部门人力资源需求的及时满足，为公共部门提供充裕、高质量的人力资源供给，以适应外部环境的变化。

(2) 人力资源规划在公共部门人力资源管理活动中发挥着桥梁和纽带的作用。在公共部门人力资源管理活动中，人力资源规划不仅具有战略性，而且能在公共部门总体战略实施过程中，通过影响人力资源管理政策和措施，来指导人力资源管理活动。它既是进行定岗定编、员工素质测评和构建人力资源信息系统(HRIS)等人力资源管理活动的基础，又是进行人员招聘、选拔、调配、升降及薪酬管理、员工培训等人力资源管理活动的方向和目标。

(3) 有利于人力资源的合理开发及有效配置和利用。公共部门是由许多不同种类、不同层次的人所组成的复杂综合体。通过人力资源规划，不仅可以明确公共部门对各类人员的数量需求及知识和技能要求，而且可以为人力资源管理部门进行有针对性的员工培训和人力资源开发以及人员引进提供依据，同时也可使员工及时了解自己对组织现在和未来工作的适用性，明确自身素质与组织要求的差距，从而及时作出个人发展规划和素质调整。

(4) 人力资源规划有助于调动公共部门人员的积极性。人力资源规划在努力达成公共部门战略目标的同时，也考虑到公共部门人员物质利益和精神需求的满足，可以有效激发他们的工作积极性。例如，作为人力资源总体规划的重要组成部分，人力资源职业规划通过对公共部门人员职业生涯所作的规划安排，如职务晋升、公开选拔和竞争上岗等制度安排，可以使公共部门人员明确自己的发展目标和努力方向，从而积极发挥自己的工作潜能，努力工作。而调任、转任等交流方式则是基于合理地配置人才、充分发挥公共部门人员专长的需要，有利于激发公共部门人员的工作积极性和创造性。正是由于人力资源规划能够促使公共部门将自身的发展和战略目标与工作人员的发展和需要相匹配，将公共部门人员的个体价值实现与公共部门的战略目标实现有机统一起来，因此，才能不断地提高公共部门人员的满意度及增强其对组织的归属感，从而进一步调动他们的工作主动性、积极性和创造性，为公共部门的发展贡献自己的能力和智慧。

(5) 有助于降低公共部门人力资源管理成本。人力资源虽然对公共组织的发展具有重要作用，但它在为公共组织创造价值的同时也会带来成本。而且从某种意义上讲，人力资源管理既是以提高公共组织产出为目标的，同时也是以降低公共组织管理成本为宗旨的。通过科学、有效的人力资源规划，不仅可以为公共组织未来发展提供强有力的人力资源支持，避免"有岗无人"现象的出现，最大程度满足公共管理和公共服务需要，而且，还可以尽可能地防止人浮于事及人岗不匹配现象的出现，将人力资源需求控制在最合理的范围内，从而节省人力资源成本，提高公共部门人力资源利用效率。

4.1.4　公共部门人力资源规划的程序

公共部门人力资源规划程序主要包括如下几个阶段：目标确定与调查分析阶段，人力资源需求和供给分析阶段，供求均衡分析与规划制订阶段以及实施、评估和反馈阶段，如图4-2所示。

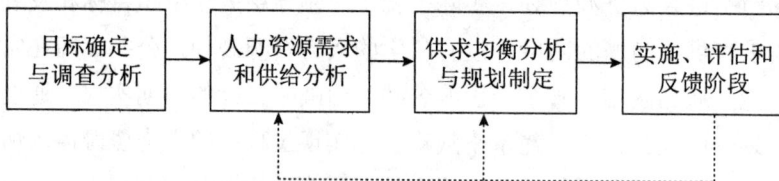

图4-2　公共部门人力资源规划的程序

公共部门人力资源规划的程序及各阶段的主要任务如下。

(1) 目标确定与调查分析阶段。这一阶段的主要任务：一是要结合公共组织目标确定人力资源规划目标，这一环节涉及人员年龄结构、学历、层次、人员流动、成本、各类员工比例、人事政策、人员价值观等；二是对内、外部环境进行调查和分析，包括组织外部环境的PEST分析(包括政治和政策、经济、社会、科学技术环境及劳动力市场变化等方面的分析)以及组织内部的SWOT分析(即公共部门的自身优势(Superior)和劣势(Weakness)、所面临的机遇(Opportunity)和挑战(Threaten)的分析)。

(2) 人力资源需求和供给分析阶段。这是人力资源规划的关键环节。在这一阶段，要求在搜集及分析、研究资料的基础上，运用现代人力资源需求和供给预测技术和方法，来研究未来一定时期内公共组织的人力资源需求和供给情况。

(3) 供求均衡分析与规划制订。在这一阶段，应结合人力资源供求预测结果及组织目标、环境调查分析等，制定具体规划及有关的人事政策和对策等，包括人员补充和获取规划、人员使用规划、人员教育和培训规划、人员职业生涯规划以及员工绩效考评标准和激励规划等。

(4) 实施、评估和反馈阶段。这是人力资源规划的最后一个阶段。人力资源规划制定完成后，就要付诸实施，并根据实施结果对规划进行评估、反馈和修正。现实中，人们往往比较重视人力资源规划的制定和实施，而忽略了人力资源规划的评估和反馈工作，使人力资源规划这一子系统成为一个没有反馈回路的开环体系。实际上，有效的人力资源规划与对它的评估及对实施结果的及时反馈是分不开的，否则，我们就很难知道规划的错误和缺陷，也难以有效地指导整个人力资源管理工作。

4.2 公共部门人力资源需求和供给预测

人力资源需求和供给预测是公共部门人力资源规划的关键环节，通常来讲，人力资源规划主要包括人力资源需求预测、供给预测及其供求均衡分析三方面内容。

4.2.1 人力资源需求预测

人力资源需求预测是了解和分析公共部门未来一定时期内人力资源需求状况和趋势的重要手段，它是结合公共部门未来一定时期内的发展目标及过去人力资源配置和劳动产出等情况，对公共部门未来人力资源的需求状况和趋势进行预估和测算的过程。人力资源需求预测的方法很多，可以从不同角度来对它们进行归类，目前，最为普遍的分类方法是将它们分为定性方法和定量方法两大类。

1. 定性方法

定性方法实际上是一种判断预测方法(Judgment Forecast Method)，它是依据管理者或专家的经验进行直观判断，基于过去一定时期内的实际情况，对未来发展趋势作出预测和分析的方法。常见的定性方法主要有经验估测法、德尔菲法和头脑风暴法等，这里我们主要介绍前两种方法。

1) 经验估测法

经验估测法，也称经验判断法或主观判断法(Managerial Judgment)，是有关人员根据以往的经验，利用现有的信息和资料，结合本组织和本部门的情况及特点，来估测未来所需人力资源的一种方法。

经验估测法可分为"自上而下"和"自下而上"两种。"自上而下"是指由领导层和管理层拟订本组织和本部门的用人计划，然后传达给下属各部门执行。"自下而上"是指基层管理部门根据本部门工作要求和员工需求状况，向上级部门层层提出申请或建议。在实践中，上述两种方法应结合使用，即先由公共组织上层提出指导性建议，再由各下级部门根据指导性建议提出具体用人需求，这样就能确定组织总的用人需求。这种方法的优点是简单易行，且实施成本较低。缺点是主观性较强，估测结果相对粗糙，准确性较差。

2) 德尔菲法

德尔菲①法(Delphi Technique)，也称专家打分法，是通过专家组织会议或函询的方式，来广泛征询专家对影响组织的某一领域的发展情况(例如组织将来对人力资源的需求)的看法，最终达成一致性意见的结构化方法。德尔菲法是20世纪40年代由O. 赫尔姆(O. Helmer)和戈登(Gordon)首创、1946年由兰德公司(The Rand Corp.)最先使用并不断发展而来的。20世纪60年代以来，该方法被广泛用于社会、经济、科技和军事等领域的预测。在德尔菲法中，专家的来源一是组织内部员工，二是组织外请专家。组织内专家的选择标准是对组织及部门的基本情况有深入的了解。这种方法的特征是：专家们互不见面，而是通过人力资源管理部门或人员来进行协调。具体来讲：首先，人力资源管理部门根据咨询内容提出若干意义明确的问题，而后发给或寄送给有关专家，请专家结合自身看法以书面形式予以回答；其次，人力资源管理部门集中各位专家的意见，并加以反馈；再次，专家对反馈回来的归纳结果重新考虑，并在此基础上修改自己的看法或保留原有意见，并说明修正或保留的原因，再次将结果寄给相应的人力资源管理部门；如此反复多次。最后，经过多次修改反馈后，专家的意见趋于一致，通过处理即可得出符合大多数专家意见的结果。

实施德尔菲法时，应注意以下几方面问题。

(1) 必须调查足够数量的专家，一般不少于30人，且问卷回收率不低于60%。

(2) 应给专家提供充分的信息。

(3) 所提的问题必须有一定高度，且避免造成误解和歧义。

(4) 实施前首先要取得参加者的支持，以保证回答问题的质量和有效性。

(5) 只需专家做粗略的数字估计即可，无需精确。

2. 定量方法

定量方法属于统计预测方法(Statistical Forecast Method)，它是根据过去的统计资料，通过量化分析或建立模型，来对未来的发展趋势进行预测的一种方法。人力资源需求预测中常用的定量方法主要有比率分析法、趋势预测法和回归分析法。

1) 比率分析法

比率分析法(Ratio Analysis Method)是根据一定时期内的人员投入与劳动产出的比率关系来推算未来人员需求情况的一种方法。例如，某公共组织过去一年的劳动产出量为100个单位，当时该组织的人员数量为20人，即去年每个工作人员的年劳动产出率为5单位/人。如果该组织今年的工作量增加到150单位，若员工劳动产出率保持不变的话，那么，今年所需要的人数应为30人，即需要比去年增加10人(30人–20人)。

2) 趋势分析法

趋势分析法(Trend Analysis Method)是在确定组织中哪一种因素与人员数量和结构关系最大的前提下，通过找出这一因素随员工人数变化的趋势，来推算其将来发展趋势，进而得出将来

---

① 德尔菲是阿波罗神殿所在地的希腊古城堡，传说阿波罗是太阳神和预言神，众神每年均到德尔菲集合来预言未来，故后人将征询专家意见的预测方法称为"Delphi法"。

人员需求情况的一种方法。这种方法的计算公式如下

$$\text{NHR} = a \cdot [1 + (b - c) \cdot T]$$

式中：NHR代表未来一段时间内需要的人力资源；a表示目前已有的人力资源；b代表每年组织计划的平均发展百分比；c表示组织人力资源发展计划与组织发展的百分比差异，主要体现组织在未来发展中提高人力资源效率的水平；T为未来的时间长度。

运用趋势分析法时需要注意以下两点内容。

(1) 对与人员数量有关的组织因素的选择应至少满足两个条件：一是所选因素应与组织的基本特性直接相关；二是所选因素的变化必须与所需员工人数的变化成比例。

(2) 在运用这种方法时，可以完全根据经验进行估计，也可以利用计算机进行回归分析来预测。

3) 回归分析法

回归分析法(Regression Analysis Method)是利用历史数据找出组织中某一个或某几个因素与人力资源需求量之间的关系，并将这一关系用数学模型表示出来的方法。借助这个数学模型，即可以推测公共组织在未来一定时期内的人力资源需求情况。回归分析方法有一元回归分析和多元回归分析两种。

(1) 一元回归分析。当公共组织历年的人力资源需求量与组织某一项产出呈规律性趋势分布时，可用最小二乘法求出一元线性回归方程，进而预测人力资源需求量。

一元线性回归方程的一般形式为

$$y = a + bx$$

$$a = \frac{\sum y}{n} - b \frac{\sum x}{n}; \quad b = \frac{n(\sum xy) - (\sum x)(\sum y)}{n(\sum x^2) - (\sum x)^2}$$

例如：某公共服务部门2001—2012年每年完成公共服务的件数及所需的相应人数如表4-2所示。请问：如果2013年公共服务的件数增加到30千件，那么应该配备多少工作人员(假设工作人员的工作效率不会发生突然性的变化)？

表4-2　某公共服务部门2001—2012年公共服务件数和工作人员数统计表

年　份	公共服务件数x/千件	工作人员数y/人
2001	4	100
2002	6	130
2003	7	140
2004	9	160
2005	11	180
2006	14	210
2007	16	230
2008	17	240
2009	20	255
2010	22	270
2011	24	285
2012	27	300

首先，以公共服务件数x_i为自变量，以工作人员数y_i为因变量，来建立一元线性回归模型

$$y_i = a + bx_i$$

然后，结合表4-2所提供的2001—2012年各年度的统计数据，来计算上述一元线性回归模型的系数。运用SPSS统计分析软件或Eviews计量分析软件，很容易得到上述一元线性回归模型的系数：$a = 80.686$，$b = 8.654$。将系数代入上述一元线性回归模型，即可得到该部门公共服务件数与工作人员数之间的关系方程，即

$$y = 80.686 + 8.654x$$

将2013年的预计公共服务件数30千件代入上述方程，即可得到2013年所需要的工作人员数应为340人。

(2) 多元回归分析。运用多元线性回归分析对人力资源需求量进行预测，通常采用两个或两个以上的自变量，根据多个自变量的变化来推测与之有关的因变量的变化。多元线性回归方程的一般公式为

$$y = a_0 + a_1 x_1 + a_2 x_2 + \cdots + a_n x_n$$

式中：y表示待估的人力资源需求量；n表示自变量个数；a_0、a_1、a_2……a_n为待估的回归系数；x_0、x_1、x_2……x_n为自变量。

多元回归预测法的应用通常分5步进行。

第1步，确定与人力资源需求量有关的组织因素。组织因素应与组织的基本特征直接相关，它的变化必须与所需的人力资源需求量的变化成比例。

第2步，找出历史上组织因素与员工数量之间的关系。例如，医院中病人与护士数量的比例关系，学校中学生与教师的比例关系等。

第3步，计算劳动生产率。

第4步，确定劳动生产率的变化趋势及其对趋势的调整方式。要确定过去一段时期内劳动生产率的变化趋势必须收集该时期内与产量和劳动者数量相关的数据，依此算出年平均生产率的变化和组织因素的变化，这样就可预测下一年的变化。

第5步，预测未来某一年的人员需求量。

运用这种方法预测的结果虽然相对准确，但实施过程比较复杂。

4.2.2　人力资源供给预测

人力资源供给预测，是对未来一定时期内公共部门内部和外部人力资源供给情况所进行的预测。通过供给预测，公共部门可以了解规划的合理程度，并有效地配备各种资源，降低成本，提高资源的利用效率。一般说来，人力资源供给包括内部供给和外部供给两部分。

内部人力资源供给是公共部门人力资源供给的主要部分(除新建公共部门外)，公共部门未来人力资源需求的满足应该优先考虑内部人力资源供给。一般说来，影响内部人力资源供给的因素主要有：公共组织人员年龄分布、人员的自然流失(伤残、退休、死亡等)、内部流动(晋升、降职、平调等)、跳槽(辞职、解聘等)、新进人员的情况、公共部门人员填补预计空缺岗位的能力等。

外部供给是指公共组织根据自身发展的需要，在无法通过内部供给解决人员需求的情况下所进行的外部招聘及人员短期雇用活动。人员招聘是下一章重点讨论的内容，这里暂不赘述。

公共部门人力资源供给预测包括如下步骤。

(1) 人力资源盘点，以了解公共部门的人员现状；

(2) 分析公共部门的职位调整政策及历史上工作人员的调整数据，统计调整比例；

(3) 向各部门的人事决策者了解可能出现的人事调整情况；

(4) 汇总(2)和(3)的情况，对公共部门内部人力资源供给情况进行预测；

(5) 分析影响外部人力资源供给的地域性因素，主要指该公共部门所在地的人力资源整体现状，包括受教育水平、年龄结构、有效人力资源的供求现状，以及该公共部门所在地的经济和社会发展水平及对人才的吸引力等；

(6) 分析公共部门能够提供的薪酬和福利待遇情况及其对当地人才的吸引力；

(7) 分析影响外部人力资源供给的全国性因素，包括全国相关专业的大学生毕业人数及分配情况、国家在就业方面的法规和政策、全国范围内公职人员的人才供需状况、全国范围从业人员的薪酬水平和差异；

(8) 根据对(5)和(6)的分析，对公共部门外部人力资源供给情况进行预测；

(9) 将公共部门内部人力资源的供给预测结果和外部人力资源的供给预测结果进行汇总，得出公共部门人力资源总体供给预测结果。

公共部门人力资源供给预测的主要方法有：人员替代法、技能清单法、人员接续计划法和转换矩阵法等。其中前两种为定性方法，后一种为定量方法。

1. 人员替代法

人员替代法(Personnel Replacement Method)，也称人员替代图(Personnel Replacement Charts)，或职位替代卡，它是通过一张人员替代图来预测组织内的人力资源供给情况的方法。在人员替代图中注明了部门、职位名称、在职员工姓名以及每位职工的职位、绩效与潜力和工作年限等信息。人员替代图能够清楚地体现公共部门内部人力资源的供给与需求情况。人员替代图的一般形式如图4-3所示。

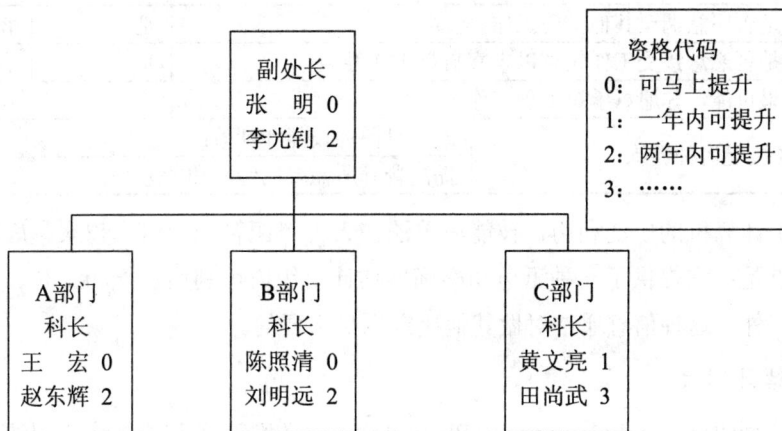

图4-3 政府某局人员替代图

2.技能清单法

技能清单(Skill Inventory)是用来反映公共部门人员姓名、特定特征和技能的一张清单。这张清单主要反映以下几点员工工作能力特征。

(1) 个人情况，如年龄、性别、婚姻状况等；

(2) 工作技能，包括教育经历、工作经历、培训情况；

(3) 特殊资格，如特殊成就；

(4) 个人薪酬和工作经历，包括现在和过去的薪酬、加薪日期、承担的各种工作；

(5) 组织和部门数据，如福利计划数据、退休信息和资历等；

(6) 个人能力，包括在心理或其他测试中所取得的测试成绩、健康信息等；

(7) 个人的特殊偏爱，包括对工作地的地理位置、工作类型等的偏好。

技能清单是对公共部门工作人员竞争力的清晰反映，可用来帮助人力资源规划人员确定现有人员调换工作岗位的可能性大小以及决定哪些人员可填补剩下的人员空缺。表4-3为政府某部门人员技能清单。

表4-3 政府某部门人员技能清单(例)

姓名：		部门：		科室：	工作地点：		填表日期：
到职日期：			出生年月：	婚姻状况：		工作职称：	

教育背景	类别	学科种类	毕业日期	学校	主修科目或专业
	高中				
	大学				
	硕士				
	博士				

训练背景	训练主题	训练科目	训练时间

技能	技能种类	证书

志向	你是否愿意承担其他工作	是	否
	你是否愿意调至其他部门工作	是	否
	你是否愿意接受工作轮调以丰富自身工作经验	是	否
	如果可能，你愿意承担哪种工作		

你认为自己需要接受何种训练	改善目前的技能和绩效：
	提高晋升所需要的经验和能力：

目前，由于计算机的广泛利用，技能清单法在人力资源管理中得到越来越广泛的应用。技能清单法的优点是：它提供了一种迅速和准确地估计组织内可利用技能的工具。除了帮助作出晋升和调动决策外，这种信息通常对做其他决定也是必要的。

3.人员接续计划法

人员接续计划(Personnel Continuous Planning)法，又称管理人员接续计划法，或人力资源"水池"模型(Human Resource Pool Model)法，它是在对内部人员的流动情况进行调查和评价的基础上，来预测内部人力资源供给的一种方法。人员接续计划一般从职位出发来预测未来某一时期内的人员流出情况，进而判断人力资源供给情况。对公共部门来讲，使用该方法，一是可以避免因人员流动可能导致的某些职位人力资源供给中断的风险，二是可以帮助公共部门人员更好地规划职业生涯。在人员接续计划中，人员流动情况可通过图4-4形象地表现出来。

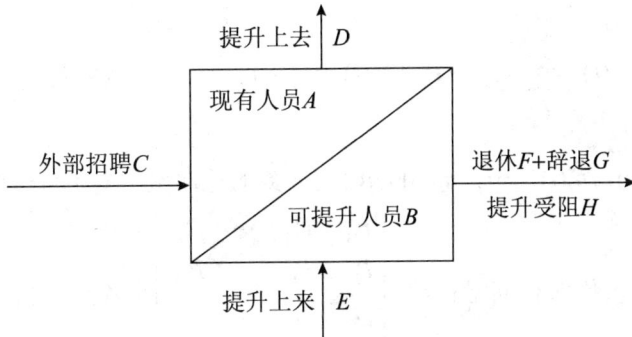

图4-4　人员接续计划图

对每一层次的职位而言，人员流入包括组织内平行职位调入、上级职位降职、下级职位晋升和外部流入等，人员流出则包括平行职位调出、向上级职位晋升、向下级职位降职、退休和辞退等。图4-4用可公式表示如下

内部未来人员供给量＝现有人员数量＋人员流入量－人员流出量

人员流入量＝提升上来人数(E)＋外部招聘人数(C)＋降职下来人数

人员流出量＝提升上去人数(D)＋退休人数(F)＋辞退人数(G)＋提升受阻人数(H)

在对组织内所有层次的职位人员变动情况进行分析的基础上，就可以得到公共组织未来内部供给量和总供给量，如图4-5所示。

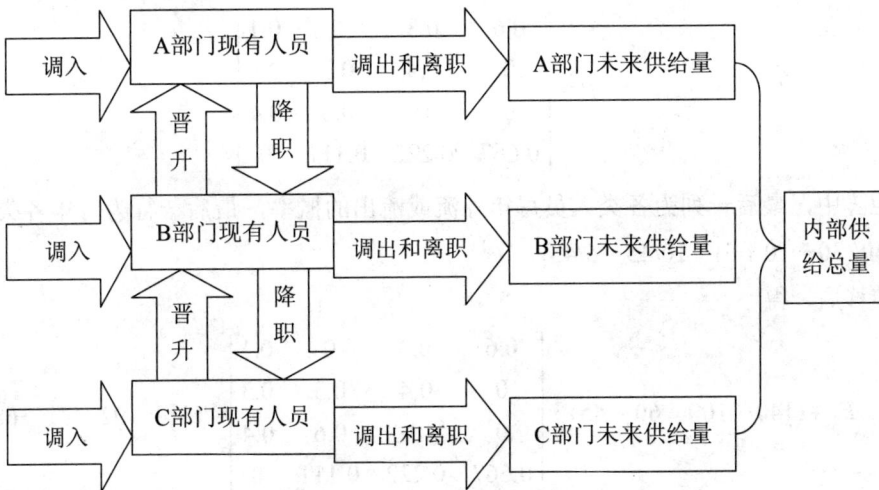

图4-5　人员接续计划示例

4. 转换矩阵法

转换矩阵(Transitional Matrices)法，也称马尔科夫模型(Markov Model)法，是一种用来进行组织内部人力资源供给预测的方法。该方法的基本思想是：通过寻找人力资源变动的规律，可推测出人力资源的变动趋势。转移矩阵所描述的是组织中员工流入、流出和内部流动的整体情

况。这种方法的基本假定条件是：组织内部员工的流动模式与流动比率会在未来呈现大致重复的倾向，由此可根据过去的流入流出比率大体上预测出未来的人员数目。

该方法用于预测具有相等时间间隔的时刻点上的各类人员的分布状况。

如果$n_i(t)$表示t时刻i类的人数；P_{ji}表示从j类向i类的转移率；$r_i(t)$为时间$(t-1，t)$内i类所补充的人数。因而有

$$n_i(t) = \sum_{j=1}^{k} n_{j(t-1)} \cdot P_{ji} + r_i(t)(i，j=1，2，\cdots k；t=1，2，\cdots)$$

式中：k为职位分类数。

若定义$N(t)=[n_1(t)，n_2(t)，\cdots，n_k(t)]$为$t$时刻人数的行向量；$R(t)=[r_1(t)，r_2(t)，\cdots，r_k(t)]$为$(t-1，t)$时间内补充人数的行向量；$P = \begin{bmatrix} P_{11} & P_{12} & \cdots & P_{1K} \\ P_{21} & P_{22} & \cdots & P_{2K} \\ \vdots & \vdots & \vdots & \vdots \\ P_{k1} & P_{k2} & \cdots & P_{kk} \end{bmatrix}$为各类人员之间的转移矩阵，因此，有

$$N(t) = N(t-1) \cdot P + R(t) \qquad (t=1，2，\cdots)$$

如果知道一个组织的人员转移率，即可通过不同的t值逐级向前推算，确定未来人员分布情况。

【例】有一个包含三类人员的人事系统，其转移矩阵为：$P = \begin{bmatrix} 0.6 & 0.3 & 0 \\ 0 & 0.4 & 0.3 \\ 0 & 0 & 0.6 \end{bmatrix}$；初始人员分布情况分别为140、100和60人。假设今后每年为第1类补充30人，为第2类补充10人，为第3类补充5人，求今后5年的人员供给状况。

解：据已知条件，可把流入、流出人员数均加入到原来的矩阵中，使之变成四阶矩阵

$$P = \begin{bmatrix} 0.6 & 0.3 & 0 & 0.1 \\ 0 & 0.4 & 0.3 & 0.3 \\ 0 & 0 & 0.6 & 0.4 \\ 0.667 & 0.222 & 0.111 & 0 \end{bmatrix}$$

上述矩阵中，最后一列为各类人员每年外流或流出的概率，最后一行为每年各类人员的补充率，为$[30/(30+10+5)\quad 10/45\quad 5/45]$。

一次转移后，得

$$P_1 = (140 \quad 100 \quad 60 \quad 45) \cdot \begin{bmatrix} 0.6 & 0.3 & 0 & 0.1 \\ 0 & 0.4 & 0.3 & 0.3 \\ 0 & 0 & 0.6 & 0.4 \\ 0.667 & 0.222 & 0.111 & 0 \end{bmatrix} = (114 \quad 92 \quad 71 \quad 68)$$

一年后，三类人员分别为114人、92人和71人，总人数为277人，流出人员数为68人。

$$P_2 = (114 \quad 92 \quad 71 \quad 45) \cdot \begin{bmatrix} 0.6 & 0.3 & 0 & 0.1 \\ 0 & 0.4 & 0.3 & 0.3 \\ 0 & 0 & 0.6 & 0.4 \\ 0.667 & 0.222 & 0.111 & 0 \end{bmatrix} = (98 \quad 81 \quad 75 \quad 67)$$

第二年，三类人员分别为98人、81人和75人，总人数为254人。同理，可求得第三年三类人员分别为89人、72人和74人，总人数为235人；第四年三类人员分别为83人、66人和71人，总人数为220人；第五年三类人员分别为80人、61人和67人，总人数208人。

影响公共部门人力资源外部供给的因素很多，如宏观经济形势、人口发展状况、劳动力供给和劳动力市场发展情况、全社会劳动者就业状况、劳动者就业意识和择业心理偏好，以及地区经济发展水平、收入和消费水平、教育水平、地理区位和自然环境状况等。公共部门人力资源外部供给的主要来源则包括大中专院校毕业生、复员退转军人、失业人员、外来劳动力和其他部门在职人员等。

4.2.3　人力资源供求均衡分析

人力资源供求均衡分析是指在人力资源需求预测和供给预测的基础上，结合需求和供给预测结果，来分析和探讨未来一定时期内公共组织人力资源供求是否达到均衡，即：是供大于求，还是供不应求，抑或是供求均衡，从而为人力资源规划的制定提供参考和理论依据。一般来讲，如果未来组织内部人员可能呈现供大于求的情况，那么，人力资源管理部门就应尽快制订人员转移和转岗计划，以保证公共部门绩效不因人员过多而下降；反过来讲，如果可能出现供不应求的情况，那么，人力资源管理部门就应该预先做好人员引进、员工培养和培训的计划，以保证公共部门未来的人员供给。

当公共部门人力资源供给大于需求时，可供选择的策略主要有如下几个。

(1) 暂时冻结岗位编制，严格控制新员工招录；

(2) 对公共部门人员进行转岗，或辞退部分临时工；

(3) 采用提前退休的办法，缩减在岗人员数量；

(4) 对公共部门人员进行培训，加强人力资本储备工作；

(5) 适当减少工作时间；

(6) 由两个或两个以上的人分担一个工作岗位，并相应减少工资等。

从以人为本的角度讲，在公共部门人员供大于求时，最可取的办法是通过人员培训，来增加人力资本积累，或者适当减少工作时间，这两种办法如果运用得当，均可达到双赢效果。

而当公共部门人力资源需求大于供给时，可供选择的策略主要有如下几点。

(1) 对本组织人员进行培训，以提高其工作效率，对受过培训的人员根据情况择优提升或补缺，并根据相应的工作职责、任务或职位等来提高其薪酬待遇；

(2) 进行岗位或职位的平行调动，并开展岗位或职位培训；

(3) 适当延长现有人员的工作时间或增加工作负荷量，同时给予其相应的补偿或奖励；

(4) 重新设计工作流程以提高员工工作效率；

(5) 雇用临时工，或实行业务外包；

(6) 制定招聘政策，通过组织外招聘进行人员补充等。

以上措施，虽是解决组织人力资源短缺的有效途径，但最为有效的方法是通过科学的激励机制以及加强培训，在不断提高公共部门人员业务能力的同时，激发其工作积极性。

表4-4和表4-5列示了在预期人员供给过剩和供给不足两种情况下，人力资源管理部门通常采取的措施及其给员工带来的影响。

表4-4 预期人员供给过剩时人力资源部门应采取的方法及其对员工的影响

方　法	速　度	员工受伤害程度
1. 裁员	快	高
2. 减薪	快	高
3. 降级	快	高
4. 工作轮换	快	中等
5. 工作分享	快	中等
6. 退休	慢	低
7. 自然减员	慢	低
8. 再培训	慢	低

表4-5 预期人员供给不足时人力资源部门应采取的方法及其对员工的影响

方　法	速　度	可回撤程度
1. 加班	快	高
2. 临时雇用	快	高
3. 外包	快	高
4. 再培训后换岗	慢	高
5. 减少流动数量	慢	中等
6. 外部雇用新人	慢	低
7. 技术创新	慢	低

4.3 公共部门人力资源规划报告的编写

编写人力资源规划报告是公共部门人力资源规划的最后环节。通常来讲，一份完整的人力资源规划通常由两部分组成，即总体规划和具体规划。其中，具体规划主要包括组织所需人员的补充规划、使用规划、教育和培训规划、人员职业生涯规划以及人员绩效考评和激励规划等。

4.3.1 总体规划

总体规划是结合公共部门的发展战略，针对规划期内人力资源管理的总体目标(包括总体工作绩效、员工总数、员工素质、员工满意度等)所制定的总政策、总方针、实施步骤以及总预算的系统筹划和总体安排。它涉及公共部门人力资源的基本政策，如扩大、收缩改革等。总体规划所筹划的实施步骤一般是具有指导性的，通常按年度进行筹划。如在某年内完善人力资源信息系统即是一个典型的总体规划，它并不涉及具体的完成步骤，以及由哪些具体的人来完成。

总体规划主要包括以下内容。

(1) 分析与评价公共部门人力资源的供求现状，采取有效措施来保证公共部门人力资源供求的均衡。

(2) 根据公共部门发展战略和环境变化趋势，对公共部门未来人力资源可能出现的供求形势进行预测，进行公共部门人力资源的动态均衡工作。

(3) 规划公共部门人力资源开发与管理程序，内容包括新员工招聘、使用、培训等活动的具体目标、任务、政策、步骤和预算。

(4) 确保人力资源总体规划与其他专项规划相互衔接，同时保证专项规划的内在平衡。

(5) 完善有关提高人力资源规划效益的内容，如降低成本、创造最佳绩效，改变员工数量、质量和结构，辅助招聘、培训等一系列人力资源政策的实施等。

4.3.2 具体规划

具体规划是结合一定时期内公共部门的目标和战略要求，对总体规划的具体化和细化。具体规划主要包括人员的补充规划、使用规划、教育和培训规划、职业生涯和发展规划以及绩效考评和激励规划等。

1. 人员补充规划

因为种种原因，如组织规模扩大、原有人员退休和离职等，公共部门经常会出现新的岗位和空缺职位，由此就需要组织制定必要的政策、措施，来保证在出现职位空缺时能够及时得到人员补充，这就是人员补充规划。人员补充规划与晋升规划是密切关联的。晋升也是一种补充，它表现为人员在组织内部由低级职位向高级职位的补充，其结果将使职位空缺逐级向下推移，直至最低级别职位产生空缺，在这种情况下，内部补充就转化为外部补充。

2. 人员使用规划

人员使用规划是人力资源管理部门结合公共组织对人员的预期需求，来合理分配和安置人员，以实现岗尽其责、人尽其才、才尽其能的过程。人力资源使用规划是优化公共组织和部门的编制和结构，进行人员职位轮换，从而发挥人员特长，使人力资源得到优化配置和有效使用的重要环节，是组织人力资源配置能力的重要体现。

3. 人员教育和培训规划

人员教育和培训是现代公共部门改善员工各方面能力的重要手段，也是传播公共部门文化、传达组织法律规定和政策规章，提高公共部门凝聚力、战斗力及其核心竞争力的重要手段。通过教育和培训，公共部门一方面可以使其成员更好地适应工作岗位的要求，提高员工的认知水平和业务能力；另一方面也可为公共部门的未来发展提供后备人才。培训规划与补充规划、使用规划以及员工职业生涯发展规划有着密切联系。培训的相当一部分工作应在晋升或担任新职位之前完成，目的是为了提高职务晋升者或新入职者对新岗位的适应能力。

4. 人员职业生涯和发展规划

人员职业生涯和发展规划包括两个层次，即个人层次的职业生涯规划和组织层次的职业生涯规划。所谓职业生涯，是指一个人从首次参加工作开始(一般以初次步入社会经济活动领域为起点)到其职业活动结束(一般指退出社会经济活动领域)的所有工作活动和工作经历按编年顺序串接而成的整个工作过程。简言之，职业生涯即指一个人一生的工作经历。一般来讲，人们对自己职业生涯的规划设计均通过慎重分析和考虑而形成。个人层次的职业生涯规划是自我设计的成长、发展和不断追求满意目标的规划。而组织层次的职业生涯规划则是组织为了不断提高其成员的满意度，使其能与组织的发展和需要统一起来所制订的协调组织成员个人成长、发展与组织发展和需求之间关系的管理方案。作为留住人才、激励员工的重要手段，在人员职业生涯规划和发展管理过程中，公共部门一方面应尽可能地为组织成员发挥其特长和表现其能力提供平台，使他们的能力和才干在工作中得到有效发挥，另一方面也应为有才干、有能力的人员提供符合其特长、兴趣和才干的职业发展通道，使其有更加充分地施展才华、体现个人价值的机会。在个人成长和职业发展中，只有做到个人职业生涯规划与组织发展目标和需求的协调一致，才可能达到共赢的效果。与组织发展目标和需求相背离的个人职业生涯和发展规划，只能导致被组织淘汰或难以融入组织发展轨道的结果；同样，不考虑个人职业生涯规划的公共组织职业生涯管理，不仅难以收到良好效果，而且还会导致人才流失。可见，在职业生涯规划和职业发展管理过程中，需要公共部门与其成员进行不断沟通，进而达到协调一致及共同进步和发展的效果。

5. 人员绩效考评和激励规划

绩效考评和激励规划是获取公共部门人员满意度、忠诚度，培养组织成员爱岗敬业精神的关键步骤。没有公平、公正且以能力和业绩为导向的绩效考评及管理系统，不从员工需求角度来构建和实施激励规划，就很难培养出高忠诚度、高满意度的员工，也很难形成以组织目标和组织发展为核心的向心力，员工就会出现离心离岗或消极怠工等现象。因此，建立一套公平、公正且能体现公共部门目标导向的绩效考评体系及与之配套的薪酬体系和激励机制，对提升公共部门人员的决策力和执行力、改善员工乃至整个公共部门的绩效，是十分必要且有益的。

在公共部门人力资源规划过程中，一般要求所有环节都应站在战略高度，充分审视公共组织自身的资源条件及组织所处的环境，在组织愿景、目标及其战略的导引下，制定出公共部门未来人力资源需求清单以及相应的人力资源供给规划，从而支持公共部门战略规划的实施，进而实现公共部门的预期目标。

在制定公共部门人力资源规划时，应特别注意以下三方面问题。

(1) 应充分考虑公共部门内、外部环境的变化。人力资源规划只有在充分考虑了组织内、外环境变化的基础上，才能使规划在执行过程中尽可能避免陷入困境甚至遭到"流产"，也才能更好地适应社会发展的要求，进而促进公共部门实现目标和可持续发展。

(2) 应尽可能做到公共部门人力资源供求均衡。公共部门人力资源供求均衡是人力资源规划的核心问题之一，它包括人员的变动趋势预测、社会人力资源供给状况分析和人员流动损益分析等。若无法保证公共部门人力资源的有效供给，就很难保证人力资源管理在公共部门目标达成过程中充分发挥作用。

(3) 确保公共组织及其人员均得到长期利益。人力资源规划不仅是公共组织的规划，也是员工个人职业生涯规划。公共部门发展与员工发展是相互依赖、相互促进的关系，在人力资源规划及管理中，如果忽视员工个人职业生涯规划，不仅难以收到良好的管理效果，而且还会影响公共部门目标的实现。

4.4 公共部门人力资源规划实施与评估

公共部门进行人力资源规划的真正目的在于用规划来指导人力资源管理活动，切实满足公共部门在发展和战略实施过程中的人力资源需求，因此，编制人力资源规划报告并不意味着公共部门人力资源规划过程的结束，接下来，更重要的工作是将人力资源规划应用于实践，使之在人力资源管理和公共部门发展中发挥应有的作用，并在实施过程中发现规划中存在的问题，通过对人力资源规划的评估，一方面修正现行人力资源规划存在的不足及缺欠，另一方面为今后制定更加合理、完善的人力资源规划提供经验借鉴。

4.4.1 公共部门人力资源规划实施

人力资源规划实施，即人力资源规划方案的落实过程。在此过程中，必须遵循如下基本原则。

(1) 战略导向原则。人力资源规划方案的落实，必须依照与公共部门战略目标制定和实施相关的政策和具体策略展开，而且应避免在实施过程中可能出现的人力资源规划与组织发展战略脱节等问题。

(2) 螺旋式上升原则。随着公共部门内、外部环境变化以及组织战略目标的调整，人力资源规划需要在原有方案的基础上不断更新，以求更加精确和有效。

(3) 制度化原则。为确保人力资源规划的有效实施，应先将人力资源规划制度化。通过制定和调整人力资源规划制度的方向、原则与程序，从机制上理顺人力资源规划各组成要素的关系，确保规划执行的有据、有节。

(4) 人才梯队原则。人才梯队原则要求，在人力资源规划实施过程中，应根据实际需求来建立人才梯队，以确保组织各级和各专业人才的层层供给。

(5) 关键人才优先原则。在实施人力资源规划过程中，对组织中的核心人员或骨干成员，应优先考虑他们的培训、晋升、薪酬待遇和职业生涯发展等问题，以保证此类人员的充足供给。

人力资源规划的实施过程，既是人力资源规划方案的落实过程，也是人力资源规划方案的纠错和完善过程。在人力资源规划实施过程中，既要注意人力资源规划与公共部门阶段性目标的密切配合，分清人力资源规划与公共部门战略目标的主从关系，同时也要根据公共部门的阶段性需求及其内、外部环境变化，来修正人力资源规划方案，从而提高人力资源规划对公共部门人力资源管理活动指导的有效性。

4.4.2 公共部门人力资源规划评估

公共部门人力资源规划的制定和实施是否能够真正体现人力资源规划的目标，能否积极而经济地服务于公共部门发展战略的落实，能否客观地适应迅速变化的外部环境等问题，均需要通过人力资源规划评估找到答案。

所谓公共部门人力资源规划评估，是通过对公共部门实施人力资源规划内在基础的考察和分析，将人力资源规划的预期结果与落实执行效果进行比较、判断和分析的管理活动。公共部门人力资源规划评估是保障人力资源规划方案有效落实、发现公共部门人力资源规划中存在的问题、实现人力资源规划与人力资源管理其他活动有效衔接的重要环节，有助于公共部门及时掌握人力资本保值增值现状和发展趋势，从而保证人力资源的合理开发、配置和有效利用。

人力资源规划评估必须依据一定的标准进行。公共部门人力资源规划评估应坚持如下标准。

(1) 客观性标准。客观性标准是指公共部门人力资源规划的评估必须做到诚实、公平、不带个人感情色彩。客观性标准要求评估人员应尽量减少主观的、受个人因素影响的干扰，进行客观公正的评价。

(2) 一致性标准。一致性标准要求在实施人力资源规划时，不应该出现目标与政策矛盾的现象。如果人力资源规划实施中出现了各种形式的冲突，就需要对人力资源规划方案进行全面评价和分析，以保证各项预期目标的如期实现。

(3) 协调性标准。协调性标准是指在评价人力资源规划时，既要分析和考察人力资源某个方面的发展趋势，如公共组织人力资源流失情况，也要分析和考察整个人力资源规划中各项业务规划及公共部门人力资源管理政策的综合发展趋势。人力资源规划必须对公共部门的内、外部环境以及组织战略、人力资源现状等关键因素的变化作出适应性反应。

(4) 可行性标准。可行性标准要求，人力资源规划方案必须满足技术上、方法上、环境适应性上以及经济上的可行性条件。一项人力资源规划再科学、再先进，若技术上、方法上、环境适应性上或经费预算上不可行，则其实际价值也会很有限。

一般来讲，公共部门人力资源规划评估主要包括三个层面的内容，即人力资源规划的基础层面、人力资源规划的实施层面和人力资源规划的技术手段层面。

人力资源规划的基础层面的评估通常涉及如下内容。[①]

(1) 形成人力资源规划的过程是否经过充分考虑和酝酿，是否有具体的数据支持，对关键性问题是否具有针对性；

(2) 对组织内、外部环境的评价和预测是否充分、透彻和客观；

(3) 组织是否具备战略规划的概念和资金等资源保障；

(4) 组织的管理能力和实施能力能否有保障；

(5) 组织的战略与战术目标是否可测量，组织中是否人人知晓组织战略；

(6) 所有层次上的管理者能否有效地和持续地理解并实施规划；

(7) 组织结构与人力资源规划是否相互支持和匹配；

(8) 组织文化与人力资源规划是否冲突；

(9) 组织的评价、奖励和监控机制是否有效；

(10) 人力资源规划与总体战略目标的关联度如何；

(11) 控制手段和意识能否达成统一或者协调性妥协。

在进行公共部门人力资源规划时，还需要将人力资源规划的行动结果与人力资源规划的最初要求和目标进行比较，以发现规划与现实间的差距，从而对规划进行及时调整和优化，并为

---

① 赵曙明. 人力资源战略与规划[M]. 北京：中国人民大学出版社，2002：176.

今后的人力资源规划等活动提供参考。

人力资源规划实施层面的评估主要涉及如下几方面内容。

(1) 领导层是否确实支持人力资源规划这项工作。这不仅决定着人力资源规划是否能够得到重视和有效落实，而且也关系着在人力资源规划方案实施过程中能否得到必需的资源及其他相关部门和人员的合作。

(2) 人力资源规划的阶段性目标是否与组织目标和人力资源发展战略目标相一致。人力资源规划方案的实施是一个渐进过程，在这一过程中，管理者应随时关注和评估人力资源规划是否达到了阶段性目标，以便于及时作出调整和修正。

(3) 其他部门及管理人员是否与人力资源职能和人力资源规划方案的实施过程相协调。人力资源规划方案的实施并非人力资源部门一个部门的事，它需要其他部门及管理人员积极参与其中，并从职能上配合人力资源规划方案的实施，否则，再科学、合理的规划方案也难以达到预期效果。

对人力资源规划技术手段的评估则需要关注如下几方面内容。

(1) 人力资源规划评估技术是否针对本组织的实际情况；

(2) 人力资源信息系统(HRIS)的实用性和有效性如何等。

人力资源规划评估的目的在于发现并指出人力资源规划中存在的问题和缺陷，以便及时作出调整和修正。因此，为了充分发挥人力资源规划评估对人力资源规划的纠偏作用，需要将规划评估以及规划实施中发现的问题及时反馈给有关部门，以便及时进行调整、修正，确保人力资源规划在公共部门人力资源管理活动中和公共部门战略目标实现中充分发挥作用。

关键术语

公共部门人力资源规划	人力资源需求预测	经验估测法
德尔菲法	比率分析法	趋势分析法
人力资源供给预测	人员替代法	技能清单法
人员接续计划	转换矩阵法	人力资源规划报告

复习思考题

1. 影响公共部门人力资源规划的因素有哪些？

2. 公共部门人力资源规划的作用是什么？

3. 简述公共部门人力资源规划的一般程序。

4. 公共部门人力资源需求预测的方法有哪些？各有何特征？

5. 德尔菲法的实施步骤是怎样的？在采用德尔菲法时应注意哪些问题？

6. 简述公共部门人力资源供给预测的一般步骤。

7. 公共部门人力资源供给预测的方法有哪些？其特征是什么？

8. 如何开展人力资源供求均衡分析？

9. 公共部门人力资源总体规划包括哪些内容？

10. 公共部门人力资源具体规划包括哪些方面的内容？

11. 公共部门人力资源规划实施过程中应坚持哪些原则？为什么？

12. 公共部门人力资源规划评估的标准有哪些？

本章案例

北京市中关村科技园区人力资源规划[①]

1. 规划的整体框架与影响环境分析

北京市中关村科技园区人力资源规划由5部分构成，即：人力资源环境分析、人力资源现状分析与预测、中关村创业者研究、中关村教育科研资源和中关村人才中介机构。其中，中关村创业者研究主要探讨中关村成功人士的成长轨迹，通过跟踪访谈来展开；中关村教育科研资源是中关村科技园成长和发展的重要人才和技术基础，对中关村科技园的发展至关重要；中关村人才中介机构在满足园区人才需求和调节人才资源配置中发挥着重要作用，是中关村科技园发展中不可或缺的重要组成部分。

2. 中关村科技园人力资源环境分析

人力资源环境包括硬环境、软环境(包括文化环境)，具体涉及如下几个方面。

(1) 中关村科技园人力资源环境现状。主要包括：①中关村科技园人力资源硬环境现状；②中关村科技园人力资源软环境现状。

(2) 中关村与美国硅谷、新竹高科技园区的人力资源环境比较。

(3) 中关村与上海、深圳高新区的人力资源环境比较。

(4) 中关村企业人力资源微观机制分析。

中关村企业人力资源微观机制分析的程序如图4-6所示。

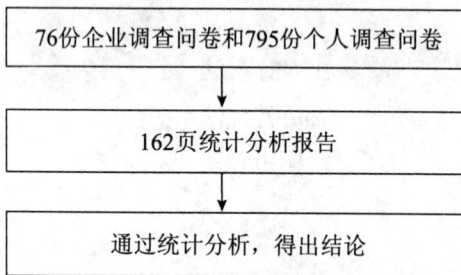

```
┌─────────────────────────────────────┐
│  76份企业调查问卷和795份个人调查问卷   │
└─────────────────────────────────────┘
                  │
                  ▼
┌─────────────────────────────────────┐
│         162页统计分析报告             │
└─────────────────────────────────────┘
                  │
                  ▼
┌─────────────────────────────────────┐
│        通过统计分析，得出结论          │
└─────────────────────────────────────┘
```

图4-6 中关村企业人力资源微观机制分析程序

3. 人力资源现状分析与预测

1) 现状分析

分析采用数据为：①2001年中关村科技园区全部高新技术企业的统计报表数据，由中关村管委会信息中心提供，共有企业8986家；②企业调查问卷数据，人员流动数据通过企业调查问卷采集，所涉及企业从业人数4896人。

现状分析的内容包括年末人力资源总量、从业人员在不同规模企业的分布情况，以及从业

---

① 中国人民大学劳动人事学院. 领导干部人力资源管理培训教程[M]. 北京，中国人民大学出版社，2006：53-57. 有删改

人员的性别结构、年龄结构、学历结构、职业结构和以人均技工贸收入衡量的人力资源效益、人员流动状况等。

2) 人力资源现状分析与预测

因中关村科技园区的"一区五园"始建于1999年，没有足够的历史统计数据，因此无法直接进行整个园区人力资源总量的预测工作。预测工作只能针对海淀园进行。

通过对人力资源预测模型的研究及对可获得的统计数据的分析，经试算，确定采用回归分析方法来建立预测模型。但考虑到现有数据对多元回归模型有效性的影响，因此采用一元回归模型进行预测。

设从业人数为y，技工贸总收入为x，建立如下一元线性回归模型

$$y = 9.086 + 0.01152x$$

回归模型中自变量采用中国社会科学院数量经济与技术经济研究所完成的《海淀区发展评价与预测分析》中所预测的数据。

4. 人力资源规划

1) 总报告

中关村科技园区人力资源规划总报告的结论是：人力资源是中关村科技园区建设与发展的核心资源。

2) 中关村科技园区的人力资源优势

(1) 得天独厚的地区科研教育资源优势；

(2) 人力资源的质和量均居国内科技园区首位；

(3) 高新技术企业集群已经形成，从业人员规模巨大；

(4) 人力资源整体质量保持在较高水平；

(5) 人力资源的市场配置效果显著；

(6) 人力资源吸纳的政策服务体系逐步建立；

(7) 创业者群体和以创业为核心的园区文化初步形成。

3) 中关村科技园区人力资源发展面临的主要问题

(1) 区域科研教育资源优势未能充分发挥；

(2) 高层次人才的吸纳与激励机制面临挑战；

(3) 微观人力资源管理机制尚不健全；

(4) 人力资源信息系统不尽完备；

(5) 人力中介市场化与专业化程度有待提升；

(6) 影响人力资源效能的园区环境建设亟待改善。

4) 人力资源规划目标

(1) 总体目标：为到2010年实现"世界一流园区"的奋斗目标，不仅要将中关村科技园区建设成"科技产业的高新园区"，而且还要将其建设成人力资源能力高、机制新的"人力资源高新园区"，使中关村科技园区成为高智力人才的聚集中心、科学人力资源管理机制的示范中心、综合环境良好的创业中心。

(2) 具体目标：包括人力资源规模目标、人力资源结构目标、人力资源硬环境目标、人力资源软环境目标和人力资源微观机制目标。

5) 实施中关村科技园区人力资源规划的对策措施

(1) 完善园区人力资源相关政策体系；

(2) 加强高校及科研院所与企业的人力资源互动；

(3) 构建全方位的园区人力资源信息系统；

(4) 大力发展市场化的人才中介机构；

(5) 发展培训产业，实施"中关村英才计划"；

(6) 优化发挥人力资源能力的配套制度、机制和环境。

问题：

1. 结合北京市中关村科技园区人力资源规划的内容及规划过程，谈一谈公共部门人力资源规划的特征及其在组织发展和人力资源管理中的作用。

2. 公共部门人力资源规划与企业人力资源规划有何不同？为什么？

第5章 公共部门人员招聘

学习引导

　　本章要学习的是公共部门人员招聘的相关知识。通过学习，旨在了解和掌握公共部门人员招聘的含义、原则以及一般程序，同时对招聘的渠道和方法有个较为全面的认识。通过对人员甄选的学习，了解公共部门人员甄选的一般程序、甄选方法以及标准。本章最后对人员录用和招聘评估进行了全面介绍，通过对此部分的学习，我们将对公共部门人员的录用程序以及招聘评估的类型有更为清晰的认识。

　　本章的学习重点，一是对公共部门人员招聘的原则和程序的深入理解，同时要对公共部门和私人部门在人员招聘上的异同点有所把握；二是对两种招聘渠道的深入了解，掌握两种不同渠道的优缺点及适用范围；三是对公共部门人员甄选方法的全面了解，掌握人员甄选的一般程序以及各种甄选方法的操作流程；四是了解人员录用的程序和招聘评估的意义。

　　人员招聘是公共部门人力资源管理的重要职能之一，它关系到组织人力资源的质量以及组织目标的实现。对于公共组织来说，所面临的内、外部环境是不断变化的，当出现组织规模扩大、现有岗位空缺、雇员离职、原有人员晋升以及机构调整等情况时，招聘和选拔新的人员就显得尤为必要。人才是公共部门成长与发展壮大的根本所在，招聘和甄选是公共部门获取合格员工、保障公共组织活力和长期绩效的重要手段。就公共部门而言，如何以最小的成本获得最大的收益，并通过有效的招聘活动获得符合公共部门需要的优秀员工，是公共部门人员招聘的重大课题。

5.1 公共部门人员招聘概述

5.1.1 公共部门人员招聘的含义

1. 招聘的含义

　　招聘，即招募与选拔聘用的合称，是指组织为了自身的发展需要，根据岗位要求，来寻找、吸引并从中挑选出能够胜任组织某一岗位空缺的合格候选人的过程。招聘是人力资源管理部门的重要职能之一，也是组织获取人力资源的重要步骤，更是综合性人事制度必须实现的一个基本管理功能。

　　招聘程序一般始于招募信息的发布。为了吸引那些具有相应的资格、符合组织要求和岗位任职条件的申请人前来应聘，组织会在招聘工作伊始发布招募的相关信息。人力资源管理活动有着诸多职能，各项职能间也往往有着密切的关系。其中，招聘与职位分析和人力资源规划的联系尤为密切。一般而言，工作分析是对组织中职位的性质和任职要求进行描述和规范，而人力资源规划则是对组织未来招聘员工的数量、质量和类型进行规定和筹划。不难看出，招聘活动的顺利开展是以工作分析和人力资源规划工作为前提的。三者关系如图5-1所示。

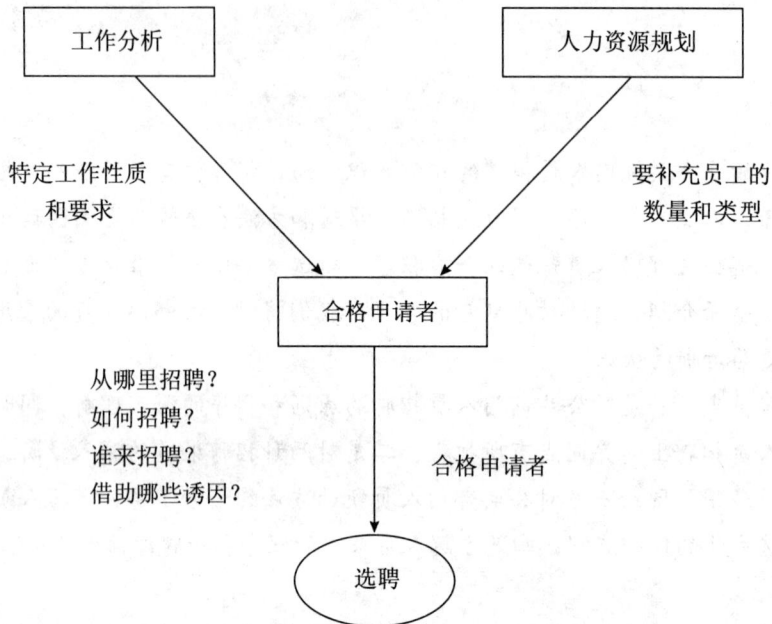

图5-1　招聘与工作分析和人力资源规划的关系

资料来源：[美]劳埃德·L. 拜厄斯，莱斯利·W. 鲁. 人力资源管理[M]. 李业昆，等，译. 6版. 北京：华夏出版社，2002：97.

由此可见，招聘作为人力资源的入口管理，是人力资源开发与管理活动的关键环节，更关系到组织效能的提高和长远的发展，是很重要的管理活动。

2. 公共部门人员招聘的含义

公共部门人员招聘是指以科学的测评手段和方法为工具，通过招募、甄选、录用和评估等程序，从组织内外获取合适的人员填补职位空缺，实现组织目标的过程。其实质上是一个信息收集、预测、决策和信息供应的动态过程。对于公共部门来说，人员招聘工作实际上是用来解决"如何搜寻合适数量和质量的人员来满足组织人员需求"的问题，这一问题的解决，不仅需要专业的人才和测评方法，一套科学严密的组织流程也是必不可少的重要前提。一般来说，这一流程主要包括招募、甄选、录用和评估等活动，与上述条件共同保证了人力资源录用的质量。

公共部门人员招募主要是指为了吸引组织内外求职者而发布招聘信息的一系列活动，主要包括制订招募计划、确定招募途径、发布招募信息和收集求职者信息等环节。人员甄选则是为寻求符合职位需求的合适的申请者而进行的一系列活动，通常是以工作说明书为依据，从人和事两条主线出发，通过对求职者的个人能力与申请岗位的匹配度进行评估，从而对人员进行甄别选择的过程。该环节的技术性较强，也是录用到高质量人员的重要保证。公共部门人员录用指的是对甄选合格的人员作出聘用决策的过程。人员评估则是在录用环节之后，由人力资源部门进行的对录用人员质量和整体人力资源招聘活动效益的评估活动，目的在于为未来的人员招聘活动提供有价值的经验和借鉴。

需要指出的是，公共部门人员招聘虽然有着招聘活动的一般性特征，但由于公共部门自身的公共属性，其职能是为社会公众提供公共产品和公共服务，因此，公共部门人员招聘有着不同于私人部门人员招聘的特点。在我国，公共部门人员招聘的核心内容便是国家公务员的招募和选录。自从2005年4月《中华人民共和国公务员法》颁布实施后，我国的公务员管理愈加法治化。《中华人民共和国公务员法》也对公务员的招募录用工作进行了详细的规定，要求应根据职位职务性质的不同而采取多样化的招聘方式。公务员的入口渠道逐渐放宽，不仅包括传统的推荐、选拔和调配等方式，同时包括公开招考和平等竞争的考任方式，对于机关系统内专业性较强的职位和辅助性职位，则引入市场竞争机制，运用市场化的人员获取模式，即实行聘任制。这些新模式都极大地拓展和丰富了公共部门人员招聘的渠道和来源，是我国公共部门人员招聘制度的进一步完善和发展。

5.1.2　公共部门人员招聘的原则

如前所述，人力资源的招聘活动对组织管理有着重要的战略意义，同时，人力资源的招聘又面临着诸多挑战，为了提高人力资源招聘的战略绩效，同时有效应对不断变化的外界环境的挑战，公共部门人员招聘活动必须要遵守一定的管理原则。此外，由于公共部门与私营部门存在诸多差异，其人员招聘活动也体现出不一样的原则，一般来讲，公共部门人员招聘通常要遵循如下原则。

(1) 公开原则。公开的本意是不加隐蔽。对现代组织而言，公开原则既是避免任人唯亲的重要举措，也是现代组织开门纳贤的充分体现。公开是确保公职人员选拔程序公平和结果公平的前提和基础，对营造良好的人才选拔环境有着重要作用。公开原则包括信息公开、程序公开、结果公开，这就要求在招募和录用公职人员的过程中，所有与招募、甄选、录用活动相关的信息、程序和结果，都应向全部的求职者公布和公开，包括拟招聘的部门、岗位，招聘人员的种类、数量及其报考资格和条件，以及考试方法、考试科目和考试时间等。在招聘过程中，也应尽可能地将不同阶段的招考结果公之于众，接受社会和公众的监督。此外，还要确保复核和申诉程序的公开。求职者拥有复核和申诉的权利，当其对招聘程序的公正性和录用决定产生疑问时，应保证其能够获得合法途径对结果进行复核和依法裁决。公开原则不仅能够增加人员招聘的透明度，更有助于实现对求职者合法权益的维护。

(2) 公平竞争原则。公平竞争是指竞争者之间所进行的公开、平等、公正的竞争。公平竞争原则就是要求招聘方要本着一视同仁的态度，对所有求职者给予平等的对待，不能因应聘者的民族、种族、性别、年龄、个人身份、出身以及宗教信仰和婚姻状况等条件的不同而区别对待，求职者既不能受到不公正待遇，也不能享受特权。此外，公平竞争原则要求招聘方用统一的客观尺度来衡量所有求职者，不能依靠个人的主观判断来选拔人才，这就需要设计出规范的选拔程序和科学的测评手段，只有根据科学客观的测评结果来对人员进行考核录用，才能将合适的人才吸收进来，从而培养积极向上的组织文化。不公平的竞争有着极大的负面影响，不仅会挫伤那些因受到不公正待遇而出局的人才的积极性，更会使公共部门失去了吸收优秀人才的机会，同时有损公共部门的公正形象，扰乱招聘秩序并易滋生腐败。

(3) 德才兼备原则。德才兼备原则就是要求全面考察公共部门求职者的政治素质、个人品德、知识素质、能力素质等各方面，以确保其符合"德才兼备"的标准。公共部门的主要职能是为社会提供公共产品和公共服务，实现公共利益的增长是其终极目标，而公共权力是公共部门得以运作的重要保证。公职人员作为公共部门职能的实际履行者，有着公民和公务员的双重身份，当私人利益和公共利益发生矛盾时，公职人员很容易陷入双重身份的泥潭而不能自拔。因此，相对私营部门人才录用的标准，对公职人员的素质要求应更加全面。公职人员的"德"决定了其才能的发挥方向和目的，解决了为谁服务的问题；公职人员的"才"是德的基础，使"德"具有现实意义，并得到具体实现，其核心是能力的问题。如果只看重求职者的"才"而忽略其"德"，不仅会损害公共利益，也会破坏公共部门的社会公信力；若只看重"德"而不看其"才"，公共职能履行的效果与效率就会受到影响，在一些领导岗位，一些公共决策关乎国家和社会的公共利益，若是因工作失误而带来难以弥补的损失，则增加了决策成本，不利于公众利益的实现。因此，就公共部门而言，德才兼备应成为人员招聘过程中始终坚持的原则。

(4) 法治原则。公共部门人员的招聘活动应始终在国家法律法规许可的范围内进行，一切活动均应按法定程序展开，特别是要严格遵守《中华人民共和国公务员法》《中华人民共和国劳动法》和《中华人民共和国劳动合同法》等相关法律法规，依法实施招聘。法治原则在人员招聘过程中尤为重要，人治归根到底突出的是长官意志，具有非理性化的特点。若在人员招聘过程中以长官意志为中心，则与长官的亲疏关系、长官的偏爱和情感倾向都可能成为选人用人的主要标准，这种不确定性的选人标准势必会造成任人唯亲、裙带关系盛行等不良后果。因此，一切招聘活动必须在法律既定的框架内进行，做到遵法、守法、不违法。

(5) 按岗择优原则。人员招聘的目的在于选择满足岗位要求的合格人员，这就要求在招聘过程中应始终把岗位要求放在首要位置，根据岗位职责、任务和岗位规范来选拔人才。当然，通常情况下，最适合某一岗位的人选有时并不一定是各方面均很优秀的人员，因为人员选拔还要受到岗位所提供的待遇以及应聘者的个人动机和待遇要求等诸多因素的影响。因此，员工选拔应以适合岗位、满足岗位要求为基本标准。只有以岗位为出发点，按照岗位的实际需要来选拔人才，才能更好地实现人的能力和岗位需求之间的良好匹配，从而避免多招人或招错人的情况发生，真正实现"事得其人，人适其事"，使人与事科学地结合起来。否则，势必会给公共部门带来机构臃肿、人浮于事、效率低下的不良后果，不利于良好组织文化的形成。

5.1.3 人员招聘的一般程序

一般而言，公共部门人员招聘的程序大致包括准备阶段、招募阶段、甄选阶段、录用阶段和评估阶段。如图5-2所示。

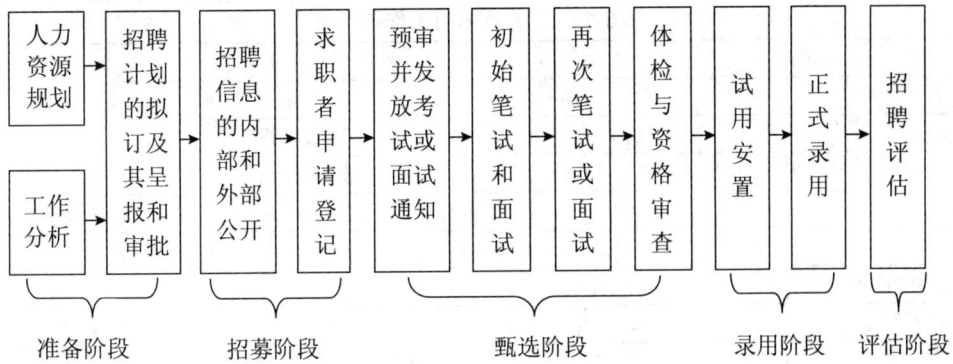

图5-2 公共部门人员招聘的一般程序

1) 准备阶段

准备阶段的任务主要包括三个方面：第一，根据公共部门发展目标和发展战略要求，并结合公共部门人力资源规划以及工作分析结果(工作描述和工作规范)，确定拟招聘的职位、所属部门、数量、类型和人员资格条件等相关要求；第二，结合组织和部门目标及人员需求情况，对所要招聘的岗位、人员数量、岗位的具体要求等进行科学的评估，对招聘时间和招聘渠道的选择、招聘工作小组成员的构成、招聘方案及其具体步骤、招聘费用预算、招聘工作时间安排以及招聘广告样稿等进行详细的规划；第三，将拟好的招聘计划呈报上级主管部门和领导审批。

2) 招募阶段

招募，顾名思义就是公共部门为吸引更多的应聘者前来应聘而开展的一系列活动，如发布招聘信息、接待应聘者咨询和登记、接收应聘者的工作申请书等。招募是招聘过程的"排头兵"，对招聘的最终结果有着先决性的影响，因而是招聘过程中很重要的一环。招募阶段主要包括两项活动：招聘信息的发布和接受应聘者申请。

通常来说，有效的招聘信息都会包含以下内容：①组织情况的相关介绍；②工作或岗位名称；③简单清晰的工作职责描述；④工作所需能力、技能、知识和经验的说明；⑤工作条件(包括工作地点、工作时间以及薪酬待遇等)；⑥申请方式。拟订招聘信息时一定要做到客观实际，不可夸大其词、欺骗应聘者。招聘信息拟订之后，就需要找个平台发布出去，招聘信息的发布应结合公共组织及其岗位情况，选择恰当的发布传播渠道，主要方式有报刊、网络、电视、广播、板报、招聘会和新闻发布会等。此外，也可采取随意传播的形式。总而言之，对于招聘信息的发布，一定要尽可能地扩大宣传范围，同时还要针对不同人群进行有层次、有针对性的及时宣传，不然将会缩小和降低招聘信息的影响范围和效果。

当应聘者前来咨询并登记报名后，需填写并提交一份工作申请表。公共部门所提供的工作申请表一般应包括以下内容：个人基本情况(如姓名、性别、年龄、民族、政治面貌、家庭地址、婚姻状况、联系方式等)、教育背景及培训情况(如学历、学位、接受过的培训)、工作经历(如目前任职单位及地址和联系方式、现任职务、以往工作简历、离职原因等)、家庭基本信息及个人健康状况(包括主要家庭成员、个人健康状况及其证明等)、个人薪酬待遇要求、曾受过的奖惩、个人业绩、个人兴趣及特长爱好、服兵役记录、办公设备使用情况以及推荐人姓名和联系方式等。表5-1列示了一张典型的工作申请表。

表5-1　×××部门工作申请表

申请岗位								
姓　　名		性　　别			出生年月			照　片
民　　族		政治面貌			健康状况			
身　　高		体　　重			婚姻状况			
最后学历			毕业学校					
所学专业			会何种外语			外语水平		
参加过何种培训								
个人爱好及特长								
受过何种奖励								
受过何种处罚								
工作经历		任职单位		任职时间		工作性质		离职原因
有关个人的其他说明								
家庭住址			联系电话			邮　　编		
推荐人姓名			推荐人电话					
填表日期		年　月　日						

3) 甄选阶段

甄选，是指在审查的基础上进行选择，这是一个复杂的过程。一般来说，甄选阶段是从对应聘者进行预审并对预审合格者发放考试或面试通知书开始的，大致经过笔试或面试、测试或再次面试以及体检和资格审查等几个阶段，是人员招聘的关键环节。

进行预审的目的在于剔除明显不合格的求职者，以降低招聘成本。因而在预审过程中，应注意以下三方面问题：首先，必须对所需人员的条件进行一个准确的定位，招聘人员可根据工作描述和工作规范以及对任职者的胜任素质要求，事先确定可入选人员的基本条件，并以此来指导预审过程；其次，要注重事前查证，防止应聘者提供虚假信息。招聘者应仔细审阅并加以询问，认真辨别和消化应聘者所提供的材料，筛选出其中的合格者；最后，要制定评分标准，以保证预审及整个招聘过程中的客观公正性和透明公开化，防止暗箱操作。

笔试时，招聘者应重点针对应聘者的综合知识、专业知识以及岗位所需要的特殊知识和能力进行考核，试卷评分要有标准答案，以防先松后紧或先紧后松等随意性评分情况的出现，做到客观公正。

测试时，招聘者则应根据组织、部门及岗位的具体需求，选择针对性强且具有实效的测试方法，从而达到甄别合格人员的目的。

面试是人员招聘过程中最常规的方法，调查显示有80%以上的组织是通过面试来选拔员工的。面试的方法各异，在招聘过程中选择什么样的方法，具体要看如下三个方面：一要看组织和岗位要求，二要看招聘者对面试技术掌握的程度和水平，三要看招聘的成本预算。

进行体检和资格审查的意义在于核查事实以及获取新的信息。体检的目的在于检验求职者的身体状况能否胜任当前的工作岗位。核查事实，其实就是验证材料的真实性情况，它所涉及的内容包括求职者在原工作单位的工作绩效、薪酬待遇、所受到的奖惩、所从事的工作及所取得的工作业绩、离职原因、原单位主管及其同事对求职者的评价等。信息验证的方法主要有：

走访、函调、电话审查、网络验证等。

4) 录用阶段

录用阶段的工作主要包括试用安置和正式录用两方面。人员录用一般分为录用决策、通知应聘者、试用、签订劳动合同和正式录用等几个步骤。人员录用不仅是一门学问，更是一门艺术，录用员工的质量直接决定了组织未来的发展状况。公共部门进行人员录用必须按一定的规则和要求进行，主要包括：筛选合适的人选、赋予合适的工作、激发录用人员的工作热情及为录用人员谋划职业成长路径等。在录用阶段，当应聘者试用期结束后，若表现合格就要与之签订正式的劳动合同，并按照法律法规和政策要求，向被录用者提供与其岗位职责和工作环境相匹配的薪酬待遇，保障被录用人员的合法权益。

5) 评估阶段

招聘评估是对本次招聘工作的分析、评价和总结，又是对今后招聘工作的修正性指导经验累积的过程，有着承上启下的作用，同时也是现代人力资源开发与管理中整个招聘活动不可或缺的重要组成部分。

5.1.4 公共部门人员招聘的意义

公共部门是基于公共权力的并具有强制性的部门，其运行状况与机制是明显有别于企业等市场行为主体的。公共部门担任着公共权力的实际掌控者、社会各项政策的制定者和执行者，以及公共服务的提供者等多种角色。政府部门的权威已经成为社会公共权力中最为显著与重要的权力，因此公职人员的行为受到了广泛的社会关注。公职人员的渎职、失职乃至违法乱纪行为会在社会上造成极其恶劣的影响，而人力资源管理流程包括"选、留、育、用"等步骤，其中"选"是第一位的，入口管理最为关键，公共部门人员招聘的意义有如下几个方面。

1) 能保证公共部门的职能实施，促进职能的优化提升

这个层面的意义是一种职能性意义。公共部门具有社会治理、公共服务等多种职能，公共部门的人员招聘基本条件在于满足这些部门的职能实施要求。对于这些职能的实施而言，无论从数量还是质量上看，人员的准备都是相对必要的。而随着优秀人员被吸纳到公共部门中，这些新鲜血液也为部门的职能优化与文化氛围转化提供了相应的可能性，公共部门自身职能的提升是一种随之出现的效应，能够促进公共部门自身的资源配置与结构设计的新的优化组合。

2) 能促进公职人员素质的不断提升

招聘可以基本保证公共部门中人力资源的素质水准，招聘过程中的层层考核和筛选，每一步都有明确的评价标准，依据标准选拔出的人员都是符合组织要求的，这些人员所具备的知识结构和技能水平也都是组织所需要的。而且，公共部门的人员招聘本身是一个长期的、动态的过程，随着社会的发展与进步，社会文化与教育的发展为公共部门招聘提供了更为全面的智力支持与服务，这就使得公共部门通过人员招聘能够获得越来越多的优秀人才。因此，公共部门人员招聘还具有建设性和战略性意义。

3) 能塑造和推广组织形象

通过人员招聘，组织内的招募者和外部的求职者通过一系列活动产生互动，通过相互接触

增进彼此了解。求职者可以通过公共部门组织招募与选录工作中的具体环节来评价组织形象，如空缺职位说明、可掌握的书面材料、面试过程、招聘流程和结果的透明性、公开度等。招聘广告中发布的公共部门的职责范围以及具体某个岗位的工作职责，也可以让公众更好地了解公共部门的作用。这些都可以使公共部门从其职能以外的视角与社会进行接触，既有助于公共部门对社会的了解与认知的提升，也有助于公共部门自身形象的构建。而通过电视、报纸、广播和网络等途径开展人力资源招聘，也能在一定程度上宣传和推广组织形象。因此，公共部门人员招聘具有一定的社会性意义，既使公共部门接触社会，也使社会认知公共部门。

4) 能帮助公共部门更有效地完成政府目标

任何组织都需要高素质的员工，员工素质是影响组织运作成败的关键因素。人力资源管理系统的"进、用、出"三个环节是相互作用、紧密联系的，招聘工作是系统的进口环节，因此，人员招聘工作的质量直接影响着引进人才的质量，进而影响到组织目标的实现。我国正处于政治经济转型期，公共部门不但要迎接经济和市场全球化的挑战，而且要面对人才的全球化竞争。当今市场竞争日益激烈，物质资源开发带来的边际利润越来越有限，人力资源被视为第一资源，为了实现公共部门的战略目标，更需要开发利用人力资源的巨大潜力，这就需要公共部门科学地开展人力资源招聘活动，以确保所获得的人力资源的质量。

5.2 招聘渠道与方法

5.2.1 公共部门人员的招聘渠道

一般来讲，劳动力市场非常广泛，遍布全球，如何搜寻合适的人员填补空缺岗位就成了战略性的问题。招聘渠道的选择是招聘活动顺利进行的重要保障，因此，对招聘渠道进行归纳分析尤为必要。由于公共部门的特殊性，其招聘渠道与私人部门既有相同之处，又有自身特点。一般而言，人员招聘的渠道主要有内部渠道和外部渠道两种，对于这两种渠道的选择，通常取决于该组织的人事政策和空缺职位的需要。

1. 内部渠道

通过内部渠道招聘就是从组织内部选拔合适的人员来填补空缺或补充新增设的岗位。这有很多显而易见的好处。首先，可以确保人员质量，因为内部渠道提供的都是现有员工，组织对其综合能力有相对全面的了解，这样有助于管理者更有效地进行空缺职位的安排；其次，内部渠道为组织内部员工提供了晋升通道，有助于提高员工的工作积极性，良好的内部晋升机制也给员工提供了一个好的示范。一般来说，公共部门人员通过内部渠道招聘的方式主要包括：内部提拔、调用、工作轮换和内部竞聘等。

(1) 内部提拔。内部提拔，也称内部晋升，是指根据组织和工作的需要，结合组织内部人员平时的工作表现，同时参照其档案材料和其他反馈意见，选拔合适人员填补空缺或新增岗位的过程。一般来说，内部提拔都是将员工从低级岗位提升到高一级岗位，这种方式被广泛使用，但大都是按照计划进行。这种方法的优点在于对员工有较强的激励作用，搜寻成本低，人员质量相对稳定，省时省力；缺点是选择的范围相对狭小，如果内部竞争过于激烈，不利于组织内部的团结和合作，容易造成较大的内耗。此外，内部提拔也容易造成任人唯亲、裙带关系盛行，不利于组织的创新和长期发展。

(2) 内部调用。内部调用也称工作调换，是指在公共部门内部的其他部门中选拔合适的人员来填补职位空缺的过程。内部调用一般发生在相同或相近职务级别、但工作岗位有较大差异的人员之间。内部调用也有其适用范围，一般是中高层管理人员，且调用时间相对较长。这种形式的优势在于促进了组织内各个部门之间的交流与合作，也有利于对掌握多种技能的复合型人才进行培训和锻炼。同时，内部调用也为公共部门的人员提供了一个自我成长与积累经验的机会，并能减少长期从事某项工作所带来的单调乏味感，为员工创造机会接受新工作的挑战，从而为进一步的晋升做好准备。

(3) 工作轮换。当组织依据一定的规则不断地进行人员的内部调用，便形成了岗位轮换，这也是通过内部渠道招聘的一种形式。通常组织每隔一段时间就会进行一次岗位轮换，这样能够提高员工的综合工作能力、增强组织成员的成就感，同时也有助于员工了解整个工作的各个环节，积累工作经验，从而有利于职业生涯的发展。工作轮换虽然是通过内部渠道招聘的一种形式，但更多的是作为一种培训方法被使用，与内部调用不同，工作轮换更适用于公共部门的一般人员，时间也相对较短。

(4) 内部竞聘。内部竞聘是指在公共组织或某一部门范围内，面向组织或部门内部全体人员，按照公开、公正、公平、择优的原则进行的公开招募和竞聘，其目的在于实现组织或部门内部人员的优化配置。内部竞聘制度可以给组织内部符合条件的候选人创造丰富自己职业生涯的机会，通过内部竞聘，有利于实现更高程度的"人职匹配"，从而达到"适才适用、人尽其才"的管理目标。内部竞聘是公共部门在改革及其发展过程中，改进公共部门工作绩效、激发员工积极性和创新性的有效尝试，但该种方式也容易造成员工士气涣散，那些竞聘上岗的职员面临身份的转换困难，与过去的朋友和同事成为上下级关系后，其角色获得承认的难度会很大，不利于组织的稳定。

内部竞聘有多种方法，主要包括：内部广告法、推荐或自荐法、档案法以及职业生涯开发系统。

① 内部广告法。内部广告法也称布告法或公告法，是指将职位空缺信息或招聘信息以广告或公告的形式公之于众，面向组织内部全体员工公开招聘，所有符合条件的员工都可以报名参加甄选，竞争上岗。内部广告法是比较常见的内部选拔方法，广告中需要说明该职位的工作性质、职责范围、上下级关系、人员要求、工作时间以及薪资级别等信息。内部广告所采用的载体主要有内部媒体(如电视、广播、电子信箱或内部网络)、墙报、公告栏、内部报刊等。

② 推荐或自荐法。推荐或自荐法是指公共组织内部员工根据组织需要，结合自身特点、工作能力和业绩表现，推荐他人或以毛遂自荐的方式应聘某一空缺或新增岗位。推荐或自荐法的优点在于组织跟应聘者双方能够迅速了解，从而节约部分招聘费用，同时有利于激励员工提高自身的能力。但此种方法也有其局限性，由于推荐者或自荐者立场的原因，出于维护自身利益的考虑，往往在推荐和自荐时掺杂人情因素，评价往往带有主观色彩，不甚客观。

③ 档案法。档案法是公共组织人力资源管理部门结合员工档案，在了解员工个人情况以及教育、培训、经验、技能、绩效和道德品质等方面信息的基础上，寻找和选拔适合组织内部某一空缺岗位或新增岗位人员的方法。这种方法的运用跟组织的人事政策和人力资源规划有一定的联系，尤其在考察候选人任职资格时必须调用候选人的人事记录档案。随着计算机应用技术的发展和推广，很多公共部门内部都建立了比较完善的人力资源管理信息系统，这为内部选拔工作提供了方便条件，通过数据库的建立和检索，即使组织内部人员众多，也能迅速准确地搜索出符合任职条件的人员名单。

④ 职业生涯开发系统法。职业生涯开发系统法是指公共部门根据自身及其员工发展需要，通过建立员工电子档案和制定职业生涯规划，并结合员工平时的品行、能力和业绩表现，选拔适合空缺岗位或新增岗位的合格人员的一种方法。这种方法与档案法有异曲同工之处，都是要求组织建立相对完善的人力资源管理信息系统。随着人力资源观念的深入，公共部门也开始注重对员工职业生涯的设计和实现，这不仅能够保证组织人力资源供应的连续性，同时提升了员工的工作积极性以及对工作的认同度，有助于留住人才，促进组织的长期发展。

2. 外部渠道

尽管通过内部渠道进行员工招聘有很多优势，但对于一些入门级的职位，或者专业性很强的较高职位，组织内部并没有合适的人员可供选择，这就需要组织从外部寻找和吸引求职者填补空缺职位。根据信息发布方式和具体来源的不同，外部渠道及其招聘方式主要包括广告招聘、校园招聘、引荐或推荐、网络招聘、职业介绍机构推荐等几种形式。

(1) 广告招聘。广告招聘是指组织借助电视、广播、报纸、布告栏以及行业出版物等媒体发布空缺岗位和新增岗位信息并进行宣传，以吸引求职者前来应聘的方式。这种方式通常能够吸引大量的求职者前来应聘，具有传播速度快、传播范围广、应聘人员多、组织选择余地大等特点，是公共部门进行外部招聘的最常用方法之一。

当组织选择采用广告招聘的方式时，首先，要明确招聘广告的内容，具体内容包括：①招聘组织的基本情况介绍；②招聘活动符合法定要求的说明；③空缺职位的数量及基本情况介绍(如工作的职责和义务、工作的时间和地点、相关福利和风险等)；④申请者应聘所需资格条件(包括知识技能、身体和心理等方面)；⑤薪酬待遇；⑥报名的时间和地点；⑦招考方式及其安排；⑧需要提交的证件和材料；⑨其他有关注意事项等。其次，要确定选用何种媒体。如前所述，招聘广告可以选择的媒体主要包括广播、电视、杂志和网络等。不同的媒体选择对招聘对象的影响是不同的。一般来说，报纸杂志适用于某特定地区招聘专业领域的人才，广播电视适用于招聘大量人员时，网上招聘则更适用于专业技术人员的招聘。此外，对层次相对低的职位的招聘信息可以选择在地方性媒体甚至布告栏上发布，这样有助于控制招聘成本；对高层次或者专业程度较高的职位则需通过全国性或专业性较强的正式媒体发布。公共部门通常根据所要招聘岗位的类型、层次以及专业化程度而选择不同的媒体。最后，如何对广告进行构思也是组织应该考虑的问题。好的招聘广告不仅能够反映组织文化，还能够对组织形象进行优化塑造，增加组织的自然魅力。随着现代社会人才竞争的愈演愈烈，为了能够吸引更多的高素质人才加入组织，对招聘广告进行精心构思更显必要。此外，广告的结构还应该遵循AIDA原则，即广告能够引起应聘者的注意(Attention)、兴趣(Interesting)、欲望(Desire)及促使其采取行动(Action)。

(2) 校园招聘。大学校园是专业人员和技术人员的重要来源，而中等专业学校、职业技术学校、技工学校等则是基层职工的重要来源。大专院校聚集了大量高素质的人才，他们的知识结构比较完整，综合素质较高，对新事物的接受能力强，具有发展潜力大、可塑性强等特点，因此是各种组织的主要招聘对象。即使是暂不缺人的组织，也不会放弃到大学进行招聘的机会，借以树立良好的组织形象，为组织未来的人力资源筹备打好基础。

校园招聘的方式有很多，常见的有张贴招聘广告、举办专场招聘会、委托培养、毕业实习、接受学校毕业生就业指导部门推荐等。无论采用哪种校园招聘方式，做好充分的准备工作是校园招聘顺利进行的前提，准备工作内容包括：根据组织空缺职位的情况有针对性地选择好学校及专业，并与学校相关部门建立联系，加强招聘前的宣传组织工作。在招聘过程中，要真诚对待学生，及时反馈信息，充分尊重每个求职者。校园招聘的具体步骤通常包括：①组织针对自身长期或短期的人才需求情况进行招聘分析。②准备工作申请书；③挑选拟招聘的学校，与选定的学校进行接洽，并制订招聘日程表；④实施校园招聘；⑤审查候选人，并进行现场面试；⑥评估校园招聘。

(3) 引荐或推荐。引荐或推荐指的是组织内部员工、组织外部人员或相关专家等以口头或书面的形式向用人单位介绍和举荐合格人选的一种方法。这种方法的优点是：①组织和应聘者双方能迅速了解，从而节约大量招聘费用；②所引荐或推荐的员工的素质往往较高。缺点是：①容易形成小帮派、小团体，导致裙带关系盛行；②人员选择面相对狭窄。为了避免上述问题的发生，在招聘过程中，首先要明确岗位要求，严格遵循招聘程序，同时扩大推荐者的范围，建立科学量化的考核机制。

(4) 网络招聘。网络招聘也被称为电子招聘，是指通过网络技术手段的运用，帮助组织完成招聘的过程。互联网的覆盖面是以往任何媒介都无法比拟的，它的触角可以轻易地延伸到世界的每一个角落。网络招聘依托于互联网的这个特点，能够达到传统招聘方式无法获得的效果，利用网络发布招聘信息实现招聘目标的方法越来越为各用人单位所采用。与其他传统招聘方式相比，网络招聘具有效率高、信息量大、传播广、见效快、成本低、易沟通，且不受时空限制等优点。可以说，网络技术的发展不仅打破了传统招聘方式的时空鸿沟，更是在用人组织和求职者之间搭建了一个高效、便捷的沟通平台，为劳动力的广泛流动和人力资源的优化配置提供了有力支撑。但网络招聘也有其局限性，因为网络本身就是把"双刃剑"，在享受网络带来的方便快捷的同时，我们也应看到网络本身存在的问题。由于网络的虚拟性，一些信息的可信度无法保证，保密性也相对较差，面对面交流的缺乏也会导致用人方对求职者的感性认识不足、判断片面。此外，由于网络受众的局限性，一些不善于利用网络寻求信息的人群就容易被忽略掉，从而缩小和影响招聘信息发布的范围和效果。

(5) 职业介绍机构推荐。外部招聘的另一种有效途径是专门的职业介绍机构。按照机构是否具有营利性这一标准，可以将职业介绍机构分为两种类型：一类是非营利性职业介绍机构；另一类是营利性职业介绍机构。前者一般是政府部门设立的公共服务机构，后者是私人设立的营利性机构。实践中，职业介绍机构的具体类型包括各种形式的职业介绍所、普通劳动力市场和人才交流中心等。市场经济的发展使得劳动力市场需求呈现多元化趋势，我国的职业介绍机构正是在这种背景下逐步发展壮大起来的。为了给劳动力供求双方提供信息，职业介绍机构扮演了牵线搭桥的角色。对于非营利性的职业介绍机构而言，其通常担负着促进社会就业的职责和任务，因此，对求职者一般是不收费或低收费的；而营利性的职业介绍机构大都具有私人企业的性质，因此都是收费甚至高收费的，如猎头公司，就是专门为用人单位提供高端管理者和专业人才的职业介绍机构。

【相关知识链接】

"猎头"用英文翻译为Headhunting，在国外，这是一种十分流行的人才招聘方式，意思即"网罗高级人才"。高级人才委托招聘业务，又被称之为"猎头服务"或"人才寻访服务"。专门从事中高级人才委托招聘业务的中介公司，又往往被称之为"猎头公司"。

猎头公司和简单的中介公司有很大不同。猎头公司不对个人进行收费，而中介公司则对需要提供中介服务的个人或组织收费，个人要找工作就对个人收费，企业要招聘员工就向企业收费，业务层次比较低；猎头公司仅向企业收费。如果向个人收费的话，那肯定不是猎头公司，而是中介公司。猎头公司需要提供人才评价、调查、协助沟通等顾问咨询服务；中介公司的服务内容为简单的撮合。猎头公司收费很高，而中介公司服务收费往往比较低。猎头公司主要是主动寻找人才，中介公司更多的是在现有资源中撮合。另外，中介公司更多的是为找工作的人服务，猎头公司更多的是为能力强、职业道德好的人才服务。

自1926年世界上第一家猎头公司迅迪克·迪兰在美国诞生以来，猎头业得到了迅猛发展。目前，全世界70%以上的高级人才流动均有猎头公司参与，90%以上的大企业均通过猎头公司来获取人才。当然，考虑到猎头公司的服务能力和水平，组织在选择猎头公司时应参考如下6项原则：①猎头公司是否有良好的行业关系网络；②猎头公司能否保守秘密；③猎头公司是否守信；④猎头公司是否善于沟通；⑤猎头公司是否有着丰富的人事管理经验和较强的职业咨询能力；⑥猎头公司在业内是否有良好的口碑。

在我国，猎头公司主要分布在国内的一线大城市，如北京、上海、广州、深圳、武汉，这5大城市是国内绝大部分猎头公司的总部所在地。目前随着国内经济的发展、猎头产业的逐渐成熟，猎头公司的服务范围已辐射到全国的多个城市。[①]

总体说来，公共组织在借助职业介绍机构招聘人才时，应注意选择那些信誉度较高的机构，为保证选才的成功，公共组织应对入选的应聘者进行个别测试，同时要求职业介绍机构提供尽可能准确和详尽的信息。

5.2.2 不同招聘渠道的比较

各种招聘渠道和方法均有其特定的适用范围，每种渠道都各有利弊，公共组织必须结合自身的需求，选择适宜的招聘方式。通过前文对内部招聘与外部招聘的介绍，我们已经了解了它

---

① http://baike.baidu.com/link?url=lE6uT7WI7zgSjabA1T12fgf0239w8K6JgSzlOUwTWu0dO14t4kfI2Au26MEZ3T1z

们各自的优缺点，如表5-2所示。

表5-2 内部招聘与外部招聘的比较

	内部招聘	外部招聘
优点	●对员工了解全面，准确率高 ●能与员工职业生涯规划相结合，可激励人心、鼓舞士气 ●应聘者能很快适应组织及其岗位 ●组织培训投资可得到回报 ●成本小，效率高 ●有利于维系成员对组织的忠诚	●人员来源广，选择余地大，有利于组织广纳贤才 ●能为组织增添新鲜"血液"及活力，有利于组织发展壮大 ●比组织自身培养人才要节省成本，且比较及时 ●可在一定程度上缓解内部招聘引发的矛盾
缺点	●来源比较局限，易导致"近亲繁殖" ●可能招聘不到高水平的合格人选 ●可能因操作不公而导致内部矛盾 ●不利于增添组织活力	●对应聘者了解少，可能会招错人 ●应聘者对组织和岗位了解少，适应期较长 ●可能影响组织内部士气 ●费用相对较高

5.3 公共部门人员甄选及方法

5.3.1 公共部门人员甄选及其一般程序

1. 人员甄选及其原则

个人的任职资格和对工作的胜任程度主要取决于他所掌握的与工作相关的知识、技能，以及个人的个性特点、行为特征和个人价值观取向等因素。因此，所谓的人员甄选，通常是指公共组织为了从求职者中选拔出最有可能胜任某一职位的人员，采用某些特定方法，通过各种信息途径，对候选者进行测量和评价，最终确认合格人选的过程。

为了确保甄选工作的有效性，在甄选过程中应该遵循如下原则。

1) 公平公正原则

公平公正原则是指对所有应聘者应该一视同仁、公平对待，不能因工作要求之外的性别、年龄、民族、种族、家庭出身、宗教信仰和婚姻状况等因素而区别对待求职者，使某些求职者遭受歧视和不公平待遇。

2) 因事择人原则

因事择人是指要根据岗位需求、工作任务、工作特点以及岗位对任职者的要求等因素来选拔人员。它是保证岗得其人、人适其岗的基础。因事择人原则也是避免因人设岗，以及防止公共部门机构膨胀、冗员充斥、人浮于事的必要前提。

3) 德才兼备原则

"德"是指道德素质。这种素质取决于世界观、人生观和价值观，在现实生活中通常表现为事业心、责任心、原则性、廉洁性、为人民服务的意识、团结合作的作风以及勇于克服困难、完成工作任务的精神等。"才"是指技术能力，包括理论知识、管理科学知识、本职专业知识、综合分析问题及解决问题的能力，以及实际工作中的谋划能力、决断能力、指挥协调能力和创新能力等。"德"与"才"是统一的两个方面，不能割裂，不能偏废，缺一不可。在人员甄选中，应兼顾"德""才"标准，任何片面的做法都可能会给公共组织带来极大的隐患。

4) 用人所长原则

用人所长，顾名思义就是用人时要结合个人的特点，人无完人，用人不用其短，尽量让其发挥长处，这样才能达到人尽其才的效果。在人员甄选过程中，要克服求全责备的思想，树立正确的观念，把寻找人的长处和优点作为择人的目标。看一个人，主要看他能做什么、他的资格条件是否符合空缺岗位的要求。

5) 回避原则

在人员甄选过程中，应坚持任职回避和公务回避。任职回避，又称职务回避，是指对有法定亲情关系(包括夫妻关系、直系血亲关系、夫妻双方的近亲属及儿女姻亲关系等)的人员，在担任某些关系比较密切的职务方面作出的限制。由于亲情具有高度人身依附性等特点，使得亲情与公务执行中的严肃、认真、公正、依法等基本要求存在一定的冲突。职务关系的回避，主要目的在于将工作关系与亲属关系分开，以使工作人员之间形成比较和谐单纯的工作关系。公务回避是指在行使职权过程中，因其与所处理的事务有利害关系，为保证实际处理结果和程序的公正性，依法终止职务而由其他人员行使相应的职权的行为。公务回避要求负责和参与甄选工作的人员，凡涉及对与自己有亲属关系人员的甄选时，必须回避，不得以任何方式进行干预或施加影响。

具体到公务员的选拔，除坚持上述两项回避原则外，还要坚持地区回避和卸任回避。地区回避是指在一定级别的政府中，担任主要领导职务的公务员，回避在原籍贯任职，以避免其亲属、宗族对正常公务活动的干扰。在我国，须遵循地区回避原则的主要是在县级以下的地方人民政府担任主要领导职务的公务员，包括县长、副县长，县人事局长、县公安局长、乡镇长、副乡镇长等。有条件的地区，还要考虑对在税收、工商、市场管理部门担任领导职务的公务员实行地区回避；同时，考虑到民族自治地方工作的特殊性，在民族自治县、乡镇担任领导职务的公务员则不受地区回避的限制。卸任回避则是指公务员在离职和退休后，为避免有子女、亲戚、朋友试图利用其任职期间的关系或影响，谋求个人利益，而对离职和退休的公务员的行为所做的必要限制。主要是要求离职和退休的公务员不得干预原单位的工作，在一定时期内也不得到与原任职务有关的组织部门受聘，以防利用影响力来损害国家和政府的利益。

2. 公共部门人员甄选的一般程序

人员甄选通常包括资格审查、初选、测试(包括面试、笔试和心理测试等)、体检、个人资料核查等几个阶段，人员甄选是层层选拔和筛选的过程，每经过一个阶段就会有一些求职者被淘汰，如图5-3所示。

在资格审查阶段，招聘方的主要工作是根据组织和空缺岗位的要求，以及应聘者所提交的个人简历、求职信和工作申请表，初步挑选出符合要求的人员。

在初选阶段，招聘方的主要任务是从合格的应聘者中选出参加初始测试的人员。在初选阶段，由于应聘者资料和信息不全，招聘方的决策人员往往只能凭个人主观臆断来决定参加初始测试的人选，往往带有一定的盲目性，因此，在招聘费用和时间允许的情况下，应尽可能让足够多的求职者参加初始测试。

初始测试是人员甄选的中期阶段，这一阶段的主要工作是组织应聘者进行笔试和心理测试。笔试的内容通常涉及综合知识、专业知识及岗位所需要的特定知识，可采用闭卷或开卷两种形式。心理测试的内容主要涉及求职者的智力、个性特征、能力倾向、个人价值观和职业兴趣等方面。通过初始测试，不仅可以深入了解应聘者的专业素养及其知识能力水平，而且可以了解其个性特征、职业兴趣及其发展潜力，有利于提高人岗匹配的成功率。

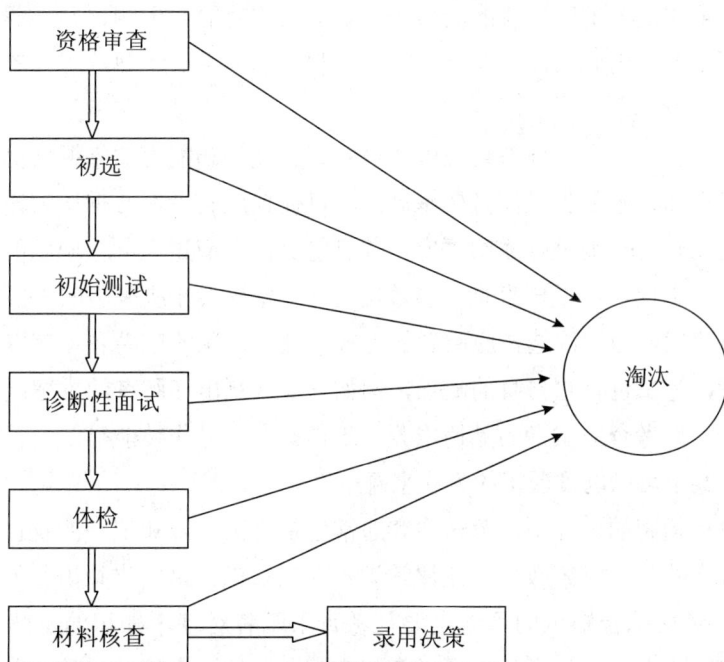

图5-3 人员甄选的一般程序

诊断性面试是对应聘者的进一步确认和选拔的过程。诊断性面试通常是在初始测试的基础上进行的。诊断性面试阶段的工作主要是通过面试来直观地观察、检验和审视求职者的仪表风度、言谈举止、语言表达能力、求职动机、专业知识的深度和广度、反应能力、兴趣爱好、自控能力、人际交往能力以及工作经验和工作期望等，从而确定应聘者与组织及空缺岗位的匹配程度。

体检和材料核查是甄选的后期工作。这一阶段的工作主要是对应聘者的身体素质及其所提供的个人资料的真实性做进一步确认。一般来讲，解雇已录用人员无论对组织还是对个人来讲都是一件十分痛苦的事，因此，为了减少甚至避免因招聘环节的错漏所带来的不必要麻烦，就需要公共部门在作出录用决策前对求职者的身体健康状况进行检查，并对其个人资料的真实性进行认真核查。在体检与材料核查阶段结束后，甄选阶段的工作也就基本完成了。

5.3.2 公共部门人员甄选的方法及其选择标准

1.公共部门人员甄选方法

用人单位在人员招聘的过程中，必须采取一定的手段或者工具来确保甄选结果符合招聘需求。人员甄选的方法有很多，目前用人单位多采取笔试、面试、评价中心评定、心理测试及其他甄选方法。

1) 笔试

笔试是一种与面试对应的测试，是考核应聘者学识水平的重要方法，它是通过笔答的方式让应聘者在试卷上作答事先设计好的问题，然后由主考人员根据其解答情况来评定成绩的一种测试方法。这种方法可以有效地测量应聘者的基本知识、专业知识、管理知识、综合分析能力和文字表达能力等素质及多个应聘者的能力差异。笔试的目的在于测评并了解求职者的知识深度、广度以及知识结构，进而淘汰一些不合格的应聘者，为下一步甄选工作的开展奠定一定的基础。

笔试的优点主要有：①广泛地考查应聘者对知识、技能和能力的掌握情况；②可以进行大规模地评价，易于评阅，不仅省时而且效率高；③可促使应聘者在心理压力较小的情况下发挥出正常水平；④能比较客观地进行成绩评定，并且能够保存应试人回答问题的真实材料。由于笔试具有这些优点，因此，笔试一直是大多数用人单位甄选人才所采用的重要方法。公共部门和企业组织通常将笔试作为初次选拔应聘者的方式，通过笔试的应聘者才有资格参加下一轮的测试或面试。当然，笔试也有它自身的缺点，例如它很难测出应聘者的推理能力、创造力及组织能力，它不能全面地考查应试者的品德修养、工作态度及操作技能等，且试题不易编制，答案可以猜测，有时甚至可以以掷骰子的方式来碰运气。

在公共部门进行招聘的过程中，笔试内容通常包括：①综合知识。涉及自然常识、天文地理、公共关系、社交礼仪、时事政治、法律常识、环保知识、跨文化知识、外语水平、体育知识、文艺知识等。考核综合知识的目的主要是考查求职者对基本知识的了解程度及掌握的水平。②专业技能知识。专业知识考试主要考查与应聘的岗位有直接关系的专业知识。专业知识考试的要求是范围广、知识新、针对性强。③岗位所需的相关知识。例如招聘公关人员，所涉及的考试内容通常包含人际关系技巧、社会学知识、人文知识、历史知识、心理学知识、管理知识，以及公关学各方面的知识等。

笔试通常采用集体测试的形式。笔试最有难度的环节是命题环节，主要表现为命题的盲目性以及命题的质量不高，不足以达到所希望达到的目的。因此，笔试命题一定要进行事先的设计计划，根据通过工作分析获得的有关招聘岗位所需人员的工作内容、工作职责、工作任务及其工作要求等信息，来设计具体的测试内容、测试范围、测试题型和题量等，同时还要注意试题类型的多样化，而且不同的题型要起到不同的测试作用。

笔试的命题应遵循以下原则：①自始至终符合目标。知识考试的目标是什么，在设计试卷时要从头到尾贯彻执行，这样才能达到应有的效果。②各种知识考试类型可以结合起来运用。例如，在一张试卷上既可以有百科知识的内容，又可以有专业知识的内容，还可以有与岗位相关的知识的内容。这样可以节省时间，在较短时间内全面了解一个应试者各方面的水平。③充分重视知识的实际运用能力。设计试卷时，要尽量多用案例以及讨论等方式。④应充分体现公平性、合理性，不能出现古怪的试题。⑤试题内容的表述应力求用词恰当、文字简练、所表述的意思容易被理解。⑥试题的作答要求和指导语要言简意赅，以免考生误解。⑦试题之间应相互独立，应避免各类题型间相互关联。⑧试题中不能含有暗示本题或其他题目答案的线索，客观题要有标准答案。⑨设计的试题内容要有代表性。⑩试题应便于作答和评阅，阅卷评分要尽可能省时省力，评阅要保持客观、中立。

综上可知，试题设计实际上是一项很有难度的工作，要求命题时充分考虑其全面性、多样性、层次性和有效性。

2) 面试

面试(Interview)是指面试考官通过与应聘者沟通和交谈，更直观和深入地了解应聘者的个人情况，并以此来判断应聘者是否符合组织及其空缺岗位的要求。面试过程是招聘者与应聘者之间的信息交流过程，面试是一种人际活动和交往形式，也是用人单位最常用的一种人才甄选办法。用人单位想要在面试中取得良好的面试效果，和在短时间内对应聘者的能力、专长、爱好和性格等进行深入了解和作出准确判断，就必须科学、规范地组织和执行面试流程，同时要选择恰当的沟通技巧以及合适的面试环境。有调查表明，99%的企业通过面试来筛选人才，但是面试绝非万能的，要确保甄选效果，一定要坚持一定的原则并结合相应的方法。

(1) 面试的原则和类型。在面试过程中，为了招聘成功，用人单位要注意掌握和运用合理的面试原则。

一是科学原则。所谓科学原则，是指严谨的逻辑和概率计算的原则。在面试中，面试者切忌根据自己的喜好、个人直觉来评选和选拔人员，因为如果用主观的、不科学的评判标准，就无法聘用到岗位真正需求的合适的人员。随着心理学和计算机技术的发展，甄选员工的科学工具越来越多，方法也更加客观、公正，而且也比较实用。

二是双向性原则。在面试中，面试官要注重面试的双向性：一方面面试官在测试应聘者的能力和水平，另一方面对方也同时在通过测评来评价用人单位的水准、发展前景及自己进入公共部门后的发展前途。这是一个双向了解和学习的过程。在面试过程中，招聘者的表现有时比应聘者更重要，因为招聘者表现的优劣不仅决定了所招聘到的员工的优劣，而且招聘者的表现还代表着公共组织的形象和发展前景。公共组织和公关人员应该要非常重视这一点。

三是出其不意的原则。一般来讲，只有出其不意的提问才能促进应聘者暴露自己的内心世界。多数应聘者在面试前会做详细的准备，可能早已对一些常规问题准备好了答案。如果面试者在面试中出其不意地提出一些非常规的问题，就能更真实地得到能对对方作出评判的信息。例如，在应聘者诉说一次成功的经历时，可以出其不意地问他一些失败的经历，这样面试官能更好、更全面地收集应聘者的信息。

面试的种类多样，方法各异，我们要根据应聘对象的不同来选择不同的方法。目前，面试常用的类型和方法有如下几种。

① 按照面试的过程，可以分为一次性面试和系列面试。一次性面试就是对应聘者只进行一次面试就作出决策；系列面试就是要对应聘者作出多次有顺序的面试然后再作出决策。

② 按照面试的组成人员，可以分为个别面试、小组面试和集体面试。

个别面试(Individual Interviews)是指由一个面试官与一个应聘者进行面对面的沟通和交谈。个别面试有利于双方建立信任然后促进相互的深入了解，有利于面试官细致地了解应聘者各方面的素质。但是这种面试结构对面试官的要求很高，因为面试人员的主观因素容易干扰应聘人员。

小组面试(Panel Interview)是指由两个或者两个以上的人员组成面试小组，来对应聘者分别进行面试。这种面试结构的优点：第一，因为这种面试结构允许所有面试者从不同角度提出问题，让应聘者回答，这对应聘者的要求比较高，有利于获得真实深入而有意义的信息反馈；第二，应聘者面对这种结构的面试，往往心理压力增加，能够更好地让面试者观察应聘人员的综合素质。

集体面试(Group Interviews)是小组面试的特殊形式，是由面试小组同时对多个应聘者进行面试。在集体面试中，面试小组为应聘者们准备一个需要解决的问题，然后要求他们通过合作，提交一个答案。在这个过程中，面试小组通过观察每位应聘者的表现，进而判断应聘者的应变能力、理解能力、语言表达能力和分析解决问题的能力等。

③ 按面试的实施方式及其内容，可以分为压力面试、情景面试等。

压力面试(Stress Interview)是指将应聘者置于一种紧张的氛围中，面试官提问一些富有压力的刁难性或攻击性的问题，来考查应聘者的压力承受能力、情绪调节能力以及应变和解决问题的能力等。

情景面试(Situational Interview)是由结构化面试发展而来的一种面试方法。情景面试是以一系列与实际工作相关联的问题为基础的，在工作分析的基础上制定问题，然后根据应聘者的回答来判断在所描述的情况下应聘者可能采取什么样的行为。面试者对所有应聘者询问同样的问题，并拿预先确定的答案对应聘者进行分析。情景面试中面试者提出的问题可划分为两种类型，即"经验型"和"未来导向型"。"经验型"问题一般要求应聘者回答在过去的工作中遇到此种情形问题时是如何处理的；"未来导向型"问题则要询问将来一旦遇到这种假设情形时应聘者将会采取何种处理措施。

④ 按面试问题的结构化形式，可分为结构化面试、半结构化面试和非结构化面试。

结构化面试(Structured Interview)，又称为定向面试，是根据特定职位的胜任素质要求，遵循一定的程序，采用事先制定好的题目、评价标准和评价方法，通过考官与应聘者的沟通交流，来判断应聘者是否胜任该职位。这种规范化的面试方法的优点是：可以避免遗漏一些重要的问题，以统一标准对不同的应聘者进行比较，可减少主观性。但是其缺点是缺乏灵活性，形式僵化。

非结构化面试(Unstructured Interview)，也称非定向面试，是指面试者在面试中随机提出问题，既不提前准备好问题，也不准备好答案。这种面试的优点是针对性强，对应聘者应变能力的要求高。缺点正好与结构化面试相反，由于缺乏统一标准，容易带来偏差，主观性很强。在采取非结构化面试的过程中要把握几个原则：一要让应聘者多发言；二要事先充分准备好让应聘者出乎意料的问题；三要根据讲话内容作出理性判断和结论。

半结构化面试(Semi-Structured Interview)，是一种介于结构化面试和非结构化面试之间的相对开放的面试方法。半结构化面试通常存在两种情况：一种是由面试者准备问题，但是没有固定顺序也没有固定答案。对某些问题可做进一步讨论；另一种是面试者依据事先规划好的一系列问题对被面试者进行提问。半结构化面试可以有效地避免结构化和非结构化面试的缺点。

(2) 面试的程序及内容。不同的用人单位安排的面试过程也会不同，但是为了保证效果，面试的程序一般包括准备、问候与建立联系、询问与工作有关的问题、解答应试者提出的问题、结束和面试评价等阶段。面试的每一阶段均对面试者和应试者有着不同的任务要求。通常，为了克服面试者的个人主观因素对面试结果的影响，同时为了加强面试的科学化、规范化，提高面试决策的效率和有效性，在面试结束后，面试小组还需要结合各位面试人员对应试者的评价意见，依据预先编制好的面试结果汇总量表进行最终评定，从而为录用决策提供科学依据。常见的面试结果汇总量表如表5-3所示。

表5-3 面试结果汇总量表(例表)

应聘人面试日期： 年 月 日	应聘职位面试官：
个人情况	面试官意见
过去工作经历：	
过去重要成就：	
其他因素 □仪表 □适应能力 □稳定性 □领导能力 □创造力 □智力 □协调能力 □沟通能力 □自信力 总评：	
应聘人优点：	
应聘人缺点：	
□建议可予录用，还应施予训练	
□建议不予录用，理由：	
□其他意见	

(3) 面试中常见错误。面试是面试官与应聘者面对面的沟通和交流，往往带有很强的主观性和随意性。在面试中经常出现的错误主要包括如下几点。

第一，对工作不熟悉。面试者不能准确地了解空缺岗位的工作内容包含什么，问的问题或者与工作无关，或者关系很小。无法准确判断什么类型的求职者更适合该工作岗位。

第二，轻易判断。面试者可能在面试开始的几分钟，便通过应聘者简单的工作申请表或者根据个人仪表就作出了判断。一旦形成最初判断结果，随后的面试程序往往难以改变这一判断。有研究显示，多数面试官会选择第一印象好的应聘者。而且，最终接受或拒绝求职者往往是与面试者基于推荐信和个人简历等对求职者的预期联系在一起的。

第三，雇用压力。在一项研究中，一群招聘者被告知他们未达到招募定额，另一群则被告知他们已经超过了招募定额。通常，那些被告知未达到招募定额的面试人员对求职者的评价要高于那些被告知超过了招募定额的面试人员对同一求职者的评价。

第四，强调负面信息。由于不利信息对面试官产生的影响大于有利信息。所以，往往一个负面的信息就可能让一个优秀的应聘者最终落选。求职者一旦得到面试者很差的评价，要想扭转这一局面，是很困难的。

第五，应聘者的顺序错误。顺序错误是指求职者的次序安排也会影响到面试者对求职者的评定。这是无法忽略的问题。研究表明，面试者对求职者的评价，只有一小部分是根据求职者的潜力作出的，对多数求职者的评定往往是在前面一位很好的或很差的求职者的影响下作出的。这是人之常情，面试者需要很高的素质才能克服这种心理影响。

第六，非言语行为。面试者容易受到求职者非言语行为的无意识的影响。在面试过程中，如果应聘者表现出恰当的眼神接触、肢体移动、微笑以及其他非语言行为，就往往能得到更高的评价，而且，这些非语言行为通常可以决定求职者评定成绩的80%。研究证明，一位本来被评定为很差的应聘者在接受培训后，其在面试中通常会得到比一位能力较强但缺乏恰当的非语言技巧的求职者更高的评价。研究还证明，对申请管理职位的女性来说，男性化的着装(但并非男子气的着装)往往比女性化的着装更容易获得良好的效果。

第七，不正确的态度。面试官对待面试的态度，在很大程度上决定了面试的结果。如果面试官在面试过程中令应聘者感到不自在，就很难获得真实的信息。如果面试官态度不严谨，草率地下了结论，就很难招聘到合适的人员。

3) 心理测试

心理测试是20世纪中期以来随着行为科学的发展而逐渐引起人们重视的员工甄选技术。在甄选过程中，招聘者可以用心理测试预测个人未来的行为，了解求职者的自我测评，而且用人单位可以通过心理测试，更深入地了解面试者并与之沟通，职业指导者可用这种方式来获取基本的材料依据。为了达到不同的效果，用人单位可以运用不同的测试结果。将其作为工作选择的依据，目的在于为某一空缺岗位寻求胜任的合格人选，重点在于工作本身；将其作为人员安置的依据，目的是为了找到适合某人的工作，这样一来员工能够发挥个人专长，获得自我成功和发展，着眼点在于个人。无论从测试的计划、测试的实施，还是测试的结果来说，心理测试在所有测试中最具难度。随着社会的进步，心理测试的方法越来越多、技术越来越复杂，这里要着重介绍的是能力测试、人格测试和职业兴趣测试。

(1) 能力测试。能力，是指个人顺利完成某种活动所必备的心理特征，任何一种活动都要求从事者具备相应的能力。能力对于个人的职业生涯发展有着举足轻重的影响力，是影响工作效果的基本因素。能力倾向主要是指人的潜能，是在未来发展中的一种可能的潜在成就。能力倾向对于考察人员素质有着重要的影响力。对于人的能力，不同性质的职业和工作岗位的要求不同。然而，人与人的能力结构和能力倾向又差异甚大。大多数的人只在某些方面表现出了优秀的才能，这就意味着"全才"和"通才"少之又少。例如，有的人善于逻辑分析，有的人善于感性理解，有的人善于动手，有的人善于动脑等。所以，想要甄选出适合某个工作岗位的合适人选，对人的能力的测试、分析及评价就显得尤为必要。

一般情况下，能力分为一般能力和特殊能力。一般能力指的是完成各种活动都必须具备的某种能力。其中，一般能力主要由注意力、观察力、思维力、记忆力、想象力等构成。而特殊能力主要是指在某些专业和职业活动中表现出来的能力，如数学能力、肢体能力、职业能力、机械操作能力、绘图能力、飞行能力等。对于完成某些特定的职业活动，这些能力是必须具备的。如肢体能力是舞蹈家、运动员、行为工作者等必备的能力。同时，一般能力与特殊能力也是相互联系的，一个人若想从事某类工作，那就必须同时具备一般能力和特殊能力。在人员选拔时，既要根据职位要求来测评应聘者的一般能力，又要测评应聘者应具有的与职业相适应的特殊能力。

① 一般能力测试。一般能力测试就是指智力测试，也称为智力测量。科学测验源于智力测试，同时智力测试也是最早运用于人员的测评和选拔中的。不同于一般的智力游戏，智力测试的目的在于测量智力水平的高低，是指在一定条件下使用特定的标准化测试量表对受测者施加刺激，并从受测者的反应中测量其智力的高低。法国是智力测试科学的发源地，比奈与其助手西蒙用语言、文字、图画、物品等共同编制了世界上第一个智力测试量表，即"比奈-西蒙智力量表"。1916年，美国斯坦福大学著名心理学家推孟和他的同事对"比奈-西蒙智力量表"进行了修订，产生了著名的"斯坦福-比奈智力量表"，并首次提出了"智商"这一概念。此后，推孟等人多次对"斯坦福-比奈智力量表"进行修订。

美国著名临床心理学家韦克斯勒(Wechsler)于1939年编制了"韦克斯勒智力量表"，1955年该量表被更名为"韦克斯勒成人智力量表(Wechsler Adult Intelligence Scale，简称WAIS)"，并于1980年再次修订，称为"WAIS-R(Wechsler Adult Intelligence Scale Revised)"。韦氏成人智力量表由两部分组成：言语量表和操作量表。其中，言语量表包括常识测试、理解测试、词汇解释测试、算术测试、记忆广度测试和类比测试6个分测试；操作量表包括填图(主要测试视觉记忆、辨认能力、视觉理解能力)、图片排列(主要测试知觉组织能力和对社会情境的理解能力)、积木图(主要测试分析综合能力、直觉组织和视动协调能力)、图形拼凑(主要测试概括思维能力和直觉组织能力)和数学符号(主要测试知觉辨别速度和灵活性)5个分测试。但是，韦克斯勒成人智力量表只适用于16岁以上的成年人。

"瑞文标准推理测试(SPM)"是由英国心理学家R. J. 瑞文设计的一种非文字智力测试，瑞文于1947年和1956年对该测试进行了两次修订。"瑞文标准推理测试"主要测量人的推理能力、清晰直觉和思维以及发现和利用自己所需信息等与人们有效地适应社会生活有关的能力。该测试共有60个题目，依次分为A、B、C、D、E5组，每组12题。从A到E，难度逐步增加，同时每组内的题目也由易到难排列。A组题目主要测试视觉辨别力、图形比较能力、图形想象能力等；B组题主要测试类同、比较和图形组合等能力；C组题主要测试比较、推理、图形组合能力；D组题主要测试系列关系、图形套合能力；E组题主要测试套合、互换等抽象推理能力。

除了上述的几种常见的智力量表之外，在招聘员工的过程中，经常用到的还有"奥斯特心理能力自我测试""韦斯曼人员分类测试""瑟斯顿个别智力测试"以及"万德利克测试"等。有些用人单位也会根据不同的需要和要求，有选择地结合不同的测试方法。

② 特殊能力测试。对特殊能力的测试一般采用能力倾向测试的方法，能力倾向测试发展于智力测试，不同点在于，智力测试所测量的是一般能力，而能力倾向测试是对特殊能力的测试。在招聘选拔中，经常测量的能力倾向有：言语理解能力、数量关系能力、逻辑推理能力、综合分析能力、知觉速度、准确性等。一般情况下，在人员招聘选拔中，多使用能力倾向测试。通过能力倾向测试可以很好地甄别应聘者哪些方面比较强、哪些方面比较弱，从而清楚地了解应聘者在岗位所需要的关键能力上的水平。

能力倾向测试主要包括一般能力倾向测试、鉴别能力倾向测试、特殊职业能力测试、心理运动机能能力测试和管理能力测试等。

第一，一般能力倾向测试(General Aptitude Test Battery，GATB)，该测试最初是由美国劳工部自1934年开始花了十多年时间研究制定而成的，是指在同一能力测试中同时包含有若干个分测试，每一个分测试测量某一特殊能力，各分测试既可同时举行，也可以分别举行。一般能力倾向测试的主要内容包括：思维力、想象力、记忆力、推理能力、分析能力、数学能力、空间关系能力、语言能力等多种能力。

第二，鉴别能力倾向测试(Differential Aptitude Test，DAT)，也叫区分性能力倾向测试，由美国心理公司开发，是多重能力倾向测试的一种。其目的在于得出一组不同的能力倾向分数，从而描绘出个人特有的长处和短处的能力轮廓。鉴别能力倾向测试主要用于升学指导和职业选择，在招聘选拔中也有一定应用。鉴别能力倾向测试包括7个单独测试、单独计分的分测验，具体包括语言推理测试、数学能力测试、抽象推理测试、文书速度与准确性测试、空间关系测试、语言运用(拼写)测试和语言运用(文法)测试。

第三，特殊职业能力测试，特殊职业能力是指那些与具体职位相联系的不同于一般能力要求的能力。这种测试的目的在于：对已经有了一定工作经验或受过相关训练的人员在某些职位领域中现有的熟练或成就水平进行测评；通过测试，选拔出具有某项特殊职业潜能、并能在很少或不经特殊培训条件下即可从事某种职业工作的人才。

第四，心理运动机能能力测试，心理运动机能主要包括两大类：一是心理运动能力，如肢体运动速度、选择反应时间、多肢协调、手指灵巧、手工灵巧、手臂稳定、速度控制等；二是身体能力，包括动态强度、躯体化程度、爆发力程度、动态灵活性、广度灵活性、身体协调性、总体身体均衡等。在人员素质测评中，对心理运动机能能力的测试，一方面可通过体格检查进行，另一方面则可通过设计各种测试仪器或工具来进行。目前来说，心理运动机能能力测试是各种甄选中不可缺少的一部分。

第五，管理能力测试，主要是对用人单位中的管理人员进行测试，测量和评价其能力和潜能。常见的管理能力测试有人际敏感能力测试、团队指导技能测试、逻辑推理测试、管理变革测试、自我实现测试、沟通技能测试、管理方式测试、管理情境技巧测试、基本管理风格测试、创造力测试、综合管理能力测试和经营能力测试等。

(2) 人格测试。人格测试即以人格为测量对象的测试。人格(Personality)，又称之为个性，在心理学上一般是指人的个性中除能力以外的其他部分，又指那些不同于人的认知能力的情感、动机、态度、气质、性格、兴趣、品德和价值观等。人格测试包含结构不明确的投射技术测试和结构明确的问卷测试两大类。

① 投射技术测试。投射技术测试(Projective Technique Test)是人格测试中最为常见的方法。投射测试是指通过为受测者提供一些随机的刺激环境，然后观察受测者在不受限制的条件下的自然反应，主测者通过分析受测者反应的结果来推断其人格特征。我们常见的刺激情境包括墨迹、图片、语句、数码等。投射测试具有采用非结构任务，允许受测者有种种不受限制的反应、测量目标的掩蔽性、解释的整体性等特点。虽然被广泛采用，但是投射技术测试仍有以下缺点：缺乏常规的资料，难以解释测量结果；难以建立信度和效度；评分不具有客观标准，无法量化；原理复杂深奥，如果没有经过专门训练不能使用。

② 问卷式测试。问卷式测试的工具是各种量表(Scales)，这些量表一般均经过了标准化处理，因又称之为问卷(Questionnaire)。测试量表的编制十分严谨，结构明确，它一般由许多具体的问题组成，通过这些问题可以从不同角度来了解受测者的情况。其中，问卷式测试中常用的方法是自陈式问卷法。自陈式问卷可以理解为一种自我报告式问卷，就是说对拟测量的人格特征通过编制许多测题(问句)，要求受测者作出是否符合自身情况的回答，进而通过对受测者的回答与标准答案进行比较，来测量受测者某一方面的性格或者人格特征。自陈式问卷法一般采用的形式是纸笔测试，它的特点是结构明确，计分客观，施测简单，解释比较容易、客观。

(3) 职业兴趣测试。从社会学角度来说，兴趣是人积极探索某种事物的认识倾向。职业兴趣是代表人们对某职业或工作所具有的态度积极性。无论在生活还是在工作中，兴趣是成功的推动力。职业兴趣并非与生俱来的，而是以一定的素质为前提、在生活和生产实践中逐渐形成、发展和培养起来的。只有对某项工作有了一定的了解和接触，才有可能产生兴趣。一般来说，兴趣的产生要经历"有趣→乐趣→兴趣"这样一个过程。常见的职业兴趣测试有斯特朗-坎贝尔兴趣调查(SCLL)、库德职业兴趣测试、爱德华职业兴趣测试等。

4) 评价中心评定

评价中心(Assessment Center，AC)评定，也称情境测试，是一种综合性的人员测评方法，是用来测评被测试者在特定情境下的行为特征及其行动能力和绩效的评价方法。评价中心技术经常用于招聘服务人员、事务性工作人员、管理人员等，并为人员晋升、制定管理和评价人员培训方面的决策提供依据。

在应用评价中心评定时，要将应聘者置于一个模拟的真实环境中，让应聘者在规定的时间内解决某个系统环境下的一个"现实"的问题或达成一个"现实"的目标，如处理公文、组织讨论、进行决策、开展管理游戏等，进而通过观察应聘者的行为过程和效果来鉴别应聘者的领导能力、语言表达能力、人际交往能力、随机应变能力、合作能力、创新能力等。最常见的行为特征表现在：口头沟通、计划与组织、授权、控制与决策、主动性和挫折耐受性。评价中心评定主要包括：无领导小组讨论、文件筐测试、管理游戏、角色扮演、个人演说等，其中最常用的方法是文件筐测试和无领导小组讨论两种。

评价中心评定方法的优点是：①获取的信息丰富，可以从多个角度全方位观察、分析和评价应聘者，评价效果好，这是任何其他单一测试手段无法比拟的优势；②强调在动态中考查被试者的实际工作能力，有利于被测试者的积极性和主动性的充分发挥，同时也容易得到被测试者的配合和支持。该方法的缺点是：①该方法对测评专家的依赖程度较高，一般人员很难掌握；②测评成本较高，且耗费时间长。正因如此，该方法一般只用于对管理类和中高层管理者的甄选之中。

(1) 文件筐技术。文件筐技术(In-Basket)，也称公文处理，是评价中心技术中最核心的测试技术之一，也是经过多年实践检验的、一种针对管理人员潜在能力最主要的测评方法。通常的做法是：预先设计一个具有代表性的工作环境(可以是管理者熟悉的，也可以是比较紧迫而困难的条件，如时间较短、提供信息有限、孤立无援等)，将各类公文材料，包括信函、备忘录、通知、报表、账单、投诉性文章、电话记录、命令，以及下级呈来的报告、请示、汇报等放在被测试者办公桌的文件筐内，要求被测试者在限定时间(通常为2~3小时)内将上述文件处理完毕，并且还要以文字或口头的方式对各种问题的处理方式作出解释。考官根据被测试者处理公文的质量、效率、轻重缓急判断及其在公文处理过程中的行为表现和对各问题处理方式的解释说明，来对被测试者的行为特征、规划能力、书面表达和理解能力、分析判断能力、预测能力、决策能力、沟通能力以及心理承受能力和自控能力等作出评价。

文件筐技术操作简便，要求低。一般只给被测试者提供日历、背景说明、测试指示和纸笔，而且要求被测试者独立完成所有文件。该方法是对管理人员开展管理工作的一种模拟，其适用对象也就限定为有一定管理经验的人，因而非常适合评价管理人员，尤其是中层管理者。文件筐技术还具有考查内容广、应用范围大、情境性强以及信度和效度高的特点。其缺点是评分难度大、成本高。该测试由于要求被评价者单独进行作答，也很难考查他们的人际交往等能力。

(2) 无领导小组讨论。无领导小组讨论(Leaderless Group Discussion，LGD)是评价中心应用较广的测试技术，它是采用情景模拟的方式对应聘者来进行的集体测试。这种方法把应聘者按每组5～7人不等分成若干小组，事先不指定讨论主持人，考官指定一个与拟任岗位有关的有争议的问题，让应聘者以小组的形式进行自由讨论，并在限定的时间内给出一个决策。无领导小组讨论的计分通常涉及三方面，即团队工作能力方面的计分(包括组织协调能力、个人沟通能力、合作精神、雄辩说服能力)、问题解决能力方面的计分(包括理解能力、逻辑推理能力、想象创新能力以及信息收集和提炼能力)和个性特征计分(包括自信度、决断力、独立性、责任心、情绪稳定性及反应灵活性等)。

无领导小组讨论能使应试者在相对无意识中展示自己多方面的特点，具有人际互动性强、考查维度独特、评价客观全面、合理准确、效率高的优点，还能在同一时间对竞争同一岗位的应试者的表现进行比较。其缺点是：对讨论题目的要求高，对主试者的要求高，应聘者受同组成员的影响大。

无领导小组讨论的实施流程一般分三个阶段，即开始阶段、个人发言阶段和自由讨论阶段。在开始阶段，主试者要宣读讨论的注意事项和讨论题目；应聘者阅读题目，独立思考，准备个人发言。准备时间一般为3～5分钟。在个人发言阶段，应聘者轮流发言，初步阐述自己的观点；主试者应将每个人的发言时间控制在三分钟以内。在自由讨论阶段，应聘者不但要继续阐明自己的观点，而且要对别人的观点作出反应。讨论最后达成一致性意见。时间一般为30～40分钟。

对考官来讲，考官要注意观察应聘者的发言内容(即应聘者说了些什么)、发言形式和特点(即应聘者是怎么说的)以及发言的效果(即发言者对整个讨论产生了哪些影响)。

(3) 管理游戏。管理游戏(Management Games)是一种以完成某项既定的"实际工作任务"为基础的标准化模拟活动。它通常要求应聘者共同完成一项具体的管理活动，这些活动必须在合作条件下才能较好地完成，主试者根据每个应聘者在完成任务过程中的行为表现来测评其素质和能力。

管理游戏的优点是：能够突破实际工作情境在时间和空间上的限制，趣味性强，具有一定的认知社会关系的功能。其缺点是：由于应聘者专心于战胜对方，因而往往会忽略对所应掌握的一般性管理理论和方法的学习；操作不便，难于观察。

(4) 角色扮演。角色扮演(Individual Presentations)是指在一个模拟的人际关系环境中，设计一系列尖锐的人际矛盾与人际冲突，要求应聘者扮演其中某一角色，并进入角色情境去处理各种问题和矛盾。主试者通过对应聘者在不同角色情境下表现出来的行为进行观察和记录，进而评价应聘者的素质潜能和人格特征。主试者对角色扮演中各种角色的评价，一般分为4个部分：①把握角色的准确程度。主要观察应聘者能否迅速地判断形势并进入角色情境，并按角色规范采取相应的对策行为。②角色的行为表现。包括应聘者在角色扮演中所表现出的行为特征、个性、价值观、人际倾向、口头表达能力、思维敏捷性以及对突发事件的应变能力等。③角色的衣着、仪表及其言谈举止是否符合角色及当时的情境要求。④其他内容。包括缓和气氛、化解矛盾、解决冲突的技巧以及达到目的的程度，决策的正确性，行为的优化程度，情绪控制力以及人际关系技巧等。角色扮演测试方法费时少，较之无领导小组讨论更能体现应聘者的一些人际技巧，如人际理解能力和沟通说服能力等。但是它需要另一个人与被试者进行合作，因而增加了人员配备上的要求。在如何保证被试者的表现与平时的行为一致方面具有一定难度。

(5) 个人演说。个人演说(Personal Speech)是通过让应聘者就某一指定题目进行演讲，进而评价其沟通能力和说服能力的测试方法。个人演说赋予应聘者某一特定的管理角色，提出演说任务和要求，要求应聘者在这一特定角色下展示个人风采和能力。例如，让应聘者扮演某政府办公室主任，要求其就办公室管理方式改革提出个人意见，并加以相应说明。个人演说通常要为应聘者提供各种相关的数据资料，并要求应聘者在一个7分钟左右的演讲中提出建议，并设法让领导小组接受这一方案。

5) 其他甄选方法

除了上述常见的几种甄选方法外，还有一些方法也经常被采用，如测谎仪技术、笔迹测试、体检以及药物测试等。

(1) 测谎仪技术。测谎仪(Polygraph)是一种记录被测试者回答一系列问题时生理变化的仪器。操作人员根据测谎仪所记录的被测试者的血压、呼吸及流汗等生理变化情况来判定被测试者的诚实性。测谎仪的使用是建立在一系列因果假设基础上的：压力引起人体内的某些生理变化；害怕和心虚会产生压力；说谎导致害怕和心虚。实际上，测谎仪本身并不能查出谎言，而只能记录被测试者的生理上的变化。作出被测试者是否在说谎的推断的实际上是操作人员。1988年美国出台的《员工测谎保护法》(《Employee Polygraph Protection Act》)严禁用测谎仪对工作申请者和员工的诚实性施测。地方、州、联邦政府雇主(包括FBI)可以继续使用测谎仪测试，但许多地方和州政府雇主仍旧被州法律约束着。

其他被允许使用测谎仪测试的雇主还包括：国家安全保障相关产业；与能源部签订与核能相关的合同的企业；能获得高级分类信息的企业和咨询师；与FBI或者司法部签订与反间谍相关的合同的企业及其他私人企业。

(2) 笔迹分析测试。笔迹测试(Handwriting Analysis)是指利用分析人员来研究被测试者笔迹中的线、圈、笔画、曲线和花边，以此来评价被测试者的个性特征、行为倾向、情感问题和诚实性。与测谎仪技术相似，笔迹测试也要在很大程度上依赖分析人员所接受的培训及其拥有的专门技术。

(3) 体检。雇主给应聘者发出工作邀请后，紧接着的甄选程序就是体检(Physical

Examination)(尽管体检可能在新员工开始工作以后才进行)。实行雇佣前体检一是为了确保应聘者能满足职位对身体素质的要求；二是在给应聘者安排职务时应考虑一些身体素质的限制；同时，体检也能为应聘者将来的医疗保险或健康补偿索赔做一个记录，并确定一条底线。

(4) 药物测试。药物测试(Medical Test)也被称为毒品测试，是为了剔除滥用药物(毒品)对人们正常工作业绩的影响而采用的一种测试技术。药物测试中最常见的方式之一是尿检。此外，使用毛囊测试，即通过测量个人头发中的药物分子进而确定其服用药物的程度也是一种常用的方法。相关研究表明，员工服用药物和酗酒往往会导致生产率下降、事故增加以及缺勤率上升，甚至造成组织的赔偿负担加重。随着毒品的泛滥，越来越多的组织也逐渐将药物测试引入到员工选拔中来。

2. 选择甄选方法的标准

甄选方法多种多样，在人员甄选过程中，并非每种方法均能达到招聘目的、具有同样的甄选效力，因此，就需要按照一定的原则和标准来检验各种甄选方法的适用性和有效性。甄选方法的选择通常按如下几个标准进行，即信度、效度、普遍适用性、效用和合法性。

1) 信度

信度(Reliability)也叫可靠性或一致性，是指测试结果的可靠程度和客观程度。可靠程度是指一次又一次的测试总是得出同样的结论，它或者不产生错误，或者产生同样的错误。测试结果的稳定性和一致性越高，就说明其信度越高，反之则信度越低。例如，用同一把尺子来测量同一个人的身高，不管测量多少次，其结果如果均相同或大致相同，就说明这把尺子具有良好的信度。而如果用橡皮尺子来测量同一个人的身高，则很可能会得出不同的测试结果，从而说明橡皮尺子的信度较差。信度一般用信度系数来表示。通常，信度系数在0.8以上才能保障所使用的方法的可信性。

通常信度可分为：稳定系数、等值系数、内在一致性系数。稳定系数是指用同一种测试方法对一组应聘者在两个不同时间进行测试的结果的一致性。等值系数是指对同一应聘者使用两种对等的、内容相当的测试方法(不同的测试方法)，其结果之间的一致性。内在一致性系数是指把同一组应聘者进行的同一测试分为若干部分加以考查，各部分所得结果之间的一致性。

信度是对测试方法或测试工具的要求，而非对某种特征(如身高、体重、工作业绩等)本身的要求。由于甄选方法中存在误差，这些误差通常是由甄选方法本身，或者甄选方法的使用时间不同，或者同样的方法对不同被测群体的适用性，以及甄选方法使用的细节问题等因素造成的，因此，为保证测试方法的可靠性，首先就必须对测试方法进行检测。目前，常用的检测方法有重测法和单测法。重测法就是使用同一种方法对同一被测试对象进行两次或两次以上的测试，以检验测试结果是否相同或相近。如果相同或相近，则说明这种测试方法具有较高的信度，反之，则说明这种测试方法的信度较低，可靠性差。单测法是在某个时间点实施某种测试，而后用统计学公式计算出该测试的信度，进而检验其可靠性。

2) 效度

效度(Validity)也叫有效性或正确性，是指测试绩效和实际工作绩效之间的相关程度。这里要注意的是，一种测试方法如果是有效的，它必须同时兼有较高的信度和效度。例如，某把尺子虽然有着较高的信度，而且用它来测量长度是有效的，但用它来测量重量则无效，即效度为零。效度一般用效度系数表示，通常效度系数在0.6以上即被认为是好的效度。通常，测试分数与被测试者的实际工作表现的相关程度越高，则表明所使用的甄选方法越有效。

需要注意的是，在评价效度时所用的相关系数与在进行信度评价时所用的相关系数，两者间是存在区别的。这种区别主要表现在：当我们试图两次对同一个特征(如员工招聘时及其任职后的测试成绩)进行评价时，相关性所反映的是信度系数；而当我们考查一种特征(如招聘前的测试成绩)与完成某种工作的绩效(如任职后的实际业绩)之间的关系时，相关性所反映的则是效度系数。

通常效度可分为：内容效度和效标关联效度。内容效度能真正测出想测的内容的程度，强调目的性。考虑内容效度时，主要考虑所用方法是否与想测试的特性有关，多用于知识测试与实际操作测试，不适用于对能力和潜力的测试。效标关联效度分为预测效度和同侧效度。预测效度是说明测试用来预测将来行为的有效性。我们可以把应聘者在选拔中得到的分数与他们被录取后的绩效分数相比较，两者的相关性越大，则说明所选的测试方法、选拔方法越有效。同侧效度是指对现有员工实施某种测试，然后将测试结果与员工的实际工作绩效考核得分进行比较，如果两者的相关系数很大，就说明此测试效度很高。同侧效度在获取上相对更容易，但是会受到参加测评人员的工作经验的影响，因而其预测的准确性要略低于预测效度。

3) 普遍适用性

普遍适用度是指在某一背景下建立的甄选方法的效度同样适用于其他情况的程度。这里的"某一背景"通常有三种情况：一是不同处境，如不同工作岗位、不同组织等；二是不同的人员样本；三是不同的时间段。效度也只是普遍适用性的必要条件。在无法运用效标关联效度或内容效度来检验某种甄选方法有效性的情况下，普遍适用性可以作为测度这种甄选方法有效性的一种替代手段。例如，对于一些规模很小的公共组织来说，当想用"情绪稳定性"测试不定期选拔员工，但又无法测试这种方法的效标关联效度时，就可以运用一些规模较大的公共组织曾经验证并使用过的测试方法，来进行员工甄选。

4) 效用

效用是指甄选方法所提供的信息对组织的基本有效性进行强化的程度，即甄选方式的成本与组织收益的相对大小。

5) 合法性

在公共部门人员甄选中，所选用的甄选方法均应符合现行法律法规和政策的要求，不应涉及候选人的隐私问题，否则，就不能作为人员甄选的工具。

5.4 人员录用与招聘评估

5.4.1 公共部门人员录用

公共部门人员录用是指招聘小组根据甄选过程中应聘者的考试、测试、面试、体检及其资格审查等评价结果来最终确定人员取舍并与之建立公务员权利与义务等法律关系的过程，公共部门的人员录用是公共部门人力资源管理的起点，是促进公共部门发展、提高公共组织效率的关键所在。

公共部门人员录用是一项计划性、程序性较强的工作。录用通常要经过录用决策、报批、试用安置、正式录用等几个步骤。公共部门的人员录用还应注意遵守以下几个原则：公开竞争原则，一律平等原则，择优录用原则，符合国家法规政策原则。

1) 录用决策

录用决策是指对已经通过甄选测试的合格人员进行深层次的甄选从而确定哪一位或哪几位应聘者被最终录用为公共部门及其空缺岗位任职人员的过程。常见的录用决策模式有两种，即单一决策模式和复合决策模式。

单一决策模式是指从多个应聘者中为某一职位或某类性质相似的职位选出一个或若干个任职者的模式。这种决策模式形式看似简单，实则操作起来有一定难度。它需要决策者在较短的时间内从若干合格的应聘者中选出最合适的人员，现实中，这些人员的品行、素质、能力、技能等往往难分伯仲，且没有一个固定的评选标准。

复合决策模式是指通过对众多应聘者进行测定来从中选出适合不同性质职位人选的过程。复合决策模式是以岗人匹配为选择标准的，这一过程既包含了对应聘者个人差异和特点的区分，又包括了对职位差异的区分及对合适人员的选拔。复合决策模式实际上是岗人匹配与人岗匹配的有机统一。

2) 报批

报批是用人单位在作出录用决策后，将拟录用人员名单报请相应级别的人事管理部门审批的过程。通常，属国务院下属各部门的，报国家人事部审批备案；属地方各部门的，报省、市级人事管理部门审批备案。

3) 试用安置

试用安置就是根据所录用人员的知识和能力特征，将所录用人员安置到合适的岗位上去进行试用考查。我国《公务员法》规定，被录用为政府公务员的人员，试用期为1年。我国规定的新录用事业单位职员的试用期最短为3个月，最长不超过6个月；对新招聘的应届大中专毕业生，试用期最长不超过1年。试用期包括在聘用合同期限之内。

4) 正式录用

正式录用是指对试用合格的人员，在事先约定的试用期满之后，正式将其确定为公共部门员工。在正式录用过程中，用人部门及其人力资源管理部门应完成如下几方面工作：①进行试用期考核鉴定，并作出正式录用决策；②与正式录用人员签订正式的聘用合同；③对正式录用人员进行正式任命或聘任；④办理其他相关手续；⑤为正式录用人员提供相应的薪酬待遇；⑦与正式录用人员共同制定其职业发展规划；⑧为正式录用人员提供必要培训及政策和法律咨询。

5.4.2 公共部门人员招聘评估

招聘评估虽然是公共部门人员招聘的最后阶段，然而，同时它也意味着下一次人员招聘准备工作的开始。招聘评估是指公共部门对人员招聘的整个过程的评价和总结。主要目的是分析和了解一次人员招聘的成本及其效益以及通过招聘获得的经验和教训，从而为今后的招聘提供信息支持。招聘评估的内容涉及：所制订的招聘计划和程序是否合理；选择的招聘渠道及划定的员工获取范围是否适当；使用的甄选方法是否科学、有效；招聘的预算及其成本控制是否合理；招聘效益如何；招聘过程中的哪些环节不够完善，需要修正或调整等。

1. 招聘过程不同阶段的评估

1) 招募评估

招募评估涉及的指标有人均招募成本和招募录取比。人均招募成本是招募阶段的费用支出与应聘人数之比。通常，招募成本包括招募阶段的直接支出和间接支出两部分。其中，直接支出主要包括宣传广告费、招募人员差旅费、招聘会费用支出、招聘代理和职业中介机构收费、人才推荐奖金、人员接待费以及其他相关费用支出；间接支出包括公共部门招聘人员的工资、福利及职位空缺损失等。

招募录取比的计算公式为

$$招募录取比 = \frac{招募阶段录取人数}{应聘人数} \times 100\%$$

式中：招募阶段录取人数是指通过个人简历、工作申请书阶段审核而进入下一阶段的人数；应聘人数是指向某次招聘活动提交个人简历及工作申请书的人数。

2) 甄选评估

甄选评估阶段主要评估这一阶段的人均甄选成本及其甄选录取比。其计算公式为

$$人均甄选成本 = \frac{甄选成本}{甄选阶段录取人数}$$

$$甄选录取比 = \frac{甄选阶段录取人数}{参加甄选人应聘人数} \times 100\%$$

式中：甄选成本包括进行考试、心理测试、面试及体检等所支出的所有费用。

3) 录用评估

录用评估包括对录用数量的评估和对录用质量的评估。

(1) 录用人员的数量评估。录用数量评估主要包括人均录用成本、录用比、招聘完成比以及应聘比等几项指标。其中，录用成本是录用阶段的所有费用支出，包括直接费用和间接费用。直接费用主要包括被录用人员的家庭安置费和生活安置费；间接费用主要包括负责录用的人员的工资、福利及职位空缺所带来的机会成本。

录用比的计算公式为

$$录用比 = \frac{录用人数}{应聘人数} \times 100\%$$

一般来讲，录用比越小，相对来讲录用者的质量可能越高；反之，则可能较低。

(2) 录用人员的质量评估。录用人员的质量是指实际录用的应聘者的个性特征及其知识技能等与空缺岗位的符合程度。录用人员的质量既关系着公共部门某次招聘的成败，又会影响公共部门招聘岗位今后一段时间内的工作绩效。因此，对录用人员的质量进行客观、公正的分析与评价，对公共部门招聘而言是非常重要的。

2. 招聘过程的整体评估

招聘过程的整体评估所涉及的指标主要有总成本效用、招聘完成比和应聘比。

招聘总成本是上述招募成本、甄选成本和录用成本之和，它也可分为直接成本和间接成本两部分。总成本效用是从公共部门招聘的单位支出角度来评价招聘的实际效用，因此，总成本效用可用如下公式表示

$$总成本效用 = \frac{录用人数}{招聘总成本}$$

$$招聘完成比 = \frac{录用人数}{计划招聘人数} \times 100\%$$

通常，招聘完成比在100%及以上，则说明完成或超额完成了招聘任务。

$$应聘比 = \frac{应聘人数}{计划招聘人数} \times 100\%$$

一般来讲，应聘比越大，说明招聘宣传的范围越广，前来应聘的人数越多，往往越有可能招聘到高素质的人员。

👤 关键术语

招聘	招募	内部晋升
内部竞聘	广告招聘	校园招聘
人员甄选	地区回避	卸任回避
结构化面试	非结构化面试	小组面试
情境面试	压力面试	评价中心
文件筐技术	无领导小组讨论	信度
效度	招聘评估	

👤 复习思考题

1. 公共部门人员招聘的原则是什么？公共部门人员招聘的一般程序是怎样的？

2. 公共部门的内、外部招聘渠道各有哪些？各有何优、缺点？

3. 招聘广告通常包括哪些内容？

4. 公共部门人员甄选应坚持哪些原则？

5. 笔试有哪些优点和缺点？

6. 面试中应坚持的原则有哪些？面试可分为哪几种类型？

7. 面试中常见的问题有哪些？

8. 评价中心法有何优点和缺点？

9. 选择甄选方法的依据有哪些？

10. 招聘评估有何作用？

11. 我国公务员招录的程序是什么？

👤 本章案例

人民警察要形象，长得丑不能当警察？

近日，湖南省湘西自治州一名公务员考生，以笔试、面试总成绩第一名的成绩进入体检环节，但在体检项目时，因脸上长痘被认定为"不合格"，致使其体检未能通过。

考生发帖：笔试、面试总成绩第一，因脸上长痘"被不合格"。

该考生于8月13日发帖称，自己今年参加湖南省公务员考试，报考湘西自治州公安局网络民警岗位，以笔试、面试总成绩第一名进入体检环节。8月4日，在体检过程中，其他体检项目都合格，外科检查时，因脸上长青春痘(痤疮)而被评定为不合格，"人民警察要形象，长得丑不能当警察"，一名体检医生公开这么说。

8月5日早，皮肤科专家在检查后表示"这次让你通过，回去好好治一下"。但一名负责带队参加体检的领导(非医务工作者)劝考生主动写申请放弃，并对考生说"到时别人告了，医生有麻烦，我们也有麻烦，你自己也有麻烦，这边的工作要丢，原来的工作也要丢"。该建议遭到考生拒绝，随后他们表示要重新讨论一下将考生叫出，几分钟后，考生被告知体检不合格，并且不能参加复检。

8月6日，考生对体检结果提出质疑，去湘西自治州公务员管理局讨说法，官方回复称体检不合格是根据："影响面容且难以治愈的皮肤病(如白癜风、银屑病、血管瘤、斑痣等)"这一条标准。

该考生认为"军检都能通过当兵，为什么这个体检不能通过"。随后该考生又写了复检申请，但最终被回复，不能参加复检。

官方回复：未有人为干预体检结果，属面部有瘢痕影响面容，依据要求结论为不合格。

8月22日，湘西州人力资源和社会保障局通过网站回复，经该局纪检监察室调查核实，8月4日，按照《湖南省2013年考试录用公务员公告》和有关规定，对州直单位、全州公安机关(含森林公安机关)和龙山县人武专干职位的体检对象组织进行了体检，州纪委监察局派工作人员全程实施监督。体检中严格执行公务员招录体检有关公开、回避、保密、监督等制度规定，工作人员对体检医生的业务处置未作干预，医生严格按照规定的体检项目和标准对考生进行身体检查，独立作出判断。

三位专家医生(外科专家两位，皮肤科专家一位)对该考生检查会诊的意见为"面部有瘢痕影响面容，且瘢痕难治愈，反复发作，根据《公务员录用体检特殊标准》第一部分第三条规定，结论为不合格"。我国公务员管理局只采用指定体检机构的体检结论，并对有关文件规定可以复检的项目组织进行复检。该考生反映的项目不属于文件规定可以复检的项目。[①]

问题：

1. 案例反映出在公务员录用中存在哪些问题？
2. 你认为该考生是否该被录用？为什么？
3. 结合案例，谈一谈公共部门人员招聘流程该如何优化？

---

① 中国网，2013-8-24

第6章 公共部门人员职业生涯规划与管理

学习引导

本章主要学习职业生涯规划与管理的基本概念、基本理论以及职业生涯规划对公共部门及其人员发展的重要意义，讨论职业生涯规划与管理的一般步骤和方法，以及公共组织如何开展职业生涯管理等问题。

本章的学习重点，一是职业生涯规划与管理的基本概念和理论；二是个人如何进行职业生涯规划以及公共部门如何开展职业生涯管理。

随着社会的快速发展以及组织开放度的提高，人们寻找新工作、谋求新发展的机会越来越多。在我国，20世纪80年代以前，对多数人来讲，一生致力于某一组织、某一岗位是司空见惯的事，这一方面为任职者带来了"忠诚于组织"的荣耀，另一方面也为任职者带来了一生生活的安定。然而，随着20世纪80年代特别是90年代以来社会和组织的迅速变革，以及劳动力市场的开放和人们就业观念的转变，穷其毕生精力服务于某一组织、从事某一工作的现象正在悄然发生变化。为了寻求更大、更好的发展空间，人们不断寻找新的发展机会和岗位，在这种情况下，人们供职的组织和所从事的工作正随着人们对职业兴趣、个人发展空间和报酬等的追求而发生着变化。美国劳工部的一项调查表明，20世纪90年代末期以来，一个大学毕业生一生中平均从事8~10份工作，而且，这些工作跨越三种及以上行业。人员流动活跃度和流动频率的持续提高，不但改变着组织及其领导者对自身及其员工的认识，而且使其越来越关注员工职业生涯规划管理问题，期望通过实施员工职业生涯规划管理，将员工的个人发展目标与组织目标统合起来，以达到组织与员工共赢的效果。

6.1 职业生涯规划与管理概述

6.1.1 职业生涯规划与职业生涯开发的内涵

1. 何谓职业生涯规划

如前文所述，职业(Occupation)是指在不同组织中从事相似活动、担负相似责任的一系列工作的总称。职业是生产力发展和社会分工的产物，同时又与人们对某种产品和服务的需求相联系。就劳动者个体来讲，一个人所从事的职业与其家庭出身、经济状况、知识和技能储备、个性特征、价值追求等密切关联，同时职业又是一个权利、义务、责任和社会地位的综合体现。就"生涯(Career)"这一术语而言，"生"是"有生命力的""活着"的意思，可引申为"与一个人的生命相关联"，"涯"是指边界，综合起来，生涯是指一个人一生的经历。由此，职业生涯可解释为一个人一生中的职业经历或一个人一生中的职业历程，特别是其职业和职位的变迁、职务的变化以及个人通过工作实现自身理想、愿望和价值的工作经历，它反映了一个人在人生不同阶段的价值取向、态度、目标追求和行为体现。

在明确了职业生涯的含义后，再来理解职业生涯规划就容易多了。职业生涯规划(Career Planning)，也称职业生涯设计，是指员工结合自身愿望、兴趣、特长和能力，来对自己一生中职业发展的方向和目标进行总体规划，也就是"个人提出职业目标并制订实现这些目标的计划的过程。"[①]职业生涯规划一般具有目标性、战略性和粗略性等特点，它为一个人一生的职业发展指明了工作目标和方向。

职业生涯规划最早起源于美国。20世纪初，F. 帕森斯(F. Parsons)针对当时大量美国年轻人失业的情况，成立了世界上第一个职业咨询机构——波士顿地方就业局，并首次提出了"职业咨询"的概念。20世纪50、60年代，萨伯等人提出了"生涯"的概念，至此，生涯规划不再局限于职业指导层面，而是扩展到了一个人一生的职业发展规划设计。职业生涯规划实际上是随着社会分工及职业种类和数量的增多而逐渐受到重视的。在工业社会以前，由于职业种类较少，工作内涵比较简单，因此，职业传承一般通过父母直接传授给子女或由师傅直接传授给徒弟来完成，那时很少有择业或更换职业的问题。进入工业社会后，随着科技的进步及生产技术、管理方式方法的日新月异，生产过程也日渐复杂起来，产品的种类和产出量迅速增加，由此，行业和职业种类日趋复杂和专业化。例如，目前《美国职业分类词典》(《The Dictionary of Occupational Titles》)列出的职业已达30 000多种。如此多的职业及其复杂的职业内涵，人们凭借自己的能力很难洞悉各种职业的内容和分类，父母、亲友也很难帮助子女选择合适的职业。因此，辅导人们择业的责任就由家庭转移到了学校及社会就业服务机构。对个人而言，职业选择适当与否，将直接影响其未来事业的成败及一生的幸福；对社会而言，个人择业恰当与否，则决定了社会人力资源的配置效率，同时也可避免人力资源浪费和社会问题出现。

2. 何谓职业生涯开发

关于职业生涯开发(Career Development)，美国人力资源管理专家劳埃德·拜厄斯和莱斯利·鲁等人将此解释为："组织进行的一种持续的正规化努力，它的重点集中在根据员工和组织双方的需要开发和丰富组织的人力资源上。"[②]职业生涯开发是20世纪60年代美国麻省理工学院施恩(E. H. Sichein)教授最早提出并系统研究的一个概念，后被纳入人力资源管理研究范畴。从组织发展的角度看，职业生涯开发不但能够降低组织成员流动带来的成本，而且有利于组织的可持续发展。概括地讲，职业生涯开发对组织发展具有三方面直接作用：一是能够及时地满足组织近期和未来对人力资源的需求，促进组织的可持续发展；二是能够更好地让组织和员工了解组织内潜在的职业道路；三是通过将选择、配置、开发及管理个人活动与组织规划有

机地结合起来，从而充分地利用组织现有的人力资源，能够真正做到人尽其才、才尽其用，同时提高员工的满意度和成就感，稳定人心，留住人才，吸引人才。职业生涯开发与职业生涯规划是两个既有区别又存在密切关联的环节，是实现组织和员工共同成长与发展的目标的统一体。

综上可见，职业生涯开发主要从组织的角度来看待员工的个人职业，着眼于员工职业生涯规划能否与组织职业发展需求相一致；而职业生涯规划则从员工个人的角度来看待职业。现实中，职业生涯规划要求员工个人寻找与自身能力相符合的可获得的工作机会，如果这份工作获得的概率不大或根本不可能获得，这种职业生涯规划就很可能失败，也缺乏实际意义。一般来讲，人们一旦制定了个人职业生涯规划，在未来的职业道路上就容易从个人进步和成功中获得满足感。好的职业生涯规划是引导人们沿着正确的方向达成人生职业目标的导航仪。当人们自觉地认识并达到既定的里程碑时，他们就会获得成就感，进而这种成就感还会增强人们的满足感，成为激发其前进的动力。职业生涯开发则侧重从组织发展和需求的角度来研究和考察员工与组织目标、战略及职位需求的符合度，保证并促进组织健康成长与可持续发展是职业生涯开发的立足点。当然，组织职业生涯开发与员工职业生涯规划并不矛盾。在现代社会中，组织如何借助员工的成长和发展来谋求自身的成长和发展，以及员工如何通过组织的成长、发展与壮大来实现自身的成长和发展的目标，是组织职业生涯开发与员工职业生涯规划达成"互利共赢"的契合点，也是两者共同追寻的目标。

6.1.2　职业生涯管理及其特征和意义

1. 职业生涯管理的含义

在明确了职业生涯、职业生涯规划和职业生涯开发等概念后，再理解职业生涯管理就容易多了。

职业生涯管理(Career Management)，实际上是员工个人职业生涯管理与组织职业生涯管理的统称。所谓个人职业生涯管理(Individual Career Management)，是指个人为了实现自己的职业目标而实施的自我经营管理活动，它是具有行为能力的社会个体在其职业生命周期(从进入劳动力市场到退出劳动力市场)内，对自身职业生涯规划、职业生涯策略、职业和职位进入、职业和职位变迁以及职务和地位变化等一系列行为和活动的管理。个人职业生涯管理主要包括个人职业发展周期、职业发展倾向和职业锚管理等内容。组织职业生涯管理(Organizational Career Management)则是指组织结合自身目标和发展需要及其员工的个人发展愿望、个性特征、潜质和能力等所实施的一系列管理活动，它是由组织实施的，旨在开发员工潜能、留住和吸引员工、使员工能够借助组织力量达成自我价值实现的一种人力资源开发与管理方法。组织职业生涯管理是通过有计划的培训、工作设计、选拔晋升、交流调配以及适才适用的职位安排等政策和措施来进行的。通过职业发展管理，组织不仅能为员工提供其成长和发展的平台，而且也可帮助员工解决其在工作和个人职业生涯发展中遇到的一些困难和问题，为员工提供必要的职业发展机会和路径，促进员工个人优势、特长、潜能的充分施展和发挥，提升员工的自身价值和成就感。组织职业生涯管理与工作分析、人力资源规划、招募甄选、职务晋升、绩效考评和管理、教育培训以及薪酬和奖惩等密切关联，是人力资源管理体系的有机组成部分。美国管理学家施恩在《职业的有效管理》一书中描述了组织职业生涯管理与人力资源管理其他活动的关系，如图6-1所示。

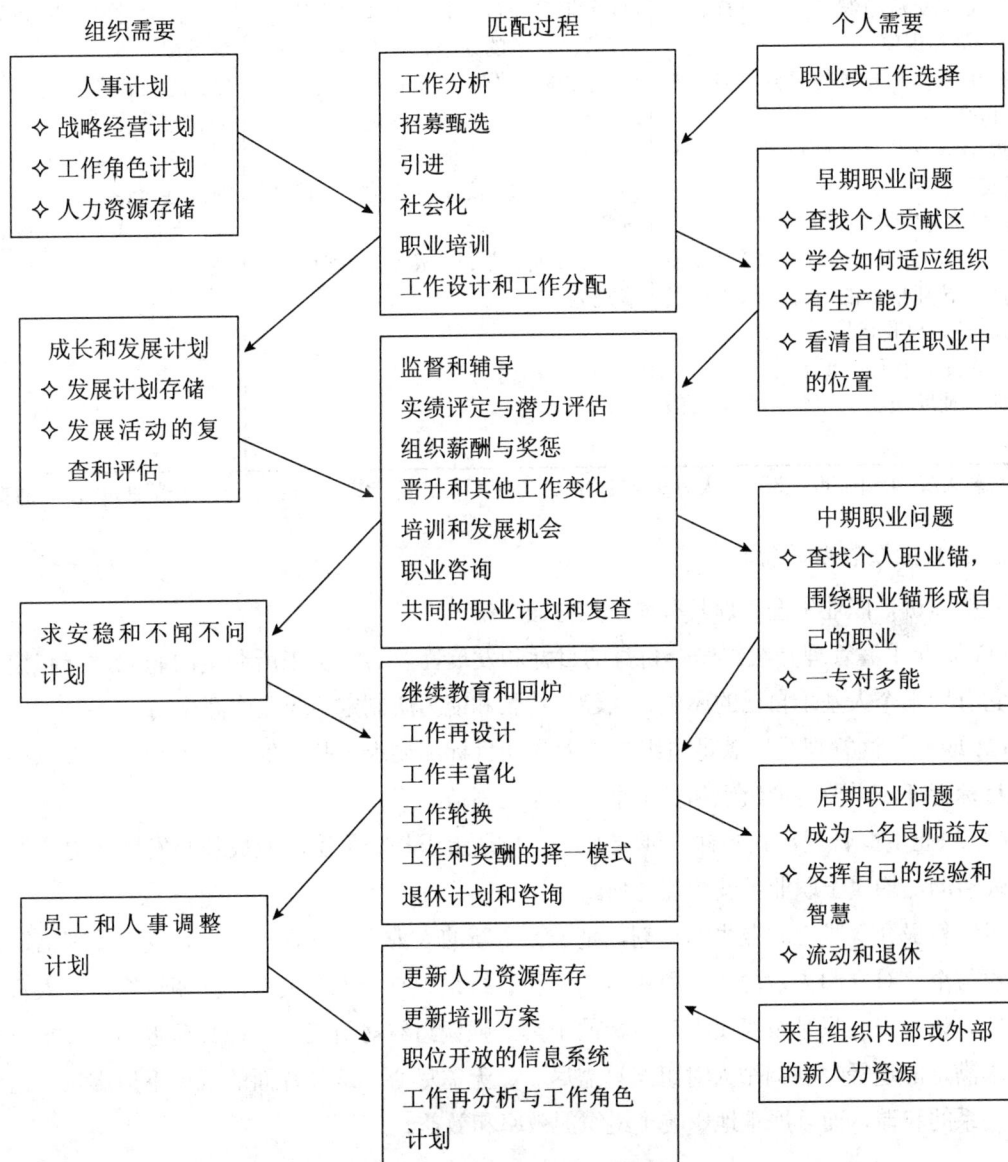

图6-1　组织职业生涯管理与人力资源管理其他活动的关系

资料来源：[美]E. H. 施恩. 职业的有效管理[M]. 上海：上海三联书店，1998：208.

职业生涯管理这一概念融合了组织和员工个人两方面的行为，它是组织为了自身及其员工的共同成长和发展，结合自身目标和发展需要，在与员工沟通的基础上，来设计员工在组织中的职业发展规划，通过提供有计划的教育、培训、晋升以及交流调配等，来引导和帮助员工逐渐实现个人职业发展目标的一系列管理活动。职业生涯管理是组织、员工和管理者共同的事，他们对职业生涯管理共同负有责任。表6-1归纳了组织、员工和管理者在职业生涯管理中各自应担负的责任。

表6-1　组织、员工和管理者在职业生涯规划与管理中各自担负的责任

组　　织	员 工 本 人	管 理 者
(1) 与员工交流组织使命、目标、战略、政策和程序 (2) 提供培训和开发的机会，包括参加研讨会 (3) 提供职业发展信息和职业生涯开发方案 (4) 提供多种职业发展通道 (5) 提供以职业发展为导向的绩效反馈 (6) 提供导师指导的机会，以支持员工的成长和自我指导 (7) 提供员工个人发展计划 (8) 提供辅助员工从事学术型学习的方案	(1) 承担管理自己职业生涯的责任 (2) 评估自己的兴趣、技能和价值观 (3) 寻找职业发展信息和各种资源 (4) 制定目标和职业发展规划 (5) 充分利用各种开发机会 (6) 与管理者沟通职业兴趣，讨论发展需求 (7) 积极地、坚持不懈地实现职业发展规划	(1) 提供及时、准确的绩效反馈 (2) 提供开发性的工作任务和相关支持 (3) 参与下属员工间的职业发展讨论 (4) 支持员工的职业发展规划

资料来源：[美]加里·德斯勒. 人力资源战略[M]. 刘昕，译. 12版. 北京：中国人民大学出版社，2012：383.

2. 职业生涯管理的特征

概括地讲，职业生涯管理具有如下几方面特征。

(1) 职业生涯管理是组织结合自身的目标和发展需要为其员工所制定的职业发展和援助计划，它有别于个人基于自己的愿望、兴趣、特长和能力所制定的职业生涯规划。

(2) 职业生涯管理是以满足组织与个人共同目标和要求为基础的，它不同于个人职业生涯的单目标管理，需要协调组织和员工个人双方的利益。

(3) 职业生涯管理形式多样、涉及面广，凡是组织基于员工职业成长和发展所提供的帮助和管理活动，均属于职业生涯管理之列。

组织积极介入员工职业生涯规划，是一种全新的人力资源管理形式。传统的管理活动总是将组织与个人对立起来，静态、消极地认识和看待组织与个人的关系，强调组织与个人目标的对立性，认为个人只是组织实现其目标的工具，强调组织对员工的监控甚至强制；组织只是个人需求满足的途径，强调个人对组织只需尽职、无需尽心。这种片面的认识不但影响了组织与员工关系的和谐，而且严重地影响了组织的效率和效益。

3. 职业生涯管理的意义

现代组织对职业生涯管理的重视则基于"员工是组织获取财富的源泉、组织是员工实现个人职业生涯规划目标的有效平台"这一重要理念，组织有义务最大限度地开发和利用员工的人力资本，最有效地保护员工的兴趣和潜质，通过为员工提供基于其愿望、兴趣、特长和潜能的成长和发展的条件与路径，来帮助员工实现个人职业发展目标，展现员工个人价值。当然，职业生涯管理不仅对员工而且对组织也非常重要，对培养和造就高素质的人才队伍、打造高绩效团队、实现组织的可持续发展，具有十分重要的实际意义。

(1) 职业生涯管理是组织开发、配置和有效利用人力资源的具体体现，充分体现了现代人力资源管理的以人为本的特征。传统人事管理假定，人的能力是一定的，组织管理的目标就是在此条件下通过控制和使用员工来获取尽可能大的经济效益，而现代人力资源管理则以积极的观念来认识人的能力和潜质，认为组织通过提供良好的条件和环境，能够激发员工的工作积极性、主动性和创造性，进而充分发挥员工的潜能。组织之所以将参与职业生涯管理作为人力资源管理的一项新职能，就是因为在职业生涯管理中通过与员工沟通，能够更多地了解员工的愿望、兴趣、价值观和潜质，从而结合组织目标，有针对性地制订人员培养和开发计划，更好地引导和帮助员工为实现组织目标尽职尽责，充分展现员工的才干和价值。应该讲，职业生涯管理是以组织和员工双方的目标和需求为出发点和落脚点的，是人本化管理的现实体现。

(2) 职业生涯管理将组织人力资源规划与员工职业生涯规划有机结合起来，有助于人力资源的合理调配、使用和流动，不但能够充分调动组织人员的积极性，而且能够更好地实现组织目标。组织人力资源规划预测了组织未来发展中的人力资源需求数量、质量和结构情况，而职业生涯规划则描述了员工个人的职业兴趣、职业偏好、特长及现实和潜在的能力特征。两者的有机结合，不但可以为组织判断人才的来源和培养方式提供重要依据，而且也为员工职业生涯开发指明了努力方向和阶段性的奋斗目标，有利于组织与个人取长补短、各取所需、各得其所。对于那些不能胜任工作或无法获得自我满足的员工，则可通过正常渠道和有效的方式，引导和帮助他们尽可能早地流动或转换到其他岗位或单位去，也可通过有计划的培训来提高他们的业务素质和能力，引导和帮助他们尽可能地实现自身价值的最大化，达成自己的人生职业目标。可见，有效的职业生涯管理，不但有助于组织目标的实现，而且有助于员工及时地认清自身角色，明确个人努力方向，通过发展自己来不断提升自身的成就感，最终实现自己的职业目标。

(3) 职业生涯管理有助于组织内良好文化氛围和良好人际关系的形成，有利于组织凝聚力与战斗力的提高，是实现组织可持续发展的有力保障。组织参与员工职业生涯规划或制订组织职业生涯开发计划的过程，是双方互动沟通和相互作用的过程，也是双方相互调适的过程。在这种沟通和调适过程中，通过加深彼此的了解，增加信任，有助于达成良好、和谐的文化氛围和人际关系，从而形成一种"心往一处去、劲往一处使"的合力，有利于组织内部凝聚力的增强和外向战斗力的提高，对提升组织绩效、树立良好的组织形象是非常必要的，同时这也是组织实现自身可持续发展的强有力保障。

6.2 职业生涯规划与管理的基本理论

职业生涯规划和职业选择是复杂的过程，不同学者基于不同视角和切入点提出了不同的理论。

6.2.1 职业发展阶段理论

人的职业生涯历程是连续的、分阶段的，每个阶段均有其特殊任务，发展形态也表现出不同特征，基于此，学者们提出了若干种阶段划分方法。每种划分方法均为理解人的职业生涯规划和管理提供了不同的视角。

1. 萨伯的职业发展5阶段理论

萨伯(D. E. Super)是美国颇具代表性的职业生涯开发大师,他集差异心理学、发展心理学、职业社会学和人格发展理论之大成,结合自己对职业生涯问题的研究成果,于1953年提出了职业生涯发展5阶段方案。

(1) 成长阶段(0～14岁)。这一阶段个体开始建立自我概念,逐渐学会以各种方式表达自己的需要,通过在现实世界中不断尝试,来修正自己的角色。这一阶段的任务是:树立自我形象,发展对客观世界的正确态度,了解工作的意义。萨伯把这一阶段进一步细分为三个时期。

① 幻想期(4～10岁):开始感知外界职业,对自己觉得好玩和喜爱的方面充满幻想并进行模仿;

② 兴趣期(11～12岁):以"喜好"为中心来理解和评价职业;

③ 能力期(13～14岁):以"能力"为主要因素,考虑自身条件和能力与职业要求的关系。

(2) 探索阶段(15～24岁)。这一阶段的青少年,通过学校活动等各种活动,对自我能力及角色、职业进行探索。这一阶段的发展任务是使职业偏好逐渐具体化、特定化,并努力实现职业偏好。这个阶段又可细分为三个时期。

① 试验期(15～17岁):考虑自己的需要、兴趣、能力和机会,并开始进行择业尝试;

② 过渡期(18～21岁):正式进入劳动力市场,或进行专业的职业培训和技能训练,力图实现自我需要,开始明确职业选择倾向;

③ 实验并稍作承诺期(22～24岁):选定职业领域,开始从事某项具体工作,对职业发展目标的可行性进行实验,判断某职业和工作是否可成为自己长期的职业发展方向。

(3) 建立阶段(25～44岁)。经过上一阶段的探索,此阶段开始并最终确定所从事的职业和工作,并谋求职业稳定和个人发展。这一阶段的任务是:统整、稳固并力求上进。这个阶段可分为两个时期。

① 尝试期(25～30岁):个体寻求稳定,特别是工作和生活的稳定,并对之前的职业目标及其选择过程进行检讨,如有问题则需要重新选择和调换职业和工作;

② 稳定期(31～44岁):个体致力于工作稳定和职业目标的实现,大部分人处于最具创造性的时期,业绩优良。

(4) 维持阶段(45～65岁)。个体长期从事某一职业和工作,开始在该职业领域中占有一席之地,并力求保住这一位置;同时面对新员工的挑战。这一阶段的任务就是维持已有的成就和地位。

(5) 衰退阶段(65岁以后)。个体面对退出职业和工作领域的现实,失落感逐渐萌生,并逐渐加剧。这一阶段的主要任务是发展新的个人角色,寻求不同的生活和学习方式,来满足个人的精神和心理需求。

萨伯认为,在人的职业生涯发展中,每个阶段都要面对成长、探索、建立、维持和衰退问题,这是一个循环发展的问题,有助于个人职业生涯规划的细化。

2. 格林豪斯的职业发展阶段理论

美国职业生涯专家格林豪斯(J. H. Greenhaus)从人生不同年龄段的职业生涯发展所面临的主

要任务的角度，将人的职业生涯发展划分为5个阶段。

(1) 职业准备阶段(0~18岁)。这一阶段的主要任务是发展职业想象力，评估可供选择的职业，包括评估准备选择的职业领域所需要的智力、兴趣、价值观、生活类型以及需求、机会和报酬等，并接受必要的职业教育和培训。

(2) 进入组织阶段(18~25岁)。这一阶段的主要任务是在选定的职业领域内选择一个尽量符合个人价值观、能够发挥个人才干的工作。然而，由于许多人在工作选择中所依据的信息往往不完全或不现实，因此获得的第一份工作的满意度往往十分有限。

(3) 职业生涯初期(25~40岁)。这一时期的主要任务是了解和学习组织规章制度，接受组织的主导价值观和文化，学着逐步适应职业和工作，通过融入组织来获得正式成员资格；同时不断学习新的知识和职业技能，提高工作能力，为今后的职业发展做准备。职业生涯初期通常又可分为建立期和成就期。建立期的主要任务是领会工作的内容和组织的精神，并且成为组织的有机贡献者；在成就期，个人则应该向上攀升。

(4) 职业生涯中期(40~55岁)。这一时期最重要的任务有两项：一是面临中年生活转变，需要评估业已取得的基于自己雄心和梦想的成就，重新检视工作在其生活中的重要性；二是保持较高的劳动效率。处于职业生涯中期的人们可能会出现职业生涯高原(Career Plateau)现象[1]和退化现象，这需要不断更新自己的知识、提升自身职业技能，以谋求新的发展空间。

(5) 职业生涯后期(56岁~退休)。这一时期有两项重要任务：一是需要个人保持已有的职业成就，成为一名良师，给他人以指导，同时维护个人尊严；二是做好退休准备。

格林豪斯的5阶段理论非常强调职业生涯发展的持续性，认为职业选择可以发生在职业生涯发展的多个阶段，而且一个人一生中可能需要进行若干次职业选择，以使职业发展更加接近个人职业生涯规划。

3. 沙因的职业发展9阶段理论

美国麻省理工学院斯隆商学院的E. 沙因(E. H. Schein)教授，根据人生不同阶段的发展特点，将人的一生划分为9个阶段。

(1) 成长阶段(0~21岁)。这一阶段人不仅完成身体方面的成长，而且还要通过接受教育获取知识，参加职业技能培训，发现和发展个人的职业兴趣、建立职业抱负等。

(2) 进入工作阶段(16岁以后)。在此阶段，个体进入劳动力市场寻求职业，与雇主达成协议，并成为组织中的一员。

(3) 基础培训阶段(16~25岁)。在这一阶段，个体在成为组织成员之一的基础上，学会融入组织和适应工作，完成组织安排的工作任务。

(4) 早期职业的正式成员资格阶段(17~30岁)。这期间，个体开始履行与职业和工作相关的义务，承担相应责任，进一步发展和完善自己的知识、技能和专长，为以后的职业发展奠定基础。

(5) 职业中期阶段(25岁以后)。这一阶段，个体逐渐担当重要职务或承担重要责任，而且，

---

[1]　所谓职业生涯高原现象，是指个人在职业发展中遭遇的职业渠道越来越窄、个人发展机会越来越少的困境。

经过一段时间的工作实践后开始冷静分析自己所从事的职业、重新确定或再次作出职业选择，包括为了获得更大的职业发展机会而重新回到学校继续学习、充电，进行自我开发，制订长期的职业发展计划等。

(6) 职业中期危险阶段(35～45岁)。这期间，个体能够较为实际地评估自己的能力、职业目标和职业前景，对前途作出更具体的决定，建立与他人的良好关系。

(7) 职业后期阶段(40岁至退休)。这期间，个人因各方面均已成熟，因此承担更重大的责任，并开始发挥个人影响力，此时事业发展达到顶峰；之后，能力、精力趋于下降，此时若追求安稳，个人职业发展则会停滞。

(8) 衰退与离职阶段(40岁至退休)。这一阶段，人的接受能力和精力均处于下降状态，准备退出职业生涯，迎接角色的转换。此时，个体应学会接受权力、责任和地位下降的现实，学会接受并发展新的角色。

(9) 退休阶段(40岁至退休)。此阶段，个体从社会回到家庭，应适应社会角色的转换，建立新的价值观。

6.2.2 职业选择理论

1. 帕森斯的特质因素理论

1909年，美国波士顿大学帕森斯(Parsons)在《职业选择》一书中指出，每个人都有自己独特的人格特征，这种特定的人格特征，即"特质"(包括能力倾向、兴趣、价值观和人格等)。具有不同人格特征的人均有与之相适应的职业类型，即所谓的"人职匹配"。帕森斯还研究并阐述了职业选择的三大要素。

(1) 个体应了解并评价自己的态度、兴趣、能力倾向、价值追求和人格特征等；

(2) 个体应获取有关的职业信息，分析职业对人的要求，如职业性质、工资待遇、工作条件、晋升的可能性、求职的资格和条件要求、就业成功的可能性等；

(3) 权衡个人特质与职业匹配的可能性和程度。

帕森斯认为，"人职匹配"有两种类型：一种是条件匹配，即需要专门知识和技术技能的职业与掌握这种知识和技术技能的择业者相匹配，也就是"职找人"；另一种是特长匹配，即具有某种人格特征、掌握某种知识和技能的人与需要这种人格特征及知识技能的职业相匹配，也就是"人找职业"。

特质因素理论特别重视个人具有的特质与职业所需要的素质和知识技能的匹配问题，该理论是现代人才测评发展的基础。

2. 霍兰德职业倾向理论

美国霍普金斯大学心理学教授、著名职业指导专家约翰·霍兰德(John H. Holland)于1959年提出了职业倾向理论，也称人职互择理论。霍兰德认为，人的人格类型、兴趣与职业密切相关。兴趣是人们活动的巨大动力，职业兴趣与人格之间存在很高的相关性，具有职业兴趣的职业可以提高人们的积极性，促使人们积极、愉快地工作。霍兰德根据人们的心理素质和择业倾向，将劳动者划分为6种基本类型，将职业也划分为6种类型，即：社会型(Social)、企业型(Enterprising)、常规型(Conventional)、现实型(Realistic)、研究型(Investigative)、艺术型(Artistic)，如图6-2所示。他认为，绝大多数人都可以被归于这6种类型中的一种。

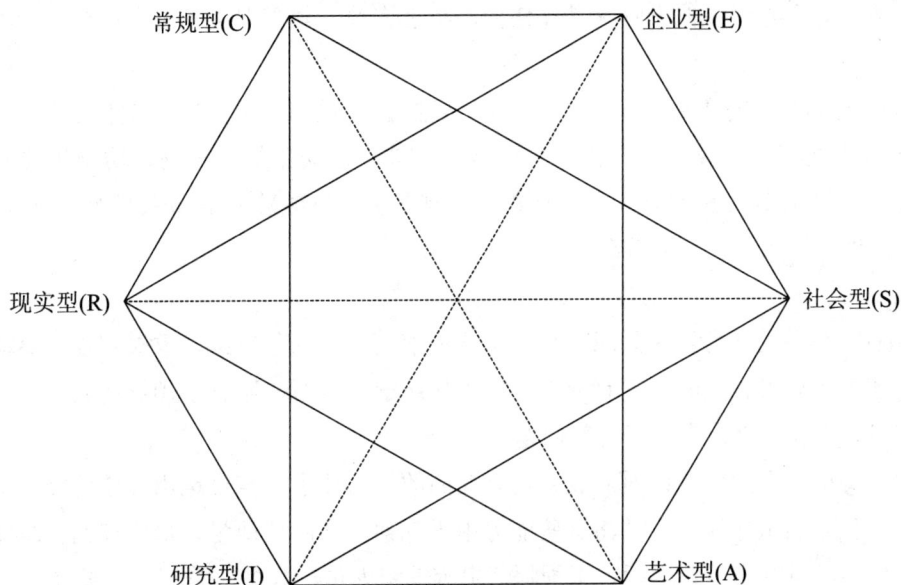

图6-2　霍兰德职业倾向类型图

霍兰德认为，上述6种类型的人分别具有如下典型特征。

1) 社会型

社会型(S)人的共同特征是：善于社交和言谈，愿意教导别人；富于合作精神，友好、热情；关心社会问题，乐于助人，愿意承担社会责任。

适合社会型人的职业：社会型人喜欢做与人打交道和与提供信息、启迪、帮助、培训、开发或治疗等相关的工作。如教育工作者(教师、教育行政人员)、社会工作者(咨询人员、公关人员)等。

2) 企业型

企业型(E)人一般具有如下特征：富于冒险精神，追求权力、权威和物质财富，具有领导才能。喜欢竞争，有野心、抱负；做事的目的性强，务实，喜欢用权利、地位、金钱等来衡量做事的价值；乐观、健谈。

适合这种类型的人的职业：要求从业人员具备经营、管理、劝服、监督和领导才能，以实现机构、政治、社会及经济目标的工作。如项目经理、销售人员、营销管理人员、政府官员、企业领导、法官、律师等。

3) 常规型

常规型(C)的人通常具有如下共同特征：尊重权威，遵守规章制度，喜欢按计划办事，细心、有条理，灵活性弱，习惯接受他人的指挥和领导，自己不谋求领导职务；关注实际和细节，不喜欢冒险和竞争，较为谨慎和保守，缺乏创造性，具有自我牺牲精神。

适合这种类型的人的职业：要求从业人员关注细节、精确度，系统而有条理，具有记录、归档、按照特定要求或程序组织数据和文字信息的职业。如秘书、办公室人员、记事员、会计、行政助理、图书馆管理员、出纳员、打字员、投资分析员等。

4) 现实型

现实型(R)的人一般具有如下共同特点：愿意做使用工具进行操作的工作，动手能力强，做事手脚灵活、动作协调；偏于解决具体任务，不善言辞，做事保守、谦虚；社交能力较弱，喜欢独立做事。

适合这种类型的人的职业：使用工具、机器进行基本操作的工作，这种类型的人对要求具备机械方面才能、体力或从事与物件、机器、工具、运动器材、植物、动物相关的职业感兴趣。如技术性职业(计算机硬件人员、摄影师、制图员、机械装配工)和技能性职业(木匠、厨师、技工、修理工、农民、一般劳动者)等。

5) 研究型

研究型(I)的人一般具有如下共同特征：喜欢观察，善于抽象思维，求知欲强，愿动脑，善思考，不愿动手；喜欢独立的、富有创造性的工作；学识渊博，不善于领导他人；考虑问题理性，喜欢逻辑分析和推理，喜欢研究新问题。

适合这种类型的人的职业：对从业人员有较高的智力要求，需要运用抽象思维、具有较强的分析能力和独立的工作能力，并将这些能力用于观察、估测、衡量、形成理论，最终解决问题的工作。如科学研究人员、教师、工程师、电脑编程人员、医生、系统分析员等。

6) 艺术型

艺术型(A)的人一般具有如下共同特点：感情丰富，富于创造力和想象力；理想主义色彩浓郁，易冲动；追求完美和个性表现，不重实际；善于表达，怀旧，心态较为复杂。

适合这种类型的人的职业：要求从业人员具备艺术修养、创造力、表达能力，直觉力强，并善于将这些能力通过语言、行为、声音、颜色等表现出来的工作。如演员、导演、艺术设计师、雕刻家、建筑师、摄影师、广告制作人、歌唱家、作曲家、乐队指挥、小说家、诗人、剧作家等。

霍兰德所划分的6种类型并非是并列、有明晰边界的，实际上各个相邻、相隔和相对的类型间也存在着一定的关系。

(1) 相邻关系。如RI、IR、IA、AI、AS、SA、SE、ES、EC、CE、RC和CR。属于这种关系的两种类型的个体间具有较多共同点，如现实型(R)、研究型(I)的人均不太喜欢人际交往，而且，在这两种职业环境下工作的人也都很少有机会与他人接触。

(2) 相隔关系。如RA、RE、IC、IS、AR、AE、SI、SC、EA、ER、CI和CS。属于这种关系的两种类型的个体间比相邻关系的共同点要少。

(3) 相对关系。在6边形上处于对角位置的两种类型即为相对关系，如RS、IE、AC、SR、EI和CA。相对关系的人格类型一般具有很少的共同点，因此，一个人同时对处于相对关系的两种职业都感兴趣的情况非常少见。

一般来讲，人们更倾向于选择那些与自己兴趣类型相匹配的职业，如现实型的人希望在现实型的职业环境中工作，因为这样能够最大限度地发挥他的潜能。然而，在职业选择中，个体并非一定要选择与自己兴趣完全对应的职业环境，原因是：①个体通常是多种兴趣类型的综合体，具有单一类型特征的人较为少见，因此，在评价个体的兴趣类型时，要以个体在6大类型中得分居前三位的类型的组合来判定。组合时应根据分数的高低依次排序，构成其兴趣组型，如RCA、AIS 等；②影响职业选择的因素很多，在评价个体适合的职业时，不仅要依据兴趣类型，还要参考社会的职业需求，以及获得职业的现实可能性。因此，职业选择往往是一个不断妥协的过程，个体应学会适应所处的职业环境。当然，如果个体寻找的是相对的职业环境，即他所进入的是与自己职业兴趣完全不同的职业环境，那么，他不仅难以适应这种环境，而且做起工作来可能会感觉很痛苦。

3. 沙因的职业锚理论

1) 职业锚的含义

以美国麻省理工学院斯隆学院埃德加·H. 沙因(Edgar H.Schein)教授为代表的研究小组，通过对从斯隆学院毕业的44名MBA毕业生长达12年的职业生涯发展研究，总结出了职业锚理论。

锚，本指船只停泊定位用的铁制器具。职业锚(Career Anchors)，也称职业定位，是指当一个人不得不作出职业选择时无论如何都不会放弃的职业中的那种至关重要的东西或价值观。这种东西是自我意向的习得部分，它与个体在工作中自省的动机、价值观、才干相符合，是个人与职业环境互动作用的产物，是一种可以达到自我满足和补偿的稳定的职业定位。要正确理解和把握职业锚的内涵，首先就必须明白如下4方面问题：①职业锚是以员工后天习得的工作经验为基础的，也就是说，个体只有在习得工作经验后才可能选定自己稳定的长期贡献区，换言之，职业锚是受员工的实际工作经验影响的，而不只取决于潜在的才干和动机。②职业锚不是通过测试获得的，而是在工作实践中根据自省和已被证明了的才干、动机、需要和价值观，来选择和进行职业定位。③职业锚是员工在自我发展过程中，其动机、需要、价值观、能力相互作用和逐步整合的结果。④职业锚是在实际工作中不断调整的。

2) 职业锚的作用

职业锚在员工职业生涯规划及组织发展中发挥着重要作用，它突出地表现在以下几个方面。

(1) 可以使组织获得正确反馈。职业锚是员工经过工作实践所确定的长期职业贡献区或职业定位，在这一过程中，职业锚的形成与员工的需要、动机和价值观密切关联，它可以清晰地反映员工的职业追求与抱负，因此，对组织人力资源管理具有重要的参考价值。

(2) 为员工设置有效、可行的职业发展通道。职业锚可准确地反映员工的职业发展需要及其所追求的职业工作环境，反映员工的价值观和抱负。因此，透过职业锚，组织可获得员工正确的信息反馈，从而可以指导组织有针对性地为员工设置可行、有效、顺畅的职业发展通道。

(3) 能够增长员工的工作经验和技能，有助于工作效率的提高。职业锚是员工的职业定位，它不仅能使员工在长期从事某项职业中增长工作经验，而且也能使员工增强职业技能，进而提高员工的工作效率。

(4) 为员工获得更好的职业发展奠定基础。如前所述，职业锚是员工通过工作经验的积累而形成的，它直接反映了该员工的价值观及才干。当员工抛锚于某一职业领域时，也往往意味着其职业与其自我价值观的结合，这将对其今后的生活及职业选择和发展产生影响。

3) 职业锚理论

1978年，沙因教授提出的职业锚理论只有5种类型，即：自主/独立型、创造/创业型、管理能力型、技术/职能型和安全型。到了1990年，他又发现了安全/稳定型、服务型和生活型职业锚，因此，沙因将职业锚扩展到8种类型，并提出了相应的职业锚测试量表，见表6-2。

表6-2　沙因对职业锚的类型划分及各种职业锚的特质和适合职业

职 业 锚	特 质	适 合 职 业
技术/职能型	倾向选择技术性、职能性强的工作，具有强烈的作为专家的满足感；喜欢面对来自专业领域的挑战；注重薪酬的外部公平，看重技术和专业，重视同行专家的评价；喜欢学习，不善于管理	工程技术类、营销类、财务分析类、企业策划类
管理型	愿承担管理责任，认可领导和管理的重要性；喜欢不确定性的挑战；注重薪酬的纵向公平，喜欢头衔和地位	行政管理类、人事管理类、会计类
自主/独立型	追求自主、独立，不愿受条条框框约束，强调自我负责，倾向于职责描述清晰、工作时间明确的工作，不在乎与别人比较、认可表扬以及证书、奖品等奖励形式	咨询和培训类工作、自由职业类、大学教师等
安全/稳定型	愿意从事安全、稳定、可预见的工作，喜欢组织的"金手铐"，具有较高的组织忠诚度	公务员、事业单位和银行职员、教师等
创造/创业型	敢于冒险，喜欢挑战，追求创新，认可成功，强调自主权和管理权，容易对过去的事情感到厌倦，追求成就与卓越	企业家、知识和艺术创造型职业
服务型	关注工作的价值性，希望能以自己的价值观影响组织或社会，不追求经济收益，在乎上司、同事和社会的认可	社会职业类
挑战型	强调自身能力，认为自己无往不胜，喜欢挑战自我和竞争，能在挑战中获得自豪感，看不起与自己价值观不同的人	冒险家、运动员
生活型	不追求事业成功，喜欢自我适应，选择工作和做事时往往把家庭和生活摆在首位，强调生活情趣和自由自在	非全职性或弹性类职业

对于职业锚，沙因认为，它的确认需要经过劳动者个人早期多年的工作实践，需要劳动者不断加深对自己的能力、动机、态度和价值观等的认识，因此，劳动者很难在进入职业领域前通过直接测试获得职业锚。鉴于此，在对大学生进行就业指导时，应避免把职业锚用于大学生的择业指导，试图通过测试直接帮助学生确认其职业锚，混淆职业锚和职业倾向，扩大职业锚的功能。不过，职业锚却可以帮助学生进行自我分析和自我定位，可通过校园文化活动或社会实践来开展职业锚认定。

6.3　公共部门人员职业生涯规划

6.3.1　公共部门人员职业生涯规划的必要性

目前，公共部门人员特别是公务员职业生涯规划还未受到足够重视，甚至可以说公共部门人员职业生涯规划还存在一些障碍，这些障碍包括客观障碍和主观障碍。这其中，客观障碍主要来自公共部门内部，它一方面与公共部门的强制性特征有关，另一方面则与公共部门的稳定性有关。众所周知，公共部门属公共服务提供部门、公共产品生产部门和公共权力执行部门，坚持公平、公正和高效原则，保障广大公民及国家的根本利益，是公共部门的任务和责任，为此，就必须要求公共部门人员的一切行为必须服务于社会和公民，表现出极强的强制性。另一方面，与企业等私营部门不同，公共部门特别是政府属于比较稳定的部门，从公务员招录、培训、晋升、调配到辞退和退休等，基本是固定化的，这往往意味着，一个人一旦成为公务员，其职业生涯道路也就被规定好了，未来基本是可以预见的，根本就没有进行职业生涯规划的余地和必要，公务员需要做的就是耐住性子、按部就班地慢慢"熬"，这势必会在一定程度上抑制公共部门人员的工作积极性、主动性和创造性，公共部门成了化"精英"为"平庸"的同义语。影响公共部门人员职业生涯规划的主观障碍一是传统思想的禁锢，二是缺乏新观念形成的文化土壤。近些年来，虽然职业生涯规划备受企业青睐，然而，公共部门对此却一直保持着冷漠的态度，一些政府官员及政府公务人员对职业生涯规划甚至充耳不闻、不屑一顾。在组织管理活动中，新思想、新观念的兴起与形成，是新生事物得以产生、成长和发展壮大的必要条件。在我国公共部门，由于传统思想和管理观念根深蒂固，平庸心态充斥乡里，求稳不求变是政府部门很多领导管理者比较一致的心态，因此，面对职业生涯规划这种人力资源管理形式，一些领导管理者基本上持不愿甚至抵触的态度。加之职业生涯规划等相关培训的缺乏，人们对职业生涯规划与管理等问题知之不多，没有树立起对公共部门人员进行职业生涯规划和管理的意识，从而导致职业生涯规划在公共部门难以开花结果。

尽管公共部门人员职业生涯规划存在上述种种障碍，然而，公共部门实施职业生涯规划的必要性却是不言而喻的。概括地讲，公共部门实施职业生涯规划的必要性主要体现在如下三方面。

(1) 人人都有发展的愿望和权利，公共部门人员当然也不例外。人类进行一切活动的根本目的就是获得人类自身的发展。作为社会成员的组成部分，公共部门人员虽然承担着比较多的社会责任，扮演着特殊角色，肩负着维护社会秩序、为他人发展进行社会管理和服务的重任，然而，公共部门人员也同样有强烈的自我发展愿望，而且也有自我发展的权利。因此，公共部门特别是政府绝不能、也不应该剥夺他们所拥有的这种权利，而应该通过科学、有效的管理来满足公共部门人员的个人发展愿望，提高其对组织和工作的满意度，使他们从工作中获得更大的成就感。

(2) 每一名公务员只有获得更好的发展，才能更好地为社会服务。根据马斯洛的需求层次论，"自我实现需要"是人的最高层次需要。现实中，公务员的受教育程度较高，自我实现的需要比较强烈，如果能够帮助他们达成自我实现的需要，就能够更有效地提高他们的工作热情、激发其潜能；并且，如果公务员通过职业生涯规划得到较好的发展，他们就能够为社会提供更高质量、更高水准的公共服务和公共产品，有利于政府绩效的改善和提高。

(3) 随着社会主义市场经济体制的确立以及劳动力市场的日臻完善，公务员经由劳动力市场与其他组织的联系已变得越来越畅通，在这种情况下，如果政府部门的管理方式与其他社会组织差异过大，不仅会引起公务员不满，而且还会助推优秀公务员外流，不利于公务员队伍的稳定和发展，甚至会影响政府效率和效能的提高。

6.3.2　公共部门人员职业生涯规划设计

1. 职业生涯规划设计的原则

公共部门人员职业生涯规划是公共部门人员对个人职业发展的预期，在职业生涯规划过程中，一般要遵循如下原则。

(1) 指导性原则。职业生涯规划有长有短，无论是长期还是短期的职业生涯规划，均应能够对个体的未来职业发展有一定的实际指导价值，否则，职业生涯规划就失去了意义。

(2) 与个人兴趣、特长挂钩原则。一般来讲，职业生涯规划均是以个体的愿望、兴趣、特长、个性特征和能力等为基础的，在职业生涯规划设计过程中，如果将这些因素抛之一边，就会导致职业生涯规划迷失其本来方向，这样的职业生涯规划即便有指导价值，而且可行，但却难以体现个体规划者的职业发展愿望和需求，实际意义将十分有限。

(3) 可行性原则。职业生涯规划不应是"水中月，镜中花"，而应是以事实为依据且有较大实现可能性的个人职业发展蓝图，因此，就职业生涯规划而言，符合实际且有效可行是十分必要的。

(4) 挑战性原则。职业生涯规划是公共部门人员个体对职业发展的美好愿望的追求，是基于个人兴趣、特长、个性特点和能力，但在某一时期又高于个人能力的职业发展梦想，因此，职业生涯规划必须有一定的挑战性，只有通过个体的不懈努力才能实现，否则，它就失去了意义。当然，挑战性也应把握一定的度，职业目标规划得过高，实现的困难太大，必将挫伤个体规划者的积极性，致使其丧失信心，甚至产生挫败感，得不偿失。

(5) 一致性原则。在这里，一致性有两层含义：一是要求个体的职业理想、职业目标和具体的阶段性目标必须与行动方案保持一致，不能前后矛盾；二是个体的职业生涯规划应与组织的发展目标和职业要求相一致，否则，不仅会影响个体职业目标的实现，而且还会影响组织绩效的提高和组织的发展。

2. 职业生涯规划设计的步骤

职业生涯规划设计不是一蹴而就的，它需要规划者进行自我认知、职业发展机会评估，并在此基础上确定职业目标和进行职业选择，进而制定自己的职业生涯达成策略，而且还需要在职业工作过程中不断调整自己的职业目标和方向，以确保个人职业发展愿望的实现。职业生涯规划设计的步骤如图6-3所示。

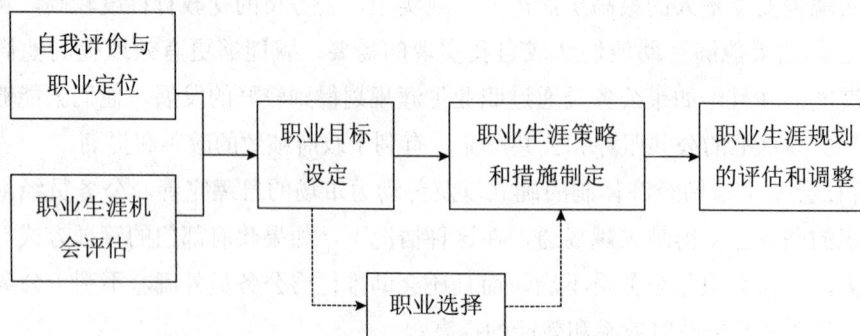

图6-3　职业生涯规划设计的步骤

1) 自我评价与职业定位

自我评价是个体规划者对自我的认知、审视和评价的过程，它需要个体规划者对自己的职业兴趣、特长、性格、能力、学识水平、思维方式、价值观、情商以及潜能等进行全面分析，进而对自己在职业竞争和发展中可能具有的优势和劣势进行客观评价，以确保自己所做的职业定位更加切合实际，也更准确、有效。

自我评价的内容一般包括：①员工通过自我深入剖析，来了解自己的兴趣、特长、技能水平以及上级、同事对自己的评价等，以充分了解自我；②考察自己的工作动机和需求，明确自己所面对的需求压力；③考察自己的能力状况；④预测自己在职场中的发展空间和机会。表6-3展示了一份自我评价样例。

表6-3　自我评价样例

活　　动	目　　标
第1步：我现在处于什么位置(思考一下自己的过去、现在和未来。画一张时间表，列出重大事件)	检查自己目前的生活和职业位置
第2步：我是谁(利用3～5张卡片，在每张卡片上写下"我是谁"的答案)	考察自己担当的不同角色
第3步：我要去哪儿？我希望发生什么(思考你目前和未来的生活。写一份自传来回答三个问题：你希望做什么样的事？你希望达到什么样的成就？你希望别人因何而记住你)	对未来目标进行设置
第4步：未来理想的工作(思考一下，未来一年的计划。如果你有无限的资源，你会做什么？你认为最理想的情况应该是什么样的？这种理想情况是否与第3步相匹配)	明确所需要的资源
第5步：一份理想的工作(现在思考一下，以你现有的资源能够获得的理想工作是什么样的？考虑你的角色、资源、所需的培训或教育的类型)	设立当前目标
第6步：客观盘点职业(回答下列问题：你每天因何而兴奋？你最擅长做什么？你因何而出名？你需要什么资源来达成自己的目标？哪些因素会阻碍你达成自己的目标？为了实现未来的目标，你现在应该做些什么？你的长期职业目标是什么)	总结当前处境

资料来源：[美]雷蒙德·A.诺伊，约翰·霍伦拜克，拜雷·格哈特，等.人力资源管理：赢得竞争优势[M].刘昕，译.3版.北京：中国人民大学出版社，2001：421.

2) 职业生涯机会评估

职业生涯机会评估主要是针对自己所面临的外界环境对自己的职业定位、职业选择和职业发展的影响所做的分析、判断。一般来说，外界环境主要有社会经济环境、劳动力市场环境、行业环境以及公共组织发展状况和趋势等。这其中，对社会经济环境的评价，需要分析国家政治和法律制度建设发展趋向、宏观经济发展的水平和态势、教育发展状况以及社会文化和价值观念的演变趋势等；对劳动力市场的评价，需要分析人口发展态势、劳动力市场供求和市场竞争状况、获得与自己职业发展愿望相符合的职业的机会等；对行业环境的评价，需要分析自己所定位的职业所从属的行业的发展环境和前景等；对公共组织发展状况和趋势的评价，则需要分析公共组织所处的社会地位、发展状况和发展前景等，从而对自己的职业发展目标的可实现程度作出评价和初步判断。

3) 职业目标设定

职业目标的设定通常是以自己的理想或志向为前提的，通过将个人志向与对自我的评价和对职业生涯机会的判断结合起来，从而设定自己未来的职业发展目标。

一般来讲，职业发展目标有长期、中期和短期之分。

长期的职业发展目标一般具有如下特征。

(1) 目标是由自己认定的，该目标与个人职业生涯发展需要相结合，而且有一定的挑战性和实现的可能性；

(2) 目标具有长远性，且与自己的价值观相吻合；

(3) 目标能用明确的语言来描述，现实而具体。

中期的职业发展目标具有如下特征。

(1) 目标结合了自己的志向及公共组织的环境和要求，具有全局性；

(2) 目标符合自己的价值观，信息充分；

(3) 目标能用明确的语言来说明，有明确的时限，而且有调整的空间；

(4) 中期目标与长期目标是一致的；

(5) 可以利用环境和变化，改变有可能改变的事情。

短期的职业发展目标具有如下特征。

(1) 目标可能是自己选择的，也可能是由上级安排、员工被动接受的；

(2) 目标未必能体现自己的价值观，但可以接受；

(3) 目标切合实际，有明确具体的完成时限，具有可操作性和很大的实现把握；

(4) 对环境变化有较强的适应性，朝向长期目标。

4) 职业生涯策略和措施制定

在明确了职业生涯目标后，接下来就需要制定具体的职业生涯策略和措施。职业生涯策略和措施所说明的是，为了实现自己的短、中、长期职业发展目标，需要怎么做，包括如何提高自己的专业知识和技术技能，改善自己的沟通能力、思维创新能力、组织协调能力，等等。职业生涯策略和措施一般应具体而明确，且便于监督、检查。

5) 职业生涯规划的评估和调整

由于外部环境及个体规划者的自身素质和能力均处于不断变化中，因此，职业生涯规划也需要根据外界环境和自身情况的变化进行评估，并对既定的职业生涯规划进行调整，否则，职业生涯规划就可能成为制约个体职业发展的框框。职业生涯规划的评估和调整应当实事求是，且与时俱进，以确保其先进性和可实现性。

3. 职业生涯和发展需求分析及其与员工职业生涯的匹配

职业生涯开发规划是将公共组织目标和发展需求与员工个人职业发展目标和愿望相统一，以达成组织与员工共进、共荣与共赢的过程，同时它也是一项专业化程度较高，而且涉及心理探询、咨询和评估等一系列行为科学和管理咨询技术的管理活动。它通常要涉及组织、管理者和员工本人，通常需要员工本人、人力资源管理部门、职业生涯开发委员会(职业生涯开发指导顾问)、部门主管和高层领导者的共同参与。

虽然职业生涯开发规划是由组织出面来制定的，然而，要想开发和制定好职业生涯与发展规划，首先就必须了解并科学地认识员工的职业生涯与发展需求，这是员工职业生涯规划的起点。最常见的了解员工职业生涯与发展需求的方式有两种：一种是以员工自己为中心，另一种是以员工的主管为中心。而当我们能确信员工对自己非常有信心时，就可以采用以员工为中心的方法。常见的自我评价方法主要有自我透视(分析自己的好恶和优缺点)、回忆法(回忆过去的经历来确定自己喜欢或厌恶什么)、职业兴趣或性向测试和寻求专家支持法等。当然，在了解员工职业生涯与发展需求时，常常会遇到员工无法说出自己需求的现象，对这种员工则应采用以员工主管或组织为中心的方法。以员工主管或组织为中心的方法主要有调查问卷法、面谈法、小组讨论法等。在组织小组讨论时，应考虑将不同类型的员工包括在内。也就是说，在参加讨论的人员中，既要有老员工，又要有新员工；既要有管理人员，又要有专业技术人员；既要有职业发展得很顺利的员工，又要有处于平台期的员工；既要有男性员工，又要有女性员工。而且，在职业生涯与发展需求分析中，还要特别注意组织需求与员工需求的有机结合。图6-4描述了组织职业发展需求和员工职业生涯与发展需求的匹配问题。

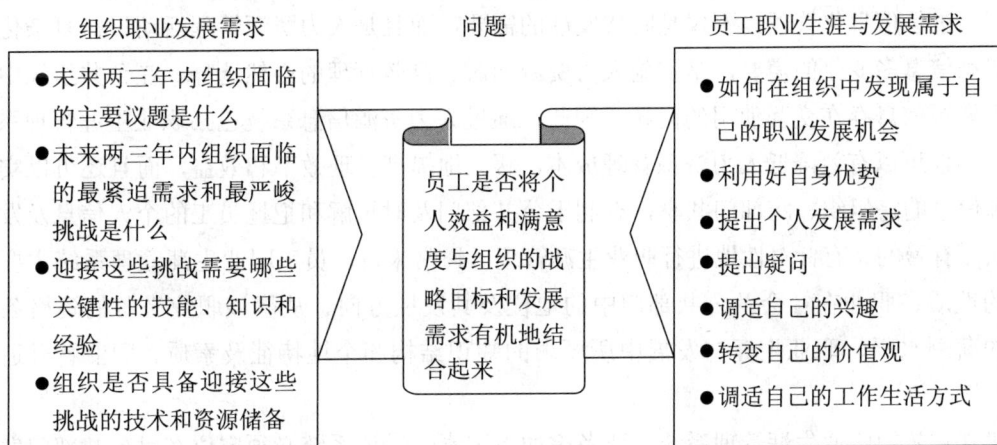

图6-4 将组织需求与个人职业生涯与发展需求结合起来

资料来源：Gutteridge,T. G. & Others. *Organizational Career Development: Benchmarks for Building a World-Class Workforce*[M].San Francisco :Jossey-Bass Inc, 1993:3.

通常来讲，了解员工职业生涯与发展需求仅仅是组织职业生涯开发规划的一个方面，另一方面还需要了解组织可能提供的职业发展机会。只有两者高度匹配，才能取得良好效果。在组织职业生涯开发过程中，首先需要树立宽泛的职业生涯与发展理念，应该以提高员工的可持续就业能力为主要目标。组织职业生涯开发工作需要从如下几方面着手：一是盘点组织职位或职务及机会；二是分析员工的职位或职务胜任能力，包括知识(Knowledge)、技能(Skills)、能力(Abilities)、动机(Motivation)、态度(Attitude)和行为(Behavior)等，这些因素通常简称为KSAIBs(其中，动机和态度归属中间变量(Intervening Variables)，简称"I")，做到心中有数；三是进行职位或职务行进通道规划，也就是在确定员工"起始职位或职务"基础上，结合其KSAIBs来设计员工的职位或职务发展方向及其阶段性职业发展目标。考虑到员工职业发展路径中的关键点及其可能遇到的经验、知识和技能等方面的障碍，还需要结合员工职业生涯规划的阶段性职业目标，有针对性地提供培训，以满足员工在职业发展中对培训的需求。

6.4 公共部门职业生涯管理

6.4.1 公共部门职业生涯管理的内容

公共部门职业生涯管理主要包括6方面内容，即：建立职业生涯管理信息系统、提供职业生涯咨询、帮助员工设计职业生涯路径、回应和帮助员工解决职业生涯与发展中遇到的问题、提供教育和培训以及建立以职业发展为导向的绩效考评体系。

1. 建立职业生涯管理信息系统

员工职业生涯管理系统是人力资源信息系统(Human Resource Information System，HRIS)的重要组成部分。将公共部门人员信息(包括自然特征、个性特征和员工绩效等)纳入计算机网络系统，进行信息化管理，不仅是时代发展的需要，而且是人力资源管理活动日益复杂化以及人力资源信息多变化的需要，是实施人力资源即时、高效管理的必然选择。在公共组织中，由于人力资源信息存在交互使用的问题，因此，通过人力资源信息系统包括职业生涯管理系统的建设，不仅可以有效降低人力资源管理成本，极大地提高管理效率和效益，而且还可以实现人力资源信息的跨组织、跨部门共享，有利于公共部门及时了解和把握员工的个人信息及发展动向，从而有目的、有针对性地进行职业生涯管理。通常来讲，员工职业生涯管理系统主要包括职业的性质、职业在社会及公共部门中的地位及其发展方向、从事该职业必备的资格条件、职业的薪酬水平、职业生涯与发展中所要求的知识结构和个性特征及素质、职业晋升通道等内容。

建立有效的职业生涯管理系统需要考虑如下因素：①该系统必须定位在对公共部门发展目标和发展需要作出反应的基础之上；②员工及其管理者共同参与该系统的开发建设；③鼓励员工在职业生涯管理中扮演积极角色；④通过运用持续的动态评价来不断改进和完善该系统；⑤公共组织中的各部门可以(在某些约束条件下或公共组织许可的范围内)根据各自的目的进行适当的个性化调整；⑥员工能够获得职业信息来源(包括可能的职业咨询及职位信息等)；⑦公共组织高层管理者对该系统必须持积极的支持态度；⑧职业生涯管理与其他人力资源管理实践，如绩效管理、培训以及招聘等必须联系在一起。[①]

2. 提供职业生涯咨询

职业生涯咨询是职业生涯规划过程中各个步骤均需要的，公共部门可以通过面谈、问卷、讲授等多种形式，由公共组织的领导者、部门主管和职业生涯与发展研究专家，为所属员工提供职业生涯咨询，解答员工在职业发展中遇到的困惑和难题，厘清职业发展思路。职业生涯咨询的内容主要包括：①帮助员工分析自身特性、职业锚、优势和劣势及发展需要；②指导员工学习职业生涯规划的知识和了解技能要求，使其能够更积极地管理自己的职业生涯；③提供公共部门内、外部可供选择的职位；④帮助员工克服职业生涯与发展中出现的各种问题。通过职业生涯咨询，可以使员工明确自己的职业发展方向，树立职业发展信心，进而发挥自己的聪明才智。

---

① [美]雷蒙德·A.诺伊，约翰·霍伦拜克，拜雷·格哈特，等.人力资源管理：赢得竞争优势[M].刘昕，译.3版.北京：中国人民大学出版社，2001：423.

一般来讲，擅长经营人际关系的管理者更容易成为成功的职业生涯咨询顾问。另外，下列建议对管理者成为更好的职业生涯咨询顾问是非常必要的。

(1) 要认识到职业生涯咨询顾问的局限性。要记住，管理者和组织在员工职业生涯与发展中只发挥催化剂作用，制定和实施职业生涯规划的主要责任在于员工个人。

(2) 保守员工秘密。职业生涯咨询是涉及个人隐私的工作，对从事该项工作的人提出了道德感强、能够保密和不受他人干扰的基本要求。

(3) 建立联系。对下属要诚实、公开和真诚，尽力同员工心灵相通，并从员工的角度看问题。

(4) 有效地倾听。学会做一名真诚的倾听者。人的天性喜欢多说，成为一名好的倾听者，通常需要管理者作出有意识的努力。

(5) 考虑替代方案。职业生涯咨询的一个重要目的是帮助员工认识到他们通常有多种选择，帮助员工扩展思维，启发他们不必局限于过去的经历。

(6) 寻求并分享信息。确信员工和组织已分别完成了对员工能力、兴趣和愿望的评价；确信已把组织的评价同员工进行了明确沟通，并使员工意识到组织内部潜在的职位空缺。

(7) 帮助员工确定目标与实现目标的策略。记住，员工必须自己作出最后的决定，管理者应充当"共鸣板"，并且确保员工的个人职业生涯规划是有效的。

3. 帮助员工设计职业生涯路径

职业生涯路径(Career Path)是指公共部门人员在个人职业生涯中可能达到的一系列职位所形成的行进轨迹，它表明了个人在职业生涯中的一般路线或理想路线。公共部门可以按照职业生涯路径来寻找机会安排员工工作及进行人事调转，从而使个人在此过程中得到应有的训练，具备承担更高职务或胜任其他职位的广泛能力。职业生涯路径管理要求公共部门尽可能充分注意到员工的不同个性特征、特长及潜质，并尽可能做好职业生涯路径的引导工作，为他们提供充分的施展个人才干和智慧的舞台。表6-4列示了职业生涯路径引导的基本步骤。

表6-4　职业生涯路径引导的基本步骤

步　　骤	说　　明
第一步：确定或再次确认目标职位所必需的能力及最终行为	因为职位通常随着时间的变化而变化，所以确定或确认各项要求的变化，并定期进行再检查是非常必要的
第二步：保证员工背景资料的准确性和完整性，并进行再检查	因为人们的兴趣及职业目标总是在变化，必须对这些变化情况进行核实。而且，对关于员工的技能和经历等的记录也要进行更新
第三步：进行需求分析比较，共同考察员工个人及其目标职位	确定员工个人与其目标职位是否匹配。值得指出的是，当员工的背景、潜能及兴趣出现问题时，许多组织忽略了询问员工本人
第四步：将员工的职业期望、发展需要及目标职位要求与组织的职业管理协调起来	当有适当的环境作保证时，员工个人要正式制定他们的职业目标，或修正它们
第五步：采用"时间-活动定位"，开发人员培训工作及了解教育需要	明确员工为取得目标职位所需采取的个人行动，包括工作、教育及培训等
第六步：制订职业生涯与发展路径蓝图活动计划	这是一个通过绘制时间导向型的蓝图或图表来指导个人职业发展的过程

资料来源：[美]劳埃德·拜尔斯，莱斯利·鲁. 人力资源管理[M]. 李业昆，等，译. 6版. 北京：华夏出版社，2002：201.

4. 回应和帮助员工解决职业生涯与发展中遇到的问题

公共部门在为员工提供了必要的职业生涯路径的同时，还需要回应和帮助员工解决职业生涯与发展中遇到的一些问题，甚至是职业生涯的危机性问题，以促进人力资源的开发进程。在员工职业生涯与发展中，可能存在一些职业发展的危机情况。

1) 职业生涯高原现象

职业生涯高原(Career Plateau)现象，也称职业生涯停滞，是指一个人在进入职业生涯的某一阶段或达到某一职位后所出现的职位晋升困难、职业发展停滞现象。在个人职业生涯与发展中，大多数人均会遇到职业发展停滞、职位晋升困难等问题，只是有的经历得早些，有的经历得晚些。

在当今社会，由于公共部门人员一般均受过较高层次的教育，因此，在他们进入公共部门后，一些人在很短的时间内即可能达到较高职位或职务，这种情况必然导致其未来晋升机会的减少。当然，晋升机会减少并不意味着职业发展的失败，不过，区别对待已处于职业发展停滞期的员工和仍处于职位上升期的员工却是必要的。通常处理职业生涯高原现象的方法有三种：一是防止处于职业发展停滞状态的员工变成无效员工，即防止问题的产生；二是整合相关的与职业有关的信息系统(改进监控体系，以尽早发现和处理已发生的问题)；三是有效地管理处于职业发展停滞期的无效员工以及受挫折的员工(解决好已经出现的问题)。当然，公共部门也可通过培训、职位转换、短期任职等方式，来尽可能为员工提供职业发展机会。

2) 技能老化

技能老化(Obsolescence)是指员工在完成初始教育和培训的相当一段时间后，因知识和技能更新跟不上公共部门发展要求而导致的工作能力和绩效的下降现象。因此，在员工职业发展中，为了防止员工知识和技能老化，公共部门应采取积极的应对措施，包括强调终身学习、共同探讨技能发展问题、让员工承担具有挑战性的工作任务以及对创新活动予以奖励等。

5. 提供教育和培训

公共部门可以针对职业发展要求及公共部门人员素质缺陷，进行有计划、有步骤的培训。公共部门的教育和培训主要包括两方面：一是对工作经验和技能等实际才干的培养。一般采取"传、帮、带"或榜样示范的方式；二是当工作经验不足以提供所需要的专业知识时，员工就需要接受正规的课程学习和教育，以此来丰富或更新知识结构，适应社会和公共部门提出的各种挑战，满足个人职业发展的资格要求。

6. 建立以职业发展为导向的绩效考评体系

在绩效考评体系建设中，一方面应将职业发展要求纳入公共部门人员绩效考评体系和标准之中，以激励和提升公共部门人员的绩效水平；另一方面，则可以依据员工真实、可靠、客观的绩效水平和有效信息，来判断员工能否承担某一职位或职务的任务和职责。

6.4.2 职业生涯的阶段性管理

1. 职业生涯的早期管理

对于新进入公共部门的人员进行职业生涯的早期管理，是引导和帮助新员工尽快融入公共部门、接受公共部门文化和价值观、并取得良好工作绩效的重要环节。一般来讲，公共部门职业生涯早期管理主要包括上岗引导和组织社会化两方面内容。

1) 上岗引导

上岗引导是组织培训中接受程度最高的一种培训，一般是在新员工进入公共部门的前几天或前几周进行的。上岗引导的目的：一是让新员工了解公共部门状况以及各种政策、规章制度、部门和职位设置及其相互联系，同时使新员工了解公共部门的薪酬福利以及同事和各种设施；二是让新员工了解自己的职位和职责，帮助他们了解自己工作的一般流程。另外，上岗引导至关重要的目的是了解新员工的需求，以便在今后的职业生涯管理中尽可能做到有的放矢。关于上岗引导，第7章将有进一步介绍，这里不再赘述。

2) 组织社会化

所谓组织社会化，主要是指进入公共部门的新成员与公共部门间的相互适应、磨合过程，其中包括了解公共部门的有关政策和规章制度、熟悉公共部门的文化和价值观、熟悉上司及同事和下属等。由于多数人员流失均发生在进入公共组织的早期，因此，强化组织社会化对降低公共部门人员流失率非常必要。

对公共部门来讲，需要完成的任务主要包括：①安排富有挑战性的第一项工作；②进行相关培训；③提供及时可靠的反馈(应稍带鼓励倾向)；④设计恰当的从业培训方案。

公共部门人员社会化的有效方法：一是向新员工展示公共部门的发展前景和员工工作发展前景；二是对新员工进行培训；三是给新员工配备职业生涯顾问。表6-5列示了新进入公共部门人员的社会化的4个阶段及各阶段的主要任务。

表6-5　新进入公共部门人员的社会化的4个阶段及其主要任务

阶　　　段	主　要　任　务
第一阶段：面对并接受组织现实	(1) 期望的证实或弱化 (2) 个人价值观、需求与公共组织文化的冲突 (3) 发现个人的哪一方面被组织强化、未被强化或受到惩罚
第二阶段：澄清角色	(1) 被传授完成第一件工作任务所需的知识 (2) 确定个人的人际关系角色：尊重同事，尊重上级 (3) 学习处理抵制变革的力量 (4) 个人与组织对工作绩效评价的一致性 (5) 学会在特定结构中工作
第三阶段：在组织背景下定位自己	(1) 学会使个人的行为模式与其他组织成员保持一致 (2) 对工作中、工作外、工作与生活间各种冲突的解决 (3) 对组织与工作的承诺 (4) 建立起新的自我意象和新的人际关系，采取新的价值观
第四阶段：查找成功社会化的路标	(1) 在组织中达到一定程度的独立性 (2) 总体上的高满意度 (3) 相互接纳感的形成 (4) 工作参与和工作内激力的产生 (5) 新成员与组织间互相接纳发出的信号(如晋升、加薪等)

资料来源：谢晋宇.人力资源开发概论[M].北京：清华大学出版社，2005：322.

在公共部门人员职业生涯的早期阶段，第一项工作对新员工今后的职业发展成功与否有着重大影响。一般来讲，新员工大多希望新的工作比较具有挑战性、负有较大责任，然而，多数组织则不倾向于向他们提供这样的工作。组织向新员工提供的大多是需要严格监督和控制的工作，直至组织认为员工已经具备了相应能力、可以信赖为止。研究表明，那些在第一次即被安排了具有挑战性工作的员工，后来的绩效表现比那些未获得这样的工作的员工要好。因为他们会对工作保持比较高的绩效标准，会认识到组织需要喜欢学习、愿意承担责任的人。而且，通过完成具有挑战性的工作，还能帮助他们树立信心，获得心理上的成就感，进而提高他们对职业生涯管理的参与度，刺激他们迎接更多挑战、准备担负更大责任。而且，为了更好地对新员工进行组织社会化，在给新员工指派上司时，应该选择那些有耐心、值得信赖、懂得关怀他人、不妒忌下属、有雄心和活力、能够很好地贯彻组织意图及传播公共部门价值观的人。同时，组织还应对新员工的上司进行培训，让他们了解如何整合和帮助新员工，做新员工职业生涯的导航人。

2. 职业生涯的中期管理

在员工职业发展中，问题最多、也最复杂的阶段就是中期阶段。在职业生涯中期，员工既可能面临职位或职务晋升停滞或受阻问题，又可能面临家庭与工作的关系处理不好的问题，有的人甚至还面临职业转换或角色转换问题。在此阶段，如果组织不能为遇到上述问题的员工提供帮助，他们之中那些有价值的骨干员工就可能借助流动来解决问题，也可能因受职业发展的长期困扰而平庸化。因此，职业生涯中期管理的主要任务有二：一是引导和帮助员工顺利渡过职业生涯的危机期；二是帮助员工保持较高的工作绩效。

对进入职业生涯中期的人来讲，他们开始对衰老和死亡有所认识，并逐渐认识到实现某些梦想的困难性。另外，由于他们需要面对来自更年轻、接受过更好教育的同事的竞争，因此，他们会不自觉地产生一种防守意识和防范心理，加之一些不如意的事迎面而来，如对父母和子女的责任感增强、身体伤病增多、离异或夫妻关系紧张、父母及其他亲人以及同事或朋友过世等，从而使他们油然而生自己已停止成长和进步之感，致使职业生涯进入停滞期或出现高原现象。

导致员工遭遇职业生涯发展瓶颈的原因是多方面的，概括地讲主要有如下几点。

(1) 员工的知识、技能、能力、态度和行为等与公共部门当前或未来的要求有差距；

(2) 缺乏职业发展技巧，例如长时间从事某些岗位，缺乏流动性，当这些岗位没有机会甚至消失时，就无所适从；

(3) 对管理者来讲，或者是缺乏人际沟通技能，或者不能完成组织或部门的使命，或者不能有效领导团队，或者不能适应变革等，都可能导致职业发展停滞；

(4) 过分追求家庭责任，或者过分注意休闲，对成就感的要求不够强烈；

(5) 收入分配不公或薪酬待遇不合理；

(6) 工作职责混淆不清；

(7) 组织发展缓慢及组织变革导致的发展机会减少；

(8) 科技进步导致某些岗位的职责弱化甚至消失。

公共部门克服职业生涯中期出现的危机的办法是多种多样的，其中主要有：帮助员工了解职业生涯高原现象；提供扩展的或灵活的流动机会；让员工在当前岗位上充分发展；对员工实施教育和培训等。

3. 职业生涯的后期管理

进入老年或接近退休期的员工同样存在职业发展需求，这类员工遇到的职业生涯方面的问题包括如何保持工作绩效以及如何为退休做好充分准备等。

在公共部门人员的职业生涯后期管理中，树立老年人力资源开发理念非常必要。为此，首先就需要改变有意或无意地将接近退休期的人员排除在培训之外的做法，而且还要尽可能避免轻率地用年轻人员替代接近退休期人员，并注意对这类人员的激励，以使他们保持较高的工作绩效。

当然，对任何人来讲，退休永远是不可避免的事，而为了使接近退休期的员工顺利渡过退休前和退休后的心理危机期，一方面应结合接近退休期人员的心理和生理特点，提供有针对性的培训，尽可能弱化其"老而无用"的心理，帮助他们树立起积极向上的老年人生观；另一方面则应给予接近退休期人员更多的关心、照顾和激励，使他们意识到个人价值依然存在，退休绝非意味着"老而无用"，使他们自觉树立起积极的老年观和价值观，以积极的态度来面对人生及个人职业生涯后期。

关键术语

职业生涯	职业生涯规划	职业生涯开发
职业生涯管理	职业倾向	职业锚
职业生涯路径	组织社会化	职业生涯高原现象

复习思考题

1. 职业生涯管理的特征有哪些？职业生涯管理的意义是什么？

2. 组织职业生涯管理与人力资源管理其他活动的关系是怎样的？

3. 组织、员工本人和管理者在职业生涯管理中各自担负的责任是什么？

4. 简述萨柏的职业发展阶段理论。

5. 论述格林豪斯的职业发展阶段理论与萨柏职业发展阶段理论和沙因职业发展阶段理论的区别。

6. 简述霍兰德的职业倾向理论。

7. 职业锚有何作用？简述施恩的职业锚理论。

8. 公共部门人员职业生涯规划的必要性有哪些？

9. 职业生涯规划应遵循的原则是什么？职业生涯规划的一般步骤是怎样的？

10. 公共部门职业生涯管理的内容是什么？

11. 如何开展职业生涯管理？

本章案例

张华的职业生涯规划

张华现在对自己的职业生涯感到十分困惑。2006年，他从国内某著名大学行政管理专业硕士研究生毕业后，考取了某市人力资源和社会保障部门的公务员，并取得了一个不错的职位，进入人事部门工作。

张华开始了第一个他自以为十分喜欢、并会让他感到快乐的工作。该市的行政管理系统一向以尊重人才、有凝聚力、政务廉明等著称。然而，经过一段时间的工作后，张华渐渐发现，他并没有体会到自己在毕业前想象的那种"大家庭"的氛围。系统内的平均主义严重，干什么都要论资排辈。而且，系统的各层领导对员工并不在意，人事部门主任经常向员工传达这样的信息："如果你不愿意干，可以走人，有的是人在外面排队等着呢！"

张华在人事部门工作了近两年时间，做的都是一些繁杂、琐碎的日常性事务工作，如整理档案、接听电话等。既没有得到任何有意义的科研任务，又没有接到任何有关下一步安排的通知，更谈不上接受什么有针对性的培训。他现在开始考虑"跳槽"到大公司工作，或者是先去攻读博士学位，而后再作打算。然而，目前劳动力市场形势如此严峻，博士研究生入学考试竞争也空前激烈，更何况，张华现在几乎没有太多积蓄，更无法确认自己是否具备胜任企业工作的各项技能。他现在开始感到自己的境遇很悲惨。

问题：

1. 如果你是张华，你会怎么办？为什么？
2. 该市人力资源和社会保障系统人事部门的职业生涯管理存在哪些问题？应如何改进？

学习引导

本章主要学习培训和开发的内涵及两者的区别，介绍公共部门人员培训的类型及一般步骤，讨论什么是培训需求分析，以及如何开展培训需求分析、如何设计培训方案和进行培训评估。通过对本章的学习，学习者可以对培训的过程、方法以及如何做好公共部门人员培训等有一个全面、深刻、清晰的了解。

本章的学习重点，一是掌握培训及其类型；二是了解培训的一般步骤或流程；三是了解开展培训需求分析和设计培训方案的流程；四是掌握培训的方法及特点；五是掌握培训评估的方法。

古语有云："工欲善其事，必先利其器。"就公共部门而言，人员培训就是为"善事"而"利器"的过程。培训是人力资源开发的重要手段之一，也是公共部门为应对科技发展和社会变革，特别是时代发展对公共管理提出的新要求而采取的必要措施。从现代人力资源管理的角度讲，培训既是一个育人过程，又是一个间接的用人、留人和吸引人的过程，是公共部门为提高自身绩效、谋求未来可持续发展所进行的战略性投资。

7.1　公共部门人员培训概述

7.1.1　培训及其类型

1. 培训的含义

在汉语中，"培"被解释为"帮助和保护人成长"，"训"被解释为"教导，教诲"，据此，可将"培训"解释为通过教导或教诲来帮助人成长。作为人力资源管理活动的重要组成部分和功能，培训(Training)是指组织根据自身发展需求，为提高组织生产力及其整体绩效，对其员工所实施的人员素质改善、知识和技能增进、能力提高以及组织文化传播和价值观改造活动。换言之，培训也就是一个使员工获取知识和技能，改变观念和态度，了解规则进而提高员工和组织绩效的学习过程。

人员培训与人力资源开发不同，两者既有区别，又有联系。两者的区别主要表现在：①人力资源开发比人员培训更具普遍性。人力资源开发(Human Resource Development)是通过投资、利用教育、培训、边干边学甚至管理等方式，来诱发和促进人的知识、技能、能力以及思维方式、价值观念等形成和发展的过程。人力资源开发活动贯穿于人的一生，只是在每个阶段和时期，人力资源开发的重点和任务有所差异。而培训活动则是针对一定时期或在一定科技和生产力条件下人们存在的知识、技能的不足，以及出于传播某种文化观念、推广某项技术技能、传播某项制度和规范、传达某种信息等目的而展开的，具有明显的时段性特征。②人员培训涉及的对象通常是组织内的员工，而人力资源开发则不然。一般来讲，人员培训是以组织内的员工为培训对象的，培训内容一般是事先确定好的，有很强的针对性；而人力资源开发的对象既可以是组织内的员工，又可以是社会中的其他人，即便在组织内部，人力资源开发的对象和内容也要比人员培训广泛得多，而且学习内容不一定与工作和组织有关。③从目标着眼点看，人员培训一般着眼于组织的近期目标和中期目标；而人力资源开发则着眼于组织的中期和长期目标。④从目的性上看，人员培训的目的在于提高员工的知识、技能及其能力，改良员工的价值观，提高员工对组织文化的认同程度，最终达到凝聚人心、提高组织整体绩效的效果；而人力资源开发的目的则不仅仅是凝聚人心和提高组织绩效，更重要的是促进组织乃至社会的长期可持续发展。⑤人员培训比较侧重于员工的知识更新、技能增进以及文化价值观改良；而人力资源开发则将员工的健康、智力、知识和技能等的全面改善综合起来考虑，侧重员工基本素质的整体提高。从两者的联系看，培训是人力资源开发的手段或形式之一，对提高组织和社会的人力资源开发水平具有重要作用。

可见，人员培训与人力资源开发有着十分密切的联系，虽然人员培训从属于人力资源开发，两者间是部分与整体的关系，然而，它们却不能相互替代，因为两者有着不同的立足点、着眼点和侧重点。

2. 公共部门人员培训的类型

人员培训的类型多种多样，看问题的角度不同，培训的类型也可能不同。

1) 岗前培训、在职培训和离职培训

根据受训者是否在职或在岗以及受训发生的时间，可将培训划分为岗前培训、在职培训和离职培训。

(1) 岗前培训。岗前培训也称上岗引导(Orientation)，是指在员工就任某一岗位或职务前，结合其即将就任的岗位或职务要求所进行的文化、价值观以及岗位任务、职责和规范要求等的教育和训练。岗前培训是新员工或即将就职于某一新岗位或职务的员工必须接受的培训活动，也是职业生涯早期管理的重要环节，对员工合理、恰当地履行岗位或职务职责，以及高效完成公共部门赋予的任务十分必要。

岗前培训通常按两个阶段或两个层次进行：第一阶段是组织层次的岗前培训或组织上岗引导(Organizational Orientation)。这一阶段主要向员工介绍公共组织的有关情况，包括发展目标、发展历史、组织规范、公共组织的责任和任务以及公共组织的产品和服务及其面对的市场和客户群等，从而为员工描绘公共组织的概貌。这方面的介绍往往以"欢迎辞"为开端，主要介绍政策制度和程序、安全和事故预防、员工关系及纪律和奖惩制度、物质设施和工作环境、组织的薪酬待遇，以及组织所处的政治、经济和社会环境等。第二阶段是部门和岗位层次的上岗引导(Departmental and Job Orientation)。这一阶段主要介绍员工拟任职部门和职位的情况，包括部门职能、工作职责和任务、政策及规章制度，同时还可能涉及部门参观及部门员工相互介绍等内容。

岗前培训的任务主要包括两个方面,一是文化培训,二是业务培训。文化培训的目的在于灌输公共组织的传统、目标和宗旨、文化以及公共组织的作风和职业道德等。在这一过程中,既需要让受训者清楚公共组织所提倡和反对的东西,又要让受训者尽可能多地了解公共部门的一系列规章制度,同时还要让他们了解公共组织所处的内、外部环境及公共组织的特点和发展前景,了解公共部门面临的挑战和机遇等。在业务培训过程中,首先要让受训者了解即将就任岗位的工作程序及与日常工作有关的知识和技能要求,并按不同岗位分类学习本部门的业务知识、工作流程、工作要求和绩效标准,并进行适当的知识和技能训练;另外,还可由组织或部门领导和主管人员、业务骨干人员等开设专题讲座,讲解本组织、本部门的管理活动和工作经验、教训,并进行适当的模拟实践,以及开展对新入职人员的"传、帮、带"活动。

(2) 在职培训。在职培训(On-the-Job Training, OJT)是公共部门基于一定目的对在职人员实施的有关业务知识、技术技能、职业道德、文化和价值观以及态度等的教育和训练活动。在职培训通常包括在岗培训、在职转岗培训、在职离岗培训和工作轮换等几种类型。

① 在岗培训。在岗培训是指基于业务拓展和提高工作绩效的需要,针对正在任职某一岗位的人员所进行的培训活动。在岗培训通常有以下几种形式:一种是由有经验的人员或直接主管对在岗人员进行培训,这种培训近似于在岗辅导;另一种是在岗人员借助于业余培训班、电大、夜大、函授等形式来学习新规则、新技能和新知识等。另外,在岗培训还可以讲座、视听技术和远距离培训(电视教学、网络培训和网络教育、广播培训等)等形式进行。

② 在职转岗培训。在职转岗培训是专门针对公共部门在职人员所实施的、就任某一新工作岗位前的培训活动。

③ 在职离岗培训。在职离岗培训是指公共部门人员以在职离岗的形式到公共部门以外的学校、专门培训机构和其他公共组织或企业接受培训。离岗进修、挂职锻炼等均应归于此类。在职离岗培训目前比较盛行,像我国政府委托美国哈佛大学开展的"哈佛高级管理人员讲习班",即属此类。

④ 工作轮换。工作轮换(Job Rotation)是指公共部门人员在组织内部相同或相似职位或职务间的转换任职活动。工作轮换的目的一是增进员工的见识,培养精通多部门、多领域、多方面业务的"通才";二是增加公共部门工作的挑战性、缓解人们因长期从事某一部门或岗位的工作可能带来的疲乏和厌倦感,提高员工的成就感和满意度,同时还可为员工晋升高一级职务打下良好基础。目前,工作转换在我国政府部门正得到越来越广泛的应用,并已成为公共部门锻炼人、发展人的制度。

(3) 离职培训。离职培训也称脱产培训,是指公共部门人员为了适应新岗位或新职务的要求,脱离原组织或原部门,到学校和专门培训机构接受教育和训练的一种人力资源开发活动。接受离职培训的人员,在培训结束后,既可回到原组织或原部门任职(与原组织或部门有合同约定),又可到新的组织或部门任职。现实中以后者较为常见。

2) 初任培训、任职培训、专门业务培训和更新知识培训

我国《公务员法》将人员培训划分为初任培训、任职培训、专门业务培训和更新知识培训4种类型。

(1) 初任培训。初任培训是一种岗前培训或职前培训，是指国家行政机关对新录用人员在正式上岗之前所进行的培训。初任培训一般在试用期间进行。初任培训的时间一般不少于10天。初任培训合格后，方能任职定级。

初任培训的目的是使新录用的国家公务员了解党和国家的方针、政策，了解国家公务员所担负的使命和社会责任，了解政府部门工作的性质、特点、基本程序和一般工作方法，明确自己的职责范围和工作内容，熟悉工作环境及其工作的行为准则，为正式上岗做好充分准备。

(2) 任职培训。任职培训也称晋升培训，是指国家行政机关对准备晋升一定领导职务的国家公务员，按拟任职务要求所实施的培训。任职培训一般在任职前或任职后一年内进行，培训时间一般不少于30天。任职培训既可以是岗前培训，也可以是在职培训。

任职培训的目的在于通过培训为拟升任某一职位的国家公务人员提供所需政策、领导管理能力和专业知识的培训。任职培训的对象通常包括两类：一是经过特种考试，从政府部门外录用的、拟担任某一领导职务的公务人员；二是政府部门内晋升一定领导职务的在职公务人员。

(3) 专门业务培训。专门业务培训是指政府部门为从事专项工作的在职公务员所实施的知识和技能培训。如学习经济普查、人口普查方法与流程，普及《公务员法》等。专门业务培训的目的是使相关公务人员掌握从事专门业务所必需的特殊知识、技能和注意事项等。专门业务培训的形式灵活多样。

(4) 更新知识培训。更新知识培训也称轮训，是指政府部门根据自身发展的需要，有计划地对国家公务员进行的旨在更新知识和提高工作能力的培训。培训的具体内容一般根据科技和社会经济环境的变化而定，有的是政府部门所有人员都需要的知识和技能，如公共管理知识；有的则是某一部门特殊需要的知识和技能，如税法知识等。

除以上几种类型的培训外，培训还可分为为达到特殊目的而进行的培训，如读写能力培训(主要针对文盲和半文盲劳动者)、价值观培训、客户服务培训(目的在于通过培训使全体员工学会以亲切、友善、周到的服务来对待客户)以及团队精神培训等。

7.1.2 公共部门人员的培训内容

1. 胜任素质模型

胜任素质(Competency)，也称胜任能力，是指在特定组织和特定职位上，员工作出优秀业绩所需要的职业素养、知识、技能、自我认知能力和个性特征等的综合表现。

20世纪中期，美国国务院逐渐意识到，以智力因素为基础选拔外交官的效果并不理想，一些表面上优秀的人才，实际工作表现却非常令人失望。在这种情况下，美国国务院邀请哈佛大学D. 麦克利兰(D. McClelland)教授为其设计一种能够有效预测任职者实际工作业绩的员工选拔方法。在项目研究过程中，麦克利兰发现，那些主观上被认为能够决定工作成绩的一些因素，如人格、智力、价值观等，在现实中并未表现出预期效果。于是，他一改通过理论假设和主观判断来研究问题的传统思路，从第一手材料着手，来识别那些能真正影响工作业绩的个人条件和行为特征，并取得了巨大成功。麦克利兰把那些直接影响工作业绩的个人条件和行为特征，统称为胜任素质。20世纪70年代初，麦克利兰在美国波士顿创立了MCBER公司，为企业、政府机构和其他专业组织提供胜任素质在人力资源管理方面的应用服务。在他的指导下，MCBER成为国际公认的应用胜任素质方法的权威机构。目前，胜任素质方法已经被半数以上的世界500强企业应用到企业管理中，而且，美国、加拿大、澳大利亚和欧洲各国也已陆续投入到胜任素质运动(Competency Movement)之中[①]。

在麦克利兰看来，胜任素质包括知识、技能、社会角色、自我概念、特质、动机这6个能够可靠测量且能把高绩效员工与一般绩效员工区分开来的个体特征。对员工来讲，这6个方面的内容呈现出一定的层次性，如图7-1所示。

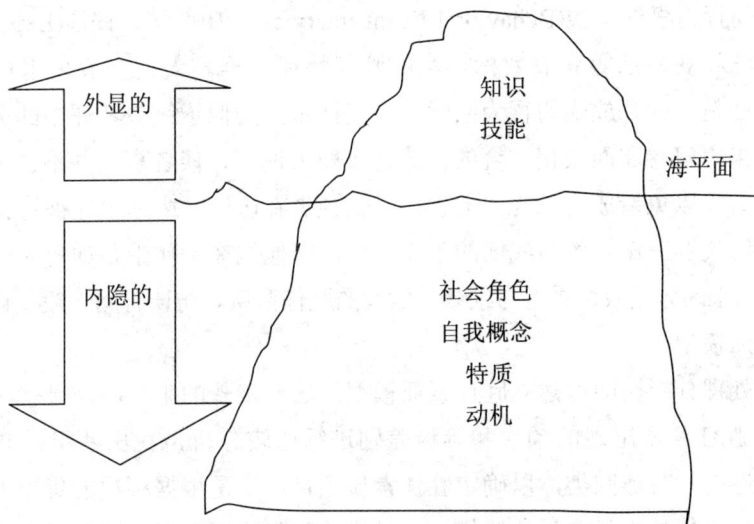

图7-1 胜任素质的冰山模型

由图7-1可见，知识和技能是胜任素质最表层的内容，如同冰山露出海平面以上的部分；社会角色、自我认知、特质和动机属于胜任素质的较深层次的内容，如同冰山淹没在海平面以下的部分，然而，它们却是决定人们行为与表现的关键因素。

通常，员工个体具有多种胜任特征，但组织所需要的不一定是员工所具有的，这就需要组织根据自身的职位要求、特征和组织环境，明确员工胜任岗位工作、确保其发挥最大潜能的胜任特征，并以此为标准来挑选和培训员工，由此就需要运用胜任素质模型(Competency Model)法来提炼能够对员工工作有较强预测性的胜任素质，即员工最佳胜任特征能力。

一般来讲，胜任素质模型的建立需要经过如下5个步骤。

1) 确定绩效标准

确定胜任素质的基本思路是对不同绩效水平的人员进行比较，找出绩效优秀者与绩效一般者之间的主要区别(胜任素质)，然后用这些胜任素质来预测员工的个人绩效。因此，要建立胜任素质模型，首先就要确定绩效标准。

在确定绩效标准时，最好采用绩效管理中已经设定好的标准，特别是那些可以客观反映任职者能力特征且能进行衡量的标准。确定绩效标准常用的方法是工作分析与专家小组讨论相结合的方法，即通过工作分析明确工作的具体要求，进而结合岗位的任务、责任和期望优秀员工

---

① 董克用. 人力资源管理概论[M]. 3版. 北京：中国人民大学出版社，2011：140.

表现出的能力特征，在专家讨论的基础上提炼出鉴别优秀员工与一般员工的标准。如果客观绩效标准不易获得，也可采用"上级提名"的方法，由上级领导直接给出工作绩效标准。这种方法虽然较为主观，但也不失为一种简便可行的方法。

2) 选取效标样本

根据岗位要求，在从事某岗位工作的绩效优秀者和绩效一般者中，分别随机抽取不少于10名员工进行调查。

3) 获取效标样本的胜任特征数据并进行处理

专家小组可借助行为事件访谈(Behavioral Event Interview，BEI)法、评议(Expert Panel)法、问卷调查(Survey)法和观察法等获取效标样本的胜任特征数据。人们一般采用行为事件访谈法。行为事件访谈法是一种开放式的行为回顾式调查技术，类似于绩效考评中的关键事件法。行为事件访谈通常采用问卷和面谈相结合的方式。一般来说，访谈者事先并不知道访谈对象属于优秀组还是一般组，以免造成先入为主的误差。访谈者在访谈时应尽量让被访谈者用自己的语言详尽地描述被访谈者工作绩效高或低的工作经历，即他们在工作中是如何做的、感想如何等，并以此为基础，来区分绩效优秀者与绩效一般者的胜任素质。访谈时间一般在1～3小时。

4) 建立胜任素质模型

通过对数据的处理分析，即可建立胜任素质模型。这一步骤的工作，一是就绩效优秀组和绩效一般组的每一胜任素质出现的频次和等级差别进行比较分析，找出两组的共性和差异特征，并根据不同主题进行特征归类，以确定胜任素质项目；二是根据频次的集中度，估计种类特征组的权重，并确定每项胜任素质的等级；三是描述胜任素质等级；四是以文字和图表的形式表示胜任素质模型。

5) 验证胜任素质模型

借助已有的绩效优秀者和绩效一般者的有关标准或数据，运用回归法或其他相关验证方法，来验证胜任素质模型。这里的关键是选取什么样的绩效标准来进行验证。验证模型的有效性的方法：一是交叉效度法(Cross-Validation Method)，即通过搜集绩效优秀者与绩效一般者的第二个效标样本，再次用行为事件访谈法收集数据，进而分析所建立的胜任素质模型能否区分第二个效标样本(即能否判断出哪些属于绩效优秀者，哪些属于绩效一般者)；二是构想效度法(Construct-Validation Method)，即根据胜任素质模型编制评价量表，并以此来评价第二个效标样本在上述胜任素质模型中的关键胜任素质，考察绩效优秀者与绩效一般者在评价结果上是否存在显著差异；三是采用预测效度法(Predictive-Validation Method)，即通过行为事件访谈或其他测验，按所提取的胜任素质模型中的胜任素质进行人员选拔，或根据胜任素质模型对相关人员进行培训，而后跟踪这些人，考察他们在工作中的表现是否出色。

胜任素质模型在人力资源管理中有着广泛用途，它既可用于工作分析、人员选拔、绩效考评、员工激励，又可用于人员培训，帮助员工量身定制培训计划，有的放矢地突出重点培训内容，降低培训成本，提高培训效益和效率。

可见，胜任素质模型不仅为公共部门研究和开发各职位和职务任职者应具备的素质和能力奠定了基础，而且也是确定公共部门人员培训内容的有效工具。

2. 我国公务人员的培训内容

据中共中央组织部2006年颁布的《干部教育培训条例(试行)》及《公务员法》的相关规定，我国公务人员的培训内容主要集中在政治理论、职业道德、政策法规、文化素养、行政能力和业务知识等几个方面，基本可归纳为综合知识和专门业务知识两个方面。

1) 综合知识

综合知识涉及政治理论知识、职业道德和行为规范、政策和法律法规、文化素养和行政能力培训等。

(1) 政治理论。这里所说的政治理论，主要是指马克思列宁主义、毛泽东思想、邓小平理论以及"三个代表"的重要思想等。公务员是国家机关的中坚力量，负有维护国家机关正常运转、维护社会安定团结的重大使命，在日常工作和管理中代表着公共利益，维护着政府管理的合法性。

在政治理论培训中，对公务员进行马克思列宁主义、毛泽东思想、邓小平理论和"三个代表"重要思想的教育，开展党的历史、党的优良传统和党的纪律教育以及国情和形势教育，引导他们坚定中国特色社会主义信念，坚持正确的世界观、人生观、价值观及权力观、地位观、利益观，使他们牢固树立起正确的政绩观，坚持科学发展观，是十分必要的。

(2) 职业道德和行为规范教育。我国国家人事部制定的公务员职业道德和行为规范主要包括以下8个方面：一是政治坚定。努力学习马列主义、毛泽东思想、邓小平理论和"三个代表"的重要思想，树立共产主义理想信念，坚持党的基本理论、基本路线和基本纲领，坚定地走中国特色社会主义道路，坚定不移地贯彻执行党和国家的路线方针政策，与党中央保持高度一致。二是忠于国家。热爱祖国，忠于宪法，维护国家安全、荣誉和利益，维护国家统一和民族团结，维护政府形象和权威，保证政令畅通。遵守外事纪律，维护国格、人格尊严，严守国家秘密，同一切危害国家利益的言行作斗争。三是勤政为民。忠于职守，爱岗敬业，勤奋工作，钻研业务，甘于奉献。一切从人民利益出发，全心全意为人民服务，密切联系群众，关心群众疾苦，维护群众合法权益，自觉做人民公仆，让人民满意。四是依法行政。模范遵守国家法律、法规和规章，按照规定的职责权限和工作程序履行职责、执行公务，依法办事，严格执法和公正执法、文明执法，不滥用权力，不以权代法。五是务实创新。解放思想，实事求是，理论联系实际，说实话，报实情，办实事，求实效，踏实肯干；勤于思考，勇于创新，与时俱进，锐意进取，大胆开拓，创造性地开展工作。六是清正廉洁。克己奉公，秉公办事，遵守纪律，不徇私情，不以权谋私，不贪赃枉法；淡泊名利，艰苦奋斗，勤俭节约，爱惜国家资财，反对拜金主义、享乐主义。七是团结协作。坚持民主集中制，不独断专行，不搞自由主义。认真执行上级的决定和命令，服从大局，相互配合，相互支持，团结一致，勇于批评与自我批评。八是品行端正。坚持真理，修正错误，崇尚科学，破除迷信；学习先进，助人为乐，谦虚谨慎，言行一致，忠诚守信，健康向上；模范遵守社会公德，举止端庄，仪表整洁，语言文明，讲普通话。

(3) 政策和法律法规。公务员是法律的执行者，同时也是法律法规的解释者和推进者，其法律意识和政策素养的高低，直接关系着能否依法行政以及依法行政的水平的高低。政策和法律法规培训既是公务员牢固掌握和准确使用国家政策和法律法规的前提，又是引导他们牢固树立依法行政的理念，进而依法行政、公正执法的关键环节。

(4) 文化素养。公务员属社会的精英阶层，同时也是国家和政府形象的典型代表，其文化素养的高低关系着国家和政府的外在形象及管理水平。公务员的文化素养包括人文素养、科学素养和审美素养等，它是一个综合性的概念。人文素养是公务员文化素养的基础和核心，科学素养和审美素养以人文素养为出发点和归宿。人文素养的主题是人文精神，人文精神追求人生美好的境界、推崇感性和情感，着重富于想象力和多样化的生活，使一切追求和努力都归结为对人本身的关怀。科学素养包括运用科学的方法和观点来理解自然界并能作出相应决定的能力，以及能够确认科学问题、使用证据、作出科学结论并就结论与他人交流的能力。审美素养是指人所具备的审美经验、审美情趣、审美能力、审美理想等的总称。培养人文素养和科学素养、完善审美素养，不断提高综合素质，是公务员文化素养培训的目标所在。公务员文化素养的培训的重点在于完善公务员的知识结构、提高其综合素质，培训的内容具体涉及文史哲、自然科学、艺术审美、社交礼仪等。

(5) 行政能力。行政能力主要表现为公务员运用政策和法律法规以及管理和专业知识来处理实际问题的能力，包括公务人员的观察能力、记忆能力、模仿能力、随机应变能力、归纳概括能力、组织协调能力、领导决策能力、沟通能力、表达能力和谈判能力等。行政能力培训通常采用管理游戏、角色扮演、案例分析、专题讨论等方法进行。

2) 专门业务知识

专门业务知识培训涉及业务知识培训和专业技能培训两个方面，其目的在于改善公务人员的专业知识素养和专业技能，进而提高政府的工作绩效。

(1) 业务知识培训。业务知识培训是公务员培训的中心内容。现代社会的公共管理事务日益复杂，对公务员的管理知识和能力的要求越来越高。对公务员来讲，只有掌握现代公共管理的理论、准则、方式和方法，把握公共管理的一般规律，才能在工作中得心应手，也才能不断提高管理绩效和管理水平。业务知识培训包括通用知识培训和专业知识培训两个方面。公务员业务知识培训的重点是不断增加和完善履行岗位职责所必需的知识及其结构，进而提高公务员的实际工作能力。

业务知识培训不但涉及社会主义市场经济知识、相关的政策法规、现代管理知识、现代科技知识等通用知识，而且涉及与岗位密切相关的专业理论、专业技术知识和专业操作知识等专业知识。特别需要强调的是，面对国际、国内经济和社会发展的新形势以及公共管理的新要求，必须强化对政策科学和领导科学的培训与研习，不断提高公务员的政策水平和领导管理能力。政策训练课程主要涉及对国家的战略目标和政策问题的讨论，其基础知识包括经济学、公共政策、管理学和人力资源管理学等；领导管理能力训练的基础知识主要包括公共管理学、领导科学和组织行为学等。而且，在培训过程中，应该把学习各种知识与研究和解决实际问题结合起来，围绕现实工作中的重点和难点问题，开展专题研究和讨论，努力使公务员精通本职业务，提高工作水平和创新能力。专业知识培训则应根据科技进步和社会经济发展情况来确定，特别是要结合具体的岗位规范，使公务员有的放矢地了解和掌握有关专业方面的新观念、新理论、新技术和新方法。

(2) 专业技能培训。公务员的专业技能培训包括通用技能和岗位技能培训两方面。对于新录用或拟晋升领导职务的公务员，应坚持先培训后上岗的原则。近年来，公务员通用技能建设已成为公共部门人员培训的重要内容。中华人民共和国人事部颁布的《国家公务员通用能力标准框架(试行)》规定了公务员必须具备政治鉴别能力、依法行政能力、公共服务能力、调查研究能力、学习能力、沟通协调能力、创新能力、应对突发事件能力、心理调适能力这9大能力。通过专业技能培训，可不断提高公务员在计算机操作、公文写作、外语等方面的通用技能，以及自身工作岗位所要求的特殊技能，对提高我国公务员队伍的实际工作能力、推进管理过程的自动化、信息化、智能力和便捷化，有着十分重要的实际意义。

7.1.3　公共部门人员培训的一般程序

人员培训是人力资源开发与管理系统的一个子系统，这个子系统能否良性运行及其运行的效果如何，将直接关系着组织及其受训者的绩效。通常来讲，一个完整的人员培训体系包括如下几个基本环节：培训需求分析阶段、培训计划设计与准备阶段、培训实施阶段以及效果评估与反馈阶段。如图7-2所示。

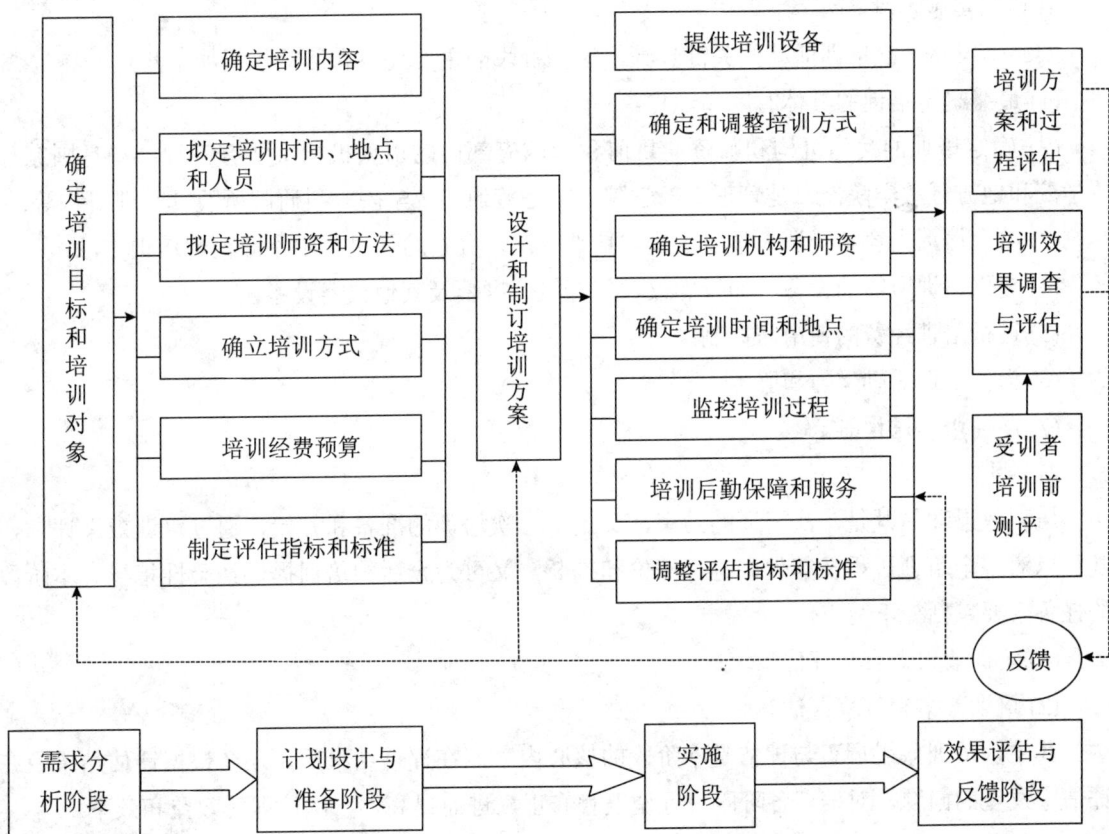

图7-2　公共部门人员培训的一般程序

1) 培训需求分析阶段

培训需求分析阶段是一次培训的开始。这一阶段的主要任务是通过组织分析、岗位分析和人员分析，来解决谁需要培训、培训什么以及预计达到什么样的效果等问题，进而确定培训目标和培训对象。关于培训需求分析，我们将在下一节讨论。

2) 培训计划设计与准备阶段

这一阶段的主要任务是在需求分析的基础上，以书面的形式设计并完成培训计划，以及根据培训需要准备相关的材料、设备和场地等。这一阶段的主要内容包括如下几点。

(1) 根据需求分析确定具体的培训内容；

(2) 确定受训人员的数量和特征；

(3) 确定培训方式(例如，是岗前培训、在职培训，还是离岗培训；是知识培训、技能培训，还是价值观培训等)；

(4) 拟定培训时间和培训地点；

(5) 初步选定培训讲师；

(6) 准备培训材料及仪器设备；

(7) 拟定培训方法(例如，课堂讲授、案例讨论、角色扮演、研讨法等)；

(8) 进行培训经费预算；

(9) 拟定考核方式等。

3) 培训实施阶段

实施阶段是一次培训活动的关键步骤，这一阶段的主要任务和活动包括如下几点。

(1) 最终确定培训的具体时间和地点；

(2) 确定培训的实施机构和师资，目前我国政府部门的培训机构主要有三种：一是国家行政学院和地方行政学院；二是管理干部学院；三是普通高等学院、科研院所及其培训机构等；

(3) 结合培训内容和受训人员要求确定培训方法，并在培训过程中不断调整培训方法；

(4) 提供培训所需的设备，如投影仪、幻灯机、屏幕及其他仪器设备；

(5) 进行培训经费的使用与控制；

(6) 提供培训后勤保障和服务；

(7) 监控培训过程等。

4) 培训效果评估与反馈阶段

培训效果评估既是一次培训的结束，又是下一次培训的准备和开始，通过培训效果评估，既可以对整个培训过程及其效果进行评价和判断，又可为今后的培训提供经验性指导。本阶段的任务主要包括如下两点。

(1) 培训效果调查与评估；

(2) 培训方案和过程评估。

其中，培训效果调查与评估是本阶段的核心内容。在评估结束后，还要根据评估结果及在评估中发现的问题，对培训各阶段进行调整和修正，进而提高下一次培训的效益和效率。

7.2　培训需求分析与培训方案设计

公共部门人员培训应树立长远发展的眼光，避免"头痛医头，脚疼医脚"的现象，提高培训工作的针对性和有效性，由此就需要在开展培训的过程中，首先做培训需求分析工作，在明确培训目的和需求的同时，通过设计科学、合理的培训方案，来"对症下药"地实施人员培训。

7.2.1 培训需求分析

1. 公共部门人员培训需求分析的目的和意义

培训需求分析(Needs Analysis of Training)是在规划和设计培训活动前，运用一定的方法和技术，对可能参与培训的组织及其人员进行有关培训目标、知识结构、技能状况和自我认知情况等的调查和分析，进而识别并确定哪些员工需要培训以及需要何种培训的一种管理活动。培训需求分析是一项目的性很强的工作，它的直接目的是明确培训的方向、目标和内容，提高培训工作的针对性和实效性。最终目的是帮助员工提高自身的知识、技能和能力，转变员工的价值观，促进公共部门人员的全面发展及公共组织绩效的根本性改善。而具体到公共部门，培训需求分析又有不同层次的目的。从长期看，培训需求分析主要是通过预期未来一定时期内公共部门对人员素质和能力等的总体要求，来确定培训的战略目标和总体框架，以指导具体的培训活动；从近期看，培训需求分析主要是通过了解公共部门人员的现有知识结构、水平以及能力和技能状况等与公共部门及岗位要求间存在的差距，明确现有人员是否需要培训，以及哪些人需要培训、培训什么内容、采取什么样的方式和方法进行培训等问题，同时，建立公共部门人员培训效果的评估标准。

公共部门人员培训需求分析的重要性显而易见。目前，很多组织特别是企业组织，非常重视人员培训工作，并积极、主动地开展人员培训活动，有的组织甚至已将培训活动制度化、常态化。目前，公共组织虽然也已注意到了培训的重要性，并越来越重视培训工作，然而，由于多数公共组织的培训不得要领，走过场、流于形式的现象非常严重，有的培训活动甚至成了休闲和旅游观光的代名词。培训缺乏明确的目的性和针对性，培训活动搞"一刀切"，不关注受训者需求，不重视培训评估和反馈，导致受训者不满、公共部门绩效得不到实质性提高。所有这些均说明，有些组织和部门的领导管理层并未从思想和认识上将培训工作切实重视起来，未把培训放到组织和社会发展的战略地位来看待。在培训实践中，要想做好培训工作，首先就需要对培训进行需求分析，弄清组织、部门和员工的需要，切实提高培训的目的性、针对性和科学有效性。具体来讲，培训需求分析的意义主要体现在如下两方面。

(1) 通过培训需求分析，可以大致确定培训的价值和成本。需求分析在综合考虑组织内、外因素的基础上，通过调查分析，来说明培训的必要性及其价值，从而使培训活动得到领导管理层的支持。应该讲，人员培训只是公共部门更新和提高人力资源能力的途径之一，除此之外，公共部门还可通过招聘新员工、强化绩效考评与管理工作，来获取公共组织所需要的相应知识、技能和能力。至于到底应采取哪种途径，往往需要通过"成本-收益分析"来确定。培训需求分析恰恰能从一个侧面来回答公共组织采取哪种途径更划算这一问题。

(2) 培训需求分析是确定培训目标和对象以及设计培训方案的前提，也是做好培训工作的关键。没有需求分析这一先行工作，培训就如同无源之水，不仅会降低培训的效果，而且还会浪费大量的人力、物力和财力，得不偿失。通过有效的需求分析，可以发现组织制度安排和管理中存在的问题，找到员工的工作态度、实际能力状况等与组织及岗位要求间的差距，并通过确定培训目标和培训对象，制订有针对性的培训方案，来引导公共部门人员较好地适应组织发展，通过充实知识、改进技能和能力，来不断提高个人绩效，从而为组织、为社会作出更大贡献。

2. 培训时机的选择

对公共部门来讲，培训工作虽然非常重要，然而，当公共部门人员绩效达不到组织和部门的要求时，问题并不能全部通过培训来解决。在有些情况下，员工绩效低可能是由工作态度导致的，也可能是由性格因素或对新工作的适应性较差导致的，甚至可能是由沟通能力不足导致的，等等。对于上述情况下的低绩效问题，培训并不一定是有效的或最好的方法。这说明，开展公共部门人员培训活动需视具体情况而定。

将员工发展视为公共部门实施人员培训的目的之一，是组织人本化管理的重要体现，但对公共部门来讲，更重要的则是提高员工乃至公共部门的整体绩效，为此，首先就需要弄清楚什么时候需要对员工实施培训。表7-1给出了在不同情况下公共组织及其人力资源管理部门对人员培训应作出的相应响应。

表7-1　公共组织及其人力资源管理部门对人员培训的响应

具体情况和问题	公共组织的响应	人力资源管理部门的管理活动
1. 导致绩效低的问题不显著	忽略它	无
2. 选拔和录用标准不适当	加强对选拔录用标准的注意	进行工作分析
3. 员工未意识到绩效标准	设置绩效目标和标准，并提供反馈	引导培训，进行绩效评估
4. 员工不具备适当的知识和技能	提供培训	设计培训方案，实施和评估培训
5. 高绩效未得到奖励，低绩效也未得到惩罚	建立或修改奖励和惩罚制度，并把它们与绩效联系起来	进行绩效考评，落实奖励和惩罚措施
6. 组织或部门的凝聚力不高	进行团队建设训练	实施团队建设训练

3. 公共部门人员培训需求分析的一般程序

对于培训需求分析，麦吉(McGeheE)和塞耶(Thayer)早在20世纪60年代初即提出了组织培训需求分析的三步体系(见表7-2)。他们认为，培训需求分析是组织要确定是否有必要进行培训、哪些人需要培训以及培训什么内容等的活动。培训需求分析主要是为了弄清"是否需要培训""哪些部门和人员需要培训"以及"培训什么"的问题。培训需求分析既是整个培训活动的开端，又是实施有效培训的基本保证。完整的培训需求分析通常包括三个层次的分析，即组织分析、任务分析和人员分析。培训需求分析的程序如图7-3所示。

表7-2　麦吉和塞耶培训需求分析的三步体系

分　　析	目　　的	方　　法
组织分析	确定组织是否需要培训以及哪些部门需求培训	1. 根据组织的长期和短期目标、经营计划判定培训需求 2. 将组织效率、工作质量与期望水平作比较 3. 制订人力接续计划，对现有人员的知识和技作能作调查 4. 评价培训的组织环境
任务分析	确定应该培训什么内容	分析员工个人的业绩评价标准、要求完成的任务及成功完成该任务需要具备的知识、技能、行为和态度
人员分析	确定哪些人应该接受培训，以及这些人需要进行哪方面的培训	1. 通过使用业绩评估来分析造成员工业绩差距的原因 2. 收集和分析关键事件 3. 对员工及其上级进行培训需求调查

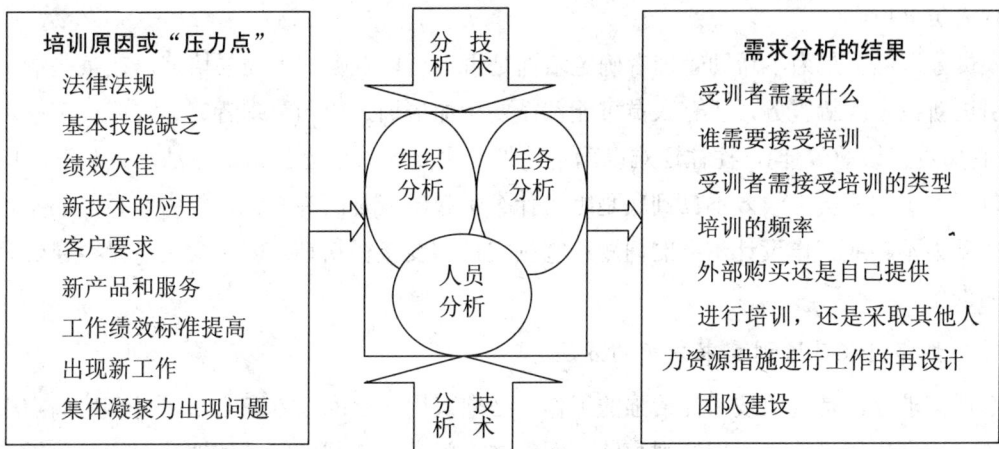

图7-3　培训需求分析的程序

资料来源：[美]雷蒙德·A.诺伊，约翰·霍伦拜克，拜雷·格哈特，等. 人力资源管理：赢得竞争优势[M]. 刘昕，译. 3版. 北京：中国人民大学出版社，2001：265. 略作修改

1) 组织分析

组织分析需要考虑的是是否需要进行培训以及培训是在什么背景下发生的。组织分析是一个对组织进行全方位分析的过程，是一个具有战略意义的分析。组织分析主要包括如下几方面内容：①公共组织发展的目标与战略分析。组织发展目标与战略对组织发展具有导向作用，培训的方向只有与组织目标和战略相一致，才能保证组织目标的最终实现，人员培训对组织来讲也才有意义。②公共组织人员需求分析。需要弄清要确保组织目标实施和战略的正常落实，组织需要多少人员，以及所需人员应具备的素质和能力应是怎样的。③公共组织文化分析。包括贯穿于培训工作之中的组织哲学、价值观念、规章制度、员工精神风貌、组织凝聚力、组织道德和组织风气等。④公共组织资源能力分析。它包括对组织财力、物力、人力和时间等要素的描述。对公共组织来讲，一定时期内可以支配的资源是有限的，如何利用好这有限的资源，充分发挥其效力和功用，关系着公共部门效率、效能及整体绩效的提高。⑤组织氛围分析。组织氛围是决定培训活动能否取得成功的重要因素。如果公共组织没有一个支持和配合人员培训的良好氛围，培训活动就很难开展，也就谈不上持久进行了。对公共部门来说，人员培训活动的良好开展，既离不开领导管理者的全力支持，又离不开受训者的全力配合与积极参与。

2) 任务分析

任务是指员工在具体职位上所履行的工作活动。通过任务分析，可以对员工的工作活动进行刻画和描述，描述内容包括员工所要完成的工作任务以及员工要成功地完成这些任务应具备的知识、技能和能力。任务分析通常包括如下4个步骤：①选择需要分析的工作；②通过对有经验的员工及其主管进行访谈和观察，在参照工作描述的基础上，给出一个在当前工作岗位上需要履行的任务的初步清单；③查证或确认初步列出的任务清单，可通过向有关专家(当前职位的任职者及其上级管理人员)提供任务陈述问卷来进行；④确定要成功完成任务需要具备的知识、技能和能力等。

3) 人员分析

人员分析主要是为了帮助管理者确定培训是否合适以及哪些人需要培训。在某些情况下，例如引进新技术或新服务，所有人员可能都需要参加培训，但当管理者、客户或员工发现某个问题时(如员工绩效欠佳)，往往还难以确定培训是否是解决问题的最好方法。人员分析的内容主要包括：①判断员工绩效不良到底是因为什么引起的，是因为知识、能力和技能的不足，还是工作动力不够或工作设计本身的问题；②确定谁需要接受培训；③确定员工是否已做好接受培训的准备。

4. 公共部门人员培训需求分析的方法

培训需求分析是一项技术性较强的工作，必须采用一定的技术和方法。目前培训需求分析常用的方法有集体讨论法、现场观察法、面谈法、问卷调查法、绩效考评法、资料分析法和差距分析法等。

(1) 集体讨论法。集体讨论法是指结合工作说明书对员工责任、任务和能力等的要求以及员工的实际工作绩效，以集体讨论的方式来分析公共部门员工绩效低或高的原因，找出员工在知识、能力、技能、态度和价值认识等方面存在的差距和不足，进而制定有针对性的解决办法。集体讨论法是一种具有较高员工参与度且成本和效率相对适中的分析方法。

(2) 现场观察法。现场观察法是通过到工作现场直观地观察员工的实际工作过程和行为，来获取员工知识、能力、技能和态度等信息的一种方法。这种方法对观察者有较高的要求，观察者必须熟悉相关岗位情况，并能在观察中及时准确地捕捉到有用信息。现场观察法具有一定的周期性，其分析成本和效率均较高。

(3) 面谈法。面谈法是通过与有关人员进行绩效沟通，来获取岗位信息及任职者知识、能力、技能和态度等方面信息的一种分析方法。通过面谈法获取员工有效信息的首要前提，是为员工建立宽松、平等、和谐的交谈氛围，取得面谈员工的信任，否则，很难获得充分、有效的信息。

(4) 问卷调查法。问卷调查法是使用事先编制好的调查问卷，来搜集与组织、岗位和任职者绩效有关的信息的一种方法。需求分析调查问卷的问题设计必须充分考虑不同岗位的工作性质和特点，以及各岗位对任职者知识、技能和能力等的要求，并列出所调查的培训项目，然后由被调查者对每一个培训项目的重要性和任职者的培训需求进行等级评价。问卷调查法通常具有较高的受训者参与率，分析过程可以量化的程度也较高。

(5) 绩效考评法。绩效考评法是通过定期或不定期的考评来进行培训需求分析，通过将绩效考评结果与工作说明书中的绩效标准相比较，发现员工的绩效差距，进而找出导致这种差距的原因的一种方法。绩效考评法虽然能够与员工绩效考评过程结合起来，分析过程具有较高的可量化程度，但在使用这种方法进行培训需求分析时，必须与面谈法紧密结合起来，以便找出导致员工低绩效的真正原因。

(6) 资料分析法。资料分析法是指运用现有的组织发展和工作描述等资料来综合分析培训需求。可选用的资料通常包括组织发展规划、人力资源规划、工作分析资料和人力资源信息系统数据等。这种方法比较适合对新员工的培训需求进行分析。对于老员工，也可通过将工作描述与工作日志和员工绩效考评结果等进行综合分析,来了解其培训需求。

(7) 差距分析法。差距分析法是通过将员工的知识、能力、技能、工作态度以及绩效等现实状况与理想状况,或将低绩效员工的绩效与各岗位的绩效标准进行比较,分析差距产生的原因,进而确定培训需求的一种方法。差距分析涉及两个层面的分析内容:一是差距程度的判断;二是差距原因分析。差距原因分析的目的是了解到底是什么因素导致了员工现实状况与理想状况的差距,是绩效标准定得不合理,还是员工对岗位职责任务了解得不够,或者员工缺乏岗位任职所要求的知识、能力和技能,抑或员工工作态度、文化价值认同等有偏差,并以此来确定培训的目的、对象和内容。

7.2.2 培训方案设计

培训方案设计是公共部门人员培训的重要环节,具有承上启下的作用。为了确保公共部门人员培训的有效性,应在做好培训需求分析的基础上,结合组织、部门和受训人员的情况以及时间、经费投入等,在不影响公共组织正常工作的情况下,精心设计好培训方案。

培训方案设计是一项较为具体的工作,主要包括如下基本内容:建立培训的具体目标、确定培训的内容、进行培训经费预算、确定培训方式(是岗前培训、在职培训还是离职培训,或者是初任培训、任职培训,还是专业知识和技能培训,抑或是更新知识和技能培训)、选择培训的实施机构(是自己组织实施,还是委托或外包给外部供应商或教育机构实施)和培训师资、拟订教学计划和教学方法(包括课堂讲授、案例分析、研讨式教学等)、初定培训时间和地点、提出培训监控、后勤管理服务的人员安排和措施等。

1. 确定具体的培训目标

培训具体目标的确立是培训需求分析阶段的进一步延续和具体化。培训目标通常包括如下几点。

(1) 学习目标(Learning Objectives)。确立学习目标的目的在于让受训者了解"为什么要学习"以及"学习应达到什么样的效果和标准",它所关注的是经过培训,受训者的知识、技能、能力和价值认同等应发生的改变及达到的水平。

(2) 绩效目标(Performance Objectives)。确立绩效目标是为了让受训者知道自己目前的实际绩效与组织要求的绩效标准间存在的差距,以及造成这种差距的主要原因是什么,目的在于让受训者明白接受培训的绩效意义和实际价值。绩效目标关注的是受训者受训后所带来的实际工作绩效变化。

(3) 行为目标(Behavioral Objectives)。行为目标所关注的是受训者受训前、后的行为改变以及这些改变给组织、部门和个人绩效带来的影响。

培训目标的设计应力求具体和精确化,模棱两可的目标陈述既不利于培训内容和结果的正确传递,又不利于培训人员对培训内容和材料的准确把握。下面是R.加涅等人所做的对一种情况的两种陈述,通过比较这两种陈述,我们可以更好地领会什么样的陈述才算是精确的:第一种陈述是"意识到大多数植物的生长需要阳光"。应该讲,这种陈述实际上并没有说出或表明这样的结果如何才能被观察到。第二种陈述是"举例说明阳光影响植物生长"。这个陈述意味着培训者必须观察受训者所举的显示他知道阳光和植物生长之间关系的例子。同样，在管理培训中，我们往往会使用"了解沟通的重要性"这样的陈述，由于这种陈述不能被观察，因此对受体来讲往往不够直观，而如果换一种说法，情况就会完全不同了，如"结合自己的工作和生活情境中的例子来说明沟通的重要性"。

在培训目标确定过程中，不仅要确定学习目标，而且还要尽可能使学习目标具体化。例如，一线工作人员非常重要的责任之一是"爱护组织设备的责任"。对这样一个职责的学习，如果要将它开发成学习目标，设计者应该注意，它所关心的不是员工能否注意设备的保护性使用，而是关注他们是否经常倾向于这样做。"责任"一词所表明的是员工行为在任何时候都需要发生，而非任何指令要求的结果。构造上述学习目标的方法是：在使用设备过程中(情境)，选择(学习成果)保护性使用(行为)设备(对象)设备的经常性倾向。

2. 培训内容的确定与具体培训方案的设计

培训内容的确定是在确立了培训目标后进行的。培训内容确定的准确与否，将直接关系着培训活动的成败及其效果。一般来讲，公共部门人员培训的内容主要集中在知识和技能的普及性学习、特殊知识和技能的学习、增进语言能力的学习、法律法规和制度规章的学习以及文化、价值观和态度的学习等方面。

教学计划设计就是将培训内容落实到可见的课程目录中合并进行先后排序的过程。培训方案设计通常表现为教学设计。图7-4是一个被人们广泛认可的教学设计模型。

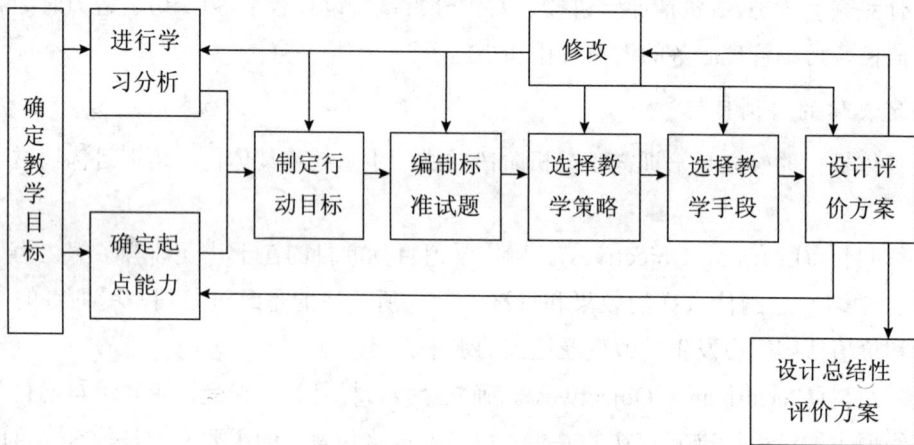

图7-4　一个基于系统观的教学设计模型

资料来源：Dick, W. & L. Carey. *The Systematic Design of Instruction*(3rd ed.)[M]. Londen: Foresman,1990:69.

在教学目标确定后，接下来就需要进行教学分析，并确定起点能力。教学分析的目的在于确定为达到组织、部门和岗位目标所需具备的知识、技能和能力。受训者起点能力分析在于了解并确定学习者的知识、能力和技能现状以及学习者本身的特征，目的是把握教学活动的起点，设计合理的教学方法和教学进度。教学分析和受训者起点能力分析是课程设计和教学内容开发的前提，只有充分掌握组织、部门和岗位对任职者的知识、技能和能力的需求，把握任职者或拟任职者的知识、技能和能力现状，才能有效指导具体课程和教学内容的设计，从而通过培训来达成需求与供给的对接。

　　培训行动目标的制定实际上是一个将一般性目标转化为具体目标的过程，也就是将抽象、笼统的培训目标和内容，具体化为受训者的学习目标和学习内容的过程。将一般性目标转化为具体目标的原因有三：一是为受训者提供在不同层次和不同水平上进行相互交流的平台；二是通过将目标细化来制定具体的计划，进而开发教材和传输系统；三是具体化的目标通常是以操作性术语而不是以内容提要的方式来陈述的。只有如此，才能测量受训者的学习效果，知道什么时候达到了目标。

　　而为了衡量受训者接受培训的实际效果，了解受训者受训后知识、技能、能力、行为以及价值认识等的变化，就需要通过编制标准化的测试题目，从反应、学习、行为和结果4个层面来检验受训者的学习效果。虽然说测验效果要等到课程结束后才能检测，但标准化试题的开发则应在培训活动开始前或进行过程中进行，目的在于指导培训的实施。

　　教学策略是主导培训过程、指导培训者选择合适的教学方法和教学手段的依据。常见的教学策略主要有两种：以培训者为中心策略和以受训者为中心策略。以培训者为中心的培训策略往往以培训者为主导，一切围绕培训者"转"，体现出显著的"卖方市场"特征，强调受训者对培训者的绝对服从，受训者基本处于被动地位。以受训者为中心的培训策略则是一种以受训者为主体的教学策略，一切围绕受训者"转"，具有明显的"买方市场"特征，在整个培训过程中培训者基本以指导者、辅助者的身份出现，注重对受训者的自发意识、独立能力及团队合作精神的培养。

　　对于培训方法和手段的选择通常以培训内容和课程性质为依据。例如，对于操作性很强的技能培训，就不太适合选择课程讲授方法，而更适合采用实地演练、情景模拟等方法。在培训过程中，至于是选择多媒体教学，还是选用传统的黑板教学手段，也要视具体的培训课程和教学内容而定，绝不能"一刀切"地采用多媒体或传统的黑板式教学手段。

　　在教学计划初步成型后，还需要结合培训需求分析结果、目标以及培训对象的实际情况进行修正，尽可能使教学计划符合组织、部门、岗位及任职者的需求。

　　应该讲，在培训方案设计过程中，最关键的是培训内容的确定和教学计划的开发、设计。教学设计通常包括课程的选择及课程的教学内容、教学目的、教学方法和考核方法选择等。课程设计的方法很多，其适用范围和情况也各不相同，目前使用最多、最普遍的课程设计方法有专家意见法、适应性模型法和深度递进法，如表7-3所示。

表7-3　课程设计方法

方　法	详　细　内　容
专家意见法	对培训内容、岗位、方法、课程等非常熟悉的专家，根据公共组织自身的实际情况，构建他们的课程安排模型
适应性模型法	以现有工作岗位上的，所具有的知识、技能和能力达到岗位要求的任职者为标准，按他们的知识结构、知识水平对培训课程进行设计
深度递进法	在培训过程中，按培训目标对培训课程的要求，选择一定的由浅到深的不同课程，分类进行培训，从而达到教学目标

　　资料来源：谢晋宇.人力资源开发概论[M].北京：清华大学出版社，2005：166.

　　在课程设计中，通常要用到课程要素的概念。课程设计中常用的课程要素主要有如下

10个。

(1) 课程目标：根据组织、任务、员工及其面临的内外部环境的需要而定。

(2) 课程内容：从实现课程目标的角度出发来选择和组合培训内容。

(3) 课程模式：有效体现课程内容，采用配套的组织与教学方法。

(4) 课程策略：主要包括教学程序的选择及教学资源的利用。

(5) 课程评价：对课程目标与实施效果的评价。

(6) 教材：切合学员实际，能够提供足够的信息。

(7) 受训者：受训者的学习背景与学习能力。

(8) 执行者：在这里是指理解课程设计思想的主持人与教师。

(9) 时间：要求充分利用培训时间。

(10) 空间：可超越教室的空间概念。

3. 培训经费预算

公共部门人员的培训活动必须考虑经费预算问题。经费预算不仅关系着培训方案的有效性，而且关系着一个培训项目的效益问题。再好的培训方案，如果没有必要的经费支持，都将难以正常实施，当然，如果培训经费支出过高，也将严重影响培训的收益率。通常来讲，培训的经费主要包括直接成本和间接成本两部分。其中，直接成本通常包括：培训场地租用费(如为自有场地，此项费用则可能为零)、培训材料开发与印制费、培训设备仪器使用费(如为自有设备仪器，此项费用可能为零)、受训人员的学杂费、支付给外部培训机构和培训师的费用、培训管理人员的补助费等；间接费用主要有：因受训人员离岗或离职而带来的收益损失、支付给受训人员的工资和福利、支付给公共部门培训管理人员的工资和福利等。

现实中，对公共部门人员培训的经费预算往往只计算直接成本，实际上，培训效果评估则应以总成本为基础。

4. 培训机构和师资选择

就公共部门而言，实施培训的机构通常包括国家和地方行政学院、管理干部学院、大专院校以及企业性的培训机构等。在培训机构选择过程中，一方面应结合公共部门及其岗位和人员的发展目标和需求，另一方面则应充分考虑自身的任务安排和经费预算情况，在此基础上，尽可能选择那些与公共部门及其人员发展目标和需求相适应的、具有较强专业性和较高信誉度的培训机构。

在公共部门人员培训过程中，师资的选择将直接影响培训效果。一位优秀的培训师既要有广博的理论知识，又要有丰富的实践经验；既要有丰富的培训经验、掌握熟练的培训技巧，又要有高尚的人格和极强的责任心。因此，培训师的知识、经验，培训技能、技巧，以及人格特征和责任心，是判别培训师水平的三个维度。

5. 培训时间和地点选择

培训时间的选择要依培训内容的难易程度、所需时间的总长度以及公共组织自身的日常工作安排而定。一般来讲，内容相对简单的、短期的培训，可以采用集中学习的办法，一气呵成；内容复杂、难度较大、耗时较长的培训，则宜采用分散学习的办法，以便节约开支，提高效率。

培训地点的选择应结合培训内容、公共组织的日常工作安排来确定。在选择培训地点的过程中，特别要考虑如下几方面因素：视觉效果、听觉效果、温度控制、空间的大小和形状、座位安排、交通条件、生活条件等。

6. 培训活动的后勤管理与服务

培训活动的后勤管理与服务对培训的效果及成败有重要影响。一般来讲，培训活动的后勤管理和服务的内容主要包括：培训项目的通告，受训者报名和注册，各种培训材料的印制、购买与发放，分发培训评价数据，提供培训者和受训者的联系方式，记录培训结果，设计培训的时间表，选择并布置教学场所，仪器、设备的提供与管理，受训者的生活安排和管理，受训者所在岗位的任务安排，培训师的接待、安置和生活服务等。

7.3 公共部门人员培训的实施

7.3.1 公共部门人员培训的方法

公共部门人员培训方法多种多样，概括地讲，主要包括演示法、亲身体验法和实地培训法。演示法是在培训过程中，培训者将培训信息(事实、过程和解决问题的方法等)演示给受训者，供受训者学习的方法。演示法主要包括课堂讲授法、视听技术法和远程学习等。亲身体验法强调受训者的亲身体验和主动学习。亲身体验法主要有研讨法、案例分析法、角色扮演法、情景模拟法、行为示范法、管理游戏等。实地培训法是为避免所学与所用相脱节而发展起来的一种方法，这种方法主要有实习法、学徒法、在职培训法、实地调查法等。下面重点介绍几种常见方法。

1. 课堂讲授法

课堂讲授法是培训者向受训者直接讲解或传授知识和技能等的教学方法。课堂讲授法通常辅之以问答、讨论或案例研究等方式。尽管近些年来，交互式技术和多媒体技术等新教学方法不断涌现，但课堂讲授法目前仍然占有十分重要的地位。课堂讲授法是一种成本低、耗时少、接受群体相对较大的传统方法。课堂讲授法通常以培训者或教师为中心，所传授知识的性质、重点、供给量和速率等均取决于培训者或教师。受训者或学生在课堂上基本处于被动地位，因其与培训者或教师的相互交流少，培训者或教师得到的反馈信息也少，因此，往往对培训效果形成很大影响。长期以来，课堂讲授法受到了诸多批评和指责，其中最主要的批评是：课堂讲授法是一种信息单向流动的方法，学习者经常处于被动接受信息的地位，容易产生无聊和厌学情绪，往往难以达成受训者之间的经验或思想的交流与分享。

要修正传统课堂讲授法的不足，就必须从增强受训者的学习主动性上下工夫，在附以问答、课堂练习、讨论、案例分析等培训方法的同时，还应引导受训者经常性地去思考和提问，从而提高受训者学习的积极性和主动性，变"要我学"为"我要学"。

2. 研讨法

研讨法，也称讨论法，是培训者组织受训者围绕某一问题或就某一材料进行讨论和交流的一种教学方法。研讨法既可以培训者或教师为中心，又可以受训者或学生为中心。在公共部门人员培训活动中，研讨法能否成功实施主要取决于培训者或教师能否将受训者或学生的积极性和主动性充分地调动起来。研讨法往往以受训者对研讨的问题和背景材料的较深刻理解为前提。

在运用研讨法进行培训时，关键是培训者或教师通过什么样的方法和技巧来激发受训者参与研讨的主动性和积极性，同时要尽可能多地为参与者提供阐述自己观念和看法的机会。为保证研讨的成功，培训者或教师应考虑如下几方面问题：①制订科学的研讨计划，明确研讨的目标、具体内容，并事先设计好研讨的方式和主要问题；②把好研讨"开头关"是至关重要的一步，做得好，受训者或学生就能很快进入角色，并参与到研讨中来；做得不好，研讨就很难进行下去；③注意倾听发言者的观点，并注意对其提出的观点进行适当调整和把握；④适当控制研讨信息范围和时间进度，处理好研讨中出现的冲突问题；⑤对研讨进行总结，并提出反馈意见和建议，引导受训者或学生做进一步思考。

研讨法的形式多样，常见的如演讲-讨论法、小组讨论法、集体讨论法、系列讨论法、攻关小组法、沙龙式方法等，每种形式都有其优势和不足，应结合培训内容有针对性地选择。

3. 案例分析法

案例分析法是按照学习目标，将生活中实际发生的或根据生活和工作情境杜撰的事件典型化后，供受训者进行有针对性的思考和分析，通过独立研究和相互讨论，来提高受训者分析和解决问题能力的一种方法。案例分析法是公共部门人员培训活动中的常用方法之一。

应用案例分析法的关键是案例的选择或编写。一个好的案例通常包括如下基本构件：事件发生的背景资料、时间、人物关系；事件的典型性及能够引发人们思考和争论的问题；相对独立和完整的情节；案例结构合理、语言流畅。

案例分析法的优点是：①能够调动受训者或学生的主动性；②能引发受训者或学生展开争论，集思广益；③能够培养和训练学生分析和解决实际问题的能力；④培养团队合作精神和意识。案例分析法的缺点是：①案例中所提供的情境可能与受训者现实中遇到的问题有一定甚至较大的出入；②选择和编制一个好的案例往往需要投入较大的人力、物力、财力，而且对选编者有一定的技能和经验要求；③耗费时间一般较多；④案例分析法比较注重过去发生的事件，对受训者或学生的思维能力有一定的局限性。另外，在使用案例分析法进行培训时，教师往往倾向于控制讨论向他所期望的方向发展，学生也往往不习惯阅读长篇案例，等等。

克服案例分析法的缺点的办法是：①尽可能选择与培训目标相一致的案例；②学生在案例分析前必须做好充分准备；③案例应无标准答案；④在进行案例分析时，教师应始终保持中立的态度；⑤在案例讨论结束后，应随时做好总结归纳工作。

4. 角色扮演法

角色扮演(Role Playing)是指让受训者亲自扮演事先设定好的情境中的具体角色，使之身临其境地处理其中所发生的矛盾和问题的一种方法。角色扮演与情景模拟有相似之处，但也有区别。区别是受训者可获取的反应类型和背景情况的详尽程度是不同的。比较而言，角色扮演所提供的背景信息是相对有限的，而情景模拟则详细得多；情景模拟注重物理反应，如打电话、发出指令等，而角色扮演则注重人际关系反应，如解决矛盾冲突等；在情景模拟中，受训者的反应结果取决于模型的仿真程度，而角色扮演中受训者的反应结果则取决于受训者的情感或主观反应。①

角色扮演法的优点是：①受训者之间的互动性及受训者的行为表现力比较强；②有助于受训者学会换位思考；③能够重塑或改变受训者的态度和行为；④有利于角色扮演者的想象力的发挥。缺点是：①因角色扮演者从背景数据中获得的信息较少，不利于其正确参与；②角色扮演者的主观反应可能影响角色扮演的培训效果；③不适用于对团队精神的培训；④因角色扮演中的角色行为相对固定，会在一定程度上限制受训者的创新能力的开发。

角色扮演法的关键是角色和情境的设计与创造，如果角色和情境设计得不好，将会直接影响培训效果，往往事与愿违。

5. 情景模拟法

情景模拟，也称仿真模拟，是对现实的工作情境或环境进行模拟的一种培训方法。应用这种方法时，需要向受训者提供与工作情境相同或类似的仪器、设备、器材及其他相关的数据，即公共部门人员在实际工作中使用的设备、仪器和其他器材的复制品。受训者进入模拟的工作情境后，通过对相关仪器、设备及其他器材的操作，可以学到实际工作中需要的工作知识、技能和能力，从而达到培训效果。如宇航员在实际飞行前接受的情景模拟训练。

情景模拟法的优点是：①可以有效避免实际操作中的风险和损失，降低实际工作的技能性成本；②增强受训者的实际工作信心；③能有效缩短受训者与岗位的磨合期。情景模拟法的缺点是：模拟环境和设施的开发成本较高，且需要不断更新。

6. 岗位轮换法

岗位轮换法是让受训者在预定时期内变换工作岗位，使其获得不同岗位的相关知识、技能和工作经验的一种培训方法。该方法是一种在职培训方法，适用对象主要为新入职或即将入职的员工。

岗位轮换法的优点是：①能丰富受训者的工作经历；②识别受训者的长处和短处，便于了解受训者的专长和兴趣爱好，从而在实际工作中更好地开发和利用受训者的长处；③能够增进受训者对各部门和岗位的了解，扩展员工知识面，为受训者跨部门合作或转换工作岗位打下基础。缺点是：①因受训者在所轮换岗位上停留的时间太短，所学的知识和技能非常有限；②此方法适用于对一般直线管理人员的培训，不适用于对职能管理人员的培训。

7. 视听技术法

视听技术法是运用现代视听技术，如幻灯片、CD、VCD、DVD、录放(像)机、录音机、电视机等来培训受训者的知识和能力的一种方法。目前，视听技术在公共部门人员培训中正得到越来越广泛的应用。

视听技术的优点是：①灵活、具体、过程化；②受训者直观感知性强，视觉和听觉效果明显；③行为模仿性和互动性强；④能够再现受训者的行为表现；⑤学习过程的可控性强；⑥能够说明不易解释和接触的难题、事件以及设备。缺点是：①实践性差；②开发或制作成本较

---

① [美]雷·诺伊. 雇员培训[M]. 北京：中国人民大学出版社，2001.

高;③易扰乱受训者的学习重心。

8. 行为示范法

行为示范法是向受训者示范关键行为,并向他们提供实践这种关键行为的机会的一种培训方法。行为示范法比较适合于与行为有关的技能性培训或行为学习,如人际技能培训、操作技能培训等。行为示范法是一种程序化的培训活动,它包括介绍与演示、技能准备、实际操作和应用三个步骤。应用行为示范法的关键之一是准确地定义关键行为。

行为示范法的优点是:这种培训方法是根据受训者在实际工作环境中将会遇到的情境设计的,可以让受训者在短期内学会某种技能或技巧,并运用到实际工作中去。缺点是:可能造成受训者机械地模仿所学的关键行为,实际运用的灵活性差。

9. 管理游戏法

管理游戏(Management Games)法是由两个或两个以上的受训者在遵守一定规则的前提下进行相互竞争或相互合作,以达到某项目标,进而训练受训者收集信息、发现和提出问题以及分析和解决问题的能力的一种方法。游戏的趣味性和竞争性特点,常常能激发参与者的兴趣和内在主动性,加之管理游戏法强调对受训者解决问题和决策的能力的训练,因此,被广泛应用于管理性培训中。

管理游戏法的优点是:①能较好地激发参与者的积极性和主动性;②能充分发挥受训者的想象力,在改变受训者认知、态度和行为方面可以收到良好效果;③有利于培养团队精神;④有利于受训者将所学知识、技能和能力与直观、复杂的情境相结合,加深印象。缺点是:①由于游戏往往将现实简单化,因此会影响受训者对现实的真实理解;②游戏与现实的差距会导致受训者随意决策,容易造成受训者缺乏责任心;③耗时较多;④多数管理游戏都比较注重结果性指标,而相对忽视了对达成这些结果的方法的训练。

10. 拓展训练法

拓展训练法(Outward Bound Method),也称极限训练法,是由教师设计出许多模拟的惊险情境或极限训练方案,让受训者参与其中,以训练受训者的耐受力和团队合作意识的一种方法。通过拓展训练,受训者可以从中获得战胜自我的勇气和能力,深刻理解团队合作的重要意义。

7.3.2 公共部门人员培训方案的实施

培训方案的实施是公共部门人员培训的关键环节。科学合理的培训方案既可以为培训工作提供明确的方向及实现培训目标的计划和步骤,又可以为培训的实施及培训效果的评估提供指导和参考依据。培训方案的实施过程主要包括如下几个具体环节。

1. 确定培训机构及培训方式和方法

培训机构的确定关系到由谁来承办或实施培训的问题。就公共部门而言,到底是自己还是选择其他培训机构来实施培训,一要看欲培训的内容;二要看受训人员的任务和时间安排;三要看培训经费预算;四要看培训机构能够提供的产品与公共部门及受训人员需求的吻合程度,以及培训机构的信誉度。总之,需要通过多方面权衡来最终确定培训机构。

培训方式和方法的选择，在很大程度上影响着培训的有效性。培训方式和方法的确定，要视不同的培训目标、培训内容、培训对象和培训要求而定。常见的培训方式和方法在前文已作阐述，公共部门可以根据自身情况来有针对性地选择或混合使用不同的培训方式和方法。

2. 确定培训时间和地点

培训时间的合理选择与分配，要在综合考虑受训对象的工作紧张程度、时间安排，以及培训内容的难易程度和培训所需要的总时间的基础上来最终确定。确定培训时间时需要坚持的原则是：既不影响正常工作，又要使培训产生实质性效果。

培训地点的确定，既要考虑公共部门及受训人员的实际情况，又要考虑培训地点的视听效果、内外环境、场地大小和形状、座位安排、交通条件和生活条件等。

3. 确定培训师资

培训师资的确定要根据培训项目的内容、所要达到的目标、资源限制等因素来进行。在公共部门人员培训中，培训师资的选择和确定应尽可能与受训人员的实际工作需要相结合。

4. 培训经费及设备保障

培训经费的来源、投入和分配使用，关系到培训的规模、水平和质量。公共部门应改变由国家财政单一拨款的局面，争取通过多渠道筹集培训经费，同时加强培训经费的管理，实施制度化管理，确保经费的合理分配和使用。在培训方案实施过程中，还要结合培训的内容、所使用的培训方法以及培训师资的需要，及时提供培训所需的设备，如电视机、投影仪、屏幕、放像机、幻灯机、黑板、白板、纸和笔等。一些特殊的培训甚至还需要专门的培训设备。

5. 培训的后勤管理与服务

培训的后勤管理和服务关系着培训的效果甚至培训的成败，是确保培训方案顺利实施，并达到预期培训效果的重要方面。培训的后勤管理和服务涉及的内容复杂多样，从培训师和受训人员的食、住、行到培训时间的安排和调整，以及培训资料的印制和发放、培训过程的监控管理等。培训的后勤管理和服务应本着细致、周到、热情、耐心的原则展开。

7.4 公共部门人员培训效果评估

培训效果评估是公共部门人员培训的最后环节，同时也预示着下一次培训活动的开始。培训效果评估是公共部门对培训成本和收益进行评价及对受训者在培训前后的知识、技能、能力、行为和绩效变化情况等进行分析和比较的过程。培训效果评估是人力资源管理部门获得领导管理层支持的有效手段。因为只有当他们能提供材料和结果来证明公共部门人员培训活动的价值和贡献时，这种活动才有可能得到领导管理层给予的经费、时间和人力的支持。

7.4.1 公共部门人员培训效果评估的目的和标准

公共部门人员培训效果评估的目的是：①确定培训项目是否达到了预期目标；②测量培训项目的投资收益率及价值大小；③确定哪些参与者从项目活动中获得了较大收益；④确定将来

由谁来参加培训；⑤测量培训的最终效果，以评价培训项目的总体成果；⑥测量和跟踪培训全过程，以寻找不足，进而提出改进措施；⑦研究培训中一些非量化和无形的影响；⑧为人力资源信息系统提供数据支持。

人员培训效果评估的直接标准是投资回报率。它通过计算培训所带来的节约和收益与培训所花费的时间和成本之比，来反映培训的成效。通常选择的评估标准包括：培训后公共部门生产力是否提高了，培训后工作中的差错率是否降低了，培训后公共服务质量是否得到了明显的提高等。而且需要证明，公共部门生产力的提高、工作中差错率的降低以及公共服务质量的明显改善等变化是否与培训密切关联。虽然投资回报率标准在公共部门中有一定的使用空间，然而，由于公共部门产出经常是非量化、具有政治性和非标准化形态的，因此，这一标准存在较大的局限性。鉴于上述原因，公共部门对培训效果层面的评估，主要是通过组织观察和考评员工在培训前、后的工作表现和工作绩效的变化来进行的。这些表现和绩效变化包括理论素养和政策水平、政策和行政的执行能力、对公众服务的态度、对组织交办的各项工作完成的数量和质量等。

7.4.2 公共部门人员培训效果评估的内容

公共部门人员培训效果评估实际上说明的是"评估什么"的问题。对于培训效果评估中所涉及的内容，尽管学者们的观点和看法不一，但从目前人们的认可度来看，当属唐纳德·科克帕特里克(Donald Kirkpatrick)提出的4层面模式，见表7-4。

表7-4 唐纳德·科克帕特里克培训效果评估的4层面模式

层　面	描　　述	衡　　量
反应层面	学员对培训项目的哪些方面感到满意	问卷调查
学习层面	学员从培训项目中学到了什么	纸笔测试；绩效测评；模拟测试
行为层面	通过培训，学员的行为是否发生了变化	主管的绩效评价；同事的绩效评价；客户的绩效评价；下属的绩效评价
结果层面	行为的变化是否对组织产生了积极影响	事故率；质量；生产率；流失率；士气；成本；收益

资料来源：Kirkpatrick, D. *Evaluating Training Programs*[M]. San Francisco: Berrett-Koehler Publisher, 1994:191.

1. 反应层面

反应层面是培训效果评估的第一个层面，它所测量的是受训者对培训项目的回应情况，即受训者对某一培训项目的满意程度。当然，受训者喜欢的培训项目并非都是有用的，但通常来讲，组织还是希望培训项目是受受训者欢迎的，因为不受欢迎的培训项目，即便对组织再有用，往往也难以收到良好的培训效果。反应层面一般需要评估如下三方面内容：一是与培训内容有关的情况，如培训内容是否有用、清晰、有趣，培训材料选取得是否适当等；二是与培训机构和培训教师有关的情况，如培训机构是否认真负责，培训教师控制培训的能力如何等；三是培训中的后勤保障情况，如培训场所的环境、仪器和设备的供给情况以及日常生活保障情况等。对反应层面的评估经常采用调查问卷、面谈和公开讨论等形式。表7-5是一份典型的反应评估问卷。

表7-5 反应层面评估问卷(样本)

培训计划名称:	指导者:		日期:

1. 你如何评价整个培训计划?

☐ 非常好　　　☐ 很好　　　☐ 好　　　☐ 一般　　　☐ 差

2. 培训设施、午餐安排得如何?

☐ 非常好　　　☐ 很好　　　☐ 好　　　☐ 一般　　　☐ 差

3. 将来你愿意参加同类培训吗?

☐ 愿意　　　☐ 不愿意　　　☐ 不确定

4. 该培训计划与你现在的工作的相关程度有多大?

☐ 在很大程度上相关　　　☐ 在某种程度上相关　　　☐ 在很小程度上相关

5. 你如何评价培训教师的能力和风格?

☐ 非常好　　　☐ 很好　　　☐ 好　　　☐ 一般　　　☐ 差

6. 对未来计划的其他说明和建议:

_____

_____

_____

签名(可选项): _____

2. 学习层面

学习层面评估的是受训者对所教原理、事实和技能的理解与掌握的情况如何。学习层面评估通常在培训过程中或培训结束后进行。评估学习成果的方法很多,概括地讲,可分为三大类:第一类是根据实施评估所采用的媒介(常见的媒介,如纸和笔、计算机辅助、录像辅助和模拟工具等)来编制的,如培训内容的纸笔测试、计算机辅助测试等;第二类是按学习目的和内容来划分的,如能力测试、成就测试等;第三类是按照测试方式来进行的,如口头测试、作文测试、自我评估、教师评估、课堂绩效测试、目标测试、平均值参照测试和准则参照测试等。学习层面评估的优点是:对受训者有压力,能够督促受训者认真学习;对培训者有压力,能促使培训者在培训中认真负责,促使其精心准备课程和认真授课。

3. 行为层面

行为层面评估的是受训者工作行为的变化特征,它比反应层面评估和学习层面评估要困难得多。测量受训者行为变化的指导原则包括如下几个。

(1) 行为层面的评估应该是对在职绩效的评估。

(2) 行为评估应由下列一个或多个评估人进行。

① 受训者;

② 受训者的上司;

③ 受训者的下属;

④ 受训者的同事或其他完全熟悉受训者工作绩效的人。

(3) 培训前、后应作绩效对比的统计分析。

(4) 评估应在培训结束后的几个月后进行,以便使受训者有时间将所学知识、技能和能力等应用于工作实之中。

(5) 可使用控制小组(该小组人员未接受相应培训)。

(6) 在进行评估时，要进行成本与收益比较。

考虑到行为层面评估的复杂性和专业化，因此，在实施行为层面评估时，应尽可能选择那些适合实施行为评估或值得进行行为评估的培训项目或课程，或者委托或外包给专门咨询评估机构实施。

4. 结果层面

结果层面评估所测量的是那些可能具有较明显变化特征的变量的变化，如员工离职率降低、生产成本减少、员工效率提高、员工抱怨减少、员工满意度提高、客户关系改进等。在进行结果层面评估时，也可以采用预先测试、事后测试和控制小组等办法。

7.4.3 公共部门人员培训效果评估的步骤与方法

1. 公共部门人员培训效果评估的步骤

公共部门人员培训效果评估的过程通常包括如下三个步骤。

1) 制定评估标准

评估标准的制定通常是在反应、学习、行为和结果4个层面上作出的，它涉及认知成果(用来判断受训者对于培训项目所强调的原则、事实、技术、程序或流程的熟悉程度)、技能成果(用来衡量受训者的技术或运动技能水平及其行为，包括技能的获得或学习以及技能的在职应用两个方面的内容)、情感结果(包括受训者的态度和动机两方面内容)和绩效成果(用来判断培训项目给公共组织带来的回报)。评估标准的相关指标的确立一般要考虑如下要求：①以培训目标为基础；②具备较强的可操作性；③配合培训计划。

2) 填写培训效果评估表

这一步的关键是设计出一份优秀的培训效果评估表。一份优秀的培训效果评估表应达到如下几点要求：①以培训目标为导向，以相关标准为基础；②应包括培训的主要因素和环节；③鼓励受训者真实反映培训效果；④结果应能量化，便于统计、比较和评估。

3) 评估效果的转移

评估效果的转移是指把培训的效果转移到工作实践中去。要使培训效果有效地转移到实际工作中去，就必须考虑培训与公共部门的总体目标、政策、组织结构、工作流程及方法和组织文化的配合，确保公共部门的运营与培训所传授的概念不相违背，从而保证培训工作的有效进行，以帮助公共组织达到预期目标。

公共部门要提高培训的转移效果，应注意以下因素。

(1) 让受训者知道培训的理论根据，明白和接受培训的程序和方法。

(2) 设置专人示范。在培训活动中，要有专人示范所传授的概念、技巧或方法，使受训者有观察和参与讨论传授的概念、技巧或方法的机会，增加培训的实用性，使受训者灵活地运用所传授的概念、技巧或方法。

(3) 让受训者实际操练或模拟。实际操作或模拟能够提高受训者将所培训的技巧或方法应用到工作中去的可能性。操练或模拟可以使受训者作出有关的行为，感受其中的滋味，了解其中的困难及获得由克服困难所带来的成就感，由此增加应用技巧和方法的信心。因此，在进行操练或模拟后，应进行讨论和响应，帮助受训者解决问题和克服困难，从而强化学习效果。

(4) 给受训者提供实际应用培训内容的机会。受训者若有机会在工作中应用所学技巧，加之专人从旁加以指导，可以极大地提高其实际运用能力。

(5) 实际应用与专人指导相结合。将培训与工作实际联系起来的最好方法是：将实际应用培训内容的时间延长，使受训者能在长时间内在专人的指导下将所学加以应用。

2. 公共部门人员培训效果评估的方法

常用的评估方法主要有如下几种。

(1) 测试比较评价法。在员工培训项目实施前和结束后分别用难度相同的测试题对受训者进行测试。如果受训者在培训结束后的测试成绩明显提高，则表明培训确实使受训者获得了较多的知识、技能和经验。

(2) 工作绩效考评法。在员工培训项目结束后，每隔一段时间(如3～6个月)以书面调查或面谈的形式，了解受训者在工作中取得的成绩。如工作量增加与否、工作素质提高与否、人际交往能力增强与否等，这些都可以帮助确认培训的效果如何。

(3) 工作态度考察评价法。即针对受训者在培训前、后工作态度的变化进行考察的一种方法。若在培训后，受训者出现了工作热情高涨、工作态度积极、组织纪律性和工作责任心较以往有大幅度增强等现象，则表明培训工作具有成效。

(4) 工作标准对照评价法。通过了解受训者在工作数量、工作质量和工作态度等方面是否达到工作标准，来判定培训活动有无成效。

(5) 同类员工比较评价法。即比较受训者与未受训者的工作绩效，通过比较结果来对培训成效作出评价的一种方法。如果在同样工作岗位上的两名任职者，在培训前工作绩效无明显差别，而其中一个经过培训后工作绩效明显提高，则表明培训工作具有成效；否则，则说明培训效果欠佳。

(6) 参考主管或下属意见评价法。即在培训结束一段时间后，培训实施部门以书面调查或面谈等形式，向受训者的主管或下属了解其工作表现的一种方法。如果主管对受训者的工作态度和工作效率的改善与提高给予充分肯定，则表明培训活动具有成效；否则，则认为成效不大或无效。不过，采用这种方法作为评价依据时，首先必须考察主管的评价是否公正、客观。

🔲 关键术语

培训	人力资源开发	岗前培训
在职培训	工作轮换	初任培训
任职培训	胜任素质	培训需求分析
组织分析	任务分析	人员分析
角色扮演	情景模拟法	培训效果评估

🔲 复习思考题

1. 简述人员培训与人力资源开发的区别和联系。

2. 培训对提高公共部门人员绩效有何重要意义？

3. 公共部门人员培训可分为哪几种类型？

4. 胜任素质的核心思想是什么？构建胜任素质模型的步骤是怎样的？

5. 我国的公务员培训主要包括哪些方面的内容？

6. 公共部门人员培训的一般程序是怎样的？

7. 公共部门人员培训需求分析的目的何在？意义表现在哪些方面？

8. 培训需求分析的程序是怎样的？方法有哪些？

9. 一套完整的培训方案通常包括哪些方面的内容？

10. 公共部门人员培训的方法有哪些？各有何优缺点？

11. 公共部门人员培训效果评估的目的是什么？

12. 公共部门人员培训效果评估的内容是什么？方法有哪些？

🧑 本章案例

对口培训：人事合作服务区域发展的典范[①]

在陕西，有一个"培训故事"一直为人称道。陕西省武功县王副县长在一次培训中学习了山东寿光蔬菜种植经验，回去后立即借鉴，在当地发展蔬菜大棚2000多亩；又在培训中受山东诸城得力斯畜牧业公务员合作社模式的启发，建立了武功养猪合作社，发展社员1000多户，生猪存栏1.8万头，实现利润300多万元，为群众增收280多万元，被农业部确定为专业合作组织示范点。

这是一项什么培训，不仅能使"一人培训，集体受益"，而且能让西部公务员亲身感受东部经验？据负责实施该项培训计划的人事部公务员管理司有关负责人介绍，它的名字叫"公务员对口培训"，是人事部为贯彻落实西部大开发、东北地区等老工业基地振兴战略而实施的，以提升西部、东北地区公务员特别是处级以上公务员的能力为重点的一项重大培训工程。

这项培训工程先后涉及全国26个省、市、自治区。"十五"期间，培训西部、东北骨干公务员7100余人，在东西部地区产生了较大反响。"对口培训是人事部服务国家区域发展总体战略的重要举措，是各地区人事部门合作的成功典范，是公务员培训工作的一大创新。"参与对口培训的人事部门和学员如此评价。

1. 对口培训的发展

国家人事部统计数字显示，西部地区公务员对口培训从2000年开始，"十五"期间共举办139期培训班，培训6000余人；东北地区公务员对口培训则从2004年开始，共举办24期培训班，培训1100余人。

在对口培训中，承担培训任务的是北京、天津、上海、山东、江苏、浙江、福建、广东8个东部省市及辽宁省(2003年起不再承担培训任务)。接受培训的地区，西部地区主要有内蒙古、陕西、甘肃、宁夏、青海、新疆、重庆、云南、贵州、四川、西藏、广西12个省区市及新疆生产建设兵团，后又增加了湖南省湘西土家族苗族自治州、湖北省恩施土家族苗族自治州、吉林省延边朝鲜族自治州等；东北地区有辽宁、吉林、黑龙江三省。

---

① 黄欢. 对口培训：人事合作服务区域发展的典范[J]. 中国人才，2007(5).

每年，由西部和东北地区人事厅局在围绕政府中心工作、广泛调研的基础上，提出个性化的培训需求方案，由东部地区人事厅局和施教机构，针对培训时间、内容和方式精心部署。

对口培训得到了各方领导的高度重视。西部和东北地区党委、政府把对口培训作为强化政府管理、促进人才开发和经济管理的大事来抓，要求学员要珍惜难得的培训机会，如新疆生产建设兵团司令等领导对学员进行"战前"动员；东部省市党委、政府则把办好培训班作为义不容辞的历史责任，作为一项政治任务来完成。人事部领导对对口培训也是高度重视，对口培训工作每年都被列入部工作要点。为了做好对口培训，人事部每年要下发培训计划，召开座谈会，对对口培训工作进行总结部署、沟通协调。

围绕西部和东北地区发展的需要，对口培训开设了人力资源开发、社会主义新农村建设、经济管理等22个主题，参加培训的学员绝大多数是45岁以下、负责相关领域工作的副处级以上的骨干公务员。

2. 对口培训的创新点

对口培训是公务员培训工作的一大创新，这是参训学员形成的共识。这种创新不仅指这种新培训方式的开创，更表现在培训模式和培训的内容、方法上。

对口培训在"一对一"的模式基础上，突出灵活性，新的培训模式不断被创造：一是采取了"一对多"的方式，有的培训班由两个以上地区的学员参训，满足了不同地区对同一专题的需求；二是东部师资到西部授课，送教上门，降低了培训成本；三是国内与国外培训相结合，从2002年起，利用联合国开发计划署(UNDP)合作项目，邀请国外专家到对口培训班上授课，并选择部分优秀学员到国外进行短期培训考察。

在培训内容、方法创新上，突出针对性、实效性。所有对口培训班分专题讲座、典型经验介绍或学院论坛、实地考察、总结4个单元。培训内容上，专题讲座的内容少而精，紧抓西部和东北地区发展中提出的重大问题，传授给学员的知识信息可谓"精品"；实地考察则突出重点，主要针对企业、科技园区、高效农业示范区等，考察同时与经验介绍、座谈等相结合；有关人员介绍经验，有理论、有分析、有经验、有教训，既介绍发展历程，又总结规律性的理论，引导学员进行理论升华，思考当地本领域发展的思路。在培训方法上，改变以往"满堂灌"的单一方法，采取了答疑式、讨论式、案例式等调动学员主动性和积极性的新方法，活跃培训气氛，以增强效果。

据培训评估结果显示，97%以上的学员表示"满意"和"较满意"；91%以上的学员认为培训内容新颖、教学形式好；90%以上的学员认为培训对指导和改进工作非常有用。

3. 对口培训的"双赢、酵母"作用

"收获大、启发大、触动大"是对口培训学员常挂在嘴边的感慨，在亲身感受了东部城市的发达兴盛后，这些来自西部和东北地区的学员普遍反映："通过培训，进一步加深了我们对区域发展战略重大意义的认识，看到了当地经济社会发展面临的重大挑战和机遇，增强了加快发展的紧迫感、责任感和使命感。"而东部地区也在培训中了解了其他地区的发展情况，交流了经验，并融入经济合作项目，达到"双赢"。

来到东部，学员们首当其冲的感触就是观念有待更新。培训让他们接触到许多新事物，开阔了视野，更新了观念。四川的某学员说："通过培训，我看到了自身存在的陈旧观念、工作习惯和工作方法等方面与东部地区的差距，强化了提高素质、转变观念、开拓创新和依法行政等意识。"

与此同时，通过培训，使学员们深化了对有关领域的重大理论和实际问题的认识，提高了工作能力。如参加了在山东举办的社会主义新农村建设培训班的学员说："培训后，我对新农村建设的形势和任务有了更清醒的认识，尤其是对农业标准化、农业产业化、农业国际化等的科学内涵有了更深入的理解。"通过培训，学员的综合素质、领导能力得到不同程度的提高，受到领导和群众的好评。

据了解，参加培训班的学员还对东部地区的发展经验有了很深的体会。如重庆、贵州、吉林、黑龙江的学员学到了山东发展农村经济的思路和真抓实干的精神；甘肃、新疆生产建设兵团的学员了解了浙江不同类型企业的发展历程和模式，特别是加深了对民营企业闯市场、求发展的感性认识；重庆市30名分管农业的区县领导，借鉴山东经验，实施了"百个经济强镇工程""农业产业化百万工程""百万农村劳动力转移就业工程"。据他们介绍，这得益于培训方法的"三部曲"——典型经验介绍、实地考察、分析解剖典型案例。他们认为，这些经验实事求是，各有特色，先进又联系实际，可学可用。如此，也就出现了本文开头的那一段培训佳话。

此外，对口培训不仅让学员更新了观念、增长了知识、学到了发展经验，还成为东西部开展经济合作的桥梁。东部把对口培训与项目对接相结合，组织经济发展情况通报会，发布有关经济、科技发展信息。如福建省特意把参加投资贸易洽谈会和招商会列入培训计划。通过对口培训，新疆学员引进了30多项技术，广西学员引进了60多个项目，新疆生产建设兵团的学员回去后专门再次到宁波、温州洽谈经济合作项目。所以，对口培训得到这样一个评价——它让参加培训的学员具备了"酵母"作用，即"一人培训，集体受益"。

问题：

1. 结合中华人民共和国人事部针对西部和东北地区实施的"对口培训"，谈一谈在公务员培训中创新培训机制和模式的重要性。

2. 在我国公共部门人员培训中，你认为"对口培训"模式的哪些方面值得借鉴？为什么？

学习引导

本章主要学习绩效管理、绩效考核的一般理论和方法，介绍绩效管理的一般程序，如何订立绩效计划、落实绩效计划，如何进行绩效考评、绩效反馈、绩效改进，以及如何利用绩效考评结果等。

本章的学习重点，一是绩效管理与绩效考评的区别以及绩效管理的程序；二是绩效考评的有关理论和方法，具体包括绩效考评的原则、绩效考评指标体系的开发和绩效标准的确定、绩效考评主体的选择、绩效考评的方法及使用等；三是绩效反馈和绩效面谈，以及如何开展绩效改进管理等。

绩效是公共部门人员开展经济和社会活动的直接结果。公共部门人力资源管理虽然是从管理人员着手的，但其追求的最终目标则是公共部门绩效。就任何组织而言，组织绩效都是由其下属部门绩效积聚而成的，而各下属部门的绩效则又以部门内部每个员工的绩效为基础。也就是说，没有员工绩效的提高及长期高绩效的保持，部门的高绩效将无从谈起；而没有下属部门的高绩效，组织的高绩效也将成为空谈。由此可见，提高并使员工保持较高的绩效水平，是使公共部门取得和保持高绩效的开端。那么，怎么做才能提高并使员工保持较高的绩效水平呢？这就是本章要着重讨论的问题。

8.1 绩效管理概述

8.1.1 绩效管理及其与绩效考评的区别

要了解什么是绩效管理和绩效考评，首先必须明晰绩效的内涵。

1. 绩效的内涵

关于绩效(Performance)，不同学科、不同学者有着不同的理解，目前学术界具有代表性的观点有两种：一种是以伯纳迪恩(Bernardin)等为代表的，他们将绩效定义为在特定时间内，由特定工作职责、活动或行为产生的产出记录。该定义将绩效与任务的完成情况、产出和结果等同起来，认为绩效是工作活动达到的结果，可称为"绩效结果论"观点；另一种是以坎贝尔(J. P. Campbell)和墨菲(Murphy)等人为代表的，他们将绩效定义为活动本身，是指人们实际做的、与组织目标有关的、且可以观察到的行动或行为，这些行为完全能由个体自身予以控制。这种观点可称为"绩效行为论"。应该讲，两种观点均有其合理之处，但均不全面，因为在实际意义上，绩效同时包含了工作行为和工作结果两层含义。

鉴于此，绩效是指劳动者在经济活动过程中表现出来的工作行为及由此所带来的与组织和社会目标相关联的工作结果的综合。工作行为是与劳动者的个人能力、劳动态度等密切关联的，并成为达成某种工作结果或工作业绩的必要条件。为了便于度量，这里我们将绩效定义为：员工在一定时期和一定条件下完成某一工作任务的程度。绩效与努力不同。努力是指员工在完成某职位的任务时所耗费的能量，而绩效则是努力的行为表现及其结果。绩效通常受组织激励、个人努力、能力和角色理解力(所谓角色理解，是指员工认为完成自己的工作所必需的活动和行为)等多方面因素的影响，这是绩效多因性的表现。除此之外，其他一些环境因素，如缺乏对员工工作时间的要求或者对员工工作时间的要求有冲突，缺少工作设备、仪器，存在影响工作的限制性因素，缺乏团队合作，以及管理风格、温度、照明、噪音、机器及设备性能、轮班制度甚至运气等，也会对员工的工作绩效产生影响。管理者的最大责任就是为员工提供令他们满意的工作条件和有利的工作环境，以减少甚至消除影响员工绩效的障碍。

通常来讲，公共部门绩效包括三个层面的含义：一是从宏观层面来界定，它是指基于公共组织层面总体的决策能力、政策制定和执行能力以及其在经济和社会运行的实际掌控和操作过程中所表现出来的效率和效果，这一层面的绩效通常也称公共部门的社会绩效；二是从中观层面来理解，它是指某一具体的公共组织或机构在决策、政策制定和执行，以及在组织管理、经营中表现出来的效率和效果，这一层面的绩效通常也称组织或机构绩效；三是从微观层面来释义，它是指公共组织中某一具体员工或任职者在既定岗位或工作中的实际表现，这一层面的绩效通常称员工绩效。一般来讲，员工绩效是公共组织绩效和社会绩效的基础，组织绩效是组织内部员工绩效的综合体现，而社会绩效则是组织绩效和员工绩效的社会反映。当然，员工个人有绩效并不一定意味着组织或社会有绩效，组织有绩效也不一定意味着社会和员工个人有绩效，因为上述三个层面的绩效的内容和侧重点是不完全相同的。我们这里所探讨的是公共部门员工绩效考评。

2. 绩效管理及其与绩效考评的区别

绩效管理(Performance Management，PM)是管理者为确保组织成员的工作活动和工作产出能够与组织目标保持一致所实施的一系列旨在改进和提高组织人员绩效的管理活动。绩效管理是一个系统与过程有机统一的完备的权变管理体系，它是20世纪80年代后期，在汲取功绩评议、目标管理、绩效考核等管理理论精髓的基础上发展起来的一种先进的管理机制和理念，绩效管理理念的提出，为提高组织绩效、促进组织可持续发展提供了一个全新思路。

绩效考评(Performance Appraisal，PA)，又称绩效考核或考绩等，是指在一定时期内，组织按照一定的原则和标准，运用一定的方法和技术，对其所属员工的绩效进行识别、测量和评价的过程。绩效考评的用途主要有：①为员工培训、奖惩、职务晋升、薪酬调整和解雇等管理决策提供依据；②帮助并鼓励员工改进绩效，指出他们在行为、态度、技能、能力或知识等方面存在的欠缺；③为人力资源规划提供指导。

绩效管理与绩效考评有着明显的区别，这种区别突出地表现在管理的理论基础、理念、着眼点、系统完整性、方法和持续性，以及管理者在其中所扮演的角色等诸多方面，如表8-1所示。

表8-1 绩效管理与绩效考评的区别

内　　容	绩 效 管 理	绩 效 考 评
理论基础	性善论	性恶论
管理的着眼点	着眼于员工能力培养和未来绩效	着眼于对员工过去绩效的评定
管理系统的完整性	完整的系统化管理	局部的非系统化管理
采取的管理方法	激励性手段和方法	控制、惩罚式的手段和方法
管理的持续性	管理可持续且具循环往复性	管理是片段式的、不可持续的
管理者角色及与员工的关系	导师、辅助者，合作伙伴关系	家长、裁判员，对立关系
管理过程的侧重点	侧重信息沟通与员工绩效改进	侧重绩效判断及考核评价

8.1.2 公共部门人员绩效管理的目的与作用

就公共部门人员绩效管理的目的而言，主要表现在如下三个方面。

(1) 为达成公共部门的战略目标服务。对任何组织来讲，组织战略目标永远是组织实施各种管理的归宿和终极目标。绩效管理，作为一个与达成组织战略目标密切关联的管理系统，通过界定为实现组织战略目标所需要的结果、行为以及员工的个人特征，进而将这些结果、行为和特征与绩效考评和反馈过程相结合，来引导和激励员工最大限度地展现这些特征和施展这些行为，通过管理员工个人预期绩效结果的达成，来最终实现公共部门的近期、中期和长期目标。

(2) 为实现公共部门管理目的的服务。在现代组织中，组织的管理目的往往是多元的，如在进行薪酬管理决策、加薪决策、晋升决策、保留或解雇决策以及员工职业生涯规划设计时，都要用到绩效管理信息，以便提高决策的有效性。而在现实中，作为绩效信息来源，多数管理者则将绩效管理活动视为一个为履行自己工作职责而不得不经过的令人烦恼的工作环节，在执行过程中不认真负责、不认真对待，往往视绩效考评和绩效管理为儿戏，为简化环节而为所有员工均打高分，或者搞"轮流坐庄"，你好我好大家好，导致绩效管理难以发挥其应有的作用。通过实施绩效管理，将管理者的管理活动嵌入员工日常工作活动和绩效达成的过程中，一方面可以改变管理者的管理作风和不作为行为，促使他们不断提高自己的业务能力和管理能力，另一方面也可以使他们有更多机会去了解员工，与员工进行深入沟通，并在日常管理中学会换位思考，多为员工着想，从而提高员工的满意度及管理者的管理水平。

(3) 为人员培训和人力资源开发服务。绩效考评和绩效反馈是发现并指出员工绩效达成过程中存在的弱点、不足及其原因的有效方法。通过与员工面对面地讨论其业绩不佳的根源，可以帮助员工找到有效的解决方法。如果导致绩效不佳的原因是知识欠缺和技能不足方面的，则可通过培训和开发等手段加以改进，从而发挥绩效管理在员工培训中的需求分析功用。

作为一种全新的管理理念和系统化的管理活动，公共部门人员绩效管理的作用主要体现在如下几个方面。

(1) 强化公共部门人员的绩效意识。绩效管理作为一种全新的系统化管理活动，不仅关注员工的工作过程及行为表现，而且关注员工获取绩效的结果和方法，以及在获取绩效过程中的心理感受，它以提升公共部门绩效和公共服务的品质、实现组织及员工的共同发展为最终目标。从某种意义上讲，绩效导向型的思想意识和工作作风，不仅是公共部门获取持久高绩效的基础，而且是公共部门人员不断成长和进步的基本前提条件。

(2) 实现公众、公共部门及其人员等多方利益的有机融合。在绩效管理活动中，借助绩效指标体系的科学设计与合理选择，可以将公众、公共部门和员工等多方利益有机地统一于绩效管理系统之中，进而通过有效的绩效管理活动来满足不同群体的利益需求，从而起到凝聚人心、促进组织安定团结的作用，有助于公共部门树立良好的社会形象和公众威信。

(3) 在公共部门及其成员间架起了相互沟通、相互信任的桥梁。公共部门内部，特别是领导管理者与员工间往往存在不同程度的沟通障碍，这种沟通障碍进而影响着组织与员工、管理者与被管理者的关系，在组织与员工、管理者与被管理者间形成了一道人为的屏障，影响着公共部门内部的安定团结及绩效的提高。绩效管理倡导参与式管理，强调沟通，改变了以往基于官僚层级制的自上而下发号施令的做法，要求管理者与被管理者双方定期就工作行为和绩效达成情况进行沟通，互通信息。从绩效计划的制订，到绩效考评指标体系的设计以及绩效考评的实施，再到绩效反馈与绩效改进，均需要管理者和被管理者参与其中，从而打破了传统管理模式下横亘于管理者和被管理者间的沟通屏障，使他们认识到绩效管理是一个提供帮助而非求全责备的过程，有助于管理者与被管理者积极合作和坦诚相待，从而形成融洽的上下级关系，进而促进公共部门绩效及人员绩效的共同改进和提高。

(4) 为公共部门人力资源管理其他环节提供了决策依据。绩效管理在公共部门人力资源管理中处于核心地位，而作为绩效管理系统中的核心内容——绩效考评活动不仅有助于正确地识别公共部门人员的能力和特长，而且有助于实现人力资源在公共部门内部的合理和有效配置，同时还可为人员培训、薪酬管理、职位晋升及人员职业生涯管理等提供有益信息和客观依据，从而提高公共部门人力资源管理活动的有效性。

8.1.3 公共部门人员绩效管理的程序和内容

绩效管理是一个系统化过程，它包括绩效计划制订、绩效实施、绩效考评、绩效反馈和面谈、绩效改进与导入以及绩效结果的使用几个基本环节。绩效管理的一般程序如图8-1所示。

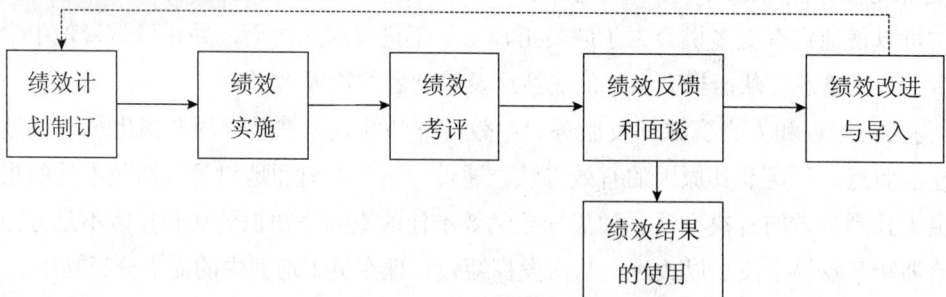

图8-1　公共部门人员绩效管理的一般程序

1) 绩效计划制订

绩效计划制订是绩效管理的第一个环节，也是绩效管理过程的起点。公共部门的战略目标要得以落实，首先就必须将它分解为具体的任务或目标，落实到各个岗位上。然后，再对各个岗位进行相应的工作分析和人员资格条件分析。这些任务完成后，接下来管理人员还需要与其下属一起根据各岗位的工作目标和职责，对绩效计划周期内的员工的工作任务、要求以及权责等进行讨论，并确立相应的绩效目标和制订绩效实施计划。管理者和员工的共同投入与参与是有效完成本阶段工作的基础。如果是管理者单方面地布置任务，员工只是单纯地接受任务，就变成了传统的管理活动，绩效管理也就名不副实了。绩效计划一般以一年期为限，年中可进行修订。

2) 绩效计划实施

绩效计划订立完成后，员工就要按照计划着手工作。在工作过程中，管理者需要对员工进行工作指导和监督，及时发现和解决工作中出现的问题，必要时可根据实际情况随时对绩效计划进行调整。在绩效计划实施过程中，管理者需要不断地与员工进行绩效沟通，并及时提供指导和意见反馈。在绩效沟通过程中，管理者与员工应该不分等级、不论职位高低地进行平等交流。特别是管理者，更需要多关心员工、尊重下属，注意与员工平等、友好相处，清除与员工进行绩效沟通的心理障碍。管理者与员工在平等交往和交流中相互获取信息、增进了解、联系感情，从而保证公共部门人员工作的正常开展及绩效计划的顺利实施。

3) 绩效考评

绩效考评是一个按事先确定的工作目标及衡量标准，来考察和评估员工实际工作绩效的过程，可以根据具体情况和实际需要按月、季、半年和年度进行。为了保证绩效计划的顺利落实以及绩效考评工作的顺利开展，考评期开始时与员工签订的绩效合同或协议一般要规定明确的绩效目标和绩效考评标准。绩效合同通常包括工作目的描述、员工认可的工作目标及衡量标准等基本内容，它是进行绩效考评的重要依据。绩效考评则涉及工作结果考评和工作行为考评两个方面。其中，工作结果考评是对考评期内员工工作目标实现程度的测量和评价，一般由员工的直接上级按照绩效合同中的标准进行等级评定；而工作行为考评则是对员工在绩效周期内表现出来的具体行为和态度的评估。同时，在绩效计划实施过程中，所收集到的能够说明员工绩效表现的数据和事实，可作为判断员工是否达到关键绩效指标要求的证据。

4) 绩效反馈与面谈

绩效管理过程绝不是给员工打出绩效得分就结束了，它需要管理人员与员工进行一次甚至多次面对面的交流。通过绩效反馈与面谈，使员工了解公共组织及其管理者的期望，了解他们自己的绩效，认识到自身有待改进的方面；员工也可以提出自己在落实绩效计划、完成绩效目标的过程中遇到的问题，请求组织和管理者帮助。

5) 绩效改进和导入

绩效改进是绩效管理过程中的重要环节。与传统的绩效考评不同，现代绩效管理的目的绝非仅仅通过绩效考评来确定员工的薪酬、奖惩、晋升或降级等，更重要的目的在于通过绩效考评，来发现导致员工工作绩效不高的原因，进而寻找改进性的方案和措施，帮助员工摆脱低绩效的困扰，在提高员工绩效的同时，使员工谋得更好的发展机会和可能。因此，绩效改进工作的成功与否，是衡量绩效管理发挥效用与否的关键。

绩效导入则是指根据对绩效考评结果的分析来对员工进行有针对性的培训，发现员工知识、技能甚至能力不足后，公共部门结合员工的实际需求有针对性地安排一些培训项目，以弥补员工知识、技能甚至能力方面的缺欠。这样，既可满足员工的需求，又有利于员工自身的职业生涯发展。

6) 绩效结果使用

当绩效考评完成后，考评结果还要与公共部门人力资源管理其他环节相衔接，如用于薪酬和奖金分配、职位或职务晋升与调整、人员培训、人力资源规划、职业生涯规划与管理等。

8.2 公共部门绩效计划的制订与实施

制订绩效计划是公共部门进行绩效管理的起点。绩效计划为公共部门人员指定了今后一定时期内的工作目标和工作任务，是员工今后一段时期内工作的目标和方向指南，同时，员工绩效计划也是公共部门落实其短期、中期乃至长期目标，对员工实施有效管理的重要参考依据。

8.2.1 绩效计划制订

1. 绩效计划及其制订过程中应坚持的准则

绩效计划(Performance Plan)是管理者与员工就员工今后一段时期内(通常为一年)应完成的工作任务和达到的绩效目标，在协商和明晰责、权、利的基础上所订立的一份正式书面协议。绩效计划的制订是一个确定公共部门对员工的绩效期望并得到员工实际认可的过程。制订绩效计划的目的在于达成员工与公共组织目标期望的一致性。因此，在制订绩效计划时必须向员工清楚地说明组织期望他在未来一定时期内要完成的工作任务及应达到的程度和标准。

虽然人力资源管理部门在绩效管理中肩负着监督和协调的重要职责，但这绝非意味着绩效管理只是人力资源管理部门的事，它需要各部门管理者和员工共同参与。因为只有让各部门的管理者和员工共同参与到公共部门绩效管理中来，各部门管理者和员工才更容易接受绩效计划，并积极投入到绩效计划的落实中去，从而获得较高的满意度。绩效计划的制订是一个自下而上的目标确定过程，借助这一过程，可以将公共组织目标与部门或团队目标以及员工个人目标有机结合起来，因此，绩效计划的制订过程也是一个员工全面参与管理、明确自身任务和职责的过程。

在制订绩效计划时必须参照一定的标准。通常来讲，绩效计划的订立标准主要有二：一是绩效计划与公共部门的战略目标是否相关；二是绩效计划所设定的目标和标准是否具有可度量性。如果绩效计划与公共部门战略目标不相关或相关性很低，那么，这种绩效计划往往很难保证公共部门目标的如期实现，这种绩效计划的实际价值就不大或根本没有实际价值。而如果绩效计划设定的目标和标准不能度量，那么，这种绩效目标和标准就很难甚至根本不能把握。一般来讲，难以准确把握或根本不能把握的目标和标准是很难体现公平、公正原则的，也是很难使其他员工信服并收到满意效果的。

2. 绩效计划的主要内容

在一个绩效周期开始前，管理人员和员工必须针对员工的工作目标达成一致性契约，即订立双方均认可的绩效计划。一般来讲，绩效计划通常包括如下几方面内容。

(1) 员工在某绩效周期内应达到的工作目标(量化和非量化的)；

(2) 完成工作目标的结果；

(3) 工作目标和结果的重要程度；

(4) 绩效结果的衡量方法和评判标准；

(5) 员工工作结果信息的获取渠道；

(6) 各项工作目标权重的大小及设定；

(7) 员工在完成工作过程中可拥有的权力及可获得的资源支持；

(8) 员工在达到预定绩效目标的过程中可能遇到的困难和障碍；

(9) 公共组织和管理人员能够为员工提供的支持和帮助；

(10) 绩效计划落实过程中管理人员如何与员工进行沟通，等等。

由于绩效计划的制订过程是一个双向沟通过程，双向沟通就意味着管理者和被管理者双方均负有责任。制订绩效计划并不仅仅是管理者向员工提出工作要求和工作目标，而是需要双方的互动交流。在这一过程中，管理人员需要向员工解释并说明如下问题：①公共组织的整体目标；②要完成公共组织的整体目标，以及目前所处的业务单元目标；③为达到这些目标，组织和部门对员工的期望；④对员工工作标准和工作期限的具体要求；⑤员工在落实绩效计划、完成绩效目标时拥有的权限及可利用的资源。员工则应向管理者表达：①自己对工作目标及如何完成工作的认识；②工作中可能遇到的困难和问题；③需要公共组织和管理者给予的支持和帮助。

要对绩效计划和绩效目标达成一致性意见的目的在于让公共组织中不同层次的人员均对组织目标具有一致看法。因为管理人员和员工对绩效计划和绩效目标达成共识是保证组织、业务单元和个人朝着同一方向和同一目标共同努力的关键。

8.2.2　绩效计划的实施

在绩效计划分解、制订完成后，接下来就要付诸实施。在绩效计划的实施阶段，管理人员的主要责任一是做好监控工作；二是与员工进行持续沟通，了解员工在绩效计划实施过程中遇到的问题；三是做好绩效辅导工作；四是着手绩效信息的收集。下面着重谈一下绩效沟通和绩效辅导问题。

1. 绩效沟通

绩效沟通是绩效管理的重要任务之一。所谓绩效沟通(Performance Communication)，是指上级主管与员工就绩效计划实施过程中遇到的问题进行实质性交流，在增进了解和信任的同时，给予员工必要的指导和建议，帮助员工顺利达成预期绩效目标的过程。从绩效管理的本质看，绩效沟通应是一个持续的过程，它贯穿于绩效管理的始终。对公共部门来讲，持续、有效的绩效沟通不仅有利于管理者与员工的相互了解和信任，增进公共部门的团结和凝聚力，而且有利于公共部门绩效计划和绩效改进计划的制订与落实，有利于绩效管理各环节工作的顺利开展。

有效的绩效沟通一般遵循如下原则。

(1) 开放性原则。即沟通必须真诚而坦率，只有进行真诚而坦率的沟通，才能从员工那里获得有价值的真实信息，进而提供及时而必要的指导与支持，帮助员工解决在绩效达成过程中遇到的实际问题。

(2) 及时性原则。即强调沟通的时效性，在设定绩效目标前及发现绩效实施中存在的问题时，均应及时进行沟通，尽可能在问题或矛盾发生前或刚刚出现时即通过沟通获得确切信息，并予以尽快解决。

(3) 针对性原则。即沟通时应具体问题具体对待，不能泛泛而论。泛泛沟通既无效果也无效率。管理者或考评者必须珍惜每一次沟通机会，关注对具体问题的探讨和解决。

(4) 持续性原则。即沟通应该是经常性和定期进行的。管理者要与员工约定好沟通的时间和频率，保持沟通的经常性和持续性。

(5) 建设性原则。即沟通的结果应该富有成效，通过沟通为绩效目标的设定、完善及顺利达成提供建设性意见，帮助员工提高绩效水平。

绩效沟通的方式主要有正式沟通和非正式沟通两种。正式沟通是一种事先计划和安排好的、以期获得相互了解并产生一致性行为的信息交流过程。正式沟通一般遵循公共部门的层级制或按组织的权力路线进行。正式沟通可分为下行沟通、上行沟通和平行沟通三种基本形式。下行沟通是上级管理者通过层级体系将绩效信息向下传递的过程，是上级领导管理者获得下属了解、合作、支持并促使下属采取行动的重要举措。上行沟通是下属向上级领导管理者表达个人意见和态度的过程。平行沟通是指公共部门内不相隶属或地位相当的工作人员间的信息交流。公共部门的绩效沟通一般均通过正式沟通的方式进行，包括书面报告、定期绩效面谈、小组或部门会议、咨询等具体形式。非正式沟通通常建立在工作人员的社会关系基础之上，基于工作人员彼此间的社会关系而产生，它的表现方式不固定，具有多变性和动态性，可以发生在任何时间和地点。非正式沟通具有弹性，富有人情味，并且信息传递比较快速，可以传递正式沟通所无法传递或不愿传递的信息，但这种沟通方式缺乏严肃性。并非所有的绩效信息都可以通过非正式沟通传递。

公共部门绩效沟通离不开广泛的宣传。就不同的公共组织而言，宣传的途径和手段各异，一般均可通过组织内刊、宣传栏、局域网等途径，对有关绩效计划、绩效实施、绩效考评、绩效反馈和绩效结果应用的内容、方法、意义和作用等进行广泛宣传。思想动员是公共部门绩效管理宣传的重要手段。思想动员会应由公共组织的领导者或绩效目标制订机构的负责人来主讲，在思想动员会上说明设定合理绩效计划、实施绩效考评及进行绩效反馈和绩效改进等的目的、意义及必要性，讲解绩效目标设定和绩效考评实施的有关事项，如设置绩效目标和绩效考评等的内容、方法、程序等，提高公共部门人员对设定绩效目标、制订绩效计划和实施绩效考评等的重要性的认识，消除管理者和员工的思想顾虑，使全体人员以认真、负责和积极的态度投入到绩效管理活动中来。

在绩效沟通时应该注意如下问题：应通过沟通让员工了解组织的目标和方向；多让员工谈自己的想法和做法；及时纠正员工工作中的无效行为和想法；让员工认识到管理者的角色。在实际管理过程中，可通过走动式管理、开放式办公、工作间歇期沟通、非正式会议等方式，来提高管理效率和员工绩效。

2. 绩效辅导

1) 绩效辅导及作用

绩效辅导(Performance Coaching)是管理者针对员工在绩效实施或绩效目标达成过程中遇到的问题及存在的疑虑，有针对性地提供及时的指导和支持，帮助员工解决问题、消除疑虑、改进和提高绩效的过程。

公共部门绩效管理的目的主要有两点：一是帮助员工提升工作绩效；二是帮助员工达成个人职业生涯与发展目标。在公共部门绩效管理过程中，向员工提供必要的绩效辅导，是管理者日常工作中的重要职责之一。而且，这种辅导应该是经常性的，而不是一定要等到出了问题，才想到提供辅导。通过经常性的绩效辅导，可以引导员工从一开始即把工作做正确，从而节省时间，降低成本，也可以引导员工少走弯路、少犯错误。

绩效辅导通常具有如下几方面作用。

(1) 与员工建立起一对一的密切联系，给他们提供反馈，帮助他们完成甚至"拓展"自己的目标和任务，并在他们遇到困难和问题时及时提供支持。

(2) 营造一种鼓励员工承担风险、勇于创新的氛围，使他们能够从过去的经验中学习。这包括：让员工反思他们的经历并从中获得经验；从别人身上学习；不断进行自我挑战，并寻找学习新知识的机会。

(3) 积极为员工提供学习机会，使他们有机会与不同的人一起工作。把他们与能够帮助其获得发展的人联系在一起，为他们提供新的具有挑战性的工作，为他们提供接触某些人或情境的机会，帮助他们更快、更好地成长与发展。

2) 进行绩效辅导的适宜时机

为了提高员工绩效，管理者需要经常提供日常的非正式绩效辅导，同时还应定期与员工进行绩效改进讨论，并在年度绩效考评讨论中进行正式绩效辅导。正式绩效辅导可以是定期的，也可以是不定期的。不过，不定期的正式绩效辅导应该选择适当的辅导时机，通常来讲，在如下4种情形下提供绩效辅导更合适。

(1) 当员工希望管理者对某种情况发表意见时。例如，在绩效管理回顾阶段或员工有问题想要请教，以及想要征询对某个新想法的看法时，均需要提供绩效辅导。

(2) 当员工希望管理者帮助他解决某个问题，尤其是出现在管理者所负责的工作领域中的问题时，可提供绩效辅导。

(3) 当管理者发现一个需要采取改进措施的机会时。例如，当管理者注意到有某项工作可以做得更好、更快时，管理者可以指导员工采取措施，改进做法，以适应公共组织、部门及流程的变化。

(4) 当下属员工通过培训掌握了新技能，而管理者希望他们将这项新技能运用于实际工作中时，可提供绩效辅导。

在上述4种情况下，管理者均需要向员工提供及时、有效的辅导，以确保员工绩效计划的进一步落实。

3) 绩效辅导的内容和形式

绩效辅导只是在各个层次上提供关于员工如何完成工作任务、达成绩效目标的即时信息。因此，绩效辅导在内容上主要包括：①给予员工必要的认可，以鼓励或奖励员工的良好绩效；②当员工在工作中遇到问题、感到疑惑及不知所措、需要提供指导和帮助时，应给予他们必要的指导、支持、帮助或提供正确的反馈信息。

关于绩效辅导的内容，管理者应结合实际需要有所选择。管理者因肩负多项责任，一般难以对每一位下属每一次发生的问题或每一个要改进的方面提供及时辅导，正因如此，管理者应把主要精力放在对关键绩效指标或已设定的绩效目标的辅导上，从而最大限度地提高下属人员的绩效。

通常，管理者经常忽视员工"怎么做"的问题，而是把注意力更多地放在最终绩效结果上，这样做的结果，可能会引导下属人员用影响组织整体利益的方式去追求最终绩效结果。因此，在实际管理过程中，如果管理者多注意一下对下属人员的方法指导，那么不仅会避免上述问题的发生，而且还能引导员工运用这种方式去服务于其他场景或解决其他问题，事半功倍。

另外，有效的绩效辅导还必须平衡"询问"与"告诉"两者间量的关系。大量研究证明，询问信息、想法和建议等，比仅仅告诉他人怎样做更有效。当管理者采取"询问"方式时，员工需要自己去思考解决问题的方法；如果管理者不重视或不认真倾听下属人员的想法或感受，下属人员会对管理者告诉他的"应该做什么"或"应改进什么"持反感态度。因此，在绩效辅导时，应多采取"询问"的方式，这对下属人员之后在行动上落实改进方案是比较有效的。当然，如果管理者想提供一些下属人员所缺乏的资讯，那么，就需要管理者去"告诉"而不是"询问"他，以便让员工在掌握这些讯息的基础上通过思考来处理这些讯息，指导他们解决所遇到的问题，或解除所感到的疑惑，进而帮助他们提高绩效，达成绩效目标。

绩效辅导的方式通常有三种：一是具体指示；二是方向引导；三是积极鼓励。具体指示主要是针对那些缺乏必要的完成工作的知识、技能和能力的员工的，对于此类员工，将工作的方式和方法划分为明晰的步骤进行传授和跟踪指导，更有利于他们如期完成工作，达成预期绩效目标；对于那些具备完成工作的相关知识、技能和能力但偶尔可能因遇到特殊问题而不知所措的员工，应给予他们适当的点拨和方向性引导，以帮助他们解除谜团，顺利完成工作任务；而对于那些具备较完善的知识、技能和具有较高能力水平的员工，管理者只需及时给予鼓励或建议即可促成良好绩效的达成。

8.3　公共部门人员绩效考评

8.3.1　公共部门人员绩效考评的作用

绩效考评是绩效管理的重要内容，也是公共部门职务晋升选拔、实施人员培训、进行绩效奖惩等的重要依据。具体而言，绩效考评的作用主要表现在如下几方面。

1) 在员工个人发展方面

(1) 绩效考评结果是员工职务晋升选拔和职位调整的重要参考。绩效是员工在过去一段时期内工作态度、个人能力、工作行为和工作结果的综合体现。长期具有较高绩效的人，不仅说明其工作态度端正、个人能力较为突出、工作业绩比较突出，而且也可反映他具有的能力倾向以及对其任职岗位的胜任情况。从进一步激发员工潜能和提高对组织的忠诚度的角度讲，绩效突出、考评结果良好的人，往往是该工作系列内更高级职务的后备人选。而且，通过对绩效突出者的职务晋升和职位晋级，不仅可以激励员工更好地为本组织、本部门工作，而且也可以对其他员工起到良好的示范作用，有助于组织和部门整体绩效的提高。

(2) 绩效考评结果可以作为制定员工职业生涯发展规划的依据。通过绩效考评结果反馈，员工可以了解到自身工作中存在的问题和不足，从而对自身能力有一个正确认识，以便制定出适合自己的职业生涯与发展规划。

(3) 对员工具有激励作用。通过绩效考评，员工不仅能从中获得极大的成就感和满足感，体验到工作的乐趣，而且还能促使员工为自己建立新的工作目标，并增强为实现这一目标而努力工作的自觉性和积极性。

2) 在公共组织管理方面

(1) 绩效考评是改进公共组织工作的一个重要措施。通过绩效考评，既可以看到员工工作中存在的不足，又可看到整个组织的效率情况，而且，借助员工提出的一些合理化建议，公共组织还可从中看到管理中存在的失误，进而有目的、有针对性地予以矫正。

(2) 为公共组织用人提供依据。绩效考评是判断员工品行、能力和技能的必要之举，是公共组织识人、选人和用人的重要依据。

(3) 为组织进行岗位调配和人员升降提供必要依据。如果仅凭领导者的好恶和主管部门的主观判断来对人员的调配和职务升降作决定，往往缺乏充分依据。通过科学、全面、严格的绩效考评，可以从中发现哪些员工更适合哪些职位或职务，从而根据组织的需要予以调配和升降，这对建设业绩和能力导向型组织是至关重要的。

(4) 为有针对性地制订员工培训计划及评价培训效果提供必要条件和依据。要使培训达到预期效果，除了要事先确定符合组织发展目标的培训目标之外，还必须使培训内容和方式方法具有针对性。而确保员工培训具有针对性的重要前提是培训需求分析，以便准确地掌握各类员工或培训对象的现有素质、知识、技能和能力水平，以及组织和工作需要而员工不具备或比较缺乏的知识、技能和态度等。绩效考评即可以在一定程度上满足上述需求。

(5) 绩效考评结果是实施员工奖惩的重要依据。根据科学、严格、公平公正的绩效考评结果来奖励员工，能使员工感到公平和心服，而随着员工满意度的增加，其工作积极性、主动性和创造力也会随之增强。也就是说，绩效考评本身即是一种具有激励功能的管理活动，能促使员工为实现组织和自身目标而更加努力地工作。另外，考评结果也是执行惩戒的依据，是纠正员工错误行为、提高员工工作绩效的不可或缺的手段。

(6) 绩效考评是确定薪酬的依据。根据员工工作绩效来计发薪酬，充分体现了按劳分配、多劳多得的分配原则。员工只有对薪酬发放感到公平与合理，其工作积极性才能被充分调动起来。

(7) 绩效考评在公共组织及其管理者与员工间搭起了沟通的桥梁，有利于公共组织内部关系的改良。在绩效考评完成后，管理人员与员工通过建立在良好关系的基础上的绩效面谈或沟通，不仅能够帮助员工及时改进个人绩效，而且能够解除彼此间的误会，弱化甚至消除员工与管理者乃至组织间的矛盾对立性，有助于建立起彼此信任和相互理解的关系，这对增强公共组织的凝聚力和竞争力是十分必要的。

8.3.2 公共部门人员绩效考评的原则和内容

1. 公共部门人员绩效考评的原则

1) 客观公正原则

客观公正原则是贯穿于公共部门人员绩效考评整个过程的基本原则。所谓客观，是指绩效考评必须尊重事实，重视调查研究，既不能以偏概全，又不能弄虚作假，应以事实为依据来评价员工的真实绩效。所谓公正，是指对所有接受考评的人员都要按既定的程序和标准进行考评，要一视同仁，不偏不倚，不能因职务高低及其与领导关系的亲疏而区别对待，也不能因某人与自己有矛盾或过结而打击报复。能否坚持客观公正的原则是绩效考评是否令人信服、能否赢得被考评者乃至其他员工普遍认同的关键，它关系着绩效考评的成败，关系着公共部门的自身形象，如处理不当还会严重挫伤公共部门人员的积极性，引发不必要的矛盾和冲突。

2) 民主公开原则

民主是指在公共部门人员绩效考评过程中要注意倾听员工的意见和建议，广纳忠言，不能搞"一言堂"，要充分调动和发挥员工参与绩效考评全过程的主动性和积极性，坚持员工参与与领导决策相结合的原则。公开是指在公共部门人员绩效考评时，从考评指标的设计到指标赋权，从考评程序的设定到考评标准的设定，从考评过程的实施到考评结果的取得，均应公之于众，不搞灰箱或暗箱操作。公开的程度体现了考评过程的透明度。民主公开是提高公共部门人员绩效考评有效性和可信度的关键所在。

3) 公平原则

从某种意义上讲，绩效考评中的公平原则是对客观公正和民主公开原则的扩展和进一步强调。所谓公平，是指在绩效考评的各个环节均应尽可能做到不偏不倚，一碗水端平。绩效考评中的公平通常包含三方面含义：一是过程公平。所谓过程公平，是指在绩效考评过程中，从考评指标体系建立、权重确定，到资料收集、分析和绩效评定，始终应保证客观公正、民主公开、不偏不倚。二是结果公平。所谓结果公平，是指在运用某一绩效考评系统进行员工绩效考评时，应确保实际高绩效员工能获得高绩效的评价结果，而实际低绩效员工则获得较低的绩效评价结果，同时高绩效与低绩效间应拉开一定距离。三是人际公平。所谓人际公平，是指在绩效考评过程中，应始终本着客观公正、一视同仁、不偏不倚的原则和标准来对待所有被考评者，既不搞打击报复，也不拉帮结派，能够比较好地处理公与私、个人情感与员工绩效间的关系。公平原则是保证公共部门人员绩效考评满意度的重要原则。

4) 立体考评原则

立体考评是指把被考评者置于上级评价、同级评价、下级评价、自我评价以及客户评价之下，从而从不同层次、不同角度来全方位地考评被考评者的工作表现和工作成果。立体考评从另一个侧面体现了公共部门人员绩效考评的公正性和民主性。

5) 注重实绩原则

注重实绩也就是要重视对被考评者的实际工作表现和工作业绩的考评，其中包括工作数量和质量、工作难易程度、工作效率或效益及工作表现等。我国《公务员法》第五章第33条规定："对公务员的考核，按照管理权限，全面考核公务员的德、能、勤、绩、廉，重点考核工作实绩。"工作实绩是公共部门对其人员实施奖惩及职务升降的主要依据。注重实绩原则体现了择优用人、高绩高薪的现代管理理念。

6) 对事不对人原则

对事不对人是现代人力资源管理的基本要求，同时也是指导公共部门人员绩效考评的基本原则。对事不对人是指公共部门人员绩效考评的对象是任职者在一定时期内的职责履行情况和任务完成情况，以及任职者在工作过程中的行为表现情况，而不是任职者这个人如何。这是人员与人员素质测评的显著差别之一。在实际操作过程中，一些组织或部门往往不能很好地贯彻这一原则，把对人员的关注点放到对任职者人格的考评上，在考评时对员工品头论足，不仅挫伤了员工的工作积极性，而且人为导致了不必要的矛盾和冲突。从而使绩效考评不仅未达到凝聚人心、激发员工士气、提高公共部门人员满意度的效果，反而成了个别领导管理者打击报复"异己"的工具，引起员工极大的不满。对事不对人原则将员工与其任职时的工作表现区别开来，抓住了绩效考评的关键，既有利于绩效管理效率的提高，又有利于员工绩效改进及其自身发展。

2. 公共部门人员绩效考评的内容

绩效考评的内容取决于绩效考评的目的，它是公共部门对工作人员各方面的要求在绩效考评中的具体体现。世界各国在公共部门人员绩效考评内容设计上并不完全一样，有的注重全面考评，有的则侧重于某一方面。如美国公共部门人员绩效考评的项目是根据公共部门人员所从事的工作来设计的，即先制定工作标准，再以公共部门人员完成工作的情况来确定其考评结果，考评内容主要是工作数量、质量及其工作适应能力等。英国公共部门人员绩效考评项目的设计则偏重于对人的条件的评价，考评内容主要包括对工作表现的评估和对能否胜任现职与有无升降潜能的评价，主要分析包括洞察力、判断力、语言表达能力、责任心和创造力在内的十多个方面的能力。日本公共部门人员绩效考评项目的设计则兼顾了工作与人的条件，考评内容主要包括勤务实绩、性格、能力、业务适应性4个方面，每个方面又包括若干子项目，内容较全面。①

目前，我国公共部门人员绩效考评主要涉及德、能、勤、绩、廉5方面内容，重点考评工作实绩。

(1) 德。德是思想政治素质及个人品德、职业道德、社会公德及精神目标追求的综合体现，是一个人的灵魂。德，决定了一个人的行为方向，即为了什么样的人生目标而奋斗；决定了人的行为的强弱，即为实现既定目标所愿意付出的努力及其程度；决定了人的行为方式，即采取什么样的手段来实现既定目标。德的标准不是抽象的，而是随着时代发展而不断变化的。德所包含的内容均可细化为更加具体的细目。如政治思想觉悟可细化为对国家大政方针的基本态度和对外界事物的基本认识两大指标；而道德品质则可细化为职业道德和社会公德两个方面。在公共部门人员绩效考评中，对德的考评应该放在日常工作中进行，即观察公共部门人员在日常工作和生活中的品行和道德表现以及在大是大非面前和原则性问题上的立场和行为表现等。

(2) 能。能是指履行职责的业务素质和能力。对员工能力的考评，应该在素质考察的基础

---

① 刘沂，赵同文，等. 公共部门人力资源管理[M]. 上海：华东理工大学出版社，2002：200-201.

上结合员工在工作中的具体表现来进行。能力考评主要考察员工在业务水平、技术水平、管理水平以及文化知识、专业知识等方面是否能胜任现职。能力通常可分为基本能力和应用能力两类。其中，基本能力主要包括员工所在职位要求的文化知识、专业技能以及身体和心理条件等基本素质方面的能力，如认知能力、理解能力、思维能力、表达能力；应用能力则包括员工分析和解决问题的能力、组织管理能力、领导决策能力、协调沟通能力、创造能力以及动手操作能力等。对能的考评，应该采用平时考评与特定情况下考评(即抓关键事件)相结合的办法。

(3) 勤。勤是指员工在责任心、工作态度、工作作风等方面的表现，主要体现在员工日常工作表现中，如工作的积极性、主动性、创造性、努力程度以及出勤率、纪律性。在实际操作中，不能将"勤"简单地等同于"出勤率"，因为出勤率只是勤的一种表现形式，出工不出力的员工的出勤率没有任何意义。真正意义上的"勤"，不仅体现在出勤率上，而且更重要的是以强烈的责任感和事业心投入到工作中去。对勤的考评，应将对量(如出勤率等)的考评与对质(如责任心和敬业精神等)的考评结合起来。需要特别注意的是，为了体现绩效考评的公平、公正和客观性原则，对勤的考评不能与对绩的考评相混淆，因为很多情况下员工的"绩"的高低或优劣与勤快或懒惰并非必然成正比。

(4) 绩。绩是指完成工作的数量、质量、效率和所产生的效益等。对"绩"的考评是员工绩效考评的核心内容。工作项目反映了员工所从事工作的难易程度和责任轻重；工作数量和质量反映了员工工作成果的多少及其质量水平的高低；工作效率是员工在单位时间内工作成果产出多少的具体体现；工作效益则说明了员工在完成工作过程中的成本和收益问题。对员工"绩"的考评，不能简单地只看员工是否完成了既定的工作任务，更不能把出勤率的高低以及是否犯错误视为员工的工作业绩，而应从工作的性质、完成工作的数量和质量以及完成工作的效率和效益等方面进行全面考评。

(5) 廉。廉是指廉洁自律等方面的表现。廉洁自律有多种表现形式，从经济、工作作风、组织人事和日常生活等方面看，廉洁自律主要有如下表现：①在工作中不利用职权为自己及小利益集体谋取经济利益。具体体现为：不索贿受贿，不贪污，不挪用公款，不利用职权从事各种经济活动并从中获取非法收益。②不拉帮结派、买官卖官。具体体现为：不拉帮结派，不任人唯亲，不跑官要官，不出卖官职。③不渎职和滥用职权。具体表现为：不失职渎职，不滥用权力。④不奢侈浪费、不腐化堕落。具体表现为：不讲排场和搞攀比，生活中不奢侈浪费；不嫖娼，不包养情妇，不乱搞两性关系，不赌博，不吸毒等。

德、能、勤、绩、廉是一个统一整体。"德""能"是公务人员达成工作业绩的基础，缺乏相应的职业道德难以保证正确的工作方向，甚至会造成工作上的重大失误；无能则会导致工作效率和效益低下，得不偿失。"勤"是公务人员取得良好业绩的前提条件，然而，却不能将"勤"简单地等同于工作业绩，只有将"德""能"与"勤"紧密结合起来，才能创造出良好的工作业绩。"廉"是确保公务人员不腐化堕落、不损公肥私、不坑国害民，较好履行自身职责的必要保证。"绩"是"德""能""勤""廉"的综合反映，是公务人员工作业绩优劣、高低的重要体现。在实际工作中，既不能脱离"绩"而空谈"德""能""勤""廉"，又不能因强调"绩"而忽略了公务人员的在"德""能""勤""谦"方面的表现。另外，在公共部门人员绩效考评的实际操作中，也不能笼统地理解和运用"德""能""勤""绩""廉"这些指标，而应将各指标做进一步分解和细化，以提高绩效考评的可操作程度。表8-2给出了经初步细化后的我国公务员年度绩效指标的内容。

表8-2　经初步细化后的我国公务员年度绩效指标的内容

项目	德	能	勤	绩	廉
涵盖目标	● 思想政治表现 ● 职业道德 ● 社会公德 ● 组织纪律性	● 政策理论水平 ● 业务水平、创新能力 ● 表达能力、分析能力 ● 组织实施能力	● 出勤率 ● 工作效率 ● 工作态度	● 工作数量 ● 工作质量 ● 工作贡献	● 公正廉洁 ● 严格自律
具体考评内容	(1) 思想政治上的心理与行为表现：对党的基本路线、方针、政策的态度；是否具有全心全意为人民服务的思想 (2) 对职业的态度和行为表现：是否具有敬业精神，能否做到廉政勤政 (3) 社会公德方面的行为表现：遵守社会公德规范的程度，在公众中的形象，对同事、家人、邻居的态度和行为 (4) 对待上级、组织的态度和行为：能否执行组织决议和领导指示，及遵守政府及单位的各项纪律规定等	(1) 掌握业务知识的程度和处理业务问题的能力：掌握有关专业的理论知识、管理知识的程度；处理业务问题的熟练程度和实际水平等 (2) 运用马克思主义基本理论分析和解决实际问题的能力。是否具有认识和理解党的路线、方针、政策的自觉性、坚定性和正确性 (3) 工作中表现出的改革、开拓精神和进取心 (4) 工作中的口头、文字表达水平，是否能够撰写抓住重点、有说服力的文章 (5) 对事物的分析、判断等综合能力，能否提出合理化建议 (6) 工作中的计划、管理、组织、控制等能力。在组织落实、知人善任、关系协调等方面表现的能力及办事能力	(1) 按职位和工作制度要求的出勤情况 (2) 完成工作的速度和质量及能否按时高质量地完成行政任务 (3) 对工作的认识，表现出的态度、责任心和努力程度	(1) 完成工作项目件数的多少 (2) 完成任务和具体工作的好坏、优劣 (3) 取得的成果、业绩对政府和社会产生的经济效益和社会效益	(1) 无收受和索要贿赂行为 (2) 无挪用公款行为 (3) 无以权谋利行为 (4) 不拉帮结派 (5) 无跑官要官、买卖官职行为 (6) 无失职渎职、滥用职权行为 (7) 无讲排场、搞攀比行为 (8) 无嫖娼、包养情妇、乱搞两性关系行为 (9) 无赌博、吸毒恶习

8.3.3　公共部门人员绩效考评的程序

绩效考评是一项系统性工作，其考评过程必须按一定程序进行，公共部门人员绩效考评的一般程序如图8-2所示。

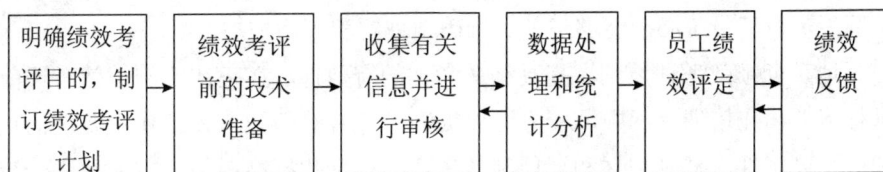

图8-2　公共部门人员绩效考评的一般程序

1) 明确绩效考评目的，制订绩效考评计划

公共部门人员绩效考评的目的多种多样，可能是为薪酬调整、职位调动、员工培训与人力资源开发提供依据，也可能是为了激励员工、提高公共部门的效率和效能，等等。至于说到底为了什么，公共部门可以根据自己的实际需要而定。

在绩效考评目的明确后，接下来就要制订具体的绩效考评计划。一般来讲，一个完整的绩效考评计划通常包括考评对象的圈定、考评主体的确定或考评工作小组的组建、考评内容和考评时间的确定等。通常，绩效考评的对象既可以是员工，又可以是工作小组或团队。所谓绩效考评主体，主要是指由谁来进行考评。绩效考评主体通常包括公共组织的领导、人力资源管理部门的工作人员、有关部门领导以及员工代表等。有时为了体现公平、公正的原则，还会邀请组织外专家参加，由这些人共同组成绩效考评小组，来全权处理考评问题。绩效考评内容也就是关注和考评员工哪些方面表现的问题，它通常与绩效考评目的相关，一般而言，公共部门人员的绩效考评通常涉及德、能、勤、绩、廉5个方面的内容。对于考评时间的确定，不仅涉及什么时间考评的问题，而且涉及考评的频率问题。对公共部门而言，绩效考评的时间跨度一般为半年或一年，当然有时也可根据需要进行月度、季度考评等。

2) 绩效考评前的技术准备

绩效考评前的技术准备工作主要包括绩效考评标准的确立、绩效考评方法的选择、绩效考评指标体系的建立以及对绩效考评者实施培训等，这里重点阐述绩效考评标准的确立和对绩效考评者实施培训。

绩效考评标准是用来监测和衡量员工所完成的工作的数量、质量及工作表现的准则性尺度。绩效考评标准是通过工作分析建立起来的。按不同尺度，绩效考评标准可划分为多种类型。例如，按评价手段可分为定量标准和定性标准；按标准的属性可分为主观标准和客观标准；按标准的形态可分为静态标准和动态标准；按评价尺度可分为类别标准、等级标准、等距标准、比值标准和隶属度标准，等等。绩效考评标准是衡量员工绩效高低的标准尺度。绩效考评标准与绩效等级不同。通常来讲，绩效考评标准是衡量员工工作做得怎么样的标尺，而绩效等级则是对绩效结果所属等次的划定。常见的绩效等级划分如"高、中、低"，或"优、良、一般、差"，或"优异、良好、一般、及格、差"等。在编制绩效考评标准时，要注意如下几点：①考评标准应尽可能定量化，以便于衡量比较。②内容应先进、合理，考评标准既能反映一定时期的科技发展水平和管理水平，也不要太严格。③考评标准要针对不同岗位及岗位任职者的特征来制定。④考评标准应在民主协商、一致认同的情况下最终达成。多数研究均已证明，员工亲自参与制定的标准，不仅较容易被接受，而且执行起来也往往比较顺畅，而在达不到预期标准时员工也不会因受惩罚而产生抱怨或消极情绪。⑤考评标准的层级应定得尽可能准确，相关主管人员及其员工必须能够清楚、准确地理解和正确把握。

为了较好地贯彻绩效考评原则、提高绩效考评的有效性，在正式实施绩效考评前必须对绩效考评者进行培训。在培训过程中，一方面要提高考评者对绩效考评工作重要性的认识，增强其原则性和公平公正性，准确把握和运用绩效考评的指标和标准；另一方面要进一步改进考评者的沟通技巧和倾听能力，为绩效考评和绩效面谈做好充分准备。

3) 收集有关信息并进行审核

考评信息的收集是一项复杂的工作，考评信息和数据全面、准确与否，直接关系着绩效考评结果的有效性的高低。收集信息的方法主要有工作日志法、考勤记录法、定期抽查法、典型事例法、减分抽查法以及主管记录法等。工作日志法就是要求员工根据自己日常的工作情况，按规定及时做好原始记录和统计。考勤记录法是将员工平时的出勤、缺勤情况，以及请假情况，一一记录在案。定期抽查法是指通过定期抽查员工的工作业绩和工作表现，按规定填写原始记录并进行统计。典型事例法是通过对员工的优秀行为或不良行为予以记录来考评员工绩效。减分抽查法则是按岗位或职务要求规定应遵循的项目，定出违反规定的扣分办法，并定期进行登记。主管记录法就是主管根据员工的日常表现和工作业绩，及时做好记录，以备考评时使用。

4) 数据处理和统计分析

这一阶段的主要任务是根据考评目的、标准和方法，对所收集的信息和数据进行分析、处理和统计分析。在这一过程中，需要根据考评目的、标准和方法的需要，不断地修正和补充信息，以保证绩效考评结果的公平、全面及可信性。

5) 员工绩效评定

在对员工绩效信息和数据资料进行分析、处理和综合后，接下来就需要评定被考评者的绩效。绩效评定一般是在参照绩效标准的基础上作出的。绩效标准的确立应与工作要求密切相关，而且应是员工能够影响和控制的，否则就会失去应有的价值。

6) 绩效反馈

绩效反馈是绩效考评的重要环节，是考评者向被考评者反馈绩效考评结果并与之进行沟通的过程。在这一阶段，组织或考评者将向被考评者通报绩效考评的过程信息及结果，并向被考评者反馈绩效结果的达成原因，引导员工就自己的绩效结果及导致这一结果的原因进行申辩、说明及提出自己的看法和意见，以便考评者根据员工的意见对绩效结果的不合理之处作出适度修正，从而提高绩效结果的有效性。

8.3.4 公共部门人员绩效指标体系的开发设计

绩效指标(Performance Indicators)是指能够刻画和描述工作岗位绩效项目和绩效内容特征的具体概念，如客户满意度、出勤率、差错率等。绩效指标是现代组织人员绩效考评体系的核心内容，开发设计好绩效指标体系是做好公共部门人员绩效考评工作的必要前提。从某种意义上讲，公共部门人员绩效考评的公平、合理，首先是通过绩效指标、绩效考评标准和指标权重的科学、合理设计来体现的。也就是说，没有科学、合理、细致、可观察的绩效指标来真实、有效地反映绩效考评内容，公共部门人员绩效考评就难以令人信服。

1. 绩效指标开发设计应遵循的标准

为了确保绩效指标开发设计的科学、合理、有效，在指标开发设计时一般应遵循如下标准。

(1) 具体的(Specific)。也就是说，绩效指标应能明确而具体地反映员工的绩效内容，简明易懂，既不能模棱两可，让人难以把握，又不能过于抽象，让人感到费解。

(2) 可衡量的(Measurable)。即绩效指标所代表的内容应能通过数量、质量或行为强度等反映出来。

(3) 可实现的(Attainable)。也就是说，绩效指标应具有实现的可能性，可以通过员工的工作行为和工作业绩体现出来。

(4) 可证实的(Realistic)。即绩效指标应该是可观察、可证明的，它既不是假设性指标，又不是那些不可观察或无法证明的指标。

(5) 时限性(Time-bound)。绩效指标应该具有时限约束，要求员工在约定的时间内达到。

(6) 非重叠的(non-Overlapping)。要求绩效指标体系中各指标或指标群应具有明确的考评界限，应尽可能避免多指标考评内容和范围的重叠或相互交叉。

2. 绩效指标的来源及类型

绩效指标的来源主要有：①主要绩效或行为领域(Key Performance Areas或Key Behavior Areas，KPAs或KBAs)。就员工而言，较好地履行组织和部门所赋予的责任、完成岗位既定工作任务，是获得良好绩效的基本要求。如前文所述，员工绩效是通过员工素质、工作行为及工作结果来体现的，而员工素质、工作行为和工作结果又可以通过一些指标刻画出来，这些指标，特别是其中能够较全面和较大程度地体现员工素质、工作行为和工作结果的指标，就是关键绩效指标。②日常管理和工作活动。日常管理和工作活动是达成员工绩效的具体行为表现，因此也往往成为绩效指标的来源。③到上一周期期末未完成和需要改进的目标。在绩效管理过程中，上一周期期末未完成的目标和需要改进的方面往往是下一周期中要努力达到的目标和需要特别加强的方面，因为只有如此，才能保质、保量完成所任职岗位的工作。④通过组织和部门目标的分解得到。绩效管理是以提高员工素质、改进工作行为，最终促使员工履行好岗位职责、达到岗位的任务要求为目的的，这些责任和任务往往是通过组织的目标分解而下达各部门、分配到各岗位的。因此，在选择绩效指标时，由组织和部门分解下来的目标的达成情况，往往成为绩效管理者的关注焦点，同时也成为岗位绩效指标的重要来源。

绩效指标通常有4种类型：数量型、质量型、成本型和时限型。数量型绩效指标是指可以通过数量多少来描述的那些指标，如产量、利润等。质量型绩效指标则指用来描述员工工作"做得怎么样"的那些指标，如破损率、独特性、准确性等。成本型绩效指标是指用来反映成本消耗情况的指标，如单位产品或服务的成本等指标。时限型绩效指标反映的则是时间概念或效率意识，如及时性、某事项办结耗时等指标。不同类型的指标反映员工工作绩效的不同侧面，应尽可能结合起来使用。

3. 建立以KPI为核心的绩效指标体系

1) 关键绩效指标及其与一般绩效指标的区别

关键绩效指标(Key Performance Indicator，KPI)是指能够反映任职者主要责任和任务实现情况的、可量化和可行为化的指标。换言之，关键绩效指标也就是对组织战略目标具有增值作用或起决定性作用的绩效指标，它是连接个体绩效与组织绩效以及组织战略目标的桥梁。通过就关键绩效指标达成共识，员工与领导管理者可以就工作期望、工作表现和未来发展等方面进行沟通。

关键绩效指标通常具有如下特征：①关键绩效指标与组织的战略目标密切关联，是由组织战略目标分解出来的。也就是说，作为衡量各职位员工工作绩效的指标，关键绩效指标所体现的衡量内容取决于组织的目标追求，与组织战略紧密联系在一起，是对组织战略目标的细化，它随组织战略目标的变化而变化。②关键绩效指标具有可操作性，是对各职位绩效中可控部分的衡量。③关键绩效指标衡量的是各职位活动的主要内容或方面，如工作岗位的主要职责、主要任务和主要行为要求等。④关键绩效指标必须是组织上下均认同的，而非指令性或由上级直接派发的，它是领导管理者与员工共同协商的结果。

表8-3列示了关键绩效指标与一般绩效指标的区别。

表8-3 关键绩效指标(KPI)与一般绩效指标(GPI)的区别

项目	关键绩效指标(KPI)	一般绩效指标(GPI)
假设前提	假定人们会采取一切必要行动来努力达到事先确定的目标	假定人们不会主动采取行动来实现目标；假定人们不清楚应采取什么行动来实现目标；假定制定与实施战略与一般员工无关
考评目的	以组织战略为中心，指标体系的设计和运用是为达成组织战略目标服务的	以控制为中心，指标体系的设计和运用来源于控制意图，是为更有效地控制员工行为服务的
产生过程	在组织内部通过自上而下对组织战略的层层分解而产生	通常是自下而上根据个人以往的绩效和目标而产生
指标来源	源自组织战略目标和竞争要求的各项增值性工作或具有决定性作用的工作	源自特定程序，即对过去行为和绩效的修正
指标构成及其作用	通过财务与非财务指标的结合，来体现组织关注短期效益、兼顾长远发展的原则；指标本身既传达了结果，又传递了产生结果的过程	以财务指标为主，以非财务指标为辅。注重对过去绩效的评价，认为过去绩效存在的问题是指导绩效改进的出发点，绩效改进行动与战略需要脱钩

资料来源：付亚和，许玉林. 绩效考核与绩效管理[M]. 北京：电子工业出版社，2004：80.

2) 如何建立和测试关键绩效指标体系

关键绩效指标的选择及关键绩效指标体系的建立是一项专业性的工作，一般需要由专家或在专家指导下进行。目前常用的选择关键绩效指标的方法有鱼骨图分析法和九宫图分析法。

鱼骨图(Fishbone Diagram)，又名特性因素图，或称因果图，是由日本管理大师石川馨提出来的。通常，问题的特性总是受一些因素的影响，通过"头脑风暴法"，可以找出这些因素，并将它们与问题的特性联系在一起，按相互关联性整理成层次分明、因果清晰的图形，因图形形似鱼骨，故而称鱼骨图。鱼骨图是一种透过现象看本质的分析方法。

九宫图是借助一幅九宫格图，将要研究的主题写在中心格内，然后从主题出发向8个方向思考，找出8种不同的创见，并将由主题所引发的想法或联想写在其余格内。这是一种有助于发散性思维的分析方法。

下面以鱼骨图分析法为例，简单介绍一下关键绩效指标的选择过程。

(1) 组织层次关键绩效指标的确定。对于组织层次关键绩效指标的确定，主要分为以下几步。

第一步，由组织领导层与专家共同确定公共组织未来的发展方向和战略目标。基于公共组织战略目标，借助鱼骨图分析法和头脑风暴法，分析公共组织取得成功的关键业务重点，即公共组织的关键行为和结果领域，并以此确定KPI的维度。这一步需要考虑公共组织靠什么才能取得成功，以及公共组织所追求的目标是什么等问题。图8-3给出了某公共组织确定的关键行为和结果领域。

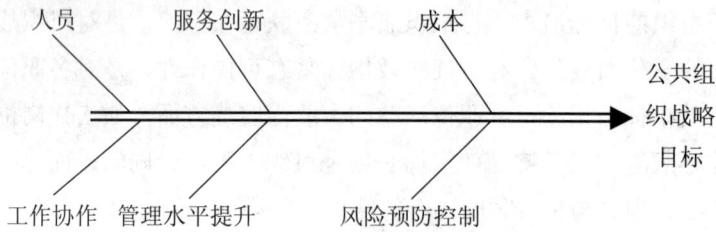

图8-3 某公共组织的关键行为和结果领域

第二步，把关键行为和结果领域层层分解为关键绩效要素，即KPI要素。这一阶段需要回答如下问题：每个关键领域包括哪些方面的内容？如何确保该领域取得成功？确保该领域取得成功的关键措施和手段是什么？在该领域取得成功的标准是什么？图8-4是某公共组织关键绩效要素鱼骨图。

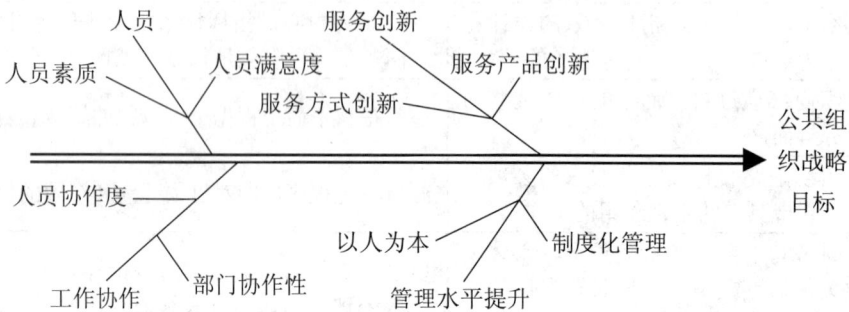

图8-4 某公共组织的关键绩效要素(部分)

第三步，将关键绩效要素细化为关键绩效指标。为便于对关键绩效要素进行量化考评，还需要将这些要素细化为具体的绩效指标，并按照SMART原则最终确定关键绩效指标。

第四步，为关键绩效指标设置考评标准，也就是确定每项指标应该达到何种水平。

最后，通过汇总，即可得到公共组织的完整关键绩效指标体系。

(2) 部门级关键绩效指标的确定。在得到组织层次的关键绩效指标后，部门管理人员还需要在专家的指导下，将组织层次的指标分解到部门层次，形成部门级关键绩效指标。具体做法：确认组织层次的指标是否可由部门直接承担，若可以承担，可直接过渡为部门层次指标；若不能承担，可按组织结构分解或按主要流程分解。

(3) 员工级关键绩效指标的确定。按照与确定部门级绩效指标相同的办法，将部门级绩效指标分解到具体的岗位，从而形成员工级关键绩效指标。

在关键绩效指标确定后，通常还需要对其进行测试，以确定关键绩效指标是好的指标。关键绩效指标测试方法如表8-4所示。

表8-4 关键绩效指标测试办法

测 试	问 题
该指标是否可以理解	是否可以用通用业务语言定义 能否以简单明了的语言说明 是否有可能被误解
该指标是否可以控制	该指标的考评结果是否有直接的责任归属 绩效考评结果是否能被基本控制

（续表）

测　试	问　题
该指标是否可以实施	是否可用行动改进该指标的绩效结果 任职者是否明白采取何种行动会对该指标的绩效结果产生影响 该指标是否可信
是否有稳定数据源支持该指标	数据能否被操纵以使绩效看起来比实际更好或更糟 数据处理是否会导致绩效指标变得不准确
该指标是否可衡量	指标是否可以量化 指标是否有可信的衡量标准
该指标是否可通过低成本获取	有关指标的数据是否可直接从标准表上获得 获取成本是否高于其价值 该指标是否可以定期衡量
该指标是否与组织战略目标一致	该指标是否与某个特定的战略目标相联系 指标承担者是否清楚组织的战略目标 指标承担者是否清楚该指标如何支持组织战略目标的实现
该指标是否与整体绩效指标一致	该指标与组织中的上一层绩效指标是否相联系 该指标与组织中的下一层绩效指标是否相联系

资料来源：朱飞.绩效激励与薪酬激励[M].北京：企业管理出版社，2010：101.

4. 绩效指标设计时经常出现的问题

在进行绩效指标设计时，经常出现如表8-5所示的问题。

表8-5　绩效指标设计时经常出现的问题及解决办法

常见问题	问题举例	解决或纠正办法
增值的错误	●对于一个为客户提供特定服务的岗位，没给出能表明客户满意的工作产出是什么	●增加能表明相应工作产出的指标 ●删除与工作目标不符的工作产出 ●识别岗位活动结果对组织增值的贡献，并把这些指标当作增值产出
描述工作产出的项目过多	●给出了很多反映工作产出的指标	●合并同类项，把一些工作产出归并到更高层类别中去
绩效指标无法被证明或考评	●没有表明谁来考评工作质量 ●考评者的绩效评定似乎与绩效标准不符	●决定谁可对该项工作结果进行质量判断 ●识别考评者作出判断的关键因素，列举出考评者通过观察到哪些行为来说明绩效达到期望标准
考评指标不够全面	●对某项工作产出可以从数量、质量和时限等方面进行衡量，而绩效指标只给出了数量指标和标准	●设定针对各个方面的绩效指标
绩效指标跟踪和监控太耗费时间	●被考评者较多，难以逐一进行考评 ●正确回答客户问题的比率较低	●采用抽查方法跟踪被考评者行为 ●若跟踪"正确率"较困难，则跟踪错误率
绩效指标缺乏可超越的空间	●绩效标准中使用"零错误率""100%""从不""总是""全部"等词语	●若绩效标准无优化余地，且100%正确，则保留之；否则，可修改绩效标准，以留下可供超越的空间

资料来源：付亚和，许玉林.绩效考核与绩效管理[M].北京：电子工业出版社，2004：96-97.

此外，在设计绩效指标时，还经常会遇到下列问题。

(1) 绩效考评结果不够清晰。这是公共部门绩效指标设计时经常遇到的问题。因为对公共部门来讲，绩效结果经常是无形的，不像生产性企业那样容易确定，从而给绩效指标和考评标准的设计带来很大困难。

(2) 虽然知道员工绩效应该从哪些方面去衡量，却不知道怎样去衡量。因为不是所有的东西均可通过具体数字来衡量，在实践中，经常会遇到"创造性""责任心"之类的不易量化的指标。

(3) 团队在公共部门中的作用增大，从而使团队绩效考评变得越来越重要，然而，团队通常由许多个体组成，而团队又往往是跨部门的，对绩效的考评既要考评团队，又要考评个体，从而使绩效指标设计及绩效考评工作变得复杂起来。如何避免指标设计中团队绩效指标与个体绩效指标发生冲突，是绩效指标设计时颇具难度的工作。

(4) 绩效指标和绩效标准与组织目标不一致，或者难以落实操作。绩效指标设计是一个反复修正的过程，它必须随着公共组织战略目标的变化而不断变化。在实际操作中，如果不注意对绩效指标的认真审核，就很可能导致绩效指标和绩效标准与公共组织战略目标的不一致，从而导致绩效考评难以对组织战略目标的实现起到强有力的助推作用。

5. 绩效标准及其设定

绩效标准(Performance Criterion)，或称绩效考评标准，是组织通过测量或协商设定的衡量被考评者各项绩效指标完成情况的基准。从不同角度可以将绩效标准分为不同类型，如：按评价手段可分为定量标准和定性标准，按形态可分为静态标准与动态标准，按属性可分为绝对标准、相对标准和客观标准，等等。

绩效标准一般与绩效指标相对应。两者的不同在于，绩效指标说明的是从哪些方面对工作绩效和工作表现进行衡量，解决的是需要"考评什么"的问题；而绩效标准指的是员工在各个指标上分别应达到什么样的水平或程度，解决的是员工在其现任职岗位上"做得怎么样"或"完成了多少"的问题。另外，不同的绩效标准对应着不同的绩效等级。绩效等级(Performance Grades)是依据绩效标准对员工工作表现和工作结果所做的级别和等次划分。绩效等级既与具体的绩效指标和绩效标准有关，又与绩效考评主体及考评方式有关。

绩效标准通常具有如下特征：①绩效标准是基于岗位职责和任务，而不是基于任职者建立的标准。也就是说，绩效标准应根据工作来建立，而不管谁在从事这项工作，而且，每项工作的绩效标准应该只有一套，而非针对每个任职者各订立一套。另外，绩效标准与工作目标不同。工作目标一般是为员工个人而非为工作而订立的，每位员工应有不同的工作目标，该目标通常依个人能力和经验而定，然而，无论对于哪位员工，工作目标均应具有一定的挑战性。②绩效标准应为被考评者所知晓，且通过努力可以达到。在绩效管理过程中，某一岗位的绩效标准必须为该岗位管理者和任职者所知晓，且经过部门和员工付出一定的努力后可以达到。如果员工对绩效标准概念不清或对绩效标准一无所知，一方面员工事先无法确定努力方向，另一方面员工则缺乏奋斗的目标，不便于员工绩效的改进和提高；而如果管理者不清楚下属员工的绩效标准，则无法对员工表现的优劣作出及时判断、校正和衡量，不利于管理效果的改善。③绩效标准应该明确且能够衡量。如果绩效标准不明确，不仅不便于管理者及员工理解与操作，而且还可能导致分歧和矛盾，而如果绩效标准不能够衡量，则一般很难作出令员工信服的判断，特别是那些属于现象或态度方面的内容，更应尽可能使之具体化，以便于衡量。常言道："凡是无法衡量的，就无法控制。"因此，含糊不清、不便衡量的绩效标准，一般很难具有较强的说服力。④绩效标准应是可变的且有时限约束。绩效标准不是一成不变的，它会随岗位职责、任务以及员工能力等的变化而变化，而且，绩效标准的达成必须有一定的时间约束，以便于进行绩效考评及对不同员工在一定时期内的绩效进行比较。

绩效标准通常设定一定的适用范围，如果被考评者的绩效表现超过了绩效标准的上限，则说明被考评者表现卓越，超过了期望水平；如果被考评者的绩效低于绩效标准的下限，则说明被考评者存在绩效不足的问题，需加以改进。

在设定绩效指标时，一般需考虑两类标准：基本标准和卓越标准。所谓基本标准(Basic Performance Criterion)，是指公共组织期望员工达到的绩效水平，这一标准是每个员工经过努力均能达到的。基本标准的作用在于判断被考评者的绩效是否能满足公共组织的基本需要，它是颁发绩效工资的重要依据。卓越标准(Excellent Performance Criterion)是指公共组织未对员工要求的、但员工通过努力或凭借超常能力有可能达到的绩效水平。卓越标准并非每个员工都能达到的标准，只有其中一小部分人可以达到，通过设定卓越标准可以引导员工树立更高的努力目标。卓越标准是没有上限的。卓越标准是颁发奖金乃至职位晋升等的重要依据。表8-6列示了一些职位的基本标准和卓越标准。

表8-6 基本绩效标准与卓越绩效标准设定(以司机岗位为例)

基本绩效标准	卓越绩效标准
●按时、准确、安全地将乘客送达目的地	●在几种可供选择的行车路线中选择最有效率的路线
●自觉遵守交通规则	●在紧急关头能采取有效措施
●随时保持车辆良好的性能和卫生环境	●能自觉营造使乘客满意的乘车环境
●不装载与目的地无关的乘客或货物	●比较高的乘客满意度和比较高的乘客选择率

8.3.5 公共部门人员绩效考评主体的选择

绩效考评主体选择所说明的是由谁来进行考评的问题。考评主体选择是公共部门人员绩效考评的重要一环，它直接关系着绩效考评的公平公正性以及结果的可信度。在传统公共组织中，绩效考评主体通常是领导管理者，由个别领导管理者说了算，考评结果的公平公正性和可信度比较有限。随着管理科学的发展，人们越来越注意到传统绩效考评在主体选择上的缺陷，并提出了考评主体多元化的问题。所谓考评主体的多元化，是指选择两类或两类以上的考评者作为考评主体，来对被考评对象实施多方位考评。在公共部门中，可供选择的考评者主要有被考评者的上级(或主管)、同事(包括本部门同事或其他部门同事)、下属、与被考评者存在业务关系的客户、被考评者自己和专家。

1.绩效考评主体

1) 上级

由直接上级或主管对员工进行考评是绩效考评的传统做法。选择直接上级或主管来考评员工，主要考虑到他们最熟悉员工的工作及其行为表现，在绩效考评中比别人更具发言权，这种认识有一定的合理性，同时也存在一些问题。原因是，多数直接上级或主管缺乏对员工工作状况和行为表现的全面关注和足够了解，往往难以给出令员工信服的考评结果，因此，在选择直接上级或主管作为考评主体时，必须强化直接上级或主管对员工日常工作状况和行为表现的观察、记录，同时，为了确保直接上级或主管考评结果的公平公正性和可信度，还需要员工的直接上级或主管的上级对考评结果进行复核。尽管由直接上级或主管作为考评主体存在诸多不足，但在实际工作中，以员工上级作为考评主体仍然是较通行的做法。

2) 同事

由于同事间往往存在较多的接触和工作联系，相互间比较了解，加之同事可以从不同侧面、不同角度来对被考评者的工作表现和工作结果作出独立评价，因此，目前同事经常被作为绩效考评的主体。不过，由同事作为考评主体也存在诸多问题和不足，例如，同事间因顾及自己的考评可能会影响彼此间的关系而不愿实事求是地评价对方，或者同事间因存在竞争关系而相互贬抑，等等。通常，适合由同事作为考评主体的绩效项目主要有：①参与性考评，即考评某同事是否积极参与小组讨论及其他活动；②时间观念考评，即考评某同事参加活动和完成任务是否及时；③人际交往能力考评，即考评某同事能否与其他同事融洽相处；④对团队贡献的考评，即考评同事能否对团队建设经常提出有创见性的意见和建议，以及被考评者对团队绩效达成发挥了怎样的作用；⑤计划和协调能力考评，即考评同事能否计划好自己的工作并协调好与其他同事的工作关系。

另外，公共组织以同事作为考评主体时还需要注意：对考评结果进行复核时要保密，以免因泄密而伤害同事间的感情，导致同事间相互敌视。

3) 员工自己

让员工来考评自己的工作绩效的做法是与现代管理所倡导的自我管理和授权理念相一致的，而且，这通常也是目标管理和员工职业生涯规划与管理的重要组成部分。员工自我考评的通常做法是：让员工在进行综合考评前或考评中结合自己一定时期的工作表现填写一份考评表或进行绩效总结。自我考评虽然有助于消除员工对考评过程的抵触情绪，能有效激发员工与其上级或主管就工作绩效展开讨论，然而，它也存在夸大自身绩效、弱化自身缺陷和不足的问题。基于此，一般认为，员工自我考评更适用于制定员工职业生涯规划，而不适用于绩效考评。

4) 下属

在现代绩效管理中，下属或下级越来越多地被作为绩效考评主体。在对直接上级主管进行考评时，下属是非常具有发言权的，因为他们与上级主管接触较频繁，并能站在独特的角度来观察和评价与上级主管工作绩效相关的行为，如上级主管的领导能力、沟通能力、团队协调能力、口头表达能力、授权及对下属的关注程度等。然而，对上级主管的某些特殊方面，如计划与组织、预算、创造力和分析能力等，通过下属来考评却不太恰当。当然，由于下级考评给予员工高出上级的权力，因此，当下级考评结果被作为加薪或晋职决策的依据时，就会造成上级主动讨好下属的现象。另外，由于下属通常害怕因对上级评价太低而遭到或明或暗的报复，因此，在以下属作为考评主体时，也会出现下属为避免报复而给上级打高分或不实事求是地评价的现象。基于上述考虑，若想获得比较准确、客观的下级考评结果，在考评过程中，就应采取背对背匿名考评的方式，同时加强对打击报复行为的处罚力度。

5) 客户

对于现代公共部门特别是政府来讲，以客户作为考评主体有着越来越重要的社会意义。客户，通常指公共部门的直接服务对象，包括企业、普通公民以及其他与公共部门有着业务往来的部门和人员等。由于客户是公共部门的直接服务对象，也是公共部门服务的直接监督者，因此，他们通常更有权力，也能更客观、公正地评价公共部门人员的工作表现和工作成效，尤其是在建设服务型组织的今天，客户考评的重要性更加突显。客户考评对改善公共部门的服务意识、提高公共部门的服务水平具有重要的实际价值。现实中，由于收集客户考评信息有较大的难度，加之客户考评信息往往不够完整、缺乏连续性，因此，目前客户考评仍未受到公共部门的足够重视。当然，在选择客户作为考评主体时，首先必须开发出贴近客户实际感受且易于操作的考评意见表；其次还应注意客户考评的机密性，实行背对背即匿名考评。对于客户的考评结果，上级管理者应注意妥善保存，并及时复核，以确保客户考评的客观公正性。

6) 专家

以绩效管理专家作为考评主体，也是近些年来常见的做法。通常来讲，由于专家与被考评者不存在直接利益关系，因此，在考评过程中能够更负责任，也更客观公正。然而，因为绩效管理专家缺乏对被考评者工作过程和工作表现的全面、直观了解，往往只能依据日常表现记录和被考评者自己及其主管的介绍作出判断，难免失之偏颇，因此，在选择绩效管理专家作为考评主体时，应尽可能为相关专家提供全面、深入了解员工工作表现和工作结果的机会，以确保其评价结果的公正、客观。

2. 如何选择绩效考评主体

绩效考评主体的选择通常要考虑如下三方面因素。

(1) 谁掌握绩效信息就由谁来做考评主体。由于工作性质和特征不同，某些岗位的绩效信息由直接上级掌握，某些岗位的绩效信息则由多个考评主体掌握，例如上级、同事、下级、客户甚至是跨部门领导，因此就需要根据掌握绩效信息者的情况来确定绩效考评主体。

(2) 考评成本。在有些时候，由于过于追求绩效考评体系的完备和完美，往往会导致操作过程繁琐，牵涉的考评主体太多，从而导致绩效考评过程冗长，考评需要花费的时间及投入的人力、物力非常巨大，这样做的结果很可能得不偿失。鉴于此，在选择考评主体时，成本是必须考虑的因素，即应在合理的成本核算范围内，选择尽可能多的考评主体，以提高考评结果的客观公正性。

(3) 考评主体的选择还应该坚持适度制衡原则，既不能产生"一言堂"的现象，又不要矫枉过正。在绩效考评中特别忌讳的是"一言堂"现象，因为这样往往会直接影响绩效考评的效果，因此，需要在绩效考评制度中设置考评主体相互制衡的机制和措施。当然，也要注意不要制衡过度，矫枉过正，否则，很可能导致互相拆台的现象。

8.3.6 公共部门人员绩效的考评方法及其选择

1. 绩效考评方法

公共部门人员绩效的考评方法多种多样，概括地讲，主要可归纳为描述法、比较法、行为法、特性法、结果法和360度绩效评价法等几大类。接下来，我们将对其中比较常用的几种方法加以介绍。

1) 描述法

描述法是一种传统的绩效考评方法，常见的有短文法和关键事件法两种。

(1) 短文法。短文法(Essay Method)是最常见的以一篇简短的书面鉴定来对员工绩效进行评价的方法。短文法描述的内容包括被考评者的工作业绩、优点、缺点及其潜在能力等。具体做法是：员工的上级或主管运用叙述性文字来描述被考评者的能力、态度、工作业绩、优缺点和发展的可能性等，并尽可能列举出一些关键绩效实例。该方法没有具体的内容、格式和篇幅要求，也不存在标准的规范。短文法虽然简单易行，但考评结果往往与考评者的语言表达能力和水平密切关联，无量化依据，也难以用来进行员工间的绩效比较。

(2) 关键事件法。关键事件法(Critical Incident Technique，CIT)，或称典型事例法，是一种以真实详细地记录直接影响员工工作绩效优劣的关键行为和事件为基础的考评方法。具体做法是：被考评者上级或主管根据被考评者的工作行为表现，将每一位被考评者在工作活动中表现出来的好的行为或不良行为(或事故)及其后果，如实详细地记录下来，据此来考评员工的工作绩效。关键事件法要求：所收集的与被考评者典型工作行为有关的资料和信息均应是明确、易观察的，而且还必须与被考评者的绩效优劣直接相关。关键事件法的步骤有三：一是当有关键事件发生时，及时、准确地把事件发生的相关信息填写在特别设计的考评表上；二是根据记录进行评分；三是与被考评者进行绩效面谈。关键事件法的优点是证据和事实清楚，便于考评。缺点是工作繁琐，会使被考评者产生被监视的感觉。

2) 比较法

比较法是考评者通过将某位员工的工作绩效与其他员工的工作绩效进行比较，来确定该员工绩效水平的方法。该方法具有设计简易、使用方便的优点。缺点是员工对由这种方法得出的绩效结果的接受度较低，而且该方法的信度和效度也不高。常见的比较法主要有排序法、配对比较法和强制分布法等。

(1) 排序法。排序法(Ranking Method)是将一定时期组织中的员工绩效依据一定标准按从高到低的顺序进行排列的方法。这种方法有直接排序法和交替排序法两种具体形式。

① 直接排序法。直接排序法(Direct Ranking Method)是在通盘考虑的基础上，根据一定的评价标准，将被考评者按绩效高低的顺序排列起来。按评价标准划分的等级通常有最好、较好、一般、较差、最差，或优、良、一般、合格、不合格等。

② 交替排序法。交替排序法(Alternative Ranking Method)是一种比直接排序法运用得更广泛的方法。如表8-7所示，其具体操作步骤是：首先，列出所有被考评者的名单，并将因不熟悉而无法对其绩效进行考评的员工的名字划去；其次，选出最好的和最差的分列于表8-7的第1位和倒数第1位，而后再从剩下的员工中挑出次最好的和次最差的分别排在第2位和倒数第2位，以此类推，直至将所有被考评者按优劣顺序排列出来为止。

表8-7 交替排序法(例表)

1. 张华	11.	21. 张淼
2. 李伟	12.	22. 贺东伟
3. 赵丽丽	13.	23. 张劭
4. 张海明	14.	24. 李树明

（续表）

5. 马永华	15.		25. 张洁		
6. 王超华	16.		26. 刘盛明		
7. 夏永海	17.		27. 齐东海		
8. 赵明	18.		28. 陈玲丽		
9. 李华军	19.		29. 赵宝华		
10. 王珏	20.		30. 李薇		

(2) 配对比较法。配对比较法(Paired Comparison Method)，又称成对比较法或一一比较法，具体做法是：将某员工按照所有评价要素(如"工作数量""工作质量"等)与所有其他员工一一进行比较，如果该员工的工作绩效优于另一员工，则该员工可得一个"＋"号，如果该员工的工作绩效劣于另一员工，则得一个"－"号。在比较全部完成后，考评者通过统计每位员工获得的好评或差评(即得到的"＋"或"－")的次数，即可得到每位被考评者的绩效考评分数，进而区分员工工作绩效的优劣，见表8-8。

表8-8　配对比较法(举例)

比 较 对 象	张 华	李 伟	赵 丽 丽	张 海 明	马 永 华	王 超 华
张华		－	＋	－	－	＋
李伟	＋		＋	－	－	＋
赵丽丽	－	－		－	－	－
张海明	＋	＋	＋		－	＋
马永华	＋	＋	＋	＋		＋
王超华	－	－	－	－	－	

配对比较法是一项耗时较多的考评方法，特别是在那些规模较大的组织中，这一问题会更加突出。然而，计算机技术的广泛应用以及配对比较原理的程序化，大大简化了配对比较的应用流程，进而提高了这种方法的广泛使用性。

(3) 强制分布法。强制分布法(Forced Distribution Method)，也称强制分配法，具体做法是：将被考评对象分类，每一类强制规定一个百分比，然后按被考评者的工作绩效将被考评者划归到某一类别中。强制分布法是按类别而不是按个人绩效进行排序的。该方法的理论依据是数理统计中的正态分布原理，认为员工的绩效分布应遵从正态分布，进而将员工分成最高、较高、一般、较低、最低，或杰出、高于一般、一般、低于一般和不合格等不同等级，如表8-9所示。

表8-9　强制分配法(举例)

分 类	最 高	较 高	一 般	较 低	最 低
比例/%	10	20	40	20	10
被考评者姓名					

3) 行为法

行为法是用来对员工有效完成工作所必须表现出来的行为进行界定和评价的方法。这种方法的做法是：首先用各种技术对这些行为加以界定；接下来，管理者根据事先的界定对员工在多大程度上表现出这些行为进行评价。行为法的优点是：它可以将组织战略与执行这种战略所需要的某些特定行为类型联系起来；能向员工提供组织对他们的绩效期望的特定指导和信息反馈；它是以工作分析为基础的，具有较高的有效性；可接受性较高。行为法主要有行为锚定等级评价法和行为观察法等。

(1) 行为锚定等级评价法。行为锚定等级评价法(Behaviorally Anchored Rating Scale，BARS)是建立在关键事件法基础上的一种方法。该方法由美国学者史密斯(P. C. Smith)和肯德尔(L. Kendall)于1963年提出。该方法通过一张标示出某一职位各个考评维度评分等级的评价表，并附以描述关键事件的说明词与量表上的一定评分等级相对应，来为考评者对被考评者的实际表现进行评分提供参考依据。

行为锚定等级评价法的具体操作步骤如下。

第一步，获取能代表某项工作绩效优或劣的关键事件，并进行描述；

第二步，建立绩效评价等级，并对绩效要素内容加以界定，那些被专家认为能够清楚地代表某一特定绩效水平的关键事件将会被作为指导考评者的行为事例；

第三步，以"行为锚"为指导来确定每一评价等级中的哪些关键事例与员工实际工作表现或行为最为符合，以确定员工的绩效得分。如图8-5所示。

该方法的优点：对工作绩效的计量比较精确；工作绩效评价标准较明确；具有良好的反馈功能。缺点：在信息回忆方面存在偏见，亦即那些与"行为锚"最为近似的行为最容易被回忆起来，进而可能会影响绩效考评结果的公正、公平及全面性。

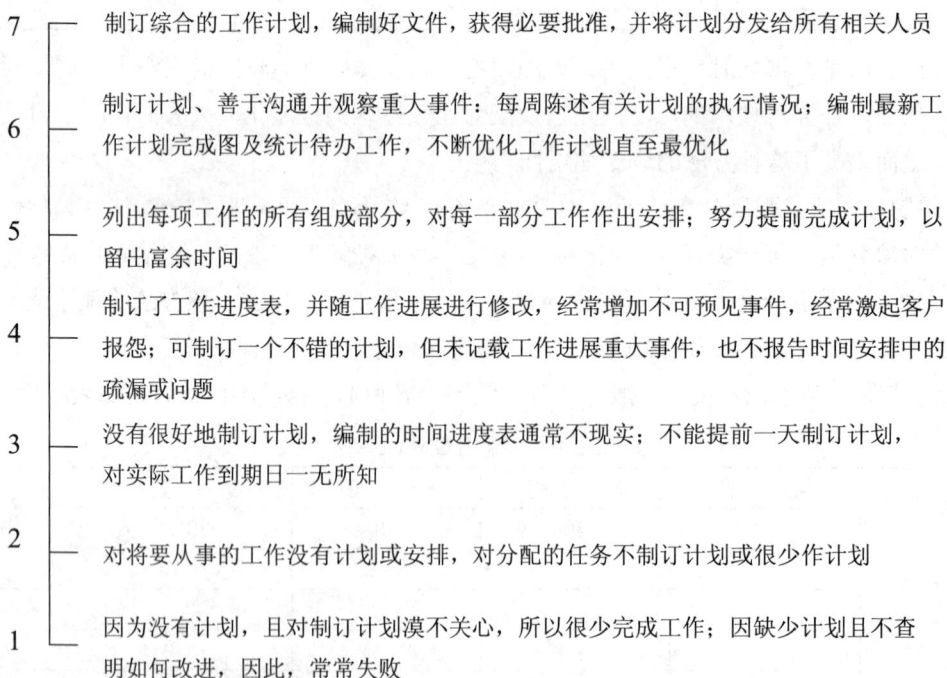

7	制订综合的工作计划，编制好文件，获得必要批准，并将计划分发给所有相关人员
6	制订计划、善于沟通并观察重大事件：每周陈述有关计划的执行情况；编制最新工作计划完成图及统计待办工作，不断优化工作计划直至最优化
5	列出每项工作的所有组成部分，对每一部分工作作出安排；努力提前完成计划，以留出富余时间
4	制订了工作进度表，并随工作进展进行修改，经常增加不可预见事件，经常激起客户报怨；可制订一个不错的计划，但未记载工作进展重大事件，也不报告时间安排中的疏漏或问题
3	没有很好地制订计划，编制的时间进度表通常不现实；不能提前一天制订计划，对实际工作到期日一无所知
2	对将要从事的工作没有计划或安排，对分配的任务不制订计划或很少作计划
1	因为没有计划，且对制订计划漠不关心，所以很少完成工作；因缺少计划且不查明如何改进，因此，常常失败

图8-5　行为锚定等级评价法(举例)

资料来源：[美]劳埃德·拜厄斯，莱斯利·鲁. 人力资源管理[M]]. 李业昆，等，译. 6版. 北京：华夏出版社，2002：229. 略作修改

(2) 行为观察法。行为观察法(Behavioral Observation Scales，BOS)是行为锚定等级评价法的变异形式，但其标准比行为锚定等级评价法更明确。实施这种方法时，首先需要确定衡量绩效水平的角度，如工作质量、人际沟通能力、工作可靠性等，每个角度均应细分为若干具体的标准，并设计一个评价表；然后，考评者将员工行为与评价标准相比较，得出某一衡量角度所有具体科目的得分和总分；最后，将员工在所有方面的表现得分加总，计算出员工的最终得分。如表8-10所示。

表8-10 行为观察法(举例)

克服变革的阻力

(1) 向下属描述变革的细节

几乎从来不　　1　　2　　3　　4　　5　　几乎常常如此

(2) 解释必须进行变革的原因

几乎从来不　　1　　2　　3　　4　　5　　几乎常常如此

(3) 与员工讨论变革会给员工带来何种影响

几乎从来不　　1　　2　　3　　4　　5　　几乎常常如此

(4) 倾听员工的心声

几乎从来不　　1　　2　　3　　4　　5　　几乎常常如此

(5) 在使变革成功过程中请求员工帮助

几乎从来不　　1　　2　　3　　4　　5　　几乎常常如此

(6) 如果有必要，会就员工关心的问题定一个具体的日期来进行变革之后的跟踪会谈

几乎从来不　　1　　2　　3　　4　　5　　几乎常常如此

总分数＝

很差	尚可	良好	优秀	出色
6～10	11～15	16～20	21～25	26～30

资料来源：[美]雷蒙德·A.诺伊，约翰·霍伦拜克，拜雷·格哈特，等.人力资源管理：赢得竞争优势[M].刘昕，译.3版.北京：中国人民大学出版社，2001：359.

行为观察评价法的优点是：能将高绩效者与低绩效者截然区分开来；能保证客观性；便于使用，便于反馈；便于确定培训需求。缺点是：所需信息量较大，有时甚至会超出管理者所能提供的最大信息量。

4) 特性法

特性法是用来衡量员工所具备的对组织发展非常有利的特征或特点的方法。该方法通过对一系列特征或特点，如主动性、领导能力、竞争力等的界定，来评价员工的绩效水平。该方法的优点是：它不仅容易开发，而且对不同工作、不同战略和不同组织均具有普遍适用性。缺点是：该方法与组织战略间的一致性往往较差，信度和效度均较低；这类方法的绩效标准一般较模糊，不同考评者对同一绩效标准可能会作出不同的解释。这种方法常见的有图尺度评价法和混合标准尺度法。

(1) 图尺度评价法(Graphic Rating Scales，GRS)。这种方法也称图表等级评价法，是根据事先列出的每一个绩效维度(如工作量、可信赖程度、工作知识、出勤率、工作准确性和合作性等)的评价尺度(可以是5分制的，也可以是其他分制的)来评定被考评者绩效等级的方法。这种方法包括数字排列和文字描述两种方式。表8-11列出了使用数字排列方式的范例，表8-12列出

了使用文字描述方式的范例。

表8-11　使用数字排列形式的图尺度评价法(举例)

绩 效 维 度	评 价 尺 度				
	优异	优秀	值得表扬	合理	较差
知识	5	4	3	2	1
沟通能力	5	4	3	2	1
判断力	5	4	3	2	1
管理技能	5	4	3	2	1
团队合作	5	4	3	2	1
人际关系	5	4	3	2	1
创造力	5	4	3	2	1

资料来源：[美]雷蒙德・A.诺伊，约翰・霍伦拜克，约翰・霍伦拜克，拜雷・格哈特，等. 人力资源管理：赢得竞争优势[M]. 刘昕，译. 3版. 北京：中国人民大学出版社，2011：355.

表8-12　使用文字描述的图尺度评价法(举例)

工作量——员工每个工作日的工作量

(　　)	(　　)	(　　)	(　　)	(　　)
没有达到 最低要求	刚好达到 最低要求	工作量 令人满意	很勤奋 超额完成	有非常优异 的工作记录

可依赖程度——只需最少监督即能令人满意地完成指定的工作的能力

(　　)	(　　)	(　　)	(　　)	(　　)
需要密切监督， 不可信赖	有时需要 督促	通常在适当督促下能完 成规定工作	需很少督促， 可以信赖	所需督促是 最低限度的

工作知识——员工为取得满意工作绩效应具备的有关工作任务的信息

(　　)	(　　)	(　　)	(　　)	(　　)
对工作任务 缺乏认识	缺乏某些工作 阶段的知识	对工作有一定认识，能 回答大多数相关问题	理解工作的 所有阶段	已完全掌握 所有的工作阶段

出勤率——每天上班且遵守工作时间的情况

(　　)	(　　)	(　　)	(　　)	(　　)
经常缺勤且无充分 理由，或经常迟 到，或兼而有之	出勤散漫，或有 时准时出勤	经常出勤 且准时	出勤及时	总是及时出勤，在 需要时自愿加班

准确性——履行工作责任的正确性

(　　)	(　　)	(　　)	(　　)	(　　)
屡犯错误	粗心，常犯错误	通常准确，只犯平均数 量的错误	大多数时候 是正确和准确的	几乎总是准确的

资料来源：[美]劳埃德・拜尔斯，莱斯利・鲁. 人力资源管理[M]. 李业昆，译. 6版. 北京：华夏出版社，2002：228.

　　在评价过程中，考评者每次只需考虑一位员工，并从中圈出一个与被考评者在某一特征程度上最为符合的分数即可。图尺度评价法有两大缺陷：一是因背景、经历和个性等因素的差异，考评者很难以同一方式对文字所描述的内容作出相同的解释；二是考评者有可能选择与员工工作绩效无关的绩效维度，或者遗漏对工作绩效有重大影响的绩效维度。

(2) 混合标准尺度法(Mixed Standard Scales，MSS)。该种方法又叫混合标准量表法，是由美国学者伯兰兹(Blanz)和吉塞利(Ghiselli)于1972年在传统评价量表的基础上提出的。这种方法要求，在量表设计时，首先需要确定绩效维度，并为每一个维度所代表的好、中、差的绩效等级进行范例性描述，而后为每一个维度和子维度设置权重(每一组子维度权重之和应为1，所有绩效维度权重之和也应为1)，然后将这些范例性描述语句打乱次序，使之随机排列，并且不指出相应的评价特征。考评者只需根据被考评者的实际工作表现，与这些范例性描述语句进行逐条对照评价即可。如果范例性描述语句与被考评者表现相符，则在此语句后写"0"；若被考评者表现不及范例性语句所描述的，则在该语句后写"一"；若被考评者表现优于范例性语句所描述的，则在该语句后写"＋"，如表8-13所示。之后，考评者需要对所有绩效判定组合给出一个数字作为分数。通常，最好的表现为第一种组合，优于优者，赋以最高分7分，依此类推，最差的表现是劣于劣者，赋以最低分1分，如表8-14所示。由每一个子维度的分数乘以权重，得出维度的分数，如表8-15所示；每个维度的分数再乘以权重，即可得出总分数。最后，根据每位员工得到的总分数来评判被考评者的工作表现。

表8-13　混合标准尺度法(举例)

绩效维度	绩效等级	绩效等级说明	绩效判定
主动性	高	该员工确实属工作主动的人。他一贯积极主动地做事，从不需要上级督促	＋
智力	中	尽管这位员工可能不是一个天才，但他却比我认识的许多人聪明	0
与他人关系	低	这位员工有与别人发生不必要冲突的倾向	一
主动性	中	虽然通常情况下这位员工的工作是积极主动的，但有时也需要上级督促才能完成工作	0
智力	低	尽管这位员工在理解问题的速度上比某些人慢些，在学习新东西方面比别人需要更长时间，但他还是具备一般智力水平的	一
与他人关系	高	这位员工与每个人的关系均很好，即使与别人意见相左时，他也能与他人友好相处	＋
主动性	低	这位员工有点坐等指挥的倾向	一
智力	高	这位员工非常聪明，他学东西的速度非常快	＋
与他人关系	中	这位员工与大多数人相处均较好。只是在少数情况下偶尔会与他人产生工作冲突，但冲突通常很小	0

说明：根据等级说明内容，在绩效判定一列中，员工绩效高于等级说明的填"＋"，相当的填"0"，低于等级说明的填写"一"。

表8-14　混合标准尺度法赋分标准

绩效等级说明			绩效判定得分
高	中	低	
＋	＋	＋	7
0	＋	＋	6
一	＋	＋	5
一	0	＋	4
一	一	＋	3
一	一	0	2
一	一	一	1

表8-15　员工绩效判定等级分数

绩 效 维 度	绩效等级说明			绩效判定得分
	高	中	低	
主动性	+	+	+	7
智力	−	+	+	5
与他人关系	−	−	0	2

资料来源：[美]劳埃德·拜厄斯，莱斯利·鲁. 人力资源管理[M]. 李业昆，等，译. 6版. 北京：华夏出版社，2002：355-356. 略作修改

混合标准尺度法由于打乱了评价维度，掩盖了评分等级，能确保考评者不会因为对某一点的认同而肯定被考评者的全部内容，因此，在绩效考评时可减少考评者的主观成分，提高考评的准确度。

该方法的优点是：考评的信度和效度高；绩效考评的精确度高；易于操作、适应度强。缺点是：与组织战略间有时不具有一致性；绩效衡量方法常常只有模糊的绩效标准，因而可能会导致不同的评价者对绩效标准作出不同的解释；各种复杂性因素会左右员工行为，如人数的多少等，因此，有限的维度描述难以阐释其实际行为。

5) 结果法

结果法是根据员工工作行为表现和工作结果来评价员工绩效的方法。这种方法有利于促使员工对其工作行为和结果负责，从而使员工慎重地选择工作方法。这类方法中最具代表性的是目标管理法。

目标管理法(Management By Objective，MBO)，也称绩效管理法、效果管理法或工作成果评价法，它的具体做法是：由管理者与员工共同讨论和制定员工在一定考评周期内所需达到的绩效目标，经贯彻执行后，到规定的考评周期结束时由双方共同对照原定目标来测评实际绩效，找出成绩和不足，而后再制定下一周期的绩效目标，如此循环下去。

目标管理的概念最初源自由布兹(Booz)、艾伦(Allen)与汉密尔顿(Hamilton)合伙开设的会计师事务所，这种管理方法当时被称做"管理者通信"。1954年，管理学大师P. F. 德鲁克在《管理的实践》一书中首先提出了"目标管理和自我控制"的主张，之后，他又在此基础上发展了这一主张。德鲁克认为，对一个组织而言，并不是有了工作才有目标，而是有了目标才能确定每个人的工作，因此，组织的使命和任务必须转化为目标的制定。如果一个领域没有目标，那么，这个领域的工作经常被忽视，因此，管理者应通过目标对下级进行管理。当组织高层管理者确定了组织目标后，必须将其分解为各个部门以及各个人的分目标，这样，管理者根据分目标的完成情况对下级进行考核、评价和奖惩就变得有章可循。目标管理法的实施步骤如图8-6所示。

在目标管理法中，绩效目标的设计始于组织最高层，他们提出组织使命和战略目标，而后通过各部门向下传递给各个具体的员工。员工个人目标的完成，通常代表着最有助于该组织战略目标实现的绩效产出。大多数情况下，个人目标是由员工及其上级主管在沟通和协商的基础上制定的。在目标设定过程中，他们往往需要就特定绩效标准及如何测量目标的完成等方面达成共识。

实施目标管理的关键是目标的制定。一般来讲，目标管理中的目标制定应符合SMART原

则，即S(Specific Results，具体目标)、M(Measurable，可衡量性)、A(Accepted，可接受性)、R(Relevant，与组织需要和员工前程的相关性)和T(Time，合理的时间约束)。

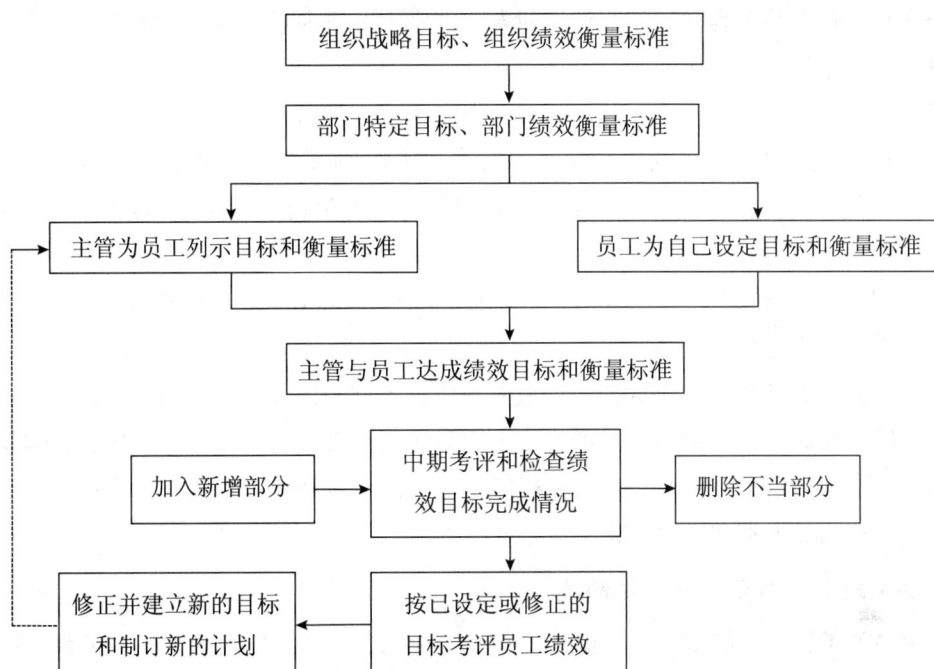

图8-6 目标管理法实施程序图

在采用目标管理法时，应注意以下几方面问题。

(1) 目标设定应以组织战略为基础，且是可量化的。

(2) 目标不宜太笼统、含糊，而应清晰、简明，表述准确，不产生歧义。例如，对于部门管理者的绩效目标，应尽可能用"使每个员工平均缺勤少于5天"这样的绩效目标来取代"减少员工缺勤现象"这样笼统、含糊的绩效目标。

(3) 目标不应订立过高或过低，应具有挑战性。过高的绩效目标往往使员工感到可望而不可即，难以起到激励作用；过低的绩效目标，则因员工很容易达到，也很难发挥激励效果。只有员工可控制的、适度的绩效目标，才能使员工感觉到挑战性，并对员工产生激励作用。

(4) 目标的设计和确立必须有承担工作的部门和员工参加，不能由部分领导管理者单方面决定。

(5) 绩效目标和行动计划必须作为管理人员和员工定期商讨员工绩效的基础。

(6) 目标管理应与员工薪酬和奖励挂钩，否则，目标管理法很难取得良好效果。

目标管理法的优点是：使员工一定时期的目标和任务更加明确、具体；强调自我管理；具有明显的激励效果；可以提高管理的有效性。缺点是：强调短期目标，对组织的长期目标关注不够；目标设置得较为困难；缺乏权变性。

6) 360度绩效考评法

360度绩效考评法，又称多方考评者考评法，它是一种集主管、同级、员工个人、下级(如果有下级的话)、客户甚至专家等多个考评主体的考评于一体的绩效考评方法，也是目前最流行的绩效考评方法之一。具体做法是：事先设计好与被考评对象所从事的工作有关的调查问卷或工作调查表，然后，分发给与被考评者有关的考评主体，由他们结合被考评者过去一段时期的工作表现和工作业绩来客观地填写调查问卷或调查表，进而通过对这些调查资料的汇总、分析来评价被考评者的工作绩效。

由于这种方法集多方考评于一体，从多个方位来了解被考评者的绩效和行为表现，因此，它能比较客观地反映被考评者的工作绩效。当然，360度绩效考评法也有其局限性，例如，工作量大、成本高。目前，在我国，如果对公共组织内的每位员工都使用360度绩效考评法来考评其工作绩效，还有很大难度。另外，360度绩效考评法也有其漏洞，例如，在上级考评时，被考评者之间可能会合谋，而在同事之间考评时，又可能互相给予对方差的评价，当然，也可能出现群体合谋打击另一些人的问题等。

除了以上几类方法外，在公共部门绩效考评中，主观臆断评价法、述职考评法等也有着非常广泛的应用。然而，由于主观臆断评价法、述职法均掺杂太多主观成分，从而影响其信度和效度，因此，在使用这类方法进行绩效考评时，应与问卷调查法或员工访谈法相结合，尽可能纠正其偏差，剔除其中不真实的成分。

2. 公共部门人员绩效考评方法的选择

在实际绩效考评中，绩效考评方法选择得是否正确、合理，既直接关系着绩效考评的效果和质量，也影响着员工对绩效考评的满意度，因此，对于绩效考评的方法选择问题，长期以来可谓仁者见仁、智者见智。表8-16从战略一致性、效度、信度、可接受性和明确性5个方面对上述几类方法进行了简要的总结和分析，以供选择考评方法时参考。

表8-16 部分类别的绩效考评方法评价

方法	标准				
	战略一致性	效度	信度	可接受性	明确性
描述法	较差；除非管理者能将对员工绩效和工作表现的观察与组织战略紧密结合起来	较低	取决于考评者	较低	很低
比较法	较差；除非管理者能花时间努力建立两者间的联系	如果等级评价非常仔细，则可能很高	取决于考评者，但通常不使用统一评价标准	中等；容易建立和使用，但不符合规范化评价标准	很低
行为法	能达到较高水平	通常较高；需将与员工绩效或工作无关的方面和缺失成分降至最低	通常较高	中等；难以建立，但在使用时极易被接受	很高
特性法	通常较低；要求管理者去建立两者间的联系	通常较低；若设计较仔细，则会有改善	通常较低；但可通过特性界定来改善	较高	很低

(续表)

方 法	标 准				
	战略一致性	效度	信度	可接受性	明确性
结果法	很高	通常较高；但可能受到与员工绩效或工作无关的方面或存在缺失成分	较高	较高；系统建立时能吸引被考评者参与	与结果高度相关，但与实现结果所需行为无太多联系
360度考评法	通常较高	通常较高	通常较高	较高	较高

资料来源：[美]雷蒙德·A.诺伊，约翰·霍伦拜克，拜雷·格哈特，等.人力资源管理：赢得竞争优势[M].刘昕，译.3版.北京：中国人民大学出版社，2001：370.有增删

8.3.7　公共部门人员绩效考评中的常见问题及其解决办法

1. 绩效考评中常见问题

1) 晕轮效应

晕轮效应(Halo Effect)是由美国心理学家桑代克(T. L. Thorndike)提出的。通常，在考评者对某一被考评者进行考评时，因思维定势和价值观等原因，往往会受到被考评者某一方面特征的深刻影响，并人为放大其作用，从而以偏概全地夸大或贬低被考评者的实际绩效，导致被考评者绩效结果偏高或偏低。晕轮效应产生的原因通常有：①因整体印象而影响个别特性的评定；②根据某一特殊的局部印象来推断整体印象；③考评者因太注重某些特征，而忽视了对被考评者进行全面而深入的考评。

在实际工作中，为减少或消除晕轮效应，应采取如下措施：①尽量避免选择那些不易观察、不便单独设立或不能明确定义的要素作为绩效考评指标；②对考评者应加强教育和培训，使他们充分认识到晕轮效应对绩效考评的负面影响，充分理解各考评指标间的关系；③对各考评指标分别进行评定，且应在评定所有考评对象的该项指标后再转向对下一指标的评定。

2) 集中趋势

集中趋势(Central Tendency)，也称中心化倾向，或聚集化倾向。在绩效考评过程中，考评者对一群被考评者所做的结论通常集中在中等水平附近，致使各被考评者的绩效结果拉不开距离。造成集中趋势的原因通常包括：①考评者不愿作出"极好""极差"之类的极端评价；②考评者对被考评者不甚了解，难以作出准确评定；③考评者对评定工作自信心不足；④考评指标的说明不够完整、清晰或考评方法不够明确。

在实际工作中，消除集中趋势的办法是：①采用等级择一法，对考评指标的评定等级加以明确定义；②增加考评者对被考评者了解的时间；③对考评者进行教育训练，帮助其树立考评者所应具备的自信心；④训练考评者按绩效考评标准正确评定。

3) 偏松或偏紧倾向

偏松或偏紧倾向(Strictness or Leniency Tendency)是指考评者对被考评者的考评往往高于或低于其实际绩效水平的倾向。产生偏松或偏紧倾向的原因通常包括：①在绩效考评时，考评者

往往不愿或通常严格考评被考评者；②考评者倾向于作出比其他考评者高或低、松或紧的评定结果；③考评者对评定工作缺乏自信心；④考评指标的绩效标准不够明确、清晰；⑤受其他因素影响。

在实际工作中，克服偏松或偏紧倾向的方法是：①明确考评指标的内容及绩效标准；②对考评者进行严格要求，并排除考评者的其他顾虑和外在干扰；③加强对考评者的教育和训练，提高考评者的自信心及其绩效考评的技术水平。

4) 个人偏见

个人偏见(Bias)是指考评者受被考评者间个人差异(如外表、穿着、性别、年龄、种族、宗教、家庭出身、社会地位等)、被考评者近期行为表现以及被考评者过去的工作绩效等影响而作出严重偏离被考评者实际工作绩效的评价。这是考评者顽固、僵化的旧有看人模式的现实体现。

5) 近因效应

近因效应是考评者将最近发生在被考评者身上的、自己记得最清晰的事情作为最重要的信息，在抛弃以往储存信息的情况下作出绩效评价。

6) 同类人误差

同类人误差(Similar to Me)，也称类己效应，是指考评者在评价与自己属于同类型的考评者时，往往会比对那些与自己不是同一类型的人所作出的评价高。研究表明，这种效应是非常显著的，因为人们大多认为自己是有效的，因此，当被考评者与考评者在性别、年龄、家庭背景、籍贯、学历、专业、志趣、爱好以及态度或信仰等方面相似时，考评者通常假定被考评者同样是有效的。

7) 对比误差

对比误差是指考评者将一个被考评者与另一个被考评者进行比较，而不是将被考评者所从事的工作与客观标准进行比较，从而导致绩效结果出现偏差。例如，一个很有能力的人与一群非常出色的同事一起工作时，这位被考评者的绩效往往会因其同事们的出色表现而被评为低于其应有水平。

2. 解决绩效考评中常见问题的方法

解决在绩效考评过程中经常遇到的问题的方法主要有如下几种。

(1) 让员工了解绩效考评的有关制度。

(2) 明确绩效考评的目的是确定培训与开发对象，还是调薪，抑或增进员工的成长和发展能力。

(3) 根据具体考评目标和工作内容，拟定有效可行的绩效考评标准。考评标准的制定应与组织目标及工作密切相关，并有客观信息作为考评依据。

(4) 依不同工作岗位和业务性质来确定各部门、各类人员的考评时间安排。

(5) 确定科学、合理的考评办法和实施程序。

(6) 确定并建立科学、有效的绩效考评指标体系。这些指标应能全面、客观地反映员工工作内容和业绩情况。

(7) 确定考评执行人员，并对他们进行相关制度和知识的培训，提高其认识水平，纠正其态度。

(8) 建立正规的绩效反馈制度，让员工了解考评程序和方法，并将考评结果如实告知被考评者。

(9) 通过有效的绩效面谈或绩效沟通，让考评者与被考评者增进了解，改进工作方法，并共同设定绩效改进目标、方法和衡量标准，以帮助员工进步。

(10) 逐步建立起有利于员工成长和组织发展的绩效文化，使绩效管理活动正规化、制度化。

8.4 公共部门人员绩效反馈与绩效改进

绩效反馈是绩效考评的最后环节，同时也预示着绩效改进工作的开始。

8.4.1 绩效反馈

1. 绩效反馈及方法

在绩效考评结果出来后，接下来还需要将考评结果信息反馈给员工，这一过程即绩效反馈环节。所谓绩效反馈(Performance Feedback)，就是管理者通过一定的方法和手段将绩效考评结果信息提供给被考评者，并与被考评者面对面沟通其绩效结果的过程。绩效反馈通常有两种形式：一是绩效考评意见认可；二是绩效面谈。所谓绩效考评意见认可，是指管理者将绩效考评结果以书面形式反馈给被考评者，由被考评者予以同意和认可，甚至签名、盖章。若被考评者对考评结果持有异议，则可向上级主管或人力资源管理部门提出裁定要求，由上级主管或人力资源管理部门予以裁定。绩效面谈则是指以管理者与被考评者面对面谈话的方式来将绩效考评结果反馈给被考评者，并征求被考评者的意见。

绩效反馈过程通常包括如下几方面任务：一是向被考评者提供真实绩效结果及相关信息；二是与被考评者进行绩效面谈或沟通，倾听被考评者的意见和建议；三是结合被考评者实际的绩效结果，在分析、商讨的基础上设计绩效改进的具体措施，帮助被考评者修正绩效不足，并就被考评者提出的要求提供支持和帮助。

绩效反馈是一个复杂的过程，无论是对绩效反馈者还是对被反馈员工来讲，均可能感到非常不舒服，然而，它却是绩效管理过程不可或缺的重要环节，必须认真落实。在绩效反馈过程中，为了能使被考评者心悦诚服地接受绩效考评结果，达成反馈者与被反馈者间的相互信任和理解，除了按民主、公开、公平原则事先设计好绩效指标、绩效标准，以及严格按绩效考评原则、程序和方法进行考评外，在绩效反馈过程中还可选用如下常用的绩效反馈方法。

(1) 讲述推销法。讲述推销法是指管理者将绩效考评结果讲述给被考评员工，然后再让被考评者接受之所以作出如此绩效评价的理由。讲述推销经常以绩效指导的方式进行。该方法适用于忠诚度较高的员工和需要激励的员工以及权威性领导。

(2) 讲述倾听法。讲述倾听法是一种双向沟通方法，可促使管理者与员工彼此了解。具体做法是：管理者将绩效考评结果告诉员工，让员工对此种考评结果说出自己的看法和意见。例如，表达同意或不同意，并说出自身的困难和感受等。

(3) 解决问题法。解决问题法是让员工参与讨论，找出自己绩效不佳的原因，与管理者共同寻找解决办法。该方法建立在管理者与员工相互信任的基础之上，可使员工的自我防卫意识降至最低。该方法鼓励员工进行创新性改进，并引导员工主动作出改进决策。该方法对管理者的绩效指导技巧一般有较高要求。

(4) 混合法。混合法是上述方法的综合，具有灵活多变的特点。

2. 怎样使绩效反馈更有效

在绩效反馈过程中，管理者应以能诱使员工采取积极、主动的行动反应的方式来向员工提供绩效反馈信息。要使绩效反馈收到良好效果，一般可以采取如下措施。

(1) 进行经常性绩效反馈，不要让绩效反馈间隔太长时间。这样做的原因在于：第一，在绩效管理过程中，管理者一旦意识到员工的工作行为和绩效出了问题，就应尽快提醒他，并予以坚决纠正，否则，这种问题不仅会进一步加剧甚至固化，而且还会给部门甚至组织带来不良影响；第二，经常性的反馈有益于员工接受性心态的形成，并能弱化甚至消除间歇期较长的绩效反馈可能给员工带来的突然感和不舒服感，对于员工自觉意识的形成非常重要。

(2) 为绩效面谈提供良好环境。在绩效反馈时，管理者应尽可能选择那些具有中立性特征的地点。管理者的办公室通常并不是进行建设性绩效反馈的最佳地点，这是因为员工经常会不自觉地将办公室与令人不悦的谈话联系起来。管理者应当把绩效面谈描绘成一个讨论员工角色、管理者角色及两者关系的过程，而且应当开诚布公地进行面谈[①]。

(3) 在正式开始绩效反馈前，先让被考评者对个人绩效做自我评价。这样做的意义不仅在于鼓励员工尽可能发现自己绩效的不足，而且有助于员工诚恳地接受绩效反馈结果，进而引导员工积极参与到个人绩效改进过程中来。

(4) 鼓励被考评者积极参与绩效反馈过程。在绩效反馈过程中，管理者可以选取适当的绩效反馈方法来引导被考评者参与到绩效反馈中来。一旦被考评者参与到这一过程中来，那么，他们就比较容易对这一过程感到满意。参与的形式包括让被考评者发表个人意见，以及参与绩效目标和标准制定等的讨论。

(5) 通过赞扬肯定被考评者的有效业绩，应尽量少批评。绩效反馈的目的，一是查找导致不良绩效的原因，二是对被考评者的有效业绩给予认可。通常情况下，赞扬员工的有效业绩，不仅更容易与员工建立融洽关系，而且也有助于强化员工的积极行为，效果远优于批评式质问。当然，在员工绩效不佳时，适当的批评是难免的。然而，要想使绩效反馈有效，管理者就不应随意抽出进攻之"剑"，因为这只能招致员工的防御性抵抗。

(6) 应把绩效反馈重点放到解决问题上。绩效反馈的目的在于使被考评者了解自己的绩效状况，并努力地设法改变这种状况，而不是为惩罚那些绩效不佳的员工，由此就要求，在绩效反馈时，管理者首先必须努力与被考评者一起寻找导致绩效不佳的真正原因，然后就如何解决这些问题达成共识。兴师问罪式的绩效面谈只会使问题变得更糟，也很难找到导致被考评者绩效不佳的原因，有时甚至会伤害被考评者的自尊，引发被考评者的强烈抵触情绪，不利于问题的解决。

---

① [美]雷蒙德·A. 诺伊，约翰·霍伦拜克，拜雷·格哈特，等. 人力资源管理：赢得竞争优势[M]. 刘昕，译.3版. 北京：中国人民大学出版社，2001：378.

(7) 绩效反馈应对事不对人。如前所述，绩效考评是一种对事不对人的考评，绩效反馈的目的在于发现并解决导致员工绩效不佳的问题，这就要求，在绩效反馈时一定要避免对被考评者的价值的质疑。例如，管理者如果对被考评者说："你为什么把事情搞得这样糟，我看你根本就没有用心去做！"这不仅会导致被考评者强烈的抵触情绪，还会引起其反感。如果这样讲，效果也许会好得多："你之所以没有取得良好的绩效，可能是因为你对这一工作还不够熟练。"

(8) 确立具体的绩效改进目标，并制订检查绩效改进进度的时间表。研究表明，绩效目标的确立有利于提高员工满意度、激发员工改进绩效的内在动力，并达到绩效改进的目的[①]。然而，仅仅确立绩效改善目标是不够的，为了使员工切实关注个人绩效改进问题，还必须制订相应的绩效改进进度时间表，并按时检查。

3. 绩效面谈

1) 绩效面谈及其流程

绩效面谈(Performance Interview)是绩效反馈的重要手段，它是管理者与被考评者就被考评者前一段时间的绩效情况进行面对面交流和沟通的过程。绩效面谈对组织来讲具有沟通、激励、纠正失误、调整决策的作用；对员工来讲则具有明确未来工作目标、提高工作满意度、增强员工归属感和参与感的作用。绩效面谈的一般程序如图8-7所示。

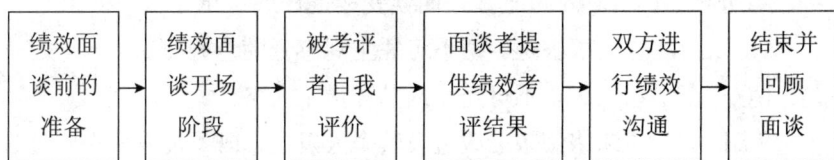

| 绩效面谈前的准备 | 绩效面谈开场阶段 | 被考评者自我评价 | 面谈者提供绩效考评结果 | 双方进行绩效沟通 | 结束并回顾面谈 |

图8-7 绩效面谈一般程序

(1) 面谈准备阶段。在这一阶段，一要选定面谈者，面谈者通常是被考评者的直接主管；二要尽量收集与绩效面谈有关的信息，如被考评者的期初计划和绩效目标、工作说明书、有关绩效考评标准、完成任务的情况以及相关事实的记录等，并对这些信息进行分析；三是起草绩效面谈提纲；四是选择好绩效面谈地点、时间，并通知被考评者。

(2) 面谈开场阶段。在面谈开场阶段，面谈者应通过营造融洽、轻松的面谈环境和气氛，尽量打消被考评者的思想顾虑，缓解被考评者的心理压力和紧张情绪，这对提高面谈的有效性至关重要。

(3) 被考评者自我评价阶段。在这一阶段，面谈者应积极引导被考评者回顾自己期初的工作计划和工作目标，汇报自己工作的完成情况及工作过程中遇到的问题。这一阶段，面谈者应注意倾听被考评者的陈述，不要轻易插言打断对方，同时还要注意被考评者工作实绩和失误的事实，并及时询问其不明白之处，避免感情用事。

(4) 面谈者向被考评者提供绩效结果和考评信息阶段。在面谈者向被考评者提供绩效结果和考评信息时，要特别注意先肯定被考评者所取得的成绩，然后再指出其绩效不足，而且一定

---

① [美]雷蒙德·A. 诺伊，约翰·霍伦拜克，拜雷·格哈特，等. 人力资源管理：赢得竞争优势[M]. 刘昕，译. 3版. 北京：中国人民大学出版社，2001：380.

要实事求是，切勿夸大或弱化及隐瞒事实，以便造成误解。

(5) 面谈者与被考评者进行绩效沟通阶段。在这一阶段，一要注意引导被考评者就绩效事实进一步说明情况，了解事实，澄清其认为与绩效考评者所掌握的信息有出入的地方，让被考评者提出自己的意见和看法；二要与被考评者共同分析导致绩效不佳的原因，探讨如何加以改进；三要由双方商讨制订改善绩效的计划、确定方法，以及确定所需支持及下一步的绩效目标和检查办法等。

(6) 结束并回顾面谈阶段。在这一阶段，面谈者要注意与被考评者就其下一步绩效改进计划、绩效目标及监督检查办法等达成理解和共识。面谈最后在友好、轻松、相互信任和理解的气氛下结束。绩效面谈结束后，面谈者还要就面谈的全过程进行及时回顾和总结，并注意做好记录，以指导今后的绩效面谈。

2) 绩效面谈中应注意的问题

为了提高绩效面谈的成功率，使绩效面谈更加有效，在绩效面谈时应注意以下几方面问题。

(1) 要注意保持友好认真的态度，尽可能营造互相尊重、互相信任、坦诚相待的面谈气氛。同时要鼓励被考评者多说话，并谈出自己的看法和意见，面谈者要注意认真倾听意见，不要随意打岔，以换位思考的方式设身处地地从为被考评者改进绩效的角度来考虑问题。

(2) 清楚明白地向被考评者说明绩效面谈的目的，先肯定成绩，再指出缺点，一定要注意优缺点并重，并注意分析原因。切不可把绩效面谈变成批评或审讯会。

(3) 绩效面谈时一定要注意实事求是，切不可凭主观感觉随意臆测。

(4) 面谈中要注意对事不对人，切不可随意地品评员工人格。

(5) 绩效面谈应着眼于员工未来绩效的改进及其个人发展，既不能停留在对过去的回顾上，又不能"盖棺定论"地妄下结论。

(6) 注意随时调节面谈气氛，使面谈在积极、友好的气氛下结束。

8.4.2　绩效改进

绩效改进(Performance Improvement)是在分析员工绩效考评结果、找出员工绩效中存在的问题的基础上，通过绩效沟通，有针对性地制订绩效改进方案和措施，并确保员工有效实施的过程。绩效改进是绩效管理的重要环节，同时也是绩效考评的重要目的之一。绩效改进的目的在于帮助员工提升能力、改进绩效，达成组织与个人的共赢。绩效改进包括三个重要环节：一是绩效分析与诊断；二是绩效改进计划的制订；三是绩效改进计划的实施与效果评估。

1. 绩效分析与诊断

绩效分析和诊断是绩效改进的起点和基本前提。在绩效管理中，完成了绩效考评和反馈并不意味着绩效管理工作的结束，还需要对员工绩效达成中存在的问题进行分析、诊断。当公共部门人员没有达到预期目标或者绩效水平不高时，管理者首先应意识到工作人员间绩效差距的存在，并根据绩效考评结果进行绩效分析和诊断，找出这种差距产生的原因，进而确定导致工作人员绩效水平不高的根源。通过绩效分析和诊断，可以大致确定绩效改进的方向和重点，为绩效改进计划的制订做好准备。

通常来讲，绩效分析和诊断的内容主要涉及：①对公共组织的全面分析和诊断。包括公共组织的体制、机制、战略目标，以及面临的内、外部环境，和公共部门人力资源管理的相关制度、政策等。②对公共组织绩效管理的制度和体系进行分析、诊断。包括绩效计划的制订、绩效计划的实施、绩效考评指标体系的开发、绩效结果的反馈和面谈等。③对绩效考评者的分析和诊断。包括考评者的理念、素质和考评技巧。④对被考评者的分析和诊断。主要考察和分析被考评者的现有绩效及产生根源。

在绩效分析和诊断过程中，如果排除了组织、管理系统和考评者的因素，那么绩效分析和诊断的目标就将落到对被考评者绩效结果的分析和考察上。这就要求通过对员工绩效考评结果的分析，发现存在的关键绩效问题，并找出导致绩效不良的原因。其中，关键绩效问题主要是通过对比员工实际的绩效状态与组织期望的绩效之间的差距而得出的。绩效问题的产生主要归咎于绩效不良人员。在现代组织中，绩效不良人员主要包括以下几类人员：①无法使工作成果达到合理品质(数量标准、质量标准)的人员；②对其他人员绩效产生负面影响的人员；③违反公共组织伦理或规章规程的人员；④基本上不认同公共组织价值观的人员；⑤其他行为不当人员，如经常迟到、缺席的人员。对不同类型的绩效不良人员，采取的绩效改进措施应该不同。

绩效分析和诊断的第二步是针对关键绩效问题，在考虑公共组织现有资源和绩效不良人员情况的基础上，大致确定绩效改进的方向和重点，为绩效改进计划的制订做好准备。通常来讲，导致公共部门人员绩效差距的原因很多，既可能是知识和技能方面的，又可能是工作态度方面的，还可能是工作人员面临的提高绩效的某些外部障碍方面的，等等。如果是知识和技能方面的因素，就应采取发展策略予以改善；如果是态度和障碍方面的原因，就需要通过管理策略予以改进。也就是说，应针对绩效不良人员的具体情况制订有针对性的绩效改进计划和措施，不能搞"一刀切"。

2. 绩效改进计划的制订

在明确了绩效改进的方向和重点后，即可制订相应的绩效改进计划和措施。公共部门人员绩效不高往往有多种原因，应该针对不同情况制订不同的绩效改进计划和措施。

在绩效改进计划制订过程中，首先要考虑被考评者的因素，主要涉及以下几方面内容：①被考评者要有改善自己绩效的愿望，即希望通过绩效考评和绩效改进来不断提高自身能力，进而改善自己的工作绩效；②被考评者必须具备一定的知识和技术水平，具有一定能力，即应能明白做什么以及该怎样做等问题；③要有改进绩效的环境，即被考评者必须在一种鼓励其改进绩效的环境里工作。公共组织应该通过制度和文化建设来构建一种鼓励员工改进绩效的文化环境，同时，组织及领导管理者还应该积极协助员工建立起改进绩效、完善自我的决心和信心；④要有相应的激励措施，如绩效加薪、奖金、表扬、荣誉称号和工作授权等，这有助于员工积极改变其不良行为。

要制订一套切实有效的绩效改进计划，还必须注意以下几方面问题：一是改进计划要有可操作性。绩效改进方案应遵循SMART原则，而且内容必须与待改进的绩效相关，如果仅仅停留在理论层面或是泛泛而论，将无益于绩效的实际改进。二是改进计划要有时效性。所制订的绩效方案必须有一定的时间限制，应该有分阶段执行的时间进度表。三是改进计划要得到组织和被考评者的认同。如果改进计划不能得到组织或被考评者的认同，就很可能在执行中出现问题，甚至导致中途流产，难以发挥应有作用。

3.绩效改进计划的实施与效果评估

绩效改进计划的落实是一项系统工程，需要在绩效改进部门和管理人员的监督下进行，为此，首先就需要成立专门的绩效改进机构，来专门负责绩效改进计划的落实和效果评估工作。绩效改进部门与传统培训部门不同，这种不同突出表现在部门名称、部门使命、部门提供的服务、部门内部人员的角色、部门组织结构、部门职责和衡量标准6个方面[①]。对绩效不良人员进行有针对性的培训只是绩效改进部门的任务之一。

在分析绩效差距及其产生原因的基础上，绩效改进部门要结合组织目标和绩效不良人员的情况展开有针对性的培训。包括：①对公共组织各级领导管理者的培训。培训内容包括绩效管理的基础知识、流程和应用技巧等。培训的目的在于澄清各级领导管理者对绩效管理的错误和模糊认识，提高各级领导管理者对绩效改进问题的认识水平。②结合绩效改进计划有针对性地培训绩效不良人员，提高他们的知识、技能和其他素质。

在培训结束后，绩效改进部门还要指定专门人员来跟踪、检查和指导绩效改进计划的落实情况，并就改进计划落实中遇到和出现的问题及时与员工沟通，协助员工按时完成预定的阶段性乃至最终绩效目标。当绩效不良人员确实无法完成预定绩效目标时，要在与组织、员工进行多方沟通的基础上，对原绩效目标进行修订和调整。

绩效改进计划落实后，绩效改进部门还要对绩效改进效果予以评估，以验证绩效改进计划和措施的可行性。绩效改进效果的评估可从如下4个层面展开：一是反应层面。即被考评者对绩效改进活动及效果的反应，以及客户对被考评者绩效改进的满意度是否提升。二是学习或能力层面。即实施绩效改进方案后，被考评者了解和掌握了哪些以前不会的知识和技能。三是行为层面。即绩效改进活动对被考评者的工作方式是否产生了影响，以及产生了哪些影响，被考评者在新一轮工作中是否开始运用新的知识、技能、工具和程序来改进自己的工作。四是结果层面。即绩效改进活动是否缩小了绩效差距、差距缩小的程度如何，以及绩效改进计划之间是否存在相关性等。

总之，通过有针对性的绩效改进活动，公共部门可将原本分散和孤立的绩效管理活动，如绩效计划的制订、绩效考评、绩效反馈等有机结合起来，从而在动态联系中不断完善公共部门人员的绩效管理水平，有效提升公共部门的竞争力，促进公共部门的可持续发展。

8.5 公共部门人员绩效考评结果的应用

绩效考评结果应用是公共部门人员绩效考评的目的之一，也是绩效管理过程的最后一个环节，是与其他管理活动，如绩效改进、薪酬管理、职务升降和调整、人员培训、员工职业生涯规划与管理、人力资源规划等相衔接的。公共部门人员绩效考评结果通常可应用于人力资源管理的如下几个方面。

---

① 付亚和，许玉林.绩效考核与绩效管理[M].北京：电子工业出版社，2004：217-211.

1) 绩效改进

从本质上讲，绩效改进就是促进公共部门所期望的行为发生或出现的频率增加，或者减少或消除公共部门不期望的行为出现的活动。通过绩效面谈，管理者向员工传递了其需要改进的绩效方面的信息，并共同探讨绩效改进的计划和措施，促使员工不断提高自己的工作绩效。对于值得肯定的绩效或行为，管理者则应给予正强化，鼓励其继续保持和发扬光大；对于必须修正的行为或绩效，则应给予负强化，帮助和引导他们通过改善自身能力和工作态度等来提高工作绩效，同时获得自身成长和发展。

员工行为的改良和绩效改进不可能一蹴而就，而是需要借助刺激物，如奖金、表扬、荣誉称号或者降薪、降职等予以一定时期的强化，甚至需要管理者提供必要的绩效辅导及与员工进行反复绩效沟通，才能保证员工的行为和绩效朝着预定的方向和目标迈进。在绩效改进过程中，对员工所取得的每一次进步和成绩，哪怕是一次很小的成绩，管理者均应给予及时而充分的肯定，这对员工改进行为和提高绩效十分有益。

2) 薪酬管理

用于薪酬管理是绩效考评结果最普遍的用途。公共部门的报酬结构由内在报酬和外在报酬两部分构成，而在外在报酬即薪酬中，除了固定薪酬和福利外，还包括可变薪酬。一般来讲，可变薪酬，如绩效工资、奖金等均应与员工绩效结果直接挂钩，也就是说，绩效越好，可变薪酬应该越高。"绩效与薪酬挂钩"是公共部门管理体制改革的重要内容，也是建立公共部门内部激励竞争机制、从根本上改善公共部门绩效的明智选择。

3) 职务升降与调整

绩效考评结果是为公共部门实现内部人力资源有效配置和人才选拔服务的。通过了解和评价员工的行为和绩效表现，发现员工的能力专长和缺欠，从而结合其能力专长和行为表现来选拔和任用员工，真正做到知人善任、岗得其人，当然，也可对不适应岗位要求的员工进行职位调整，让其从事更适合的工作。而当某员工通过多次绩效考评均无法达到绩效要求时，则可对其实施降职或转岗，甚至解聘。

4) 人员培训

对于确实因知识、技能和能力等原因导致绩效不良的员工，则可通过人员培训来改善其知识、技能、能力水平及结构，进而改进其绩效，促进其顺利成长和发展。

5) 员工职业生涯规划

在公共部门人员职业生涯规划设计过程中，员工绩效考评结果是职业生涯规划设计的重要信息来源。而职业生涯规划的设计又反过来增强了员工对公共组织的归属感，并提高了员工对公共组织的满意度，对其绩效改进和绩效提升具有巨大驱动作用。

6) 人力资源规划

绩效考评结果是公共部门内部人员取舍及升降调配的重要依据，也是公共部门制定人力资源规划可依据的重要信息。人力资源规划是以公共部门人力资源需求和供给预测为核心内容的，而在人力资源需求和供给预测中，内部人员的职务升降及调配任用是其基本前提。不考虑公共部门内部人力资源状况及其发展趋势的人力资源规划是脱离公共部门实际的规划，难以取得良好效果。

关键术语

绩效　　　　　　　　绩效管理　　　　　　　绩效考评

绩效计划　　　　　　绩效沟通　　　　　　　绩效辅导

绩效指标　　　　　　关键绩效指标　　　　　绩效标准

鱼骨图分析法　　　　关键事件法　　　　　　交替排序法

配对比较法　　　　　强制分布法　　　　　　行为锚定等级评价法

行为观察法　　　　　图尺度评价法　　　　　混合标准尺度法

目标管理法　　　　　360度绩效考评　　　　晕轮效应

集中趋势　　　　　　近因效应　　　　　　　同类人误差

绩效反馈　　　　　　绩效面谈　　　　　　　绩效改进

复习思考题

1. 绩效管理与绩效考评的区别有哪些？

2. 公共部门人员绩效管理的目的和作用是什么？

3. 简述公共部门人员绩效管理的一般流程。

4. 绩效计划包括哪些内容？

5. 绩效沟通应坚持哪些原则？为什么？

6. 绩效辅导有何作用？如何选择恰当的绩效辅导时机？

7. 公共部门人员绩效考评的作用是什么？

8. 绩效考评应遵循哪些基本原则？公共部门人员绩效考评的内容是什么？

9. 绩效指标设计应坚持哪些原则？

10. 关键绩效指标与一般绩效指标有何不同？

11. 运用关键绩效指标进行绩效考评时经常遇到哪些问题？该如何克服？

12. 在制定绩效考评标准时应该注意哪些问题？

13. 公共部门人员绩效考评的方法有哪些？各有何优点和缺点？

14. 实施目标管理时应注意哪些问题？

15. 在公共部门人员绩效考评中经常出现的问题有哪些？如何解决这些问题？

16. 要使绩效反馈有效，需要采取哪些措施？

17. 绩效面谈的一般程序是怎样的？在绩效面谈时应注意哪些问题？

18. 绩效分析和诊断主要包括哪些方面的内容？

19. 公共部门人员绩效考评结果有哪些用途？

本章案例

公务员考评以客观评价实现有效激励

公务员激励机制是我国公务员制度建设的重要组成部分，也是构建我国公务员科学管理机制的核心内容。公务员考评作为一种重要的人力资源管理工具，具有评价与激励的双重作用。

客观评价公务员，并将评价的结果与对公务员的奖励、培养与合理使用结合，能够对公务员起到积极的激励作用。

(1) 充分发挥公务员考评的激励作用，在考评指导思想上必须坚持客观、公正原则。

客观公正地评价公务员是发挥公务员考评激励作用的基础与前提。公务员激励可分为正激励和负激励。正激励可以引导公务员勤政廉政，改善工作效能，提高政府绩效，同时对其他公务员也起到示范作用；负激励的作用则相反。客观就是要按照公务员岗位的职责要求和标准如实地去评价公务员的个体行为与表现，考察其行为的动机与结果是否与其岗位职责要求相一致，是否与公共组织目标一致。公正包含了双重含义：一是考评的标准对所有公务员是一致的；二是考评的结果与被考评公务员的行为表现一致。作为公务员考评的最核心原则，客观与公正贯穿了公务员考评过程的始终，是确保公务员考评发挥激励作用的基石。

为了充分发挥公务员考评的激励作用，在考评内容方面必须坚持以绩效为主的原则。

《中华人民共和国公务员法》规定对公务员个体的考评是在平时考评基础上进行年度考评。年度考评是公务员个体考评的最主要形式。现行的公务员年度考评实际上是一种复合考评，是对公务员一年内在德、能、勤、绩、廉5个方面的行为表现和绩效的综合评价。这既包含了对公务员个体的素质评价，又包含了绩效评价。在评价结果的应用上，素质评价的结果应该主要应用于公务员的晋升选拔、培养使用以及职业培训等方面；而绩效评价的结果应该主要应用于公务员的奖励、工资、待遇等方面。由于其目的主要是正确评价一年内的公务员德才表现和工作业绩，因此，年度考评应该以绩效评价为主，以素质评价为辅。坚持公务员年度考评的以绩效为主的原则在实践中也有利于引导广大公务员求真务实，践行八荣八耻。绩效评价的标准相对也比较明确具体，容易测量，有利于保障公务员考评的客观与公正。

(2) 充分发挥公务员考评的激励作用，在考评程序与结果应用上必须坚持公开、公平原则。

公开、平等、竞争、择优是我国公务员管理制度的核心价值，作为公务员管理与评价的重要工具，公务员考评必须坚持公开这一基本原则。这既包含了考评内容与标准的公开，又包含了考评程序与结果的公开。公务员的绩效评价应该是一种双向的信息沟通过程，它要求绩效评价主体与被考评者之间保持信息的相对对称，以确保考评的可信度，防止考评结果的失真。《公务员考核规定(试行)》在总结以往考评经验的基础上强化了考评公开性和信息对称性。比如，在个人总结的基础上，增加了个人述职的内容；要求主管领导在提出公务员考评等次建议之前应该听取群众和公务员本人的个人意见，并要明确提出改进的具体要求；针对拟定为优秀等次的公务员要在本机关范围内进行公示；公务员考评的结果需要公务员本人签署书面意见等。

公务员考评的公平性主要体现在考评结果的公平性上，包括考评结果的外在公平性和内在公平性。外在公平性是指具有同样行为表现和业绩的公务员其考评评价的结果应该是一致的；内在公平性则指公务员个体评价的结果能够得到公平合理的回报和奖励。如果同样的行为与业绩表现，其考评结果等次不一致或者个体考评结果不能得到公平合理的回报和奖励，就会破坏考评的公平性，产生负激励效应。

因此，充分发挥公务员考评的激励作用，必须重视公务员考评的公开性与公平性原则。特别是要严格按照《公务员考核规定(试行)》中关于考评结果的使用规定，认真地将公务员考评的结果作为调整公务员的职务、级别、工资以及实施奖励、培训、辞退的依据，以确保公务员考评的内在公平性与法律效力。

(3) 充分发挥公务员考核的激励作用，在考核方法与手段上必须切实贯彻公务员考核的领导与群众结合、平时与定期结合、定性与定量结合三项原则。

公务员考评的方法与手段的科学性与合理性在很大程度上决定了公务员考评的客观公正性。公务员考评的方法与手段也一直是我国公务员考评制度研究的重点。《公务员考核规定(试行)》在总结过去公务员考评经验的基础上，重申并强调了公务员考评的领导与群众结合、平时与定期结合、定性与定量结合的方法。

采用领导与群众结合的方法来评价公务员是我国干部人事管理制度的优良传统，也是国际人力资源评价领域的发展趋势。政府的公共性质及其承担的社会责任决定了对公务员的评价不能仅由自身来进行，需要来自政府外部的考评主体的参与。因此，认真落实领导与群众结合的方法，特别是在实践中探索公务员的民主评价机制十分必要。例如，针对部分岗位的公务员采用360度评估的方法即是一种有益的尝试。平时考评是定期考核的基础，是确保公务员定期考评客观公正的前提。《公务员考核规定(试行)》对公务员平时考评的内容与方法均提出了明确的要求。人力资源激励的时效性也要求必须做好公务员的平时考评工作，当公务员作出了优良的行为和较好的绩效时，及时有效地予以积极的评价能够充分发挥公务员激励的作用。定量考评方法目前是我国公务员考评领域的一个热点，如何根据不同类别、不同层级机关、不同职务层次的公务员，结合其岗位职责的内容与要求研究具体的量化考评指标体系尚需要作积极的探索，特别是需要认真研究探讨利用信息化的手段和工具来实施量化考评。此外，还必须明确公务员个人对公共部门绩效的贡献率，把公务员的个人绩效考评与政府绩效考评作适当的区分。

问题：

1. 目前我国公务员绩效考评存在哪些突出问题？如何解决？

2. 如何发挥绩效考评在公共部门人员管理中的作用？

本章主要学习薪酬设计与薪酬管理的一般理论和方法，探讨报酬体系、报酬公平以及薪酬的影响因素，讨论基本工资、绩效工资、奖金、津贴和福利等概念的基本含义以及常见的基本工资制度，介绍薪酬设计的方法以及福利的类型、常见的福利形式、福利制度的发展趋势以及社会保险的基本内容和形式。

本章的学习重点，一是报酬、薪酬的内涵及其区别和联系；二是报酬体系的构成以及各种薪酬形式，特别是基本工资、绩效工资、奖金、津贴和福利的内涵与特征；三是薪酬设计的程序和方法；四是基本工资制度；五是福利的作用及常见形式，以及社会保险的基本理论。

薪酬是组织对员工所付出劳动的回报，也是员工价值的重要体现。作为激励人才和留住人才的重要手段，薪酬管理在公共部门人力资源管理中具有重要作用，是公共部门吸引人才、稳定和优化员工队伍、打造并保持组织竞争力的重要手段。

9.1　薪酬管理概述

9.1.1　报酬与报酬体系

要想弄清什么是薪酬，首先就必须弄清什么是报酬，以及报酬与薪酬之间存在哪些区别与联系。

从字面上看，"报"乃"回答、报答、回报"之意，酬则有"酬谢"的意思。所谓报酬(Rewards)，是指劳动者因付出劳动(包括体力的和脑力的)而获得的物质的和精神的酬劳。例如，作家因发表小说、诗歌、散文等文学作品而获得的报酬，个人因对社会有贡献而获得的荣誉称号等。报酬包括内在报酬和外在报酬两种形式。所谓内在报酬(Intrinsic Rewards)，是指对受体来讲具有不可分离性和内在影响力的报酬，如工作满足感、成就感等；外在报酬(Extrinsic Rewards)则指由组织直接控制和分配的有形报酬，相对于受体来讲，这种报酬通常以与受体相分离的形态存在，如工资、奖金和员工福利等。内在报酬与外在报酬的区别主要表现在酬劳与受体间是独立存在的还是非独立存在的。外在报酬实际就是薪酬。所谓薪酬(Compensation)，是指员工因从事组织所需要的工作活动而得到的以货币和非货币形式表现的报酬。如组织发给其员工的工资、奖金、福利等。报酬与薪酬是两个既有联系又有区别的概念。报酬与薪酬的区别表现在：①报酬所涵盖的范围要比薪酬广泛，包括组织和非组织赋予的各种形式的酬劳，是酬劳的一般表现形式；薪酬则具体指劳动者为某一组织劳动而从该组织获得的酬劳，其涵盖的范围比报酬窄，是一个从属于报酬的概念。②报酬有内在报酬和外在报酬之分，而薪酬则是一种物质性报酬，即外在报酬。外在报酬可划分为直接经济报酬和间接经济报酬，或直接薪酬与间接薪酬。

作为薪酬的表现形态，直接经济报酬(Direct Financial Compensation)或直接薪酬是指与劳动者付出的有效劳动的质和量及其给组织带来的收益直接关联的货币和非货币(如实物)性酬劳，如工资、薪水、佣金、奖金和红利等；间接经济报酬(Indirect Financial Compensation)或间接薪酬则指与劳动者付出的劳动及其给组织带来的收益不直接关联的货币和非货币性酬劳，如保险(包括人身保险、健康保险、医疗保险、意外事故保险等)、福利(包括社会保障、员工伤病补助、教育补助等)、缺勤支付(包括休假、节假日和病假支付等)。

图9-1描述了报酬体系(Reward System)的结构构成。

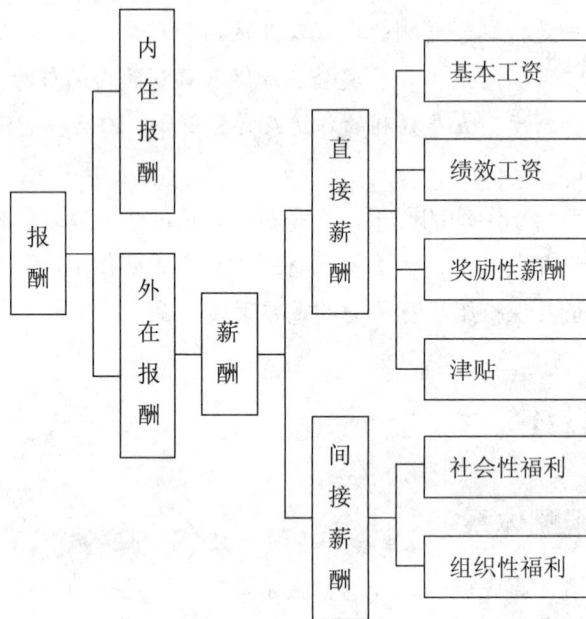

图9-1　报酬体系结构图

由图9-1可见，人们通常所说的薪酬体系只是报酬体系的外在报酬体现，薪酬实际上由直接薪酬(即直接经济报酬)和间接薪酬(即间接经济报酬)及其内含的基本工资、绩效工资、奖励性薪酬、津贴以及社会性福利和组织所提供的各种福利构成。

从构成薪酬的基本工资、绩效工资、奖励性薪酬(特别是奖金)、津贴和福利等的比例关系来看，目前，我国公共部门人员的固定性薪酬所占比例仍然较高；绩效工资近年来虽呈现出不断增加的趋势，但其在薪酬中所占的份额仍然很低，难以发挥应有的激励作用；奖励性薪酬，特别是奖金，作为一种具有激励作用的薪酬形式，在实际操作中仍存在广泛的误用、错用问题，近年来在薪酬中所占比例虽然有所增加，但比重仍然较小，激励效果也不尽如人意；津贴是一种与工作绩效不存在直接关系的薪酬形式，设计津贴的根本目的在于补偿员工因在特殊环境条件下工作给其心理、生理乃至生活费用支出等带来的负效应，因此，在整个薪酬体系中，津贴所占比例应相对较小。至于基本工资、绩效工资、奖励性薪酬以及津贴等在员工薪酬中到底应按怎样的比例设计和安排，这要根据组织的工作性质、工作特点以及组织和岗位的需要，并结合科学的职位评价来进行。

如果将薪酬简单地分为不变薪酬(主要指基本工资)和可变薪酬(包括绩效工资、奖励性薪酬等)两部分的话，通过分析不难看到，目前我国公共部门人员的薪酬仍以不变薪酬为主，薪酬的刚性较强，激励效果相对较弱。如何通过薪酬改革不断扩大和提高可变薪酬的规模和比例，软化薪酬构成的刚性，增强薪酬的可变部分，是摆在公共部门薪酬管理面前的重大课题。

9.1.2　报酬公平问题

报酬公平是分配公平的重要体现。公平(Equity)实际上是一种心理感受，是人们对某一事物处理的公正性和合理性的心理评价。报酬公平则是指人们对自己劳动所得的公正性及合理性的感受。在现代组织中，员工对报酬公平与否的感受主要体现为外部公平、内部公平和个人公平三个方面。

根据亚当斯的公平理论，人们对报酬公平与否的感受是在将个人劳动所得与个人劳动投入的比值和他人劳动所得与他人劳动投入的比值，或将个人现在的劳动所得与劳动投入的比值和个人过去的劳动所得与劳动投入的比值进行比较后获得的，由此就导致了外部公平、内部公平以及个人公平问题。所谓外部公平(External Equity)，是指员工获得的报酬与其劳动付出的比值不低于其他组织中完成类似工作的员工获得的报酬与其劳动付出的比值的情况。外部公平会影响员工作出诸如是否接受某工作，或者是否另谋高就等的决策。内部公平(Internal Equity)则指员工个人获得的报酬与其劳动付出的比值不低于组织中其他员工的所得与所付出的劳动的比值的情况。内部公平会影响员工总的工作态度、愿意被调换到组织内部其他职位上的程度、接受晋升的意愿、对组织的态度，以及在不同工作、不同职能领域和不同生产班组间进行合作的倾向。个人公平(Individual Equity)是指员工目前所得与所付的比值不低于过去所得与所付出的比值的情况。个人公平表明的是对员工个人贡献进行奖励的问题，与按绩付酬有着密切关系。了解到员工对报酬公平的理解是以他们的感觉为依据的，组织就应尽可能通过提高报酬体系特别是薪酬体系的科学性及公正合理性，来使员工获得公平的感受。然而，现实中要使所有员工具有并保持这种报酬公平的感受并不是一件容易事，因为不同人对同一种报酬体系的满意程度并不完全一样，一个多数人认为公平的报酬制度，有的人也许认为并不公平，或者一个多数人认为不公平的报酬制度，有的人可能认为是公平的，这是报酬公平相对性的现实体现。

9.1.3　薪酬形式与薪酬的作用

1. 薪酬形式

"形式"是一个与"内容"相对应的哲学范畴，它是指把构成事物的诸要素统一起来的结构方式及其表现形态。现实中的薪酬形式包含薪酬的结构形态表现和计量方式表现两层含义。

1) 薪酬的结构形态表现

薪酬的结构形态表现是指构成薪酬的诸方面和诸要素实际表现出来的形态与特征。薪酬的结构形态表现与薪酬结构和薪酬构成不同，它是构成薪酬体系的基本单元。薪酬结构揭示的是薪酬体系内部各方面和各要素的结合方式和内在关系，而薪酬构成说明的则是构成薪酬体系的内部各方面和各要素所表现出来的量的比例关系。从薪酬体系的结构构成来看，薪酬的结构表现形态有直接薪酬和间接薪酬两种，直接薪酬还可进一步划分为基本薪酬和辅助薪酬。在这里，直接薪酬即前文所说的直接经济报酬；间接薪酬即前文介绍的间接经济报酬。基本薪酬则指按薪酬等级发放且在一定时期内相对固定的不变薪酬，如基本工资等；辅助薪酬则是以奖励性薪酬以及津贴等形式发放且数额具有一定变动性的薪酬，如绩效工资、奖金、津贴、补贴等，这其中，绩效工资和奖金等又与员工绩效密切关联，因此称可变薪酬，而津贴和补贴则与绩效不存在关联。间接薪酬，特别是其中的组织性福利，实际上也是一种辅助薪酬。接下来简单介绍一下常见的几种直接薪酬形态，间接薪酬则留待以后介绍。

(1) 基本工资(Base Pay)。基本工资是组织付给员工因其完成工作任务的基本薪酬，是员工工资的最基本部分，是一种具有相对稳定性的薪酬形态。基本工资通常包括基础工资、工龄工资和岗位工资或职务工资等。基本工资通常以小时工资(Hourly Pay)、周工资(Wage)和月薪(Salary)等不同形式给付。小时工资是员工获得的按小时计酬的工资；周工资是员工获得的按周给付的工资；月薪则是员工完成工作得到的按月计发的薪酬。基础工资是基本工资中用来维持劳动者基本生活需要的部分，通常根据当地居民基本生活消费水平来确定。工龄工资(Longevity Pay)，也称资历工资(Seniority Pay)，是根据员工在组织中的工作时间定期增加的基本工资。工龄工资的假设前提是：随着时间的推移，员工对组织越来越有价值，如果这些有价值的员工不清楚他们的工资会随着时间的推移而增加，他们就可能离开组织。岗位工资是根据组织中的岗位责任、工作繁简和难易程度以及技术水平的高低等来制定的。岗位工资随员工任职岗位的变化而变化。职务工资则是一种与员工在组织中所担任的领导管理职务相联系的工资。通常情况下，员工担任职务的级别越高，职务工资也越高。

(2) 绩效工资(Merit Pay，或Pay for Performance，Performance-related Pay)。绩效工资也称业绩工资或绩效加薪，是一种与员工工作绩效密切关联的、用来奖励员工优秀工作表现或业绩，创造发展动力，并帮助组织保留有价值的员工的一种薪酬形式。绩效工资是组织奖励计划的一部分，其数额高低一般视员工的绩效表现而定，它具有较强的弹性和可浮动性。绩效工资与奖金的不同之处在于：绩效工资通常会成为基本薪酬的一个组成部分，而奖金则不是被动地累加到员工的基本工资中去的，它通常是一次性发放的，此后，员工要想再次获得奖金，就必须像以前一样继续作出卓越绩效；绩效工资是以主观的绩效考评结果为基础的，而奖金则往往以实际产出为基础，是对员工的突出行为表现和卓越绩效的奖励。

绩效工资通常与两方面因素直接有关：一是员工绩效考评等级。通常，绩效越好的员工，其绩效工资也往往越高。二是员工在工资浮动范围内所处的位置，即员工的实际工资与市场工资之间的比较比率。通常，就处于相同绩效考评等级的员工来讲，比较比率较高的员工，其绩效工资的增长率往往较低；而比较比率较低的员工，其绩效工资的增长率往往较高。

绩效工资的基本特征：第一，绩效工资是一种关注员工个人绩效差异的薪酬形态。第二，绩效工资是与员工绩效考评结果密切联系的。通常，有什么样的工作绩效，就对应着什么样的绩效工资。由于员工的绩效考评结果是由部门和员工的上级通过对员工绩效的考评来确定的，因此，绩效考评结果的客观性、公平性直接影响着员工绩效考评结果的高低，进而影响着员工能否获得以及获得多少绩效工资。第三，绩效工资评定的反馈频率低，而且反馈基本是单向的。正是由于绩效工资本身的如上特征，人们对这种工资形式的有效性提出了很多质疑。例如，全面质量管理(TQM)运动的领导人爱德华·戴明(W. Edward Deming)认为："对个人的绩效进行等级评价是不公平的，因为'人与人之间所存在的显在绩效差异几乎全都是由他们身处其中的那些工作系统本身所制造出来的，而不是由人们自己制造出来的'……绩效等级评价事实上是'摸彩票的结果'。"[1]也有的批评将关注点放到绩效衡量的方式上，认为"如果绩效考评结果不被员工看成是公平的和精确的，那么整个绩效工资制度就有可能会崩溃"。因为绩效工资的绩效结果"几乎是完全依靠监督人员来提供的"[2]。因此，其偏差在所难免。考虑到员工绩效之于绩效工资制度成功与否的重要性，以及绩效考评中主管们可能存在的偏见，因此，非常有必要将360度绩效考评和反馈方法引入到员工绩效考评中，以提高员工绩效结果的真实可靠性。

(3) 奖励性薪酬(Incentive Compensation)。奖励性薪酬或称奖励性工资(Incentive Pay)，是一种将员工薪酬与其绩效联系起来，以迅速而直接地对高于平均绩效水平的员工进行奖励的薪酬计划。奖励性薪酬是根据员工是否达到某种事先建立的标准、个人或团队目标或组织收入目标而给予员工的奖励。[3]奖励性薪酬建立的理念是：通过风险共担、利益共享，使员工将自己看成是组织经营的伙伴。奖励性薪酬的好处是：它不是永久性的，而是按年或按阶段计算的；奖励性薪酬通常与基本薪资制度结合起来使用。[4]奖励性薪酬和绩效工资虽然均与员工绩效有关且均能增加员工收入，但奖励性薪酬通常是一次性的。有效的奖励性薪酬计划，一是要求对员工绩效进行准确而公平的评价，二是要求奖励必须以员工的实际绩效为基础。奖励性薪酬主要有个人奖励计划(如奖金、提案制度和管理人员奖励等)、团队(集体)奖励计划和组织全员奖励计划三种形式。

(4) 奖金(Bonus)。奖金是对劳动者超额有效劳动的回报，是因员工工作绩效突出或为组织发展作出了突出贡献而获得的一次性酬劳。奖金作为一种兼具激励和保健功能的薪酬形式，一方面能满足获得者的心理或精神需求，激发员工的工作积极性和主动性，使其从贡献中获得满足感和成就感，另一方面还可在一定程度上改善获奖者及其家庭的生活质量。

与工资、津贴和福利等其他薪酬形态不同，奖金有其独特的个性特征，即针对性、灵活性、激励性、荣誉性、差别性和不稳定性。

奖金的种类繁多、形式多样。按奖励周期的长短，奖金可分为月奖、季奖和年度奖；按一年内发放奖金的次数和数目，又可分为一次性奖励和经常性奖励；按奖金的支付对象，还可分

① [美]雷蒙德·A. 诺伊，约翰·霍伦拜克，拜雷·格哈特，等. 人力资源管理：赢得竞争优势[M]. 刘昕，译.3版. 北京：中国人民大学出版社，2001：542.
② [美]雷蒙德·A. 诺伊，约翰·霍伦拜克，拜雷·格哈特，等. 人力资源管理：赢得竞争优势[M]. 刘昕，译.3版. 北京：中国人民大学出版社，2001：543.
③ [美]约瑟夫·J. 马尔托奇奥. 战略薪酬——人力资源管理方法[M]. 周眉，译.2版. 北京：社会科学文献出版社，2002：103.
④ [美]劳埃德·拜厄斯，莱斯利·鲁. 人力资源管理[M]. 李业昆，等，译. 6版. 北京：华夏出版社，2002：290.

为个人奖和集体奖；按奖励的考核项目，则可分为单项奖和综合奖。单项奖有质量奖、节能奖、安全奖、全勤奖、合理化建议奖等；综合奖有月奖、季奖、年中奖、年度奖等。

在实际操作中，为了使奖金制度更好地发挥作用，公共部门在制定和实施奖金制度时应特别注意如下几方面问题。

① 奖金制度必须建立在完善、科学、公平、合理的职位评价基础之上。奖励标准应合理、适度。

② 奖励的形式应与工作性质和特点相适应，并考虑对其他工作指标的影响。

③ 在制定奖金制度时，应积极听取多方面意见，并在制定后试行一段时间，以便对初步的奖金制度加以补充和完善。

④ 奖金发放应公平、合理，多超多奖，少超少奖，不超不奖，以保正奖金制度的严肃性、公正性。

⑤ 奖金分配应尽快兑现，以充分发挥奖金的激励效果。

⑥ 奖金制度一经确立，应保持相对稳定性，并不断加以修改、完善。

(5) 津贴(Allowance)。津贴是对员工因在特殊环境或特定条件下工作所付出的体力、脑力、精神和心理成本的物质性补偿。它是一种补偿性薪酬。

一般来讲，津贴的种类、发放范围和标准等均由国家统一规定。津贴作为一种个人消费品的分配手段，其性质表现在对在特殊环境和特定劳动条件下的超常劳动消耗及精神和心理付出的补偿上。与工资和奖金等其他薪酬形态相比，津贴具有如下特点。

① 津贴与劳动者劳动的量和质无关，其分配的依据是劳动者所处的工作环境和工作条件的优劣。它的主要功能是补偿劳动者因在特殊环境和特定条件下工作和生活而额外增加的精神和心理成本以及导致的生活费的额外支出。

② 每种津贴均有特定的补偿目标，具有较强的针对性。每种津贴项目均是根据某些特定条件、为实现特定目标制定的，它的支付完全以制度所规定的资格条件为依据，当这种资格条件消失时，津贴也将终止。

③ 津贴具有均等分配的特点。由于津贴与劳动者的劳动贡献不相关联，只以劳动者所处的工作和生活环境为分配依据，因此，即使劳动者的工种和岗位不同，津贴标准也可能是一样的。

④ 津贴是一种补充性的薪酬分配形式，一般在标准工资的10%～40%的范围内浮动。

津贴的形式多种多样，概括地讲，津贴主要可分为如下两大类。

一是岗位津贴。岗位津贴是为补偿在特殊环境条件下工作所消耗的额外劳动(包括体力的和脑力的)而设立的。岗位津贴与工作岗位直接关联。这里所说的特殊环境条件通常是指非正常的工作时间(如上夜班)、超常的工作空间(如高空、地下、水下等)、恶劣的工作环境(如高湿气候、潮湿气候、接触有害物质等)及对体力、脑力产生巨大消耗的工作岗位等。这类津贴的实施项目多，实施范围较广。

二是地区性津贴。地区性津贴分为艰苦边远地区津贴和地区附加性津贴。艰苦边远地区津贴是为补偿劳动者在某些特殊地理环境条件下工作，付出较多的体力或较高的生活费而设立的津贴，如高寒山区津贴、林区津贴等。地区附加性津贴则指依据地区经济发展水平和物价水平，由地方政府按地区比较均衡原则发放的津贴，一般需报中央政府批准。

2) 薪酬的计量方式表现

薪酬的计量方式表现是指采用具体的计量方法，来对员工的实际工作成果进行核定和计量，并与相关工作标准、薪酬标准进行比照，以确定员工应得报酬的形式。薪酬计量方式的表现形式主要有计时工资制和计件工资制。

(1) 计时工资制(Time Wage System)是按工作人员实际工作时间来给付薪酬的一种形式。包括小时工资制、日工资制、周工资制、月工资制和年薪制5种形式。计时工资制的特点：一是直接以劳动时间的多少来计量员工薪酬，简便易行；二是难以反映员工工作的劳动强度和劳动效果，容易导致"磨时间"和"出工不出力"问题的发生。

(2) 计件工资制(Piece Wage System)是一种应用广泛且比较古老的激励形式。它是根据员工在规定时间内完成的工作量来计算和支付报酬的一种形式。计件工资制的优点是便于计算，易于被员工理解，计量原则相对公平。缺点是：一旦员工收入高于平均水平，用人单位就可能提高产量标准，从而引发员工与用人单位间的矛盾；而且，计件工资制也不利于产品和服务质量的提高以及新技术的推广。

2. 薪酬的作用

概括地讲，薪酬的作用主要表现在补偿、激励、调节和增值4个方面。

(1) 补偿作用。从薪酬的含义分析，薪酬实际上是一种公平交易，用以补偿劳动者的劳动付出或劳动力消耗，从而促进劳动力的生产和再生产以及帮助劳动者获取社会地位和尊重等。

(2) 激励作用。薪酬作为公共部门人力资源管理的重要工具，不仅可用来衡量员工的工作绩效，促进劳动者工作数量和质量的提高，而且可以激发和保持员工的工作积极性、主动性和创造性。

(3) 调节作用。薪酬的调节功能主要体现在其对劳动力资源的合理配置以及对劳动者知识、技能和能力结构的合理调整等方面。通过科学合理地使用薪酬，可以促进劳动力资源的合理流动，从而达到资源有效配置的效果。而薪酬关系的调整则可从劳动力供求两方面来对劳动者知识、技能和能力结构起到有效调整作用。

(4) 增值作用。薪酬作为组织投资的一种重要形式，通过购买有效劳动力、促进人力与物力的合理配置，可以给组织带来新增收益，从而推动个人以及组织乃至社会的发展。

9.1.4 公共部门薪酬的影响因素

概括地讲，公共部门薪酬的影响因素主要包括组织外因素和组织内因素。

1) 组织外因素

公共部门组织外因素主要包括国家法律法规和政策规定，以及劳动力市场状况、当地经济发展水平、当地生活指数以及行业发展情况等。

国家法律法规和政策规定是影响公共组织薪酬制度和薪酬结构的重要因素。一般来讲，公共组织的薪酬制度和薪酬结构设计必须严格按国家有关法律法规和政策规定进行，特别是在政府部门，各级各类人员的工资和福利待遇实际上是由国家和地方政府统一规定的，具体部门一般无权更改。另外，法律法规对员工最低工资的规定及个人所得税政策等，也会在一定程度上影响公共部门的薪酬制度及员工收入。

劳动力市场工资率是组织薪酬设计及调整的"指挥棒"，公共部门只有按劳动力市场工资率来不断调整组织内的薪酬制度和薪酬结构，才能保证员工队伍的相对稳定，避免人员流失及组织凝聚力与竞争力的弱化。

经济发展是一个地方财政能力的基础，而地方财政则是公共部门薪酬的主要来源和重要支撑。再合理、再具吸引力的薪酬都离不开当地经济发展及财政的支持，不考虑当地发展水平的薪酬制度是"无源之水""无本之木"，不可能有生命力。

生活指数是一个地区消费水平和生活水平的重要体现。随着城乡居民生活水平的不断提高，人们的消费水平在不断变化，与之相适应，公共部门人员工资福利待遇也应不断提高。居民生活水平的提高、物价的变动以及消费支出的增加，迫切需要公共部门不断提高员工的工资福利待遇，以适应经济和社会发展的需要。

行业收入差距是目前我国社会存在的现实性差距之一，这种收入差距是与社会经济对不同行业的不同需求以及国家给予不同行业的不同政策密切关联的。客观地讲，不同行业间的收入差距虽能在一定程度上缩小，却很难从根本上消除。

2) 组织内因素

影响薪酬的公共部门内部因素包括：组织的经济实力，具体职位和职务的差别，员工的年龄、工龄、学历、能力和特殊技能的差异，组织战略目标，组织分配制度和组织文化以及管理决策层的态度，心理因素和工会等。

公共部门的经济实力主要体现为政府的财政收入，它进而决定着公共部门人员的待遇情况。当然，这并非说财政收入多，财政支付能力强，公共部门人员的工资待遇就一定高，具体还要看当地的居民平均收入水平、生活消费水平、物价指数以及薪酬在当地不同组织间乃至相邻地区间的竞争能力等多方面因素的综合作用。

在公共部门中，不同职位和职务任职者所肩负的职责、承担的任务，以及工作繁简、难易程度，工作环境优劣程度等往往不同，加之人们的能力和技能存在差异，工作时间有长有短，因此，不同职位和职务的工资待遇也往往不同。在薪酬设计中，薪酬待遇应尽可能向工作责任大、任务重、工作难度大、工作环境差、危险性高的职位和职务倾斜，并能够较好地体现优质优价、多劳多得的原则。

员工的年龄、工龄、学历、能力和特殊技能的差异影响着公共部门的薪酬制度。一般来讲，员工年龄越大、工龄越长、学历越高、能力越强、特殊技能越多，职务等级也往往越高，工资待遇也就越高；反之，则可能较低。当然，随着现代管理理念的渗透，论资排辈现象正在趋于淡化，薪酬结构中的绩效工资、奖金等所占份额的增加，使薪酬越来越向工作能力强、技能高、业绩好的员工倾斜，年龄、工龄和学历等对薪酬的影响正趋于减弱。

组织的薪酬战略是以组织战略目标为参照的。从实现组织战略目标着眼，薪酬制度和薪酬结构的设计应向有能力、技能高、业绩优良的员工倾斜，在留住现有高绩效的员工和具有发展潜力的员工的基础上，不断吸引外部人才加盟，以保证组织战略目标的如期实现。

组织文化、管理决策层的态度以及分配制度等也是影响薪酬的重要因素。薪酬制度是组织文化的重要组成部分，通常，有什么样的组织文化，就会有什么样的薪酬制度。一种基于能力的组织文化，由于比较看重员工的知识、技能和能力，因此，薪酬制度和薪酬结构也会以鼓励员工提高能力为出发点，使薪酬制度向有能力的员工倾斜；而只看重员工业绩的组织文化，在制定薪酬制度时则会把关注点放到业绩好的员工身上，强调奉献精神；强调集体主义的组织文化，则把薪酬的关注点放到对集体绩效的激励上。在一个组织中，管理决策层既是组织文化发展的引领者，又是薪酬制度和薪酬结构的设计者，他们的态度、价值观和判断力决定并主宰着组织的薪酬制度和薪酬结构，影响着组织的分配制度。

这里所说的心理因素主要是就员工对薪酬水平的期望程度以及薪酬制定者对薪酬与员工绩效间关系的认识和理解的水平而言的。一般来讲，对薪酬水平具有较高期望的员工的满意度往往较低，这类员工的流动性一般较大；而对薪酬水平期望较低的员工，因其比较容易从组织薪酬中获得满足，因此，这类员工的流动性一般较小。就薪酬制定者而言，注重绩效与薪酬关系的薪酬制定者，会将这种理念和价值观尽可能地体现在组织的薪酬制度上，由此，薪酬结构呈现显著的可变性特征，薪酬的激励性较强；反之，不重视绩效与薪酬关系的薪酬制定者，往往不会将两者密切联系起来，薪酬制度难以激发员工把关注点放到个人绩效水平的改善上，在薪酬结构中通常以固定工资为主，可变薪酬的比例较小，对员工的激励效果较差。

工会是员工群体利益的代表。在现代组织中，工会往往以集体谈判的形式来影响组织的薪酬制度和水平高低，而当多数员工的增薪意愿无法通过集体谈判来解决时，工会还可以其他途径，如向政府部门反应薪酬待遇与员工的劳动付出不相匹配或组织罢工等，来迫使组织改革薪酬制度和提高薪酬水平。

9.2 公共部门薪酬设计与管理

薪酬设计是薪酬管理的重要内容，也是有效利用公共部门人员绩效考评结果、切实体现岗位及其任职者价值的途径。

9.2.1 薪酬制度

1. 薪酬制度

薪酬制度(Compensation System)是薪酬设计与管理的基础和依据。通常，薪酬制度有广义和狭义之分。广义的薪酬制度是指组织为了合理支付薪酬所建立的一整套薪酬收入分配制度，以及确定的在薪酬分配中所采用的分配办法和分配形式等，包括薪酬管理制度、薪酬等级制度、薪酬调整制度、基金管理制度及各种薪酬形式和分配支付方式等。狭义的薪酬制度专指薪酬等级制度，即根据工作任务、繁简难易程度、责任大小、工作环境和条件以及任职者资格等，将各类岗位划分为不同等级，进而按等级来规定薪酬标准的一种制度。

好的薪酬制度通常具有如下两方面特征：一要公平合理，二要弘扬正气。所谓公平合理，主要是说，薪酬制度必须能够体现个人所得与职位、能力与收入相符合的原则，一定不能出现倒挂现象。所谓弘扬正气，是指薪酬制度能明确告诉员工，组织倡导什么、禁止什么，即薪酬制度既不能鼓励错误行为，又不要盲目追求错误成果，更不能让员工绩效偏离组织目标。

2. 基本工资制度

基本工资制度(Base Pay System)是薪酬制度的核心部分，也是薪酬设计的基础，是薪酬管理的重要内容。基本工资制度一般依据劳动差别来确定工资标准，因此，也称工资等级制度(Pay Grade System)。基本工资制度主要由工资等级表、工作标准、技术(业务)等级标准，以及工种(或职务)名称统一表等内容组成，针对上述内容，不同的工资制度会有所侧重。

1) 工资等级表

工资等级表，即各等级间工资差别一览表，它表示不同质的劳动(工作)之间的工资标准的相互关系，用来确定各职位(或职务)等级数目和等级间的工资差别。工资等级表由工资等级数目、工资等级系数和工资级差组成。工资等级是工作技术(业务)水平和员工劳动熟练程度的标志，工资等级数目的多少取决于劳动的复杂程度及从事该工作的员工的技能熟练程度差异的大小，工资等级数目通常分为10级、8级或7级。工资等级系数是某一等级工资额与第一级(或最低等级)工资额的比值。工资级差则指同一工资等级内两个相邻工资等级间的工资标准差额。一般来讲，级差大小与各等级劳动的复杂程度和员工的熟练程度的差别成正比。要确定工资级差，首先要确定工资等级表的幅度(即最高与最低工资间的倍数)，工资等级表的幅度的确定是制定工资等级制度的关键。

2) 工资标准

工资标准，又称工资率，是指按单位时间(如小时、日、周、月)规定的工资数额，它反映了某一等级的工资水平，是计算和支付员工工资的基础。要合理确定工资标准，通常要考虑经济实力、职工的基本生活费用、劳动质量和劳动强度、劳动力供求状况、目前的工资水平以及本地区同行业的工资水平等因素。

3) 技术等级标准

技术等级标准是对员工担任某项工作或职务所应具备的劳动能力的技术性规范文件，是划分工作等级和评定员工任职能力及工资(或技术)等级的重要依据，一般包括应知(指应具备的文化、技术和理论知识)、应会(指应具备的技术操作能力和实践经验)和工作实例(指完成的典型工作实例)等内容。

4) 工种(或职务)名称统一表

工种(或职务)名称统一表是在职能分工的基础上，由国家主管部门对各工作的内容进行横向和纵向分析、归类，然后制定出的明确、统一的工种(或职务)名称系列表和职务序列。有了统一的工种(或职务)名称表，才能在全国范围内对从事同一工种或执行同一职务的不同职工按同一标准计发工资，也才能合理安排或分析各类职工间的工资关系。

3. 常见的基本工资制度

常见的基本工资制度有如下几种。

1) 技术等级工资制

技术等级工资制是根据劳动技术的复杂程度、繁重程度、精确程度和工作责任大小等因素划分技术等级，按等级规定工资标准的一种工资制度。实行技术等级工资制的员工，无论其担任什么等级的工作，均按本人的级别工资标准给付工资；本人如果技能提高，经考核合格即可晋升到上一等级，并按新的工资标准给付工资。技术等级工资制适用于工作技能要求高、对员工劳动熟练程度要求比较高、工作内容不固定的组织，或者产品或服务繁杂、员工人数不多、工作内容变动频繁、专业分工不细的组织。

技术等级工资制由工资等级表、工资标准和技术等级标准组成。

2) 职务工资制

职务工资制是根据不同职务工作的特点和价值来决定工资标准的一种工资制度。即职务工资制是依据工作本身的劳动质量来确定工资标准的一种工资制度。职务工资制主要由工资等级表、工资标准、职务名称统一表以及业务标准等组成。其中，业务标准的内容包括应知、应会以及职责条例和任职资格(业务要求)等内容。应知是指该职务的专业理论知识，若是行政管理人员还应包括有关的法律法规和政策等；应会是指应具备的业务能力等；职责条例规定了各职务的主要职能以及权利、责任和完成任务的质量标准；任职资格是指担任某职务应具备的学历及经验等。职务工资制的基础是职位评价。

职务工资制的形式主要有如下几种。

(1) 单一型职务工资制。单一型职务工资制是指每一个职务只有一个对应的工资标准。凡属同一职务的员工，均执行同一工资标准，员工只有在职务发生改变时才能调整工资。这种方法的优点是简单易行；缺点是生硬、呆板，公平性较差，缺乏激励性。

(2) 一职多级型职务工资制。一职多级型职务工资制是指每一个职务设有若干等级的工资标准，可以根据员工的工龄、劳动熟练程度以及不同的劳动贡献度在现有职务标准范围内进行调整，可以保证在职务未变动的情况下仍可变动工资标准。这种职务工资制能够很好地贯彻按劳分配的原则，发挥激励功能，并能修正不同职务间的工资关系。

(3) 职务间上下交叉型职务工资制。职务间上下交叉型职务工资制是在对同一职务设立不同等级工资标准的基础上，允许相邻职务的工资标准上下交叉。

3) 职等工资制

职等工资制是指在按工作性质、繁简程度、资历条件和工作环境等因素进行职位分类的基础上，给每一职等和职级配以不同的工资标准。工资标准由职位决定，并以年资和考绩结果来决定晋升。如美国联邦政府的一般行政人员(GS)工资每职等内分10级：1～3级，工作满一年晋升一级；4～6级，每两年晋升一级；7～10级，每三年晋升一级。经绩效考评成绩突出的人员，可奖励晋升一级。职等工资制是一种规范化、现代化的工资制度，其优点是：它以组织职位的工作内容为中心来确定工资标准，比较客观。

4) 结构工资制

结构工资制，也称分解工资制或组合工资制，它是依据工资的各种职能，针对构成工资标准的诸要素分别规定工资数额，而后通过将各部分汇总，从而得到员工的工资标准的一种工资制度。结构工资通常由4部分构成：一是基础工资。它是用来保障劳动者基本生活、维持劳动者劳动力再生产所必需的部分，其标准按各地区的"家计调查"结果而定，而且，不同层次的劳动者的再生产费用不同。二是职务工资。它是按各职务(或岗位)的业务技术要求、劳动复杂程度、劳动繁重程度、劳动精确程度和责任大小等来确定的，是结构工资的主要组成部分，是体现劳动差别、贯彻按劳分配原则的关键环节。三是工龄工资。工龄工资也称年功工资或工龄津贴，是针对员工工作经验和劳动贡献积累所给予的补偿，在工资构成中所占比例较小。四是绩效工资。绩效工资是根据组织经济效益好坏、个人业绩优劣来确定的。绩效工资在工资构成中的比例随着组织对员工绩效的日益重视有不断提高之势。

结构工资制的优点是：①有利于较好地贯彻按劳分配的原则，合理安排新老员工的工资比例。②有利于鼓励员工更好地学习文化知识、钻研业务，努力提高自身的业务水平和技能能力。③有利于统筹各类人员间的工资关系，广泛调动员工积极性。④有利于化解人才合理流动与人员相对稳定的矛盾。缺点是：难以体现不同工作性质的各类人员的劳动差别，且难以起到保证劳动力再生产的作用。

我国曾于1985—1993年在政府和事业单位统一实行结构工资制，但因当时未按政府和事业单位工作性质分别制定结构工资，无法体现不同工作性质的工作人员的劳动差别，因此于1993年废止。

5) 职务级别工资制

职务级别工资制，又称职级工资制，是我国自1994年以来在机关内(工勤人员除外)实行的工资制度。职务级别工资制由职务工资、级别工资、基础工资和工龄工资4部分组成。其中，职务工资主要体现职务高低、责任大小、工作难易等，是职务级别工资制的主要组成部分。每一职务设若干档次(最少6档，最多14档)，职务工资随职务、任职年限、工作年限等变动。级别工资主要体现人员的资历和能力，是职务级别工资制的又一重要组成部分。我国公务员的级别共分15级，一个级别设置一个对应的工资标准，级别与职务有一定的对应关系，职务越高，对应的级别越少，反之则越多。基础工资主要用来满足公务人员本人及其赡养家庭人员的需要，同一等级的各职务人员执行相同的基础工资。工龄工资主要体现公务人员的劳动积累贡献，一般按公务人员的工作年限计发，一直到退休的当年为止。

职务级别工资制的优点是：①改变了工资构成，增强了工资的灵活性。②拓宽了增资渠道。实行职务级别工资制后，晋升职务不再是增加工资的唯一途径，公务人员提升职务可以增加工资，不提升职务也可通过晋升工资档次、晋升级别或调整工资标准增加工资。③工资补贴被纳入工资。

6) 岗位技能工资制

岗位技能工资制是以对劳动技能、劳动责任、劳动强度和工作环境等基本要素的评价为基础，以岗位工资和技能工资为主要单元的工资等级制度。岗位技能工资制主要由岗位工资和技能工资两部分组成，并辅以年功工资和效益工资等。其中，岗位工资是根据员工所在岗位，或所任职务的劳动复杂程度、繁重程度、精确程度及责任大小、工作环境好坏等因素确定的，是岗位技能工资的主要组成部分，所占比重较大。技能工资则是在全面测评员工技术能力的基础上，依据员工综合的工作技能水平所确定的工资。技能工资能够弥补岗位(职务)工资的不足，鼓励员工努力钻研技术和业务、提高技能，是对员工智力投资的补偿。

在实行岗位技能工资制时，要科学地确定岗位工资单元和技能工资单元的比例。一般来讲，对技术水平要求高的行业和组织，其技能工资单元的比例应大一些；而劳动强度大、劳动条件差的行业和组织，其岗位工资单元的比例则应大一些。

在实行岗位技能工资制时，除制定岗位工资和技能工资外，还可依据组织的具体情况，参照结构工资制的做法，设置一些辅助性工资单元，如效率工资、年功工资、奖励性工资等，以完善岗位技能工资制。

7) 能力工资制

能力工资制(Competency-based Pay System)是在技能工资制(Skill-based Pay System)的基础上发展而来的，是一种新型工资制度。能力通常指任职者胜任其职位所需要的特征或特点，能力是个人知识、技术和行为的综合体现。实行能力工资制的难点是对组织所需要的员工能力的衡量，这是目前能力工资制难以被广泛实施的主要"瓶颈"。

9.2.2 薪酬设计程序

薪酬设计的一般程序如图9-2所示。

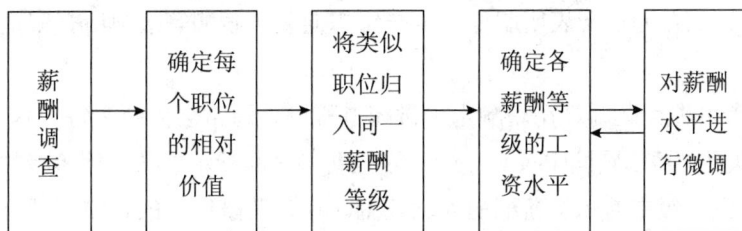

图9-2 薪酬设计的一般程序

(1) 薪酬调查。薪酬调查(Salary Survey)是指公共组织为了解同行业或同类组织相似岗位的薪酬水平，以便用合理的人力成本吸引所需人才，所开展的有步骤、有针对性的薪酬信息和资料搜集活动。薪酬调查重点解决的是薪酬的对外竞争力和对内公平性问题。薪酬调查的目的：一是帮助制定新入职人员的起点薪酬标准；二是查找组织内部薪酬不合理的岗位；三是了解同行业或同类组织的调薪时间、水平、范围等；四是了解当地工资水平并与同类组织进行比较；五是了解薪酬动态和发展趋势。通过对薪酬调查资料的分析，可以初步了解相似组织、部门和行业的总体薪酬政策、工资水平、薪酬结构和薪酬标准，从而为本组织的薪酬设计提供参照依据。薪酬调查可以是正式的，也可以是非正式的。正式的调查如问卷调查、面谈调查等；非正式的调查如电话调查、互联网调查等。薪酬调查的内容通常包括：①薪酬政策。在这方面，要重点搞清被调查组织或部门是业绩优先还是努力优先？是工龄优先还是能力优先？是收益优先还是成本优先？等等。②薪酬结构。这方面的调查内容包括薪酬中工资所占比例、奖金所占比例、福利所占比例等。③薪酬标准。这方面的调查内容涉及最高工资、最低工资、各职务工资、核心员工工资、工资级数以及工资级距等。

(2) 确定每个职位的相对价值。在这一阶段，可运用职位评价方法来确定各职位的相对价值。职位评价的最终结果是工资或薪酬等级。对此，第3章已有讨论，这里不再赘述。

(3) 将类似职位归入同一薪酬等级。为了简化问题，职位评价委员会需要将类似的职位分成组，并划分到相应的职位等级之中。同一个薪酬等级包括的职位通常是具有相近难度或相似重要程度的职位，这些职位具有大致相当的相对价值。

(4) 确定各薪酬等级的工资水平。薪酬曲线，也称工资曲线(Wage and Salary Curves)，是将各职位工资率同各职位的点值(分数)或序列等级描绘在直角坐标系中所得到的曲线，如图9-3所示。

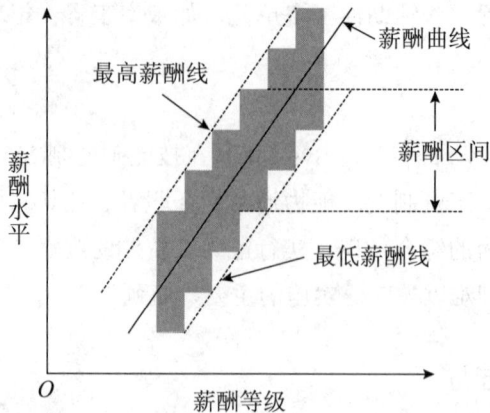

图9-3　薪酬调查曲线和薪酬等级示意图

绘制薪酬曲线的目的在于表明职位价值与组织向某一薪酬等级中所有职位支付的薪酬平均水平。

(5) 对薪酬水平进行微调。在薪酬水平微调过程中，通常会为处于每一水平的薪酬等级(或薪级)建立一个垂直的薪酬区间(Pay Rangs)，这些薪酬区间标示了各薪酬等级的最低、最高薪酬水平，即每一薪酬等级中的职位薪酬的浮动范围。在各薪酬等级的薪酬浮动范围确定后，接下来，即可对薪酬水平进行微调。对于薪酬水平偏低的，只需将其提高到其所在薪酬等级的最高水平。对于偏高的，通常有如下三种处理方法：一是冻结此类职位任职者的薪酬水平，直到同一薪酬等级中其他职位的薪酬水平也达到该水平为止；二是将这类员工调动或晋升到应当得到当前薪酬待遇的一些更高级别的职位；三是削减薪酬待遇，使这些员工的薪酬水平与在同一薪酬等级中任职其他职务的员工的薪酬水平相一致。

9.2.3　我国公共部门现行薪酬制度及其管理

1. 2006年以前，我国公共部门薪酬制度改革历程回顾

新中国成立初期，由于国民经济正值恢复时期，百废待兴，国家财政十分困难，统一的分配制度尚未建立起来，因此，当时国家机关和事业单位除部分人员实行工资制外，多数实行的是供给制，同工不同酬问题异常突出。随着政府和事业单位管理逐渐步入正轨，1952年之后，事业单位逐渐建立起包括工资等级制度、奖励制度和职工升级制度为主要内容的薪酬制度，由此，原来实行供给制的工作人员也改为工资制，事业单位开始实行全国统一的工资标准和工资制度，从而结束了历史遗留下来的供给制与工资制并存的局面。

1) 第一次全国工资制度改革

1956年，中央政府根据当时我国的政治、经济形势，在全国范围内进行了第一次重大的工资制度改革，建立了全国统一的职务等级工资制。此次工资制度改革，一是取消了工资分配制

度和物价津贴制度，以货币直接规定工资标准；二是统一和改进了工资等级制度，根据不同产业人员的生产技术特点，建立了不同的工资等级；三是改进了企业职员和机关工作人员的职务等级工资制度，采用按照职务高低来确定职务等级和工资标准的办法。在此次改革中，按地理环境条件和经济发展水平，将全国划分为11类地区，各类地区实行不同的工资标准；技术人员和行政人员分别规定工资标准，实行职务等级制，如行政人员分为30个等级，政府机关技术人员分为18个等级，科研人员、高校教学人员分为13个等级。

2) 第二次全国工资制度改革

经过近30年的实践，职务等级工资制度的问题和弊端充分暴露出来，鉴于此，1985年2月，国务院工资制度改革小组、劳动人事部发布了《机关、企事业单位工资制度改革实施方案》，从而拉开了第二次工资制度改革的序幕。从政府机关和事业单位来看，此次工资制度改革主要包括以下内容：①国家机关、事业单位行政人员、专业技术人员均改行以职务工资为主要内容的结构工资制。结构工资制将工资分为基础工资、职务工资、工龄津贴和奖励工资4个部分，职务工资一职数级，相近职务间工资额上下交叉。②为鼓励中小学校和中等专业学校、技工学校的教师以及幼儿教师和护士长期从事本职业，除按规定发给工龄津贴外，另外分别加发教龄津贴和护士工龄津贴。③建立了正常晋级增资制度。每年根据国民经济计划完成情况，适当安排国家机关及事业单位工作人员的工资增长指标。④建立了分级管理的工资体制。通过此次工资制度改革，一是废除了大一统的等级工资制，为进一步理顺工资关系打下基础；二是解决了职级不符的问题，缓解了过去长期存在的一些矛盾。

3) 第三次全国工资制度改革

1993年10月，中央政府在总结和汲取前两次工资制度改革经验教训的基础上，对全国工资制度进行了第三次重大改革。此次改革在科学分类的基础上，依据按劳分配原则建立起了体现政府机关、事业单位和企业不同部门和行业类型特点的工资制度，并将事业单位和企业人员工资制度与政府部门工资制度分割开来。对公共部门来讲，此次工资制度改革表现出了以下特点：①国家机关、事业单位分别执行不同的工资制度，机关干部、机关工人、事业单位管理人员、事业单位技术人员以及事业单位工人分别执行各自的工资标准。②事业单位引入竞争、激励机制，工资增长开始与年度考评挂钩。③机关工作人员工资随国民经济发展有计划地增长，随生活费用价格指数的变动而调整，并在此基础上制定了正常增资制度。在事业单位中，专业技术人员、职员和工人也开始实行分类工资标准。

按照第三次工资制度改革的要求，1993年后，政府部门开始实行职务级别工资制(也称职级工资制)。职级工资制由职务工资、级别工资、基础工资、工龄工资4个部分组成。通常按政府部门公务人员所担任的职务来确定相应的职务工资，职务工资随着职务和任职年限的变化而变动，年度考评连续两年在称职以上的，可在本职务工资标准内晋升一个工资档次；政府部门公务人员级别共分15级，级别工资按公务人员的资力和能力确定，在原级任职期间连续5年考评为称职或连续三年考评为优秀的，可在本职务对应级别内晋升一个级别；基础工资是按维持公务人员基本生活的费用来确定的，各职务人员均执行相同的基础工资；工龄工资随着工作年限的增加而增加，直至退休当年为止。

事业单位实行不同类型的工资制度。事业单位管理人员执行职员职务等级工资制、专业技术人员执行各类专业技术职务工资制。事业单位人员的标准工资由职务工资(固定工资)和事业人员津贴(活工资)两项构成。事业单位人员津贴以编制部门核定的全额拨款、差额拨款、自收自支三种不同类型的预算管理形式来确定不同的津贴比例。

政府部门和事业单位工人工资制度。政府部门的技术工人实行技术等级工资制，其工资由岗位工资、技术等级工资和奖金三部分构成；普通工人实行岗位工资制，其工资由岗位工资和奖金两部分组成。事业单位的技术工人实行技术等级工资制，其工资包括技术等级工资和岗位津贴两部分；普通工人实行等级工资制，工资分为等级工资和津贴两部分。

2. 2006年以来我国公共部门薪酬制度改革所取得的成就

与前三次工资制度改革不同，2006年的薪酬制度改革不仅涉及内容多，而且改革力度更大。此次改革主要涉及如下4方面内容：一是政府公务员实行职务与级别相结合的工资制度；二是事业单位实行岗位绩效工资制度；三是完善政府部门和事业单位的津贴和补贴制度；四是调整政府部门和事业单位的离退休人员待遇。

1) 政府部门薪酬制度改革

2006年以来，政府公务员薪酬制度改革主要体现在以下几方面。

(1) 将改革工资制度与清理和规范津贴补贴相结合。在此次改革中，清理和规范公务员的津贴和补贴，始终是改革的重中之重，目的在于：通过改革，建立严格、规范、统一的薪酬制度和新的收入分配制度，严肃纪律，为进一步深化改革奠定基础。在清理津贴和补贴、摸清底数的基础上，结合公务员职级工资制改革，将一些地方和部门的部分津贴和补贴纳入基本工资，适当提高基本工资占工资收入的比重，优化公务员工资收入结构；对津贴和补贴进行规范，合理确定发放标准，科学规范项目，分类分步调控，严格监督管理，为规范公务员和事业单位的工资收入分配秩序奠定基础。

(2) 简化基本工资结构，强化薪酬的激励功能。将公务员现行的基本工资结构由职务工资、级别工资、基础工资、工龄工资4项，简化为职务工资、级别工资两项，同时，合理设计工资标准，既保证低职务人员适当的工资标准，又适当加大不同职务、级别间的工资差距。职务工资主要体现公务员的岗位职责大小，一个职务对应一个工资标准，为体现岗位职责差异，领导职务和非领导职务应对应不同的职务工资标准；级别工资主要体现公务员的资历、职务和工作实绩，每一级别设若干个工资档次，公务员根据所任职务、德才表现、工作实绩和资历，来确定级别和工资档次，解决过去存在的切块偏多、功能重叠问题。适当拉开不同职务级别间的工资差距，能够进一步理顺工资关系，更好地体现公务员的职责和贡献度大小的差别。

(3) 适当向基层倾斜。我国公务员绝大部分在县级以下的基层单位工作，为了鼓励广大基层公务员安心做好本职工作，公务员职级工资制改革方案中采取了相应的倾斜措施：适当加大不同职务对应级别的交叉幅度，将公务员对应级别数由现行的15个增加到27个，各职务对应的级别数也相应增加，科员、办事员从现在对应的6个级别增加到9个级别，副科级从现在的5个级别增加到8个级别，给低职务公务员提供了充分的级别晋升空间；加大级别工资的比重，使晋升级别对增加工资发挥更大作用；将级别与工资等待遇挂钩，使公务员不晋升职务也能提高待遇水平，从而缓解了因职称数限制而难以职务晋升的问题。

(4) 完善正常增资办法，实现工资调整的制度化、规范化。结合公务员基本工资结构进行调整，相应调整了公务员正常晋升工资的办法。公务员晋升职务后，职务工资和级别工资均相应提高；累计2年和5年年度考评合格者，可晋升一个工资档次和级别工资等级。

此外，在改革公务员薪酬制度的同时，还相应完善了政府部门工人的工资制度。技术工人实行岗位技术等级工资制，基本工资由技术等级(职务)工资、岗位工资、奖金三项构成。因奖金在实践中未发挥应有作用，因此，此次改革适当调整了政府部门工人的级别工资结构，取消了奖金，简化为技术等级(职务)工资和岗位工资两项。技术等级(职务)工资根据技术水平的高低确定，一个技术等级(职务)对应一个工资标准；岗位工资根据工作难易程度和工作质量确定，按初级工、中级工、高级工三个技术等级和技师、高级技师两个技术职务设置，分别设若干工资档次。普通工人级别工资由岗位工资、奖金两项构成简化为岗位工资一项构成。

2) 事业单位薪酬制度改革

事业单位薪酬制度改革主要体现在如下几方面。

(1) 与深化事业单位体制改革相适应。此次事业单位收入分配制度改革，在内容和方法、步骤上，都充分考虑了相关配套改革的要求和进程。

(2) 建立体现事业单位特点的收入分配制度。事业单位在功能性质、资源配置、管理方式、用人机制等方面都不同于政府部门，鉴于此，事业单位薪酬制度改革在制度模式上突出了岗位和绩效的激励功能，工作人员的收入与岗位职责、工作业绩和实际贡献相联系，事业单位总体收入水平与单位完成社会公益目标任务及考核情况相联系；在运行机制上，为适应事业单位聘用制和聘期管理的需要，工作人员按考评结果实行每年增加一级薪级工资的制度。事业单位实行岗位绩效工资制度，岗位绩效工资包括岗位工资、薪级工资、绩效工资和津贴补贴4部分，其中岗位工资和薪级工资为基本工资。岗位工资主要体现工作人员所聘岗位的职责和要求，是基本工资的主体部分。与事业单位聘用制度改革和岗位管理相适应，根据各岗位的特点，在现行各职务序列的基础上，分别对专业技术岗位、管理岗位、工勤技能岗位设置不同的岗位等级，并对同一层级的专业技术岗位进行适当细分，以体现不同岗位等级之间的差别，实行"一岗一薪，岗变薪变"的制度。薪级工资主要体现工作人员的工作表现和资历，实行"一级一薪，定期升级"的制度。根据实际运行需要，针对专业技术人员和管理人员设置了65个薪级，针对工人设置了40个薪级，针对不同岗位规定不同的起点薪级，每年考评合格者，可提高一个薪级工资。在基本工资中增设体现资历因素的部分，有利于工作人员随工作年限的延长而增加工资，从而促使人们做好本职工作。绩效工资主要体现为工作人员的工作业绩和实际贡献。国家对绩效工资实行总量调控，事业单位在核定的绩效工资总量内享有分配自主权，使绩效工资与工作人员表现、业绩相联系，合理拉开差距，从而调动工作人员的积极性；而通过将绩效工资总量与单位完成的社会公益目标任务及考核情况相联系，可促进事业单位不断提高公益服务的能力和水平，避免片面追求经济效益，忽视社会效益。津贴补贴则与员工工作所在地、工作岗位、工作环境和条件等有关，同时也与工作所在地的经济发展水平、物价和消费水平等有一定关系。

(3) 完善工资正常调整机制。事业单位在收入分配制度改革的基础上，逐步建立适应事业单位整体改革要求的工资正常调整机制。

(4) 完善高层次人才的分配激励约束机制。在进一步完善各项激励措施、执行政府特殊津贴规定的同时，采取一次性奖励、收放特殊津贴、建立重要人才国家投保制度等措施，针对部分急需人才实行协议工资、项目工资等灵活多样的分配办法，通过实施一流人才、一流业绩、一流报酬的管理模式，充分调动高层次人才的积极性、主动性和创造性。

(5) 建立分级管理体制，健全收入分配宏观调控机制。为适应经济体制转轨和分级管理财政体制的要求，此次改革，一方面明确了中央、地方和部门的管理权限；另一方面进一步理顺了分配关系，规范了分配秩序，为充分发挥地方和部门在调控管理和监督检查等方面的作用奠定了基础，逐步形成了统分结合、权责清晰、运转协调、监督有力的宏观调控体系。

9.3　公共部门人员福利管理

9.3.1　公共部门人员福利概述

1. 福利及其特征

福利(Benefits)是组织为改善员工生活条件和健康状况，确保员工生活质量不致下降所采取的措施的总称。如组织为其员工办理的各类保险，以及制定的一些有关健康改善、安全保障、休假和保育的方案和提供的相关设施等。福利属于间接薪酬，一般与工作效率无关。福利具有补偿性、均等性、集体性和补充性等特点。

(1) 补偿性。福利是组织为其员工提供的一种经济性补偿，是对员工生活、健康和人身安全的必要保障。

(2) 均等性。福利不是针对组织中哪一个人或哪一群人的，而是针对组织中所有员工的，具有显著的分配均等性特征。

(3) 集体性。员工福利的提供形式之一是集体性福利，这种福利主要通过集体消费或共同使用福利设施的方式来分享。组织福利的有些项目具有一定的公共品和准公共品性质。

(4) 补充性。员工福利是对按劳分配原则的补充，是为避免组织员工因劳动能力下降、供养人口以及疾病等所导致的生活水平下降或消费能力不足而提供的必要物质补充。

2. 福利的种类

福利的种类繁多，形式多样，按不同标准可以划分为不同类型。

若按是否具有强制性，可将福利划分为法定福利和自愿性福利。其中，法定福利通常包括社会保险、住房公积金、法定节假日和带薪休假等。自愿性福利则包括：①带薪假期，如病假、休假等；②健康和保障福利，如健康护理、残疾人保护、牙科和视力保健、退休计划、附加失业救济和人寿保险等；③员工服务(Employee Services)，如个人所得税补助、运动和娱乐活动、受教育的学费折扣及教育和培训补贴等；④额外薪酬(Premium Pay)，包括从事危险性较强的工作的风险工资(Hazard Pay)和值班补贴等；⑤其他福利，如子女托保设施、子女受教育设施、上下班通勤、免费餐、组织为其员工提供的子女学费贷款担保和学费援助等。

若按福利存在和支付的性质，可将福利划分为经济性福利和非经济性福利。其中，经济性福利主要包括如下几种类型：①额外货币收入，如节假日加薪、分红和物价补贴等；②住房性福利，如免费单身宿舍、夜班宿舍，廉价公房出租或以低价出售给本组织员工的住房，以及住房补贴等；③交通性福利，如为员工提供的上下班交通费补贴、免费或廉价班车等；④餐饮性福利，如免费或低价工作餐、午餐补助及工作时间的免费食品和饮料等；⑤教育培训福利，如在职或短期脱产培训和进修补贴或补助等；⑥医疗保健福利，如免费定期体检及防疫注射、药费或滋补营养品报销或补贴、职业病免费防护、免费或优惠疗养等；⑦意外补偿金，如工伤补偿费、伤残生活补助、死亡抚恤金等；⑧离退休福利，包括退休金、公积金等；⑨带薪休假，如法定假日和病假、产假、带薪事假和探亲假等；⑩其他生活性福利，如洗理补贴、防暑降温和取暖补贴、优惠或免费提供的工作服和其他产品、有组织的文体活动(如晚会、舞会、郊游、野餐、体育竞赛等)、公共部门自建文体设施(如健身房、阅览室、棋牌活动室等)、免费或折扣价电影、旅游津贴、免费车船订票服务，等等。非经济性福利包括：①咨询服务，如心理和身体健康咨询、法律咨询、理财咨询等；②保护性服务，如平等就业权利保护、投诉检举的反报复保护、个人隐私权保护等；③工作环境保障，如工作环境卫生保障、员工参与民主化管理等。

此外，还可将福利划分为法定福利、退休福利、保险福利、不工作时间薪酬和其他福利。其中，法定福利主要包括社会保障、失业补偿、工伤补偿等；退休福利包括年金计划、养老金计划、提前退休、丧失工作能力退休、退休补贴等；保险福利主要包括组织提供的医疗保险、意外事故保险、人寿保险、伤残保险、遗属抚恤金等；不工作时间薪酬主要包括带薪休假、法定假期、病假、带薪旅游和疗养以及午餐时间等；其他福利主要有交通费、解聘补贴、班车服务、免费和低价餐饮、法律服务、健康咨询服务、理财咨询服务、娱乐设施使用及其服务、贷款担保、住房福利等。

3. 福利的作用

福利是一种间接经济报酬，也是一种纯保健因素，对员工不具有激励作用。从福利的性质和特征来看，福利主要具有如下几方面作用。

(1) 增加员工收入，提高和改进员工及其家庭的生活水平和生活质量。作为一种经济报酬，福利直接影响着员工的收入水平，进而影响员工及其家庭的消费水平和生活质量。而且，虽然员工退休后的收入水平较在职时会有较大幅度的降低，但员工在职时组织和国家为其缴纳的组织性福利(如人寿保险、企业年金等)和社会保险等，则可在一定程度上保障其退休后的生活维持在一定的标准之上。

(2) 凝聚员工士气。作为一种保健因素，福利虽然不能激发员工工作的积极性、主动性和创造性，但却能够强化员工对组织的认同感和归属感，从而达到凝聚员工士气的效果。

(3) 降低员工流失率。员工流失有多方面原因，但收入达不到预期要求而使生活水平和生活质量难以得到提升和改善，却是其中的重要原因之一。由于福利是一种重要的薪酬形式，较高的福利待遇，可以起到提高员工收入水平和改善生活质量的效果，进而在一定程度上弥补了直接薪酬不高可能导致的员工收入水平不高和生活品质不高的问题，具有留住员工、降低员工流失率的作用。

(4) 吸引优秀员工。规避风险、追求收入稳定，是人性的重要表现之一。与绩效工资和奖金等相比，福利具有较强的稳定性，这种稳定性往往会成为员工选择行业和组织的重要参照之一，因此，具有稳定且较高福利待遇的组织，通常成为多数人甚至一些能力突出、业绩优秀者争相选择的对象，这对组织吸引和留住优秀员工无疑是有益的。

4. 公共部门常见的几种福利项目

尽管福利的种类繁多，不胜枚举，但就公共部门而言，常见的福利项目主要有法定福利、组织福利、生活福利和带薪假期4类。

1) 法定福利

法定福利，也称公共福利，是指国家或地区性法律、政策所规定的具有一定强制性的福利形式，如社会保险、住房公积金、公休假日和法定休假日等。对于社会保险，我们将留待下一节专门介绍，下面简单介绍一下住房公积金、公休假日和法定休假日。

(1) 住房公积金。住房公积金是用人单位和在职员工共同缴存的长期住房储金。住房公积金制度是国家法律规定的重要的住房社会保障制度，具有强制性、互助性、保障性。用人单位有依法履行缴存住房公积金的义务。住房公积金由两部分构成：一是员工个人每月按规定从工资中扣缴的部分；二是用人单位每月按规定为员工缴存的部分。员工个人缴存的住房公积金以及单位为其缴存的住房公积金，实行专户存储，归职工个人所有。

(2) 公休假日。公休假日是员工工作满一个工作周后让员工休息一定时间的制度。目前我国实行的是每周休息两天(通常为周六、周日)的制度。

(3) 法定休假日。法定休假日是指按法律规定在公休假日外所享受的节日休假制度。目前我国法定的节日休假包括元旦、春节、国际劳动节、端午节、中秋节、国庆节等。

2) 组织福利

组织福利是指组织根据自身发展需要及其员工需求选择提供的福利项目。在我国公共部门中，这类福利项目主要包括如下几种。

(1) 养老金。养老金也称退休金，是指员工为组织工作期间，组织按有关规定并参照组织经营效益情况为员工提供的、供员工退休后满足生活需要的保障性费用。养老金一般在员工工作期间由组织为其缴纳(指养老金中由组织缴纳的部分)，员工退休后领取。领取时，既可以月为领取周期，也可以季度或年为领取周期。根据各地的生活指数，养老金通常有最低限度要求。

(2) 互助金。互助金是组织及其员工自愿发起的、为援助组织中生活困难者或遭遇意外事故者建立的基金。目的在于帮助员工渡过难关，它体现了员工间的互助友爱精神，是组织文化先进的象征。

(3) 辞退费。辞退费是组织因某种原因而辞退员工时向被辞退者支付的一定时期内的生活保障性费用。我国《公务员法》规定，被辞退的公务员，可以领取辞退费或者根据国家有关规定享受失业保险。辞退费的发放通常有一定期限。一般来讲，工作年限不足两年的，领取时间为三个月；满两年的，领取时间为4个月；两年以上的，每增加一年增发一个月，但最长不超过24个月。当出现重新就业、参军、出境或出国定居、被劳动教养或被判刑等情况之一时，辞退费停发。

(4) 住房补贴。住房补贴是组织为使员工有一个较好的居住条件和环境而提供给员工的一种福利。住房补贴主要包括如下几种形式：一是按岗位不同每月提供住房公积金；二是组织购买或建造住房后免费或低价租给或出售给员工居住；三是为员工提供免费或低价装修；四是提供购房免息或低息贷款，发放住房补贴，以及全额或部分报销员工租房费用；五是提供夜班宿舍。

(5) 交通费。交通费是指组织为方便员工上下班而提供的交通性福利。主要包括如下几种形式：一是为员工免费或低价提供上下班班车；二是按规定为员工报销上下班交通费；三是发放一定数额的交通补贴。

(6) 餐饮性福利。餐饮性福利是组织为保障员工的体力和脑力消耗所需而提供的免费或低价的工作餐和饮品。

(7) 医疗保健福利。医疗保健福利是组织为保障员工身体健康而免费和低价提供的体检、防疫注射、健康咨询服务和疗养等。

(8) 海外津贴。海外津贴是指一些组织为鼓励员工到海外工作而提供的经济性补偿。海外津贴标准一般按下列条件制定：职务高低、派往国家或地区的类别、派往时间的长短、家属是否陪同、工作时间回国度假时间的长短、愿意去该国或地区的人数多少等。

3) 生活福利

生活福利是组织为其员工提供的保障员工及其家庭正常生活不受影响的福利项目。生活福利主要有如下几种形式。

(1) 法律援助服务。包括提供法律咨询或为员工聘请律师并支付相应费用等。

(2) 健康和理财咨询服务。健康和理财咨询服务包括为员工提供心理咨询、身体健康咨询、家庭和个人理财咨询以及个人职业生涯咨询等。

(3) 贷款担保。在员工因个人原因需要向银行贷款时，组织可作为担保人向银行出具贷款担保书，以协助员工顺利获得贷款。组织可根据具体情况规定贷款担保的数额，以适当限制因员工贷款数额膨胀给组织带来的不良影响。

(4) 子女教育福利。子女教育福利是组织为免除员工对子女教育的忧虑、保障员工全身心投入工作而设立的福利。子女教育福利的形式包括：开办托儿所和幼儿园以及各层次、种类的学校；全额或部分报销员工子女的教育费用；为进入优质学校或升入大学的员工子女提供赞助费；设立子女教育奖学金；为子女出国深造提供旅费、赞助费或奖学金等。

(5) 文娱体育福利。文娱体育福利是指组织为活跃员工的业余生活、强健员工体魄、促进员工间的交流和沟通而提供的文化、艺术、体育等方面的福利，包括提供的费用补贴和器材、设施等。

(6) 其他生活福利。包括洗理补贴、防暑降温补贴、冬季取暖补贴等。

4) 带薪假期

带薪假期是指组织为员工提供的不到岗工作的有薪酬福利。带薪假期主要有如下几种形式。

(1) 脱产培训。脱产培训是组织根据经济、社会和组织管理需要，按职位和职务要求，有计划地对员工所进行的离岗式教育和训练。脱产培训既是一种福利，又是一种人力资本投资行为。

(2) 病假。病假是组织为解除疾病对员工的困扰、缓解员工在患病期间的经济压力而向员工提供的有薪酬的假期。病假的获得，一方面需要员工提供规定等级的医院或其他医疗机构出具的医生证明，另一方面还必须经主管部门和领导批准。

(3) 事假。事假主要包括：婚假、丧假、男性员工妻子产假、搬迁假等。一般性的调休通常不作事假处理。

(4) 产假。产假是专门针对女性员工而言的。目前我国规定，女性员工单胎顺产者，给予产假98天，其中产前休息15天，产后休息83天；难产者，增加产假15天。多胞胎生育者，每多生育一个婴儿，增加产假15天。怀孕未满4个月流产的，可享受不少于两周的产假；怀孕满4个月流产的，可享受不少于6周的产假。

(5) 探亲假。探亲假的享受对象和条件是：凡在公共部门工作满一年以上、与配偶或父母不在一起，并且不能在公休节假日团聚的员工。未婚员工探望父母，每年给假一次，假期约20天；若组织当年不能提供假期或本人自愿两年探亲一次的，合并一次假期为45天。已婚员工探望配偶的，每年可享受一次期限为30天的假期。已婚员工探望父母的，每4年可享受一次为期20天的假期。在规定的探亲假期内，员工工资照发。公共部门员工探望配偶或未婚员工探望父母的往返路费，由所在组织或部门负担；已婚员工探望父母的往返路费，在本人月标准工资30%以内的由本人自理，超出部分由所在单位负担。

(6) 旅游疗养。旅游疗养是组织全额或部分资助员工外出旅游疗养的一种福利，组织可根据自己的实际情况并结合员工的实际情况来确定旅游或疗养的时间与地点。

9.3.2　公共部门福利发展趋势

近年来，随着人本化管理理念逐渐渗入到公共部门管理中去，公共部门传统的福利制度也在不断地创新和发展，并出现了一些新的员工福利形式，这其中，最具代表性的当属弹性福利制度。

弹性福利(Flexible Benefit)，也称"自助餐式"福利(Cafeteria Benefit)，它允许员工从多种福利项目中根据自己的需要进行选择。例如，未婚员工不选择儿童保健，但可选择附加养老金福利。夫妻双方可以选择不同的福利项目，比如一方选择子女保健，另一方选择住房或休假等。这种"自助餐式"的福利可以分成两种类型：一种是人人都需要的基本保障型，如法定福利，这种福利是必须执行的；另一种是各取所需型，这种福利可由员工根据自己的偏好自愿选择。

对组织来讲，实行弹性福利制度具有如下几方面的好处。

(1) 它能在不与员工发生矛盾的情况下让员工对其缴款额作出限制。

(2) 有助于招聘和留住员工。

(3) 可以对员工的态度和行为产生积极的影响。

(4) 可以调整员工的福利结构，便于组织及时掌握员工不同时期的需求偏好。

9.4　社会保险

社会保险是国家赋予员工的一种法定性福利，它具有强制性，是保障员工基本生存、生活、工作和安全健康的重要福利形式，被誉为社会的"安全网"和"稳定器"。

9.4.1 社会保险及其功能

社会保险(Social Insurance)是国家以立法的形式强制征缴社会保险税(费)，从而形成社会保险基金，用以对其中遭受丧失劳动能力、失去劳动机会、发生收入中断或减少等风险的成员提供基本生活保障的一种社会保障制度。社会保险是社会保障的重要内容，它由养老保险、医疗保险、失业保险、工伤保险和生育保险5个部分构成。

与其他社会保障制度相比，社会保险制度具有如下特点。

第一，社会保险制度在一定程度上强调权利与义务的对等关系。社会保险制度是一种与就业相关联的制度，它保障的对象享受社会保险的资格和水平直接或间接与工龄长短、薪资水平等因素相联系。也就是说，被保险人拥有社会保险的权利在很大程度上取决于他(或她)对社会保险制度供款的多少。

第二，社会保险共享商业保险的机制和法则。商业保险的机制是在大数法则的基础上分散同质风险。社会保险之所以称为保险，就是因为它的技术基础与商业保险是相通的，它的有效运行要求有足够数量的同质风险。

社会保险是社会化大生产的产物，是社会生产力和社会经济发展的标志。社会保险的功能主要表现在以下几方面。

1) "安全网"和"稳定器"功能

在市场经济条件下，要实现经济增长，就必须充分利用市场机制。然而，市场机制在给经济带来效率和动力的同时，也会产生负面效应。这是因为，市场经济在通过竞争追求高效率的同时，也会排斥老、弱、病、残、伤等不能正常从事生产和劳动的人，然而，这些人的基本生活一旦陷入困境或难以为继，必将产生严重的社会矛盾和问题，并可能威胁社会安定及经济、社会的正常运行。这恰恰是市场机制的缺陷所在，必须通过其他社会工具加以弥补，而社会保险就是这样一种工具。社会保险为被竞争淘汰出局者、社会中的弱势群体编织了一张"安全网"，解除了人们的后顾之忧，从而为市场经济的高效、良性运行营造了安定的社会环境。

社会保险的"稳定器"功能则表现在，社会保险可以为陷入困境或面临生存危机的人们提供必要的生活帮助和经济补偿，使他们有心理安全感，增强其对政府和社会的信任度，从而起到稳定社会秩序、安定社会成员心理的作用。

2) 维持劳动力正常再生产的功能

社会再生产是一个周而复始的过程。作为社会再生产的主体的劳动者，必须不间断地生产和再生产出劳动力，才能保证社会再生产的正常进行。然而，现实中的风险是客观存在的，在社会再生产过程中，劳动者不可避免地会遭遇疾病、意外伤害以及失业等威胁，从而影响其身体健康及经济收入的正常获得，并危及劳动力再生产。社会保险则能为陷入经济困境、遇到劳动障碍的劳动者提供必要保障，使劳动力得以恢复，从而使劳动力再生产得以延续。

3) 收入调节功能

从某种意义上讲，社会保险就是国家通过法律手段来干预社会收入分配的工具。在现实社会中，由于不同的人在先天智力以及后天努力程度、机遇、家庭出身和家庭经济条件等方面存在差异，从而导致个人乃至家庭收入和生活富裕程度的不同。劳动能力较弱、家庭经济条件差、家庭负担较重的劳动者，往往因为生活拮据，加之劳动风险大，很可能陷入生活困境，从而导致社会中的贫富差距拉大。对于上述现象，如不加以调节，久而久之必然会激化社会矛盾，最终殃及社会安定。社会保险可以借助法律手段，来强行征缴社会保险税(费)，以充实社会保险基金，而后再分配给那些收入低下或丧失收入来源的劳动者，帮助他们渡过难关，在一定程度上弥补初次分配带来的收入差距，从而提高分配的社会公平程度。

4) 资金筹集功能

社会保险税(费)是依法强制征缴的，具有相对稳定性。筹集到的保险基金除了用于当前的支付外，结余部分还可用于基础设施和关系国计民生的重点项目的投资建设。此外，社会保险基金的筹集、支付及投资，本身即是一种收入再分配和投资活动，对整个国民经济的运行发挥着调节作用。当经济衰退、失业率提高时，因失业保险金给付增加，因此将在一定程度上对收入减少产生抑制作用，同时促进社会需求相对增加，从而缓解经济衰退趋势；而当经济高涨、失业率下降时，失业保险金支付将会相应减少，进而在一定程度上抑制消费，缓解经济过热趋势。

9.4.2　我国公共部门的社会保险

1. 社会养老保险

1) 社会养老保险及其类型

社会养老保险是社会保险制度的重要组成部分，它是国家和社会根据一定的法律法规，为确保劳动者在达到法定退休年龄后不会因退出劳动岗位而影响到基本生活而建立的一种社会保险制度。

根据养老保险基金的筹资模式不同，世界各国的养老保险大体可分为如下三种类型。

(1) 投保资助型。投保资助型是一种较传统的养老模式，目前为大多数国家所采用。在这种养老保险模式下，养老保险基金来源于用人单位、员工和国家三方。国家通过颁布法律来强制用人单位和员工共同缴纳养老保险费，国家通过建立养老保险基金来保障投保人退休后的生活需要。

投保资助型对受保人的养老金规定了一定的层次，具体可分为三个层次：第一层次是普遍养老金。它是指人人有份的养老金，不管有无工作，也不论收入多少，只要向社会保险机构缴纳过一定的保险费，在达到退休年龄后，均可享受养老保险金。第二个层次是员工养老金。它是对在职劳动者即工薪者而言的。组织员工只要按规定缴纳保险费，在达到法定退休年龄后，即可享受养老保险金待遇。通常，投保费是按其工资的一定比例缴纳的。享受这种养老保险的只有企业员工和企业主，公共部门人员一般没有这种保险项目。第三个层次是企业补充养老保险，也称企业年金。它是组织为调动员工工作积极性，提高组织声誉，保证退休员工享受到更高水平的待遇而实行的养老保险待遇。这种保险项目通常由组织单独投保。

投保资助型养老保险制度的优点：一是提供了定期的待遇支付以确保退休人员整个退休期间的生活得到基本保障；二是通过风险分担与资源分享来尽可能地使投保人免受通货膨胀与投资风险所带来的损失；三是该制度强调待遇与收入及缴费相联系，有利于低收入者；四是该模式的资金来源稳定可靠。这种养老保险模式的缺点是：制度透明度差；政府承担的责任较大。

(2) 强制储蓄型。强制储蓄型养老保险也称公积金模式，是一种固定缴费模式。该模式对缴费率有具体规定，待遇由所缴费用及其利息决定。缴费和利息均存入个人账户。它是以新加坡、智利为代表的少数国家所采用的养老保险模式。

这种养老保险模式的特点：一是养老保险费来源于用人组织和员工，或由员工个人单独缴纳，强调个人自我保障，政府的责任很小。国家不直接进行财政资助，仅在税收、利率方面给予政策性支持。新加坡养老保险金由用人组织和员工共同缴纳，而智利则由员工个人缴纳。二是社会化程度高。由用人组织与员工双方或员工个人缴费储蓄，不受经济成分和组织规模的限制，易于推行，因而覆盖面广，社会化程度高。三是有强有力的养老保险管理机构。在这种模式下，养老保险管理机构都有较强的管理能力和运营能力，如新加坡的社会养老保险由中央公积金局专门负责，它不仅管理了全国的个人养老金账户，还有权调整用人组织与员工之间的缴费比例，并通过各种办法来确保养老基金增值。这种养老保险模式的缺点：一是缺乏互助互济性；二是养老金形式比较单一；三是不利于年轻人和低薪酬员工的老年保障；四是该模式可能会因为过高的缴费率而导致企业组织的国际竞争力下降，严重时甚至会带来经济滑坡。

(3) 国家统筹型。国家统筹型养老保险模式最早产生于前苏联，后被一些社会主义国家普遍采用，我国过去所实行的就是这种养老保险模式。这种养老保险模式的特点：一是资金来源单一。在这种养老保险模式下，劳动者不需要缴纳任何费用，养老保险所需资金均由国家财政负担，或者说都纳入政府财政预算。二是养老金给付层次单一。根据工龄长短，对退休者退休前最后一年的工资规定高低不等的比例，以此来确定退休金数额。三是覆盖面窄。该模式实际上是国家统包的。由于财力有限，因此统包人数不可能过多，纳入社会保险网络的人数极为有限。如在我国社会保险制度改革前，纳入社会养老保险的人数不足全国劳动者的20%，仅限于国家机关、企事业单位和部分集体企业。

2) 我国的社会养老保险制度

目前我国公共部门尚未实行社会养老保险，对于公共部门离退休人员，仍然实行离退休金制度。不过，随着社会保险改革的进一步深化，公共部门人员参加社会养老保险的时日正逐渐临近。这里简单介绍一下目前我国城镇实施的社会养老保险制度。

我国传统的养老保险制度是计划经济的产物，随着经济体制改革的不断深化，这种养老保险制度越来越不适应时代和社会经济发展的需要。改革开放特别是社会主义市场经济体制建立以来，我国逐步建立起了社会基本养老保险、单位补充养老保险和个人储蓄养老保险"三位一体"的社会养老保险体系，目前这种养老保险体系已初步成型。

目前，我国的社会基本养老保险实行的是社会统筹与个人账户相结合的社会养老保险制度，基本养老保险费由用人单位和员工个人共同负担。用人单位依法缴纳基本养老保险费，缴费比例一般不超过单位工资总额的20%，具体比例由省、自治区、直辖市人民政府来确定。用人单位缴费目前高于20%的地区暂时维持不变，但须报人力资源和社会保障部、财政部审批。按照新的规定，用人单位缴费部分不再划入个人账户，而是全部纳入社会统筹基金，并以省、自治区、直辖市为单位进行调剂。养老保险社会统筹基金纳入财政专户，实行收支两条线管理，既不能占用个人账户基金，又严禁截留、挤占和挪用个人账户基金。从2006年1月1日起，个人账户的缴费规模统一由本人工资的11%调整为8%。个人账户全部由个人缴费形成。个人账户储存额的多少，取决于个人缴费额和个人账户基金收益的多少，并由社会保险经办机构定期公布。个人账户基金只用于职工养老，不得提前支取。职工跨统筹范围流动时，个人账户随同转移。职工或退休人员死亡，个人账户可以继承。个人账户基金由省级社会保险经办机构统一管理，按国家规定存入银行，全部用于购买国债，以实现保值增值，收益率要高于银行同期存款利率。

按照2011年7月1日正式实施的《中华人民共和国社会保险法》的规定，参加基本养老保险的个人，达到法定退休年龄时累计缴费满15年的，按月领取基本养老金；达到法定退休年龄时累计缴费不满15年的，可以缴费至满15年，按月领取基本养老金。基本养老金由基础养老金和个人账户养老金组成。退休时的基础养老金月标准以当地上年度在岗职工月平均工资和本人指数化月平均缴费工资的平均值为基数，缴费每满一年发给1%的额度。个人账户养老金月标准为个人账户储存额除以计发月数，计发月数则根据职工退休时城镇人口的平均预期寿命、本人退休年龄、利息等因素确定。

2. 社会医疗保险

1) 社会医疗保险及原则

社会医疗保险是指国家对遭受疾病困扰的参保人给予医疗、假期和其他经济补偿的一种社会保险制度。与其他社会保险相比，社会医疗保险具有如下特点：一是医疗保险承保的风险是因患病、负伤及生育等引起的生理机能由健康转变为不健康状况时所需要的医疗治愈费用，是一种与劳动者有着密切关系的社会保险；二是社会医疗保险的覆盖面广，发生率高，与其他社会保险项目交织在一起；三是社会医疗保险主要为参保者直接提供实物和医疗服务，以帮助劳动者尽快恢复健康和正常的劳动能力；四是医疗保险费用具有难预测和不易控制性。

社会医疗保险制度在建立时所遵循的原则有如下三点。

(1) 机会均等原则。凡享受医疗保险待遇的参保人，有病就医、伤残用药完全依据病伤情况而定，不存在经济收入、职业、性别的限制。享受医疗保险的前提条件是患病和伤残，对退休人员、因工伤残者、长期病号和危重病人予以优先照顾。

(2) 医疗保险基金专款专用。必须确保医疗保险费用用于参保人疾病的治疗，不得挪作他用。为此就需要严格管理，严格照章办事，确保专款专用。

(3) "风险共担"的原则。医疗保险具有物质帮助和救济的性质，应采取政府、组织和员工三方共同负担的原则，以确保医疗保险基金的筹集与合理使用，互助互济。

2) 社会医疗保险的主要内容

社会医疗保险所包括的主要内容有如下几个方面。

(1) 疾病津贴。疾病津贴是劳动者因患病而暂时离开工作岗位、失去收入来源时所获得的能维持基本生活的经济补偿。疾病津贴的计发方式主要有三种：一是与患病前工资挂钩。患病初期疾病津贴为原工资的100%，随患病期的延长比例逐渐下降。二是与工龄挂钩。工龄越长，给付比例越高。三是按统一标准给付。

对于疾病津贴的领取等待期，国际劳工组织建议不超过三天。领取的期限并非无限期，国际劳工组织建议，每次患病的疾病津贴给付期最长为26周。若给付期结束后疾病仍未痊愈应改为领取社会救助金。

(2) 医疗服务。医疗服务包括患者的医疗服务和被扶养者的医疗服务。患者医疗服务的主要内容包括门诊费、检查费、医治费、用药费和住院费等。被扶养者的医疗服务是向被保险人扶养的家属所提供的医疗服务。

(3) 被扶养者补助。劳动者患病后暂时失去经济来源会影响其扶养的配偶及未成年子女的生活，因此，医疗保险除向患病劳动者给付疾病津贴外，还应向其扶养的亲属给付一定数额的现金补助，但应低于疾病津贴。

(4) 病假。病假也是社会医疗保险的一部分，其期限与领取疾病津贴的期限相同。在此期间，劳动者因患病无法工作，用人单位应保留其工作机会，不得将其解聘。

3. 社会失业保险

1) 社会失业保险及其类型

社会失业保险是指依据国家法律，通过国家、用人单位和个人等渠道筹资建立失业保险基金，对失业的劳动者给予经济补助，以保障其基本生活需要的社会保险制度。

按失业保险目标和范围的不同，失业保险制度可分为如下几种类型。

(1) 国家强制性失业保险。国家强制性失业保险是由政府规定实施范围，范围之内的人员无一例外地必须参加失业保险的一种保险制度。

(2) 非强制性失业保险。非强制性失业保险主要有两类：一类是由工会等团体自愿建立的保险制度，团体成员参加，政府提供大量资助。如瑞典，只要参加工会，就自动参加失业保险。另一类是参加商业性的失业保险。

(3) 失业补助制度。失业补助制度适用于经济状况经调查达到规定标准的失业者以及无资格享受正常失业保险金的失业者。澳大利亚、新西兰、阿根廷等国家实行的就是失业补助制度。

(4) 综合型失业保险制度。综合型失业保险制度是强制失业保险或非强制失业保险与失业补助相结合的失业保险制度。具体做法是：在规定期限内失业者领取较高额度的失业保险金，如规定期限结束后仍未就业，则领取较低的失业救助金；或在强制范围内的失业者享受失业保险金，在范围之外的失业者领取失业救助金。

2) 失业保险的内容

失业保险的内容主要包括：失业基本津贴、失业救助金、附加失业津贴和补充失业津贴等项目。

(1) 失业基本津贴。失业基本津贴是失业保险的主体部分，是在规定时期内失业者赖以生活的主要来源。失业基本津贴的给付主要有三种形式：一是按失业前工资的一定比例给付；二是按绝对金额每月给付；三是以日绝对金额加日工资的一定比例的形式给付。失业津贴数额随失业期的延长呈递减状态。失业津贴有上限和下限之分。对于失业津贴给付期结束后仍未就业的失业者，改为支付仅能保证最低生活水平的失业救助金。

(2) 失业救助金。失业救助金分为三种情况：第一种是对失业津贴给付期结束后仍未就业的失业者，给付失业救助金；第二种是对没有就业的新成长劳动者和在基准期内没有就业经历或投保记录的重返劳动力市场的劳动者，在就业之前给付失业救助金；第三种是对所有失业者均给付失业救助金，不设给付期限，如澳大利亚、新西兰等国家。

(3) 附加失业津贴。附加失业津贴是付给失业者供养的直系亲属的津贴。一般来讲，被供养者越多，津贴数额也越多。附加失业津贴通常以固定的金额形式或按失业者原工资的一定比例给付。

(4) 补充失业津贴。补充失业津贴是用人单位为其员工提供的津贴，用以提高员工失业后的生活水平。

🔵 关键术语

报酬	薪酬	内在报酬
外在报酬	直接薪酬	间接薪酬
报酬公平	外部公平	内部公平
个人公平	工资	基本工资
岗位工资	职务工资	绩效工资
奖金	津贴	薪酬制度
基本工资制度	工资标准	技术等级工资制
职务工资制	职等工资制	结构工资制
职级工资制	薪酬曲线	薪酬等级
福利	住房公积金	带薪休假
弹性福利	社会保险	社会养老保险
社会医疗保险	社会失业保险	

🔵 复习思考题

1. 报酬与薪酬有何区别和联系？简要说明报酬结构体系。

2. 绩效工资有哪些特征？

3. 在制定和实施奖金制度时应注意哪些问题？

4. 津贴有何特点？津贴可分为哪几类？

5. 薪酬的作用有哪些？

6. 公共部门薪酬的影响因素有哪些？

7. 常见的基本工资制度有哪些？

8. 薪酬设计与管理应遵循的原则有哪些？

9. 薪酬设计的一般程序是怎样的？

10. 与2006年前的薪酬制度改革相比，2006年后我国公共部门的薪酬制度有哪些重要调整？

11. 福利的特点有哪些？福利的作用是什么？

12. 弹性福利有哪些好处？

13. 社会保险的主要功能有哪些？

14. 社会养老保险包括哪几种类型？各有何特点？

15. 社会医疗保险应遵循的原则是什么？社会医疗保险的主要内容有哪些？

16. 失业保险制度包括哪几种类型？失业保险的内容是什么？

本章案例

佛山镇级干部实行年薪制

2003年1月，经国务院批复同意建立新的佛山市。新的佛山市下辖一市五区，面积达3800平方公里。2003年4月，佛山市政府下发《佛山市规范和完善镇级领导干部收入管理试行办法》(简称《试行办法》)，在镇级干部层面正式实行年薪制。

1. 山雨欲来风满楼

2003年4月初，"针对佛山镇级官员将实行与企业职业经理人一样的年薪制，年薪制标准与任职期间所创造的业绩挂钩，起点15万元，最高可享受30万元年薪"的消息不胫而走，吵得沸沸扬扬，相形之下，官员们尤其是此次事件涉及的镇长们却小心翼翼、谨言慎行。

就在年薪制成为佛山官员谈话"禁忌"之时，一位不知名的政府官员向媒体抛出了一颗小小炸弹——佛山并非第一个"吃螃蟹"的地区，广州经济开发区早已实行年薪制，年薪一、二十万应该是有的。虽然开发区管委会主任对此拒绝表态，但据知情人透露，开发区的确设置了一个年度责任奖——每年年终，管委会根据为每个公务员拟订的工作目标对他们进行考评，按考评成绩发放年度责任奖。管委会相关负责人认为，此笔奖金"肯定不算年薪"，也"肯定没有外界传说的那么高"。职务"从最高到最低，发放金额相差不到两倍；最高的与平均数比，相差不到一倍"。但据说这项措施实施以来"效果非常明显"。"开发区对公务员的管理一向很严，年终考评也很严，所以每个人的弦都绷得特别紧，加班加点在开发区是常有的事。因为干得好就有钱拿，现在虽然加班不再额外发加班工资，然而，大家都不再计较，工作热情都很高。"

2. 千呼万唤始出来

在各方的热切关注下，2003年4月16日，经佛山市委、市政府同意，佛山市人事局、财政局、监察局联合印发《佛山市规范和完善镇级领导干部收入管理试行办法》，目的在于根据所辖各区实际，规范和完善镇领导干部的工资收入分配制度，其具体做法包括以下几点。

一是确定镇级领导干部年收入具体标准。《试行办法》规定，南海区、顺德区、禅城区所属镇的正职领导干部年收入最高15万元，副职领导干部年收入最高12万元；三水区、高明区所属镇的正职领导干部年收入最高10万元，副职领导干部年收入最高8万元。

二是建立完善责任制。要求各区政府根据各镇实际，围绕国内生产总值、工业增加值、税收总收入、固定资产投资总额、实际利用外资额等方面的经济指标和社会治安状况、精神文明建设、基层党建工作、环境保护、计划生育、劳动社保医疗等要求，制定明确的工作责任制，结合年终总结，组织考评，兑现奖惩。

三是严格收入分配纪律。规定镇级领导干部在收入分配制度完善和规范后，除执行各区制定的统一标准外，一律不准以任何形式、任何理由发放钱物；不准用公款购买代币购物券(卡)发给个人；不准用公款为个人购买商业保险；不准在企事业单位领取任何补贴；不准借任何理由或名义用公款组织旅游或发放旅游费。违反规定的，将没收发放的全部钱物，对镇的主要领导、分管领导和财务责任人一律作免职处理，并依照党纪、政纪和有关法规追究责任。

文件中还指出，由于三水和高明两区财政比较困难，佛山市财政每年将给这两个区补贴500万元，作为补贴镇干部的专项资金。补贴期限暂定为三年，三年后看具体情况决定是否停发。佛山市人事局进一步指出，有关"镇长高薪制"的政策还仅是一个配套措施，在佛山行政区划调整后，同为区级单位，不可能让较富裕的顺德、南海与较不发达的三水、高明的领导干部收入差距太大。

3. 政府目的：一"石"二"鸟"

按照文件，出台"镇长高新制"政策的目的主要有二：一是为了简政放权，调动领导干部搞好经济等本职工作的积极性；二是规范和完善镇领导的收入制度，把一些日久形成的"灰色收入"公开化、规范化和货币化，实行"阳光收入"，打造"阳光政府"。

为何针对此二"鸟"投"石"，完全在于佛山自身的特殊性，这也是这一政策出台的大背景——镇级区域是佛山经济发展的主战场。

改革开放以来，佛山市各镇的经济迅猛发展，镇级经济总量不断增大。据调查，发展较好的镇的GDP达116.8亿元，注册企业多达9515家，税收和财政收入已超过20亿元。2002年，佛山市镇级的GDP已达900多亿元，占全市GDP的80%以上，镇级区域已成为佛山经济发展的主战场。但佛山市人事局等部门于2003年2月、3月先后两次深入全市各镇调研发现，目前镇级区域在发展中受到不少束缚。

问题一：佛山市经济大镇的经济总量几乎可与内地发达地区的一个地级市相当，其经济发展和社会管理的任务非常繁重。但镇只具备一个科级镇所具有的管理权限，责、权、利的严重不统一成为制约镇级经济发展的主要"瓶颈"，扩大和提高专业镇领导干部的权限和待遇已是当务之急。

问题二：镇级领导干部收入相对偏低，工资发放随意，管理不完善、不规范。调查发现，2002年镇级领导干部平均收入6.77万元，少数经济发展快的镇级领导干部的年收入约8～10万元，多数镇级领导干部年收入在5～7万元，少数镇级领导干部年收入在5万元以下，最低的仅2.84万元。高付出、低回报使有些干部滋生失衡心态和吃亏心理，经不住种种诱惑，捞些"灰色收入"，结果"工程上马，干部下马"的事情时有发生。

因此，市人事局长强调，此次规范和完善镇级领导干部收入，主要是为了体现责、权、利统一，明确责任，严格考评，建立激励机制，实行绩效与薪酬挂钩。同时也是为了进一步平衡发达乡镇与相对落后乡镇领导的收入差距，改变镇级领导干部工资发放随意的现象。

4. 年薪15万元，依据何在

15万元的年薪基数是否合理，一直是舆论质疑和争论的焦点之一。佛山市人事局负责人就此回应说，年薪最高"15万元"是在2003年3月镇级干部收入调研基础上提高20%得出的。

据佛山市人事局和财政局透露，市委领导在高明等区调研时，看到区里领导干部的工资收入确实太低，影响工作积极性，因此要求人事和财政部门在2003年3月对镇级干部收入进行专项调研，后来这次调研结果即成了出台《试行办法》的基础。这次调研采用调查问卷的方式，将问卷发给51个镇的750名镇干部，问卷中的一项重要内容是要求镇级干部如实填写自己的收入。当时，调研组明确告诉镇干部，应该填写真实收入，填少了"会吃亏的"。而现在政策规定的"15万元"，就是在这个由调研得出的结果的基础上提高20%得出的。

市人事局方面不愿透露调研最后报上来的具体数字，而市政府一位官员表示，顺德、南海等较富裕地区报上来的数字略高于10万元，而高明、三水等经济发展相对缓慢的地区，镇长和书记们报上来的最高年收入不超过5万元。"事实上，10万元并非佛山镇长、书记们的真实收入。""珠三角地区特别是东莞、顺德这些地区的镇长、书记们的年收入前几年就已经是三、四十万啦！这是公开的秘密！"

5. 富裕镇：15万元是小意思

顺德区某镇办公室主任失言说："我10年前就拿15万元了，更何况镇长？"该区另一位镇长表示，虽然他的实际待遇早已超过15万元，但年薪制如果真的能实行，无疑是对镇级干部工作的肯定，也是其价值的体现，因此是好事。

佛山一位资深记者认为："15万元年薪在佛山早已不是新闻，真正值得关注的应是这15万元是不是具有激励作用。"

6. 贫困镇：15万元是天文数字

三水区一位已任职镇委书记多年的干部透露，2001年加薪前，他每月薪水是1600元，现在加薪后总额是2700元左右，"我们镇经济基础薄弱，完全是吃财政饭，所以年底除了一个双薪就什么也没有啦，只是加班时有一些加班补贴"。

相较而言，高明区一位镇长的情况更好些，"每月能领2000多元，年底完成各项考评还有一、两万元的奖金"。

据悉，这些镇领导干部的收入是参照镇里全年税收比例计算的——全年税收在提交上一级政府后，所留部分将按一定比例作为薪金发放，经济越发达、税收越多的镇，其镇领导的收入也会水涨船高。

7. 一石激起千层浪

"镇长年薪制"无疑是我国行政改革过程中的一件新鲜事，它涉及公务员薪酬制度改革、激励机制、考评机制以及长期备受争议的"高薪养廉"制度，佛山此次把发展经济与干部收入结合起来，这一企业化激励机制的尝试在国内引起了强烈震荡和高度关注，赞成的、反对的和中立的各持己见，展开了激烈争论。[①]

问题：

1. 你认为政府官员参照企业实行年薪制是否可行？为什么？

2. 你认为"高薪"能够"养廉"吗？为什么？

---

① 陈天祥. 公共部门人力资源管理及案例教程[M]. 北京：中国人民大学出版社，2011：224-230. 有删节

第10章 公共部门人员聘用与人事关系管理

学习引导

本章主要学习聘用制度及公共部门聘用的一般程序，讨论聘用合同的特征以及聘用合同与劳动合同的区别，介绍公共部门人员辞职、辞退和退休管理的相关问题，最后探讨公共部门人员的申诉、控告及人事争议仲裁问题。

本章的学习重点，一是聘用制度、聘用合同的相关内容以及聘用合同与劳动合同的区别；二是公共部门人员辞职、辞退和退休的条件与程序；三是公共部门人员申诉和控告的条件和程序，以及人事争议仲裁的特征和程序。

随着改革开放的不断深入和法治化进程的不断加快，用人单位与员工间的权利义务关系越来越明晰化，并逐渐被相关法律法规确定下来，劳动过程中劳动关系双方在出现分歧、矛盾和利益冲突时无章可循、无法可依的问题正在得到根本性的解决。根据市场经济发展的需要，我国于1994年和2007年陆续颁布了《中华人民共和国劳动法》和《中华人民共和国劳动合同法》，从而使企业的劳动关系得到了明晰，为经济活动中劳动关系双方的分歧、矛盾和冲突的解决提供了有力的法律支持；2002年国务院转发了原人事部《关于在事业单位试行人员聘用制度意见》的通知，要求事业单位除按照国家公务员制度进行人事管理的和转制为企业以外的组织和部门均实行人员聘用制度。2005年我国又颁布了《中华人民共和国公务员法》，该法已于2006年1月1日正式实施。针对私营部门和公共部门劳动关系和人事关系的变化及发展的需要，近年来国家又颁布了一系列配套或补充性条例、办法和规定，由此，与市场经济体制和法治化相适应的有关各类组织劳动人事关系管理的法律法规体系已基本成型。

10.1 公共部门人员聘用

10.1.1 公共部门聘用制度及一般程序

1.聘用制度

聘用制度是指用人单位与工作人员通过签订聘用合同，确定双方聘用关系，明确双方责任、权利、义务的一种人事管理制度。聘用制度的实施，使传统的人事管理由身份管理向岗位管理、由行政任用关系向平等协商的聘用关系转变。用人单位实行聘用制度一般应坚持单位自主用人、个人自主择业、政府依法监管，以及公正、平等、竞争、择优的原则。用人单位对工作人员实施聘用制度需要在确定的编制数额和人员结构比例范围内进行。

聘用制度不同于聘任制。两者的区别主要表现在：聘用制度是以合同的形式确定用人单位与职工基本人事关系的一种用人制度，即工作人员在用人单位的身份属性通过与用人单位签订聘用合同来确定。聘任制是用人单位通过契约形式确定与工作人员关系的一种任用方式，聘任制是应用于用人单位内部具体工作岗位的管理制度，受聘人员拟任岗位或职务一般通过公开竞争取得，聘任关系既可通过签订聘任合同，也可通过签订聘约、颁发聘书或签订目标责任书予以确定。

2. 公共部门聘用的程序

公共部门聘用的一般程序包括如下几个步骤。

(1) 成立聘用工作委员会，制订聘用工作方案。聘用工作委员会由用人单位分管人力资源管理工作的领导以及人力资源管理、纪检监察部门的主管和职工代表组成。聘用专业技术人员的，还应当聘请有关专家参加。人员的聘用、考评、续聘、解聘等事项由聘用工作委员会提出意见，报本单位领导班子集体决定。聘用工作方案应经职工代表大会通过。未成立职工代表大会的，应经职工大会或者工会通过。

(2) 用人单位制订聘用工作方案后，报行政主管部门和同级政府人事行政部门备案。

(3) 公布聘用岗位、岗位职责、聘用条件、待遇、聘期及聘用办法等事项。

(4) 通过本人申请、民主推荐、公开招聘等形式产生应聘人选。

(5) 聘用工作委员会对应聘人员进行考试或考评，择优确定拟聘人选，公示拟聘结果。

(6) 用人单位领导班子集体讨论并决定受聘人员，公布聘用结果。

(7) 订立聘用合同。

10.1.2　聘用合同及其与劳动合同的区别

1. 聘用合同及其特征

聘用合同是用人单位与劳动者按照国家有关法律和政策规定，在平等自愿、协商一致的基础上订立的关于履行有关工作职责的权利和义务的协议。聘用合同作为一种合同形式，它不仅具有一般合同的特征，而且也有其自身特点，这些特点将聘用合同与劳动合同及公务员任用合同等其他合同区别开来，使聘用合同成为一种类型独立的合同。

聘用合同具有如下典型特征。

(1) 特定性。特定性是就聘用合同的签订主体而言的。它要求聘用合同的主体一方必须是具有履行岗位职责能力的自然人，且能正常工作，对于实行执业资格制度岗位的应聘者，还应具有相应的执业资格证书；聘用合同主体的另一方应是事业单位和社会团体，它们是劳动力的租用者或使用者。聘用合同只能在上述主体间签订。这种主体的特定性，是区别劳动合同和其他合同的重要标志。

(2) 弱法定性和强制性。一般来讲，聘用合同是按平等自愿、协商一致的原则以书面形式签订的。从内容上看，聘用合同包括必备条款、约定条款和专项条款。必备条款包括聘用合同期限、岗位及职责要求、岗位纪律、工作条件、工资待遇、聘用合同变更和终止条件、违反聘用合同的责任；约定条款则包括试用期、培训和继续教育、知识产权保护和解聘提前通知时限等，这些条款可经当事人协商约定。专项条款是针对未来可能出现的某些特殊情况，在必备条款和约定条款之外所做的专门设定。如合同订立双方可以根据需要就出国进修、培训等一些事项设定专项条款。由此可见，聘用合同中的权利义务，有的是由法律直接规定的，当事人必须遵守的，具有强制性；有的则可通过协商议定，如约定条款，具有弱法定性。当然，即使是双方协商或约定的条款，也不得与相关法律相抵触。

(3) 有偿、诺成、双务合同。有偿、诺成、双务是聘用合同的本质特征。有偿是指用人单位租用劳动者的劳动力使用权，劳动者为用人单位提供必要的劳动，用人单位必须付给劳动者必要的劳动报酬；诺成是指合同各方就合同主要条款发表一致性意见，这种一致性意见并不依赖于物的交付；双务是指合同当事人双方均享有权利和承担义务，这种权利和义务是对应的、一致的。

聘用合同明确界定了合同期限、工作时间、薪酬待遇、劳动条件、工作纪律、合同的修订和解除条款、违约责任、争议处理方法等。我国事业单位聘用合同(范本)如表10-1所示。

表10-1　事业单位聘用合同(范本)

甲方：聘用单位
　　名称：_____；法定代表人或委托代理人：_____；
　　地址：_____；邮政编码：_____；
　　联系电话：_____
乙方：受聘人员
　　姓名：_____；性别：_____；出生年月：_____
　　身份证号码：_____；住址：_____
　　联系电话：_____
　　根据《国务院办公厅转发人事部关于在事业单位试行人员聘用制度意见的通知》(国办发[2002]35号)和_____规定，甲乙双方在平等自愿、协商一致的基础上，签订如下聘用合同条款，共同遵照履行。本合同自双方签订之日起生效。
　　1. 聘用合同期限
　　本合同期限按下列第_____项执行：
　　(1) 本合同期限为____年，自____年____月____日至____年____月____日止。试用期为____个月，自____年____月____日至____年____月____日止。
　　(2) 本合同期限自签订之日起算，至乙方达到国家规定的退休年龄之日终止。
　　(3) 本合同期限自签订之日起算，至_____工作任务完成时止。试用期为____个月，自____年____月____日至____年____月____日止。
　　2. 聘用岗位及职责要求
　　(1) 甲方聘用乙方在_____部门从事_____岗位的工作。
　　(2) 由甲方确定乙方的岗位职责要求，具体内容如下：
　　①_____；
　　②_____；
　　③_____。
　　(3) 乙方服从甲方的工作安排，按照岗位职责要求按时完成甲方规定的工作任务，达到规定的工作质量标准。
　　(4) 在聘期内，甲方可以根据工作需要，与乙方协商后，调整乙方的工作岗位。
　　3. 岗位纪律
　　(1) 甲方有权按照岗位职责，建立健全各项考核制度，做到职权清晰、责任明确、考核严格、奖惩分明。
　　(2) 乙方应严格遵守国家和本地方的各项法律、法规，遵守甲方的各项规章制度和岗位纪律，服从甲方的领导和管理。

(3) 乙方如违反规章制度和岗位纪律，甲方有权进行批评教育，按照有关规定给予相应的处理。

4. 岗位工作条件

(1) 甲方保障乙方履行职责所需的物质技术条件，提供必需的工作条件和有效的劳动安全卫生防护措施。甲方提供乙方的岗位工作条件须以书面形式告知乙方。

(2) 甲方严格执行国家有关职工工作时间和工休假日等规定，对乙方实行符合职业特点的工作日制。

(3) 甲方应当根据工作需要为乙方提供职业道德、专业技术、业务知识、安全生产和规章制度等方面的培训。

5. 工资福利与社会保险待遇

(1) 甲方根据国家政策和单位的有关规定，以及乙方从事的岗位和乙方的工作表现、工作成果及贡献大小，以货币形式按时足额支付乙方的工资待遇。乙方工资的构成和标准如下：_____
_____。

(2) 乙方工资调整，奖金、津贴、补贴以及特殊情况下的工资支付等，均按照国家政策和单位的有关规定执行。

(3) 乙方享受国家和单位规定的各项福利待遇。本合同中未尽的权益，乙方在合同期内因工或非因工负伤、致残、患病或死亡等事宜按照国家政策和单位的有关规定执行。

(4) 参加社会保险的单位，甲方按照国家和地方的有关规定按期为乙方缴付失业保险金、医疗保险金、养老保险金以及其他社会保险金。乙方个人应缴纳的部分可以由甲方从乙方的工资中代为扣缴，统一办理有关手续，并及时以书面形式告知乙方。

6. 聘用合同的变更

(1) 甲乙双方协商一致，可以变更本合同的相关内容。

(2) 本合同订立时所依据的法律、法规、规章和政策已经发生变化的，应当依法变更本合同的相关内容。

(3) 本合同确需变更的，由甲乙双方按照规定程序签订《聘用合同变更书》，以书面形式确定合同变更的内容。

(4) 如乙方年度考核或者聘期考核不合格，甲方可以调整乙方的岗位或安排其离岗接受必要的培训后调整岗位，并向乙方出具《岗位调整通知书》，对本合同作出相应的变更。

7. 聘用合同的解除

(1) 甲方、乙方双方经协商一致，可以解除本合同。

(2) 乙方有下列情形之一的，甲方可以随时单方面解除本合同：

① 连续旷工超过10个工作日或者一年内累计旷工超过20个工作日的；

② 未经甲方同意，擅自出国或者出国逾期不归的；

③ 违反工作规定或者操作规程，发生责任事故，或者失职、渎职，造成严重后果的；

④ 严重扰乱工作秩序，致使甲方、其他单位工作不能正常进行的；

⑤ 被判处拘役、有期徒刑缓刑以及有期徒刑以上刑罚收监执行，或者被劳动教养的。

对在试用期内被证明不符合本岗位要求又不同意单位调整其工作岗位的，甲方也可以随时单方面解除本合同。

(3) 乙方有下列情形之一的，甲方可以单方面解除本合同，但是应当提前30日以书面形式通知乙方：

① 乙方患病或非因工负伤医疗期满后，不能从事原工作也不能从事由甲方安排的其他工作的；

② 乙方年度考核或者聘期考核不合格，又不同意甲方调整其工作岗位的，或者虽同意调整工作岗位，但到新岗位后考核仍不合格的。

(4) 乙方有下列情形之一的，甲方不得解除本合同：

① 乙方患病或者负伤，在规定的医疗期内的；

② 女职工在孕期、产期和哺乳期内的；

③ 因工负伤，治疗终结后经劳动能力鉴定机构鉴定为1至4级丧失劳动能力的；

④ 患职业病以及在现有医疗条件下难以治愈的严重疾病或者精神病的；

⑤ 乙方正在接受纪律审查尚未作出结论的；

⑥ 属于国家规定的不得解除本合同的其他情形的。

(5) 有下列情形之一的，乙方可以随时单方面解除本合同：

① 在试用期内的；

② 考入普通高等院校的；

③ 被录用或者选调为公务员的；

④ 依法服兵役的。

除上述情形外，乙方提出解除本合同未能与甲方协商一致的，乙方应当坚持正常工作，继续履行本合同；6个月后再次提出解除本合同仍未能与甲方协商一致的，即可单方面解除本合同。

(6) 本合同订立时所依据的客观情况发生重大变化，致使合同无法履行，经甲乙双方协商不能就变更合同达成协议的，双方均可以单方面解除本合同。

(7) 有下列情形之一的，甲方应当根据乙方在本单位的实际工作年限向其支付经济补偿：

① 甲方提出解除本合同，乙方同意解除的；

② 乙方患病或者非因工负伤，医疗期满后，不能从事原工作也不能从事由甲方安排的其他工作，甲方单方面解除本合同的；

③ 乙方年度考核或者聘期考核不合格，又不同意甲方调整其工作岗位的，或者虽同意调整工作岗位，但到新岗位后考核仍不合格，甲方单方面解除本合同的。

经济补偿以乙方在甲方每工作一年，支付其本人一个月的上年月平均工资为标准；月平均工资高于当地月平均工资三倍以上的，按当地月平均工资的三倍计算。

(8) 合同解除后，甲方应当为乙方开具《解除聘用合同证明书》，并办理相关手续。甲、乙双方应当在三个月内办理人事档案转移手续。甲方不得以任何理由扣留乙方的人事档案，乙方不得无故不办理档案转移手续。符合规定的经济补偿条件的，甲方应当按照国家和本地方的有关规定给予乙方经济补偿。

(9) 乙方在涉密岗位工作的，解除本合同应当遵守国家有关涉密人员管理的规定。

8. 聘用合同的终止

(1) 有下列情形之一的，本合同终止：

① 本合同期限届满；

② 甲、乙双方约定的合同终止条件出现；

③ 乙方按照国家有关规定退休或退职的；

④ 乙方死亡或者被人民法院宣告死亡的；

⑤ 甲方被依法注销、撤销或者解散的。

(2) 聘用合同终止后，甲方应当为乙方开具《终止聘用合同证明书》，并办理相关手续。

9. 聘用合同的续签

本合同期满前，甲乙双方协商一致，可以按照规定的程序续签聘用合同，续签聘用合同应当在聘用合同期满前30日内办理。续签的聘用合同期限和工作内容等由双方协商确定，并签订《聘用合同续签书》。聘用合同期满，没有办理终止聘用合同手续而存在事实聘用工作关系的，视为延续聘用合同，延续聘用合同的期限与原合同期限相同，但最长不超过乙方达到退休年龄的年限。

10. 违反聘用合同的责任

(1) 甲方违约责任

① 甲方有下列情形之一的，应当向乙方支付赔偿金：

◆ 克扣或者无故拖欠乙方工资的；

◆ 解除本合同后，未依照有关规定给予乙方经济补偿的。支付赔偿金的标准为：＿＿＿＿＿＿＿＿
＿＿

② 因甲方违反本合同约定而造成乙方损失的，甲方应当按照乙方的实际损失承担赔偿责任。甲方违反本合同约定，造成乙方中断履行合同的，应继续履行合同，同时负责赔偿在合同中断期间乙方的经济损失。

(2) 乙方违约责任

① 乙方经甲方出资培训，原约定的服务期未满而提出解除本合同的，应当向甲方赔偿培训费，标准为：＿＿＿

② 乙方违反本合同的约定，使用或者允许他人使用甲方的知识产权、技术秘密的，应当依法承担法律责任。

③ 因乙方违反本合同约定而造成甲方损失的，乙方应当按照甲方的实际损失承担赔偿责任。乙方违反本合同约定，造成甲方中断履行合同的，应继续履行合同，同时负责赔偿在合同中断期间甲方的经济损失。

(3) 双方共同约定的其他违约责任条款

① ＿＿＿＿＿＿＿＿＿＿＿＿＿＿＿＿＿＿＿＿＿＿＿＿＿＿＿＿＿＿＿＿＿＿＿＿＿＿

② ＿＿＿＿＿＿＿＿＿＿＿＿＿＿＿＿＿＿＿＿＿＿＿＿＿＿＿＿＿＿＿＿＿＿＿＿＿＿

……

11. 双方约定的其他事项

(1) ＿＿＿＿＿＿＿＿＿＿＿＿＿＿＿＿＿＿＿＿＿＿＿＿＿＿＿＿＿＿＿＿＿＿＿＿＿＿

(2) ＿＿＿＿＿＿＿＿＿＿＿＿＿＿＿＿＿＿＿＿＿＿＿＿＿＿＿＿＿＿＿＿＿＿＿＿＿＿

……

12. 争议处理

甲乙双方因履行聘用合同发生争议的，由当事人双方协商解决。当事人也可以自争议发生之日起60日内向有管辖权的人事争议仲裁委员会申请仲裁；对仲裁裁决不服的，可以自收到仲裁裁决之日起15日内向甲方所在地或者聘用合同履行地的基层人民法院提起诉讼。一方当事人在法定期间内不起诉又不履行仲裁裁决的，另一方当事人可以向人民法院申请执行。

13. 附则

(1) 甲方有权根据国家和本地方的法律、法规及有关政策的规定，制定本单位的规章制度，并以适当方式公告，或告知乙方，作为履行本合同的依据。乙方应当熟知本单位的规章制度，并严格遵守。

(2) 本合同一式三份，聘用单位和受聘人员当事人双方各执一份，一份存入受聘人员个人档案。

甲方(盖章)　　　　　乙方(签字盖章)

法定代表人或
委托代理人(签字盖章)

　　　年　　月　　日　　　　　　年　　月　　日

＿＿＿＿＿＿＿＿＿＿＿＿＿＿＿＿＿＿＿＿＿＿＿＿＿＿＿＿＿＿

合同登记机关(盖章)：　　　　　登记人(盖章)：

登记日期　　年　　月　　日

2. 聘用合同与劳动合同的区别

虽然聘用合同与劳动合同具有诸多相同或相似之处，无论签订聘用合同还是签订劳动合同，均标志着劳动者与用人单位建立了合法的人事和劳动关系，然而，两者间的区别也较为明显，这突出地表现在如下几个方面。[①]

(1) 合同本身的法律性质不同。通常来讲，聘用合同所调整的是公共组织及其工作人员的人事管理行为和工作人员行为规范，属于公法调整范畴；而企业劳动合同规范的是企业与劳动者之间的劳动关系，属于私法调整范畴。

(2) 合同主体的权利义务不同。企业的劳动合同属于纯粹的民事合同，合同中所规定的权

---

① 刘霞. 关于聘用合同与劳动合同区别的思考[J]. 中国人才，2007(7).

利义务对当事人来讲基本是平等的。公共组织及其工作人员要履行的公益责任和义务，西方理论称为"特别权利关系"，聘用合同在实际履行中的权利和义务经常是不对等的，国家有权要求公共组织工作人员如无正当理由拒不履行应负的责任和义务将受惩戒处置。此外，公共组织工作人员所从事的工作是社会公益性质的。

(3) 处理争议时审查的内容有所不同。在涉及人事争议时，对公共组织当事人权利与义务的审查，不仅要以合同规定为依据，而且在某些情况下，还要对其"特别权力关系"(是否履行公共责任和义务)进行审查；而企业普通劳动者对此点审查是可以免除的。

(4) 用人单位的主体权力不同。企业在与劳动者签订劳动合同时具有较为完整的主体权利，而公共组织在与个人签订合同时表面上看具有完整的主体权利，实际上这种权力是不完整的，主要表现在公共组织的主体权利要受政府干预和控制。如招聘是在政府编制确定的基础上发生的，办理进入手续要受政府规定的程序控制，否则便不能发生正式人事法律关系；公共组织在确定工作人员薪酬时，也要受来自政府的财政控制，等等。

10.2 公共部门人事关系管理

10.2.1 公共部门人员的辞职与辞退管理

1. 公共部门人员辞职和辞退的含义及特点

辞职是指公共部门人员根据自己的意愿，依照法律和政策规定，申请终止与公共部门的劳动人事关系的行为。辞职是法律赋予公共部门人员的一项权利。公共部门人员辞职包括辞去公职或辞去领导职务两种情况。辞去公职也就是辞去现任职位，终止与原公共部门的劳动人事关系以及相应的权利、义务和薪酬待遇。辞去领导职务则指辞去现任领导职务，脱离自己所处的领导岗位，终止相应的权利、义务关系和享受的薪酬待遇。辞职制度的建立，为公务员择业保留了余地，既有利于凝聚人心、促进人员合理流动，又有利于人才的健康成长与发展。

辞职的特点表现在：①辞职是公共部门人员的基本法定权利。我国宪法规定，劳动权是公民的基本权利之一，其中也包括择业权。辞职作为公共部门人员择业的一种权利，完全由个人支配和决定，任何组织、部门和个人均无权干预。②辞职必须按法定程序行事。公共部门人员行使个人权利时必须以不损害国家、社会、集体和他人合法权益为前提。辞职必须按照法定程序，在不影响原单位工作的情况下进行。③辞职人员享受辞职待遇。辞职人员辞职后可按有关规定获得各种人事关系证明，并享有在规定范围内重新就业和连续计算工龄的权利。④辞职主体受法律限制。虽然辞职是公民享有的权利，但对在公共部门工作的人员来讲，并非所有人员都可以根据自己的意愿随意申请辞职，特别是在涉及国家安全和公共部门重要机密等特殊岗位上任职的公务人员，国家有关法律规定是不得随意辞职的。

辞退是指公共部门依据法律和政策规定，通过一定的法定程序，所做的解除公共部门人员全部职务关系的行政行为。辞退无需事先征得拟辞退人员的同意，它是公共部门依法作出的单方面行为。辞退是法律赋予公共部门的选择员工的权利。

辞退具有如下特点：①辞退员工是公共部门的法定权利。②辞退员工必须基于相应的法律事实。只有在符合法定条件的情况下，公共部门才能辞退相应的人员，没有法律事实做依据，公共部门不能辞退其人员。③辞退员工必须遵循法定程序，不符合法定程序的辞退行为是一种无效的行为。④被辞退员工享有法定待遇。辞退不是一种惩戒行为，而是对相关人员的处理行为，而且这种行为往往会给被辞退者造成一定的损失，所以需要给予补偿。按照有关规定，被辞退人员可以享受失业保险及领取一定的辞退费。

2. 公共部门人员辞职和辞退的条件与程序

1) 辞职的条件和程序

我国《公务员法》规定，公务员有下列情形之一的，不得辞去公职。

(1) 未满国家规定的最低服务年限的；

(2) 在涉及国家秘密等特殊职位任职或离开上述职位不满国家规定的脱密期限的；

(3) 重要公务尚未处理完毕，且须由本人继续处理的；

(4) 正在接受审计、纪律审查，或者涉嫌犯罪，司法程序尚未终结的；

(5) 法律、行政法规规定的其他不得辞去公职的情形。

对于担任领导职务的公务人员，《公务员法》规定：担任领导职务的公务员，因工作变动依照法律规定需要辞去现任职务的，应当履行辞职手续；担任领导职务的公务员，因个人或者其他原因，可以自愿提出辞去领导职务；领导成员因工作严重失误、失职造成重大损失或者恶劣社会影响的，或者对重大事故负有领导责任的，应当引咎辞去领导职务；领导成员应当引咎辞职或者因其他原因不再适合担任现任领导职务，本人不提出辞职的，应当责令其辞去领导职务。

公共部门人员辞职的一般程序如下。

(1) 本人提出书面辞职申请。

(2) 在接到员工辞职申请后，相关人事任免机关要对申请者的条件进行审查，符合法定条件的，才予以批准。我国法律规定的任免机关审批期限为90天，超过期限而未予答复的，可视为同意。但在审批期限内，申请人不得擅自离岗，否则作擅自离职处理。

(3) 辞职申请被批准后，员工应及时办理相关手续，以保证公务执行的连续性，如果辞职人员任职期间涉及财务工作，还需要进行相应的财务审计，其后任免机关才可以为其办理辞职手续。

2) 辞退的条件和程序

我国《公务员法》规定，公务员有下列情形之一的，予以辞退。

(1) 在年度考核中，连续两年被评定为不称职的；

(2) 无法胜任现职工作，又不接受其他安排的；

(3) 因所在机关调整、撤销、合并或者缩减编制数额需要调整工作，本人拒绝合理安排的；

(4) 不履行公务员义务，不遵守公务员纪律，经教育仍无转变，不适合继续在机关工作，又不宜给予开除处分的；

(5) 旷工或者因公外出、请假期满无正当理由逾期不归连续超过15天，或者一年内累计超过30天的。

对有下列情形之一的公务员，不得辞退。

(1) 因公致残，被确认丧失或者部分丧失工作能力的；

(2) 患病或者负伤，在规定的医疗期内的；

(3) 女性公务员在孕期、产假、哺乳期内的；

(4) 法律、行政法规规定的其他不得辞退的情形。

在辞退公务人员时，按照管理权限，辞退决定应当以书面形式通知被辞退人员。被辞退人员可以领取辞退费或者根据国家有关规定享受失业保险。公务员辞职或者被辞退，离职前应当办理公务交接手续，必要时按照规定接受审计。

辞退公务员需要按法定程序进行，具体如下。

(1) 所在单位在核准事实的基础上，经领导集体研究提出辞退建议，并填写辞退人员审批表，按管理权限报任免机关审批。

(2) 任免机关人事部门对辞退事由进行审核。

(3) 任免机关进行审批，作出辞退决定的，要以书面形式通知呈报单位和被辞退人员，同时抄送行政机关人事部门备案。被辞退人员如有不服，可依据辞退通知书按法定程序进行申诉。

10.2.2　公共部门人员退休管理

由于目前公共部门人员尚未被纳入社会养老保险体系，因此，公共部门人员退休后，仍基本延续着过去的退休管理制度，只是在一些方面进行了调整。而随着社会养老保险制度向"多轨合一"趋势的发展，未来公共部门人员的退休管理也必然会发生一定变化。

1. 公共部门人员退休的含义与特征

1) 公共部门人员退休与退休制度

退休是公共部门人员达到一定年龄后，按照法定条件和程序，离开工作岗位并按规定领取退休金的行为。公共部门人员的退休制度是国家制定并颁布实行的关于退休方式、条件、待遇和安置管理等法律和政策的总称。

公共部门人员的退休方式包括自愿退休和强制性退休两种。自愿退休是建立在自愿基础上的，而强制性退休则是建立在公共部门人员履行法定退休义务基础上的。

2) 公共部门人员退休的条件

公共部门人员退休条件是指公共部门人员获得享受退休待遇资格所应达到的基本要求，包括退休年龄和工作年限两个方面。各国所规定的退休年龄有较大的不同，但一般均规定退休的最高年龄和允许申请退休的年龄，即强制退休年龄和自愿退休年龄。在规定退休年龄时，一般还配以相应的工龄要求和参加社会保险的时间限制，依据工作性质和身体状况，制定出不同的年龄标准。纵览世界各国的退休制度，关于退休年龄和工龄的规定，大致有4种类型。

(1) 公共部门人员必须达到一定的年龄和工作年限方可退休，两者缺一不可。像东欧一些国家规定，男60岁、满25年工龄，女55岁、满20年工龄，方可退休。德国则规定，男65岁，女60岁，最低工龄不低于10年的，可以退休。

(2) 公共部门人员只有在年龄和参加保险年限同时符合规定时，才可退休。如日本规定，男女退休年龄均为60岁，参加社会保险时间应满20年。

(3) 依身体状况不同可提前退休或延迟退休。如美国规定，凡身体致残者，工龄达5年以上，即可退休；相反，身体健康，还能胜任工作者，可以延迟退休。

(4) 退休年龄因工作性质不同而不同。如法国规定，办公室工作人员年满60岁，从事流动服务工作的人员满55岁，工龄满15年，可以退休。

我国公共部门人员的退休条件有如下几个。

(1) 凡男年满60周岁，女干部年满55周岁(女职工年满50周岁)，或丧失劳动能力的公共部门人员，应当退休。

(2) 凡男年满55周岁，女年满50周岁，且工作年限满20年的，或工作年限满30年的公共部门人员，经本人申请及任免机关批准后，可以提前退休。

(3) 中央、国家机关的部长，省、自治区、直辖市的党委书记、省长、主席、市长和相当职务的干部，退休年龄可延长至65岁；教授、研究员和相当于该级职称的高级专家，经所在单位报请省、自治区、直辖市政府或中央、国家机关部委批准，可延长退(离)休年龄，但最长不超过70岁。

2. 公共部门人员退休待遇

公共部门人员退休待遇是公共部门人员退休制度的核心内容，主要由一定时期的社会经济发展水平和社会保险制度等共同决定。公共部门人员的退休待遇关系着公共部门人员退休后的基本生活，也关系着整个公共部门工作人员的切身利益，是社会安定和社会经济发展的重要因素。

我国公共部门人员的退休待遇主要由以下几方面组成。

1) 政治待遇

政治待遇是指公共部门人员退休后所享有的各种政治权利，如按退休前后相应的职务级别参阅一些重要文件、听报告、参加部分会议的权利，了解党和国家的方针、路线、政策等国内外重大事件的权利，以及参加民主自治管理和参加政府及其他公共部门、社区等组织的民主选举的权利等。退休公共部门人员的政治待遇原则上由专门的管理和服务机构统一管理。

2) 生活待遇

目前，我国公共部门系统还没有建立起完善的社会养老保险制度，退休公共部门人员的生活待遇主要是退休金。

(1) 退休金待遇规定。公共部门职工与干部的退休待遇依工龄长短，按月领取退休金，其标准一般为本人工资的60%～70%，领取至死亡时为止；特殊行业和职业，如教师等，退休时工龄达到30年的，领取原工资100%的定额退休金；对于作出特殊贡献的，如全国劳动模范、劳动标兵等，在退休时保持荣誉者，或在革命和建设中有特殊贡献者，部队军级以上单位授予英雄称号的转业、复员军人，退休时仍然保持荣誉者，可享受较高退休待遇，其标准可高于一般退休标准的5%～15%。

(2) 离休待遇规定。离退是指1949年10月1日前参加革命工作、享受供给制待遇的干部，以及1948年底以前在解放区工作、享受政府薪金待遇的干部等，男年满60周岁，女年满55周岁，离开工作岗位后享受离休待遇，按本人退休前工资的100%领取养老金，并分不同时期加领生活补贴。

此外，根据近年实施的工资制度改革方案，各地均建立了新的地区津贴制度。公共部门人员退休后，可享受原单位所在地区同职级在职人员的地区津贴。

3) 其他福利待遇

公共部门退休人员其他的福利待遇主要由如下两部分组成。

(1) 公共部门退休人员在职时享受的医疗和伤残保险待遇、住房待遇、防暑降温和冬季取暖福利待遇以及物价补贴待遇等，退休后仍然享有。

(2) 特殊性福利待遇。我国公共部门退休人员的特殊福利待遇主要有三种形式：一是特殊贡献补贴。这是国家对获得全国劳动模范、"三八"红旗手等荣誉称号的人员，以及由省、自治区和直辖市人民政府认定的在各条战线有特殊贡献的公共部门人员，以及部队军以上单位授予的战斗英雄称号及认定的对作战、军队建设等有特殊贡献的转业、复员军人，在退休时仍保持其荣誉的一种鼓励。同时，国家为鼓励公共部门人员到艰苦的边远地区工作，针对长期在这些地区工作的人员，退休时根据工龄长短，分别提高5%～10%的退休金计发标准。二是护理费。护理费是国家针对因工致残退休人员特设的一项待遇。凡因工致残、生活不能自理的退休公共部门人员，可根据情况发给一定数额的护理费，其标准由当地政府根据当地情况确定。三是异地安家补助费。公共部门人员退休后异地安置的，由原单位发给安家补助费，到农村安家的发给建房补助费。

10.2.3　公共部门人员的申诉、控告与仲裁

申诉和控告是维护公共部门人员合法权益的重要措施，是公共部门人员权利受损后的补救制度，同时也是公共部门人力资源管理的重要组成部分。申诉、控告和仲裁制度的建立，是公共部门管理规范化、民主化、法制化的象征，是社会法制化进程的重要标志。

1. 公共部门人员申诉的条件与程序

1) 申诉的内涵及特征

申诉是公共部门人员享有的基本权利之一，它是指公共部门人员因对所在公共组织或国家行政机关作出的涉及本人权益的人事处理决定不服，而依法向原处理单位的主管部门或作出该人事处理的机关的上一级机关提出的要求重新处理的请求。

公共部门人员申诉的特点有如下几个。

(1) 申诉主体是在公共部门工作的公共部门人员。

(2) 申诉客体是公共部门对公共部门人员作出的被认为是侵害员工合法权益的决定和行为。

(3) 公共部门人员的申诉处理机关是法定的特定机关，申诉过程要遵循特定的法律程序，有准司法程序的特征。

(4) 申诉的目的是对公共部门作出的有损员工权益的处理决定和行为给予必要的修正，以保障公共部门人员的合法权益，树立公共部门的良好社会形象。

2) 公共部门人员申诉的范围与条件

公共部门人员申诉权具体包括：要求申诉受理权、要求变更或撤销处理决定权、要求赔偿损失或挽回影响的权利等。根据不同的申诉内容，公共部门人员申诉的范围也不尽相同。

(1) 不服本组织作出的行政处分或其他人事处理决定而提起申诉。当公共部门人员对所在单位作出的处分、辞退或者取消录用、降职、定期考核定为不称职、免职、申请辞职或提前退休未予批准、未按规定确定或者扣减工资、福利和保险待遇以及法律法规规定的可以申诉的其他情形等人事处理决定不服时，可以自知道该人事处理之日起30日内向原处理机关申请复核；对复核结果不服的，可以自接到复核决定之日起15日内，按规定向同级公务员主管部门或者作出该人事处理的机关的上一级机关提出申诉；也可以不经复核，自知道该人事处理之日起30日内直接提出申诉。对省级以下机关作出的申诉处理决定不服的，可以向作出处理决定的上一级机关提出再申诉。行政机关公务员对处分不服向行政监察机关申诉的，按照《中华人民共和国行政监察法》的规定办理。

一般来讲，公共部门人员申诉要符合下列条件。

① 必须是由受到处分或其他处理的当事公共部门人员提出，而且必须有法定的事由。非处分的公共部门人员对受处分的公共部门人员所受的待遇不服时，不构成申诉条件。

② 必须有涉及公共部门人员个人权益的已经生效的人事处理决定。如果处理决定正在研究中，尚未形成正式决定，则说明对公共部门人员权益的侵害事实尚未发生，此时不能提出申诉。

③ 公共部门人员对处理决定不服。"不服"的含义是公共部门人员认为涉及自己的处理不正确、不公正、不客观、不合法；认为自己根本不应该受到处分，处分是违法的，超越了处分机关的权限；或者受到的处分或其他处理决定过于严厉，不恰当，不合理。

④ 申诉必须在法定期限内提出，延期申诉，受理机关可以不予受理。

⑤ 公共部门人员申诉必须以书面的正规形式提出。

(2) 不服行政监察机关作出的行政处分决定而提出申诉。当公共部门人员对行政监察机关给予自己的行政处分不服时，或认为监察机关对有关本人的人事处理决定不合理时，可依法向原行政监察机关或上一级监察机关提出申诉。

在国家行政制度和人事行政管理体制中，行政监察机关也同样具有直接给予公共部门人员行政处分的权力，但这一权力是有限的。一是只能给予同级行政机关公共部门人员处分，且必须经过同级行政机关的批准；二是行政监察机关只能对公共部门人员行使撤职以下的行政处分。当公共部门人员认为监察机关超越权限，对处理决定不服时，可以提出申诉。如果认为监察机关的处分不合理，也可以申诉。此外，监察机关还是行政机关人事处理决定申诉的受理者，它们对行政机关的决定依法裁决。当公共部门人员对监察机关的裁决结果不服时，也可以提出不服监察机关行政处分的申诉，这一申诉的受理机关一般是上一级行政监察机关。

3) 公共部门人员申诉的程序

公共部门人员申诉案件的处理有严格的法定程序。我国公共部门人员申诉处理的一般程序如图10-1所示。

```
┌──────┐   ┌──────┐   ┌──────┐   ┌──────┐   ┌──────┐   ┌──────┐
│ 申请 │→ │ 提出 │→ │ 受理 │→ │ 调查 │→ │ 再申 │→ │ 最终 │
│ 复核 │   │ 申诉 │   │ 立案 │   │ 复审 │   │ 诉   │   │ 裁决 │
└──────┘   └──────┘   └──────┘   └──────┘   └──────┘   └──────┘
```

图10-1　我国公共部门人员申诉处理的一般程序

(1) 申请复核。复核是指公共部门人员在接到所在单位的人事处理决定后，因对处理决定不服而在法定时间内向原处理单位提出重新审查和处理的意见和要求。复核不是公共部门人员申诉的必需程序。如果公共部门人员对通过复核解决本人问题缺乏信心或有其他原因时，也可不经复核而直接向同级公共部门人员主管机关或原处理单位的上一级机关直接提出申诉。申诉复核时，申诉复核人需提交复核申请书，并附上原处理机关的处理决定书。原处理机关应当自接到复核申请书后的30日内作出复核决定。

对年度考评评为不称职的决定不服的，必须经原处理单位复核后方可提出申诉。

(2) 提出申诉。公共部门人员在对原处理单位的复核决定不服时，可以向同级人民政府人事部门或行政监察机关提出申诉，也可以不经原处理机关复核而直接向有管辖权的机关提出申诉。年度考评评定为不称职的人事处理决定除外。

公务员提出申诉应当在接到行政机关人事处理决定之日起30日内或接到复核决定之日起15日内提出。因不可抗力等正当理由在规定期限内未能提出申诉的，经审理申诉机关批准可适当延长期限。如无正当理由，超过规定期限提出申诉，受理机关可不予受理。公共部门人员提出申诉时，应当向受理机关递交申诉申请书。申诉应当由受到人事处理的个人提出，如本人丧失行为能力或者死亡，可由其近亲属代为提出。

(3) 受理立案。对公共部门人员提出的申诉，受理机关应在接到申诉书之日起30日内，区别不同情况作出予以受理或不予受理的处理决定，同时告知申诉人。决定受理的，立案审理；不予受理的，以书面形式告知申诉人，并说明理由。申诉材料不齐备，限期补正，过期不补的视为不再申诉。受理申诉的机关在决定受理公共部门人员申诉后，应当组织临时性公正委员会负责审理申诉案件。公正委员会一般由政府人事部门中与申诉事项有关的工作机构的负责人组织，且人数应为不少于三人的单数。在审查、确定公共部门人员申诉的条件具备且符合要求后，由受理机关承办人进行登记，建立案卷。

(4) 调查复审。立案后，承办人应立即在规定期限内就申诉内容展开调查，被申诉单位应提出相关的证据和文件。调查内容主要包括：调阅与案件有关的全部材料，并做阅卷记录；将有必要进行调查核实的内容整理出来，拟出核查方案；受理机构承办人依法要求当事人双方提供证据资料。当事人应积极配合，不得无理拒绝；必要时，受理机构承办人可向证人调查，要求提供证言、物证等。在调查的基础上，公正委员会依法对申诉案件进行审理。在审理过程中，可向当事人提供表达意见和提供新资料的机会。审理一般公开进行。

在审理的基础上，对申诉案件进行再次审核。在综合分析后，经公正委员会讨论，作出复审决定，并写出复审报告。复审决定应为书面形式(复审决定书)，由作出决定的机关直接送达申诉人和作出行政处分或复审决定的原单位。复审决定书要注明是否允许继续申诉。复审决定书要载明的内容包括如下几方面。

　　① 申诉人姓名、单位、职务及其他基本情况；

　　② 原处理单位的名称，以及作出人事处理决定和复核决定时所认定的事实、理由及适用的法律法规和政策；

　　③ 申诉的事项、理由及要求；受理申诉机关认定的事实、理由及适用的法律、法规和政策；

　　④ 受理申诉机关的处理决定；

　　⑤ 作出决定的日期等。

　　在复审期间，原处理机关对公共部门人员的人事处理决定继续执行。当处分机关的上级主管机关在受理申诉期间，认为必要时，可依据当事人的申请和自身的职权，全部或部分中止原处理决定的执行，原处理机关则应当对错误的处理决定予以及时纠正。

　　(5) 再申诉。如果公共部门人员对申诉受理机关作出的复审决定仍不服，可在接到复审决定书的一定期限内，向复审机关的上一级行政机关或上一级监察机关，提出再申诉。

　　(6) 最终裁决。上一级行政或监察机关，在接到申诉后，在规定的时间内，按前述法定的程序进行再审核，直到作出最终的裁决决定。至此，申诉过程即告完结。如果公共部门人员对最终裁决依然不服，可以通过信访渠道，继续反映问题，但这不再属于申诉程序。申诉受理机关的最终裁决结果必须执行。

　　2. 公共部门人员控告的条件与程序

　　1) 控告的含义及特征

　　公共部门人员控告是指公共部门人员就所在组织、部门及其工作人员因违法违纪和失职而造成的对其合法权益存在侵害的行为，以书面或口头形式依法向有关部门进行揭发、举报、控诉以及提请法律援助和保护，并要求对违法乱纪者依法给予惩处的法律行为。控告与申诉不同，两者的区别主要表现在：①两者的目的不同。申诉的目的是使处理机关改变或撤销对自己的处理规定，以便恢复自己的合法权益，并使已经受到的损失得到补偿；控告的目的则不仅是使自己的合法权益得到恢复和补偿，而且还要求依法追究实施不法侵害的机关或人员的法律责任。②两者的致因不同。一般来讲，引起申诉的原因是公共部门人员对已发生效力的处理决定不服，要求重新审查处理；而引起控告的原因则是公共部门人员的合法权益受到不法侵害，要求对责任人给予惩处。③功能不同。申诉的重点是为了保护公共部门人员的合法权益，及时纠正原处理单位作出的不当处理；而控告的重点则是公共部门人员对行政机关及其领导人的监督，以保证其执法和行政行为的准确、严肃。

　　与一般性的控告不同，公共部门人员控告的特点是：①控告的主体是受到侵害的公共部门人员本人。②控告的客体是行政机关及其工作人员侵犯控告者合法权益的行为事实，属于行政机关内部的具体行政行为。③公共部门人员控告的目的不仅是要求恢复和补偿自己的合法权益，而且要求有关部门制止这种违纪、违法和失职行为，并对实施不法侵害的机关或个人追究法律责任。④公共部门人员的控告属行政程序上的控告，不属于司法控告，只能依照行政程序进行，不能提出行政诉讼。

　　2) 公共部门人员控告的条件

　　公共部门人员控告行为有两类：一是公共部门及其工作人员的违法或不当行为，给公共部门人员的合法权益带来损害，受侵害的公共部门人员可依法向控告的受理机关提出控告，要求恢复其合法权益，并依法追究违法、违纪者的行为责任。这类控告与公共部门人员切身利益密切相关，是公共部门人员控告制度的主要内容。二是因公共部门及其工作人员的违法和不当行为，给社会公众或非特定人员的合法权益造成损害，公共部门人员出于良知和正义，向受理机关依法控告这一违法、违纪行为。这类控告行为与公共部门人员切身利益无直接关系，是公共部门人员作为公民的义务使然。这里所说的公共部门人员依法控告的条件和程序等，都是针对第一类控告行为而言的。

公共部门人员实施控告的条件包括如下几个。

(1) 公共部门人员控告的主体必须是权益受到侵害的公共部门人员本人。控告的目的是保护其自身权益，而不是保护他人权益。未受侵犯的公共部门人员不能成为控告人，也不能代受害者行使控告权。

(2) 当公共部门人员的自身权益受到非法侵害时，才能提起控告。换句话说，只有当侵害公共部门人员权益的行为事实上存在时，公共部门人员才能对这一客体进行控告。

(3) 控告内容必须与公共部门人员身份有关，且必须有明确的控告理由。

(4) 被控告人必须是明确的单位或人员。没有明确的被控告单位或人员，无法追究其责任，因此不能提起控告。

(5) 被控告单位或人员归受理控告的部门管理，即在受理部门管辖的范围内。

(6) 控告一般以法定的正规书面形式提出。

3) 公共部门人员控告的程序

为了保障公共部门人员的合法权益不受侵害，同时使侵害公共部门人员权益的单位和个人受到应有的惩罚，公共部门人员可依照法定程序向上级行政机关或行政监察机关提起控告。受理机关则根据以下程序来办理公共部门人员的控告案件。

(1) 提出控告。当公共部门人员认为自己的合法权益受到不法或不当侵害时，依法向上级部门或直接向行政监察机关提出对实施侵害行为的单位或人员的控告。控告者应明确被控告的单位或人员，并提供权益受侵害的事实以及侵害人实施侵害的具体行为，受理机关以便确定是否受理和立案，并为受理机关的案件调查提供基础。控告应由受侵害者本人提出，若本人丧失行为能力或死亡，可由其近亲属代为提出。公共部门人员控告应递交控告书。

(2) 立案受理。上级主管部门或行政监察机关在接到公共部门人员控告书后，要对控告人提出的情况进行初步审查和判断。当断定被控告者确有违法、违纪侵害公共部门人员合法权益的行为、需要追究责任时，应给予立案。若遇到重要的控告案件，还要向本级行政政府机关或上一级行政监察机关备案。

(3) 调查。控告案件立案后，受理控告部门应迅速组织力量，在一定时间内进行深入细致的调查。调查中，要认真听取被调查人的陈述和辩解，寻找证人证言，收集相关证据。必要时，还要根据案件调查的需要，聘请有关单位、团体、人员以及具有专门知识和技术的人员参与调查工作，以获得充分的事实证据，辨明案件的根本性质。

(4) 作出处理决定。受理控告部门应在调查的基础上区分不同情况，根据相关法规和政策，作出处理决定。当受理控告部门认定被控告者无违法、违纪行为，或虽有违纪行为但不需要追究行政责任时，应当依照立案时的批准程序销案，并告知被调查人及其所在单位；而当受理控告部门认定需要依照有关规定对违法、违纪的被控告者作出处理决定或建议时，应报经本级人民政府和上一级行政监察机关同意，作出决定。受理控告部门的处理决定必须以正式书面形式送达有关单位或人员。受理控告部门应在规定期限内尽快作出处理决定，使公共部门人员所受的侵害和损失降至最低限度。若发现被控告者确有错误，应尽快予以纠正，减少不必要的重复控告。

(5) 执行处理决定。被控告者在收到受理控告部门作出的处理决定或建议后，应在规定期限内执行决定，并将执行情况及时通报受理控告部门。对拒不执行处理决定的单位和个人，作出处理决定的部门要采取强制措施予以执行；构成严重犯罪情节的，还要依法追究其法律责任。

3. 公共部门人事争议仲裁制度

人事争议仲裁作为解决和协调公共部门人事关系、化解公共部门内部矛盾的重要途径，在公共部门人力资源管理过程中发挥着重要作用。

1) 人事争议仲裁及其特征

人事争议是指人事关系主体间在人事管理过程中，因权利义务发生分歧而引起的争议。人事争议仲裁则指对公共部门指定的第三者依照有关法律和政策规定，按照法定程序，对公共部门人事关系及与人事关系有关的争议所作出的裁决行为。人事争议仲裁属行政司法范畴，是一种行政仲裁。

公共部门人事争议仲裁不同于一般的民商仲裁，它具有如下几方面特征。

(1) 仲裁委员会与行政机关密不可分，一般由人力资源管理部门的代表来担任仲裁委员会主任。

(2) 遵循地域管理和级别管理相结合的原则。

(3) 当事人一方可以请求仲裁，即不实行仲裁协议制度，如发生纠纷，当事人一方请求仲裁，仲裁机构即应受理。

(4) 人事争议仲裁实行"一裁两审制"。

2) 公共部门人事仲裁的原则及当事人提起仲裁时需注意的问题

在进行公共部门人事争议仲裁时应遵循如下基本原则。

(1) 公正平等原则。这一原则要求仲裁机关在处理人事争议案件时，必须以事实为根据，在对案件事实得出正确结论的基础上，按照国家有关法律法规和政策规定来正确区分是非标准，依法公正地处理案件，而且对双方当事人在适用实体法和程序法上要一律平等，不偏不倚，平等地对待和保护双方当事人的合法权益。

(2) 及时合理原则。及时原则是指仲裁要按严格时限要求来受理和处理案件，在无实体法可依据时，要按合理性原则予以恰当处理。

(3) 独立性原则。独立性原则要求人事争议仲裁委员会在处理人事争议案件时要具有独立性，不能受任何组织和个人的干预。

公共部门人员在提起人事争议仲裁时应注意以下几方面问题。

(1) 申请者必须是与人事争议案件有直接利害关系的党政群机关、事业单位及其工作人员。党政群机关、事业单位和工作人员之间表现为一种行政隶属关系，或者是管理与被管理的关系，或已确立聘(任)用合同关系。发生人事争议的当事人若无行为能力或具有限制行为能力或者死亡的，可由其法定代理人或监护人代为提出仲裁申请，并参与调解和仲裁活动。

(2) 必须有明确的被申请人及具体的申诉请求和事实、理由。若作为申请方的当事人不知道另一方当事人是谁，被申请人不明确，就无法解决人事争议。同时还要有明确、具体的仲裁请求以及相关事实理由。

(3) 必须是属于人事争议仲裁受案范围内的人事争议。我国有关法规政策所确定的仲裁管辖范围为：一是党政群机关与工作人员之间因录用、调动、履行聘任合同发生的争议；二是事业单位与工作人员之间因辞职、辞退、工资、考评、回避以及履行聘任合同或聘用合同发生的争议；三是依照法律法规和政策规定可以仲裁的人才流动争议和其他人事争议。

(4) 必须属于人事争议仲裁机构管辖，即必须向有管辖权的仲裁机构提出。例如，市级仲裁委员会负责处理市属单位和市内跨区的人事争议案件；区级仲裁委员会负责处理区属单位的人事争议案件。

(5) 申请者申请人事争议仲裁时，必须以书面形式向有管辖权的人事争议仲裁机构提交仲裁申请书。仲裁申请书主要包括下列事项。

① 申请者的姓名、性别、年龄、职业、工作单位和住址、电话、邮编等。如果申请人是单位，则应写明单位的名称、地址，以及法定代表人或者主要负责人的姓名、职务、电话。

② 被申请者的名称，即单位的全称、地址，法定代表人的姓名、性别、年龄、职务、联系电话、邮编。如果被申请者是个人，则应写明其姓名、性别、年龄、职业、工作单位和住址、电话、邮编。

③ 申请仲裁的具体请求和所依据的事实、理由。

④ 受理仲裁的机构名称。

⑤ 申请人签章，并注明申请提出的日期。

⑥ 附注，应写明申请书副本和有关证据材料的份数。

(6) 必须在规定的时限内提出仲裁。当事人应在自知道或应当知道其权利被侵害之日起60日内，以书面形式向有管辖权的仲裁委员会申请仲裁。

3) 公共部门人事争议仲裁机构

公共部门人事争议仲裁的受理机构是公共部门内部具有相对独立性的司法行政机关。我国规定，国家人事部设立人事仲裁公正厅，处理国务院各部委、国务院直属事业单位以及各部委直属在京事业单位的人事争议，跨省(自治区、直辖市)的人事争议；省(自治区、直辖市)、副省级市、地(市)、县(市、区)设立人事争议仲裁委员会，分别负责处理管辖范围内的人事争议。

仲裁委员会由同级人民政府有关部门代表、同级工会代表和有关专家组成。仲裁委员会设主任一人、副主任2～4人和委员若干人。主任可由同级人民政府分管人事工作的负责人或政府人事行政部门的主要负责人担任，副主任和委员可以聘请有关方面的人员担任。仲裁委员会的组成人员应当是单数。

仲裁委员会下设办事机构，负责案件受理、仲裁文书送达、档案管理、仲裁费用的收取和管理等日常工作。办事机构设在同级人民政府人事行政部门。

仲裁委员会处理人事争议案件，实行仲裁庭制度。仲裁庭由三名以上(含三名)的单数仲裁员组成，仲裁委员会指定一名仲裁员担任首席仲裁员，简单的人事争议案件，仲裁委员会可以指定一名仲裁员独立处理。有下列情形之一的，仲裁员应自行申请回避，当事人和代理人有权以口头或书面形式申请其回避：①仲裁员是本案当事人或者与当事人、代理人有亲属关系的；②与本案有利害关系的；③与本案当事人、代理人有其他关系，可能会影响公正裁决的。

仲裁委员会可以聘任政府有关部门人员、专家学者和律师为专职或兼职仲裁员。兼职仲裁员与专职仲裁员在执行仲裁公务时享有同等权利。

4) 公共部门人事争议仲裁的程序

国家规定的公共部门人事争议仲裁程序如下。

(1) 申请仲裁。当事人应当在人事争议发生之日起60日内，以书面形式向仲裁委员会申请仲裁，并按被申请者数量递交仲裁申请书副本。

(2) 受理仲裁。仲裁委员会收到仲裁申请书后，应当在15日内作出受理或者不予受理的决定。决定受理的，应在7日内将仲裁申请书副本送达被申请者，并组成仲裁庭。决定不予受理的，应当以书面形式通知申请者，并说明不予受理的理由。

被申请者应当在收到仲裁申请书副本之日起15日内提交答辩书和有关证据。仲裁委员会收到答辩书后，应当在5日内将答辩书副本送达申请者。被申请者未按时提交或者不提交答辩书的，不影响仲裁程序的进行。

(3) 调解。仲裁庭处理人事争议应先行调解，在查明事实、分清责任的基础上促使当事人双方自愿达成协议。协议内容不得违反法律、法规。

调解达成协议的，仲裁庭应根据协议内容制作调解书。调解书应当写明仲裁请求和当事人协议的结果。调解书由仲裁庭成员签名，加盖仲裁委员会印章，送达双方当事人。调解书经双方当事人签收后，即发生效力。调解未达成协议或调解书送达前当事人反悔的，仲裁庭应当及时进行仲裁。

(4) 审理。仲裁应当开庭进行。当事人协议不开庭的，或者仲裁庭认为不宜开庭的，可以书面仲裁。决定开庭审理的，仲裁庭应于开庭前5日内将开庭时间、地点等通知当事人。仲裁申请者经书面通知无正当理由不到庭或未经仲裁庭许可中途退庭的，视为撤回仲裁申请。被申请者经书面通知无正当理由不到庭或未经仲裁庭许可中途退庭的，以缺席处理。与人事争议有利害关系的第三者，可以申请参与仲裁，或者由仲裁委员会通知其参与仲裁。第三者申请参与仲裁的，准许权由仲裁委员会确定。

当事人参与仲裁活动可以委托1～2人代理。委托他人代理的，应当向仲裁委员会提交委托书。委托书应明确委托事项和权限，并由委托人签名或者盖章。

(5) 裁决。仲裁的裁决应按多数仲裁员意见作出，少数仲裁员的不同意见应记入笔录。仲裁庭不能形成多数意见时，裁决应按首席仲裁员意见作出。对于重大的或者疑难的人事争议案件，仲裁庭可提交仲裁委员会讨论决定。仲裁委员会作出的决定，仲裁庭应当执行。

仲裁庭应在裁决作出后5日内制作裁决书。裁决书要写明仲裁事实、争议事实、裁决理由、裁决结果、仲裁费用的负担和裁决日期。对生效的裁决，当事人必须履行。当事人不履行的，仲裁委员会可以发出执行催告通知，并通知有关单位协助执行。

关键术语

聘用制度	聘用合同	辞职
辞退	退休制度	申诉
控告	人事争议仲裁	

复习思考题

1. 公共部门聘用的一般程序是怎样的？

2. 聘用合同的特征有哪些？聘用合同与劳动合同有何区别？

3. 公共部门人员辞职的特点有哪些？公共部门人员辞职的条件是什么？

4. 公共部门人员辞退的特点是什么？公共部门人员辞退有何条件要求？

5. 我国公共部门退休人员的待遇是怎样的？

6. 公共部门人员申诉有何特点？申诉的程序是怎样的？

7. 公共部门人员控告有何特点？公共部门人员控告应符合什么条件？程序是怎样的？

8. 人事争议仲裁应遵循哪些原则？人事争议仲裁的程序是怎样的？

9. 公共部门人员在提起人事争议仲裁时应注意哪些问题？

本章案例

庞某诉某大学聘用合同纠纷案

原告：庞某。

被告：北京某大学。

2000年4月5日、2000年7月7日，北京某大学向中国农业大学出具商调函，商调函中均有"庞某同志，要求到我校实验学院工作"的内容，将庞某从中国农业大学调至北京某大学下属的实验学院工作。2000年10月12日，庞某与北京某大学签订了为期一年的聘用合同，期限为2000年8月1日至2001年7月30日。2001年8月1日，双方再次签订为期两年的聘用合同；2003年7月底，双方又一次签订为期两年的聘用合同，时间至2005年7月31日。

2005年1月初，北京某大学与庞某签订《北京某大学实验学院解除劳动合同(旁连注明：劳动关系)经济补偿金领取证明书》，内容是"因在北京某大学实验学院2005年岗位聘任工作中，未达成一致聘任意向，致使甲方(北京某大学)与乙方(庞某)原劳动合同(旁边注明：劳动关系)届时解除"。甲、乙解除劳动合同(旁边注明：劳动关系)后，北京某大学一次性发放给乙方经济补偿贰万捌仟肆佰伍拾叁元陆角肆分，该证明书上有庞某本人的签名。随后，北京某大学实验学院向庞某出具了解除劳动合同(劳动关系)证明书。北京某大学实验学院支付庞某经济补偿金28 453.64元，庞某已经领取该款。

此后双方发生纠纷。2008年，庞某向北京市人事争议仲裁委员会申请仲裁，北京市人事争议仲裁委员会于2008年12月18日作出北京人仲裁[2008]59号裁决书，裁决如下：驳回申请人的全部仲裁请求。庞某对裁决不服，起诉至法院，要求判决确认其与北京某大学之间存在人事关系，要求北京某大学与庞某签订书面的聘用合同书，要求北京某大学支付庞某自2005年8月1日至2008年1月31日的工资及25%的经济补偿金(工资标准：4669元/月)，要求北京某大学支付自2008年2月1日至判决生效之日的双倍工资及25%的经济补偿金(工资标准：4669元/月)。[①]

问题：

1. 你认为法院会对庞某的起诉如何裁决？裁决的可能法律依据是什么？

2. 通过本案，谈一谈你对公共部门人事争议仲裁与企业劳动争议仲裁的区别和联系的认识？

---

① 邓益洲. 劳动用工管理[M]. 北京：中国法制出版社，2010：262-263

参 考 文 献

[1] [美]埃文·M. 伯曼，詹姆斯·S. 鲍曼，乔纳林·P. 韦斯特，等. 公共部门人力资源管理[M]. 2版. 萧鸣政，等，译. 北京：中国人民大学出版社，2008.

[2] [英]葆琳·格雷汉姆. 玛丽·帕克·芙丽特——管理学的先知[M]. 北京：经济日报出版社，1998.

[3] [英]简·莱恩. 新公共管理[M]. 北京：中国青年出版社，2004.

[4] [美]加里·德斯勒. 人力资源管理[M]. 12版. 刘昕，译. 北京：中国人民大学出版社，2012.

[5] [美]肯尼思·克洛克，琼·戈德史密斯. 管理的终结[M]. 北京：中信出版社，2004.

[6] [美]劳埃德·L. 拜厄斯，莱斯利·W. 鲁. 人力资源管理[M]. 6版. 李业昆，等，译. 北京：华夏出版社，2002.

[7] [美]雷蒙德·A. 诺伊，约翰·霍伦拜克，拜雷·格哈特，等. 人力资源管理：赢得竞争优势[M]. 刘昕，译. 3版. 北京：中国人民大学出版社，2001.

[8] [美]雷·诺伊. 雇员培训[M]. 北京：中国人民大学出版社，2001.

[9] [美]路易斯·R. 戈梅斯-梅西亚，戴维·B. 鲍尔金，罗伯特·L. 卡迪. 人力资源管理[M]. 5版. 张亚堂，蒋建武，等，译. 北京：北京大学出版社，2011.

[10] [美]E. H. 施恩. 职业的有效管理[M]. 上海：三联书店，1998.

[11] [美]帕特里夏·基利，史蒂文·梅德林，等. 公共部门标杆管理：突破政府绩效的瓶颈[M]. 北京：中国人民大学出版社，2002.

[12] [美] 乔治·T. 米尔科维奇，杰里·M. 纽曼. 薪酬管理[M]. 6版. 董克用，等，译. 北京：中国人民大学出版社，2002.

[13] [美]约瑟夫·J. 马尔托奇奥. 战略薪酬[M]. 2版. 周眉，译. 北京：社会科学文献出版社，2002.

[14] 陈天祥. 公共部门人力资源管理及案例教程[M]. 北京：中国人民大学出版社，2011.

[15] 陈振明. 政府再造——西方"新公共管理运动"述评[M]. 北京：中国人民大学出版社，2003.

[16] 陈维政，余凯成，等. 人力资源管理[M]. 北京：高等教育出版社，2002.

[17] 邓益洲. 劳动用工管理[M]. 北京：中国法制出版社，2010.

[18] 董克用. 人力资源管理概论[M]. 3版. 北京：中国人民大学出版社，2011.

[19] 付亚和. 工作分析[M]. 上海：复旦大学出版社，2004.

[20] 付亚和，许玉林. 绩效考核与绩效管理[M]. 北京：电子工业出版社，2004.

[21] 郭咸纲. 西方管理学说史[M]. 北京：中国经济出版社，2003.

[22] 郭咸纲. 西方管理学说史[M]. 4版. 北京：世界图书出版社，2010.

[23] 李和中. 公共部门人力资源学[M]. 武汉：武汉大学出版社，2008.

[24] 刘平青，等. 职业生涯与自我管理[M]. 北京：清华大学出版社，2011.

[25] 刘昕. 人力资源管理教程[M]. 北京：中国人事出版社，2009.

[26] 刘沂，赵同文，等. 公共部门人力资源管理[M]. 上海：华东理工大学出版社，2002.

[27] 刘建军. 领导学原理[M]. 上海：复旦大学出版社，2001.

[28] 马克思. 资本论[M]. 1卷. 北京：人民出版社，2004.

[29] 马克思，恩格斯. 马克思恩格斯全集[M]. 23卷. 北京：人民出版社，1956.

[30] 马克思，恩格斯. 马克思恩格斯选集[M]. 3卷. 北京：人民出版社，1972.

[31] 孙柏瑛，祁光华. 公共部门人力资源管理[M]. 3版. 北京：中国人民大学出版社，2010.

[32] 孙柏瑛，祁光华. 公共部门人力资源开发与管理[M]. 2版. 北京：中国人民大学出版社，2009.

[33] 权锡哲，魏冠明. 新员工培训管理实务手册[M]. 北京：人民邮电出版社，2012.

[34] 滕玉成，俞宪忠. 公共部门人力资源管理[M]. 北京：中国人民大学出版社，2003.

[35] 滕玉成，于萍. 公共部门人力资源管理[M]. 2版. 北京：中国人民大学出版社，2008.

[36] 王丽娟，何妍. 绩效管理[M]. 北京：清华大学出版社，北京交通大学出版社，2009.

[37] 王伟杰. 典型劳动争议案例处理实务[M]. 北京：经济管理出版社，2012.

[38] 吴志华. 公共部门人力资源管理[M]. 北京：高等教育出版社，2011.

[39] 谢晋宇. 人力资源开发概论[M]. 北京：清华大学出版社，2005.

[40] 姚先国，柴效武. 公共部门人力资源管理[M]. 北京：科学出版社，2004.

[41] 赵曼，陈全明. 公共部门人力资源管理[M]. 2版. 北京：清华大学出版社，2010.

[42] 赵光忠. 人力资源管理模板与操作流程[M]. 北京：中国经济出版社，2004.

[43] 赵秋成. 公共部门人力资源开发与管理[M]. 北京：中国商业出版社，2008.

[44] 赵秋成. 公共部门人力资源管理[M]. 大连：东北财经大学出版社，2006.

[45] 张德. 人力资源开发与管理[M]. 北京：清华大学出版社，2001.

[46] 赵曙明. 人力资源战略与规划[M]. 北京：中国人民大学出版社，2002.

[47] 中国人民大学劳动人事学院. 领导干部人力资源管理培训教程[M]. 北京：中国人民大学出版社，2006.

[48] 朱飞. 绩效激励与薪酬激励[M]. 北京：企业管理出版社，2010.

[49] 朱勇国. 工作分析与研究[M]. 中国劳动社会保障出版社，2006.

[50] 黄欢. 对口培训：人事合作服务区域发展的典范[J]. 中国人才，2007(5).

[51] 李敏. 国外公务员分类管理的经验及启示[J]. 重庆科技学院学报：社会科学版，2011(19) .

[52] 鲁先圣. 制度的力量[J]. 人民公安，2002(18).

[53] 孙宝文. 美国公务员制度的演变逻辑：职位分类制的角度[J]. 特区经济，2013(4).

[54] 孙荣. 公共部门人力资源管理的思考：制度与价值[J]. 中国人才，2008(17).

[55] 吴木銮. 公共部门的宽带薪酬：比较与前瞻[J]. 中国行政管理，2010(2).

[56] 吴木銮. 公共部门的宽带薪酬：比较与前瞻[J]. 中国行政管理，2010(4).

[57] 杨柳. 公共人力资源管理制度简述[J]. 今日科苑，2010(8) .

[58] Bennis, W. *Why Leaders Can't Lead: The Unconscious Conspiracy Continues*[M].San Francisco: Jossey-Bass Publishers, 1990.

[59] Dick, W. & L. Carey. *The Systematic Design of Instruction*(3rd ed.)[M]. Londen: Foresman, 1990.

[60] Gutteridge,T. G. & Others. *Organizational Career Development: Benchmarks for Building a World-Class Workforce*[M].San Francisco :Jossey-Bass Inc, 1993.

[61] Hughes, O. E. *Public Management and Administration:An Introduction*(2nd ed.)[M]. London: Palgrave Macmillan Press Ltd., 1998.

[62] Kirkpatrick, D. *Evaluating Training Programs*[M]. San Francisco: Berrett-Koehler Publisher, 1994.

[63] Leap, T. L. & M. D. Crino. *Personnel/Human Resource Management*[M]. New York: Macmillan, 1989.

[64] Martocchio, J. *Strategic Compensation: A Human Resource Management Approach*[M]. Upper Saddle River, New Jersey: Prentice-Hall, 2001.

[65] Tobin, N. Can Technology Ease the Pain of Salary Surveys?[J]. *Public Personnel Management*, 2002,31(1).